천국의 문

천국의 문
Heaven's Gates

제1판 1쇄 2024년 3월 15일
제1판 6쇄 2024년 12월 27일

지은이   에이스카풀루스
펴낸이   권동희
펴낸곳   아이엠

출판등록   제2022-000043호
주소   경기도 화성시 동탄오산로 82
전화   070-4024-7286
이메일   no1_winningbooks@naver.com

ISBN 979-11-6415-076-2 (03110)

천국의 문
Heaven's Gates

에이스카풀루스 지음

머리말
Preface

사랑하는 여러분.

여러분은 인생을 종료하고 나면 사후세계에 간다고 알고들 계시고, 또는 저승세계에 간다고 알고 계십니다. 또한 천국은 하늘에 있고, 지옥은 땅 밑에 있다고 하십니다. 여러 가지의 자료들을 통해 그렇게 알고 계시고, 임사체험을 한 사람들의 증언들을 통해 그렇게 알고 있습니다.

하지만 눈에 보이는 것만을 믿고자 하는 여러분은 그것을 부인하거나, 받아들이지 않고 있으며, 어떤 경우라도 종교적 색채를 들어서 종교관에 입각한 뇌피셜 정도로만 인정하려고 합니다. 3D 인생이 종료되면 그것이 곧 모든 것의 종료라고 받아들이고 있습니다.

설령, 인정한다고 해도 두려움을 기반으로 받아들이고 있어서 긍정적인 것보다는 부정적인 측면이 매우 강하게 적용되어진 이야기들을 정설로 받아들이고 있습니다. 그리고 여러분 세계에 예부터 전해져 내려온 이야기들과 각종 소설을 통해 전해진 것이 마치 그럴 것이라는 여러분의 의식을 통해서 굳어져 왔습니다. 그런 의미에서 천국은 그렇고, 지옥도 그렇다는 의식이 그런 세계들로 안착되었다고 하는 것입니다.

요즘, 드라마나 영화들을 통해 그려지고 있는 사후세계들은 그런 것들이 소재가 되어 여러분을 찾아오고 있는데, '실제로 그렇게 펼쳐진 세계인가?' 하는 것이 여러분의 상상력을 자극한다고 봐야 하겠지요. 정말로 그런 세계들이 있으며, 그렇게 펼쳐져 있을까요?

여러분은 보이면 진실이고, 보이지 않으면 거짓이라고 합니다. 또한 다른 이들의 증언이 있어도 자신이 직접 본 것이 아니면 믿지 않으려고 하고, 많은 영상 자료들이 있어도 조작설을 내세워 믿지 않으려고 합니다. 마음이 넓어 다른 이들이 보거나 그것을 영상으로 올린 것을 보고 나서 믿으려고 하는 이들도 그 믿음의 척도가 매우 취약하다고 하는 것입니다. 인생을 사는 것에 올인하고 있는 여러분은 설령 그런 세계들이 있다고 해도 심각하게 받아들이고 있지 않아서 마치 놀이시설처럼 가고 싶으면 가고, 그렇지 않으면 가지 않아도 되는 정도로 받아들이고 있다는 것입니다.

물론 여러분의 3차원 물질 인생이 최우선의 과제였기에 그것이 주요 목적이 되어 살도록 했고, 다른 차원의 세계들과 정보들은 기억할 수 없도록 했기에 그렇다고 봐야 하겠지요. 여러분의 그런 인식들과 의식들이 그렇게 형성되었기에 그렇게 받아들이게 된 것입니다. 그렇다고 해서 여러분을 탓하려고 하는 것도 아니고, 그런 여러분의 현 상태를 그대로 둘 수도 없게 되었기에 여러분을 각성시키고, 잃어버린 정보들을 다시 복구시키려고 하는 것입니다.

그런 의미에서 사후세계는 여러분이 반드시 알아야 하는 진실이며, 그것을 믿고 안 믿고는 선택이 아닌 필수라고 하는 것입니다. 몰라도 그만이 아니라, 반드시 알아야 하고, 적당히 알아야 하는 것도 아닌, 정확히 알아야 하는 것입니다.

지금까지 여러분의 물질 인생에 개입하지 않고 방해하지 않은 것은 때가 이르지 않았기에 그런 것입니다. 혹여라도 물질 인생을 소홀히 하지 않을까 하는 염려 때문이었지요. 부분적으로 아는 것은 아는 것이 아니며, 오히려 혼선을 만들고 잘못된 정보들을 양산해내기 때문에 왜곡된 정보로서 자리하게 됩니다. 이런 것들이 여러분의 진실을 가리는 역할을 했던 것입니다. 하지만 완전한 진실이 나타나면 그렇지 못했거나 그러한 정보들은 먼지처럼 사라질 것이고, 밝은 빛 아래 놓여 있는 것처럼 명백히 드러날 것입니다.

우리 이야니들은 여러분의 어두운 부분들과 감추어졌던 진실들을 공개해 부분적으로 전해졌던 것들을 완전하게 나타낼 것입니다. 천국은 더 이상 감춰질 필요가 없으며, 더 이상 추상적으로 그려질 필요가 없습니다. 여러분의 조상들이 있는 곳이자, 앞으로 여러분이 오게 될 천국에 대한 진실들을 소개할까 합니다.

행성 단계에서부터 태양계와 성단, 별자리, 은하계, 은하군, 은하단, 초은하단과 1~15차원 세계와 의식세계, 물질 우주 단계에서 비(非)물질 우주 단계에 이르기까지 여러분이 진실로 궁금하게 여기던 신비한 세계인 천국의 비밀을 공개하겠습니다.

이 정보 공개는 주(主) 시라야 크녹세스님의 권유와 주(主) 사나트 쿠마라 니르기엘님의 요청에 따라 저 초천사 칸단시아와 생각 조절자 아르주카탄야가 함께할 것입니다.

이로써 머리말을 줄일까 합니다.

'아-모-레-아 에-카-샤(A-mO-RA-eA Ec-Ka-ShA).'

에이스카풀루스

목차
目次

머리말(Preface)   004

시작하며(Begin)   010

01 사후세계(死後世界 : An After Life)   015

02 공동 운명체(共同 運命體 : Common Destiny)   031

03 이딘 · 에덴(E-dinu · Eden)   047

04 에딘(Edin)   063

05 헤일로(環 : The Halo)   079

06 다중 천국(多重 天國 : Multiple Paradise)   096

07 다중(多重) 채널 네트워크 체계(Multi-channel Network System)   112

08 정크 채널(The Junk Channels)   127

09 진동수(振動數)와 진동장(振動場)(The Frequency and Vibration Field)   141

10 파르티키(The Partiki)   156

11 성삼위일체(聖三位一體) 마누-마나-에아(Divine Trinity ManU-ManA-EirA)   170

12 화서고낭(華胥姑娘) · 여와(女媧 : Nüwa) 184

13 천국(天國)의 계단(The Stairway to Heaven) 199

14 천로역정(天路歷程 : The Pilgrim's Progress) 214

15 야곱의 사다리(Jacob's Ladder) 228

16 옥타브 트랙(An Octave Tracks) 242

17 시뮬레이션 천국(Simulation Heavens) 255

18 실존 천국(實存 天國) 아ㅡ모ㅡ레ㅡ아(Existential Heaven A-mO-RA-eA) 269

19 우주 머카바 순환 체계인 천국(Heaven the Universal Merkabic 282
Circulatory System)

20 그리스도 격자망(Kristiac Grid Network) 296

21 가림 천국(假林 天國), 청림 천국(靑林 天國)(False Garden Heaven, 309
Azurite Garden Heaven)

22 마음 밭에 뿌려진 씨앗인 그리스도와 천국(Krist & Heaven the 324
Seed Sown in the Field of the Heart)

23 농부(農夫)의 마음은 천국(Farmer's Heart is Heaven) 339

24 천국 문(天國 門)을 열면서(Opening the Gates to Heaven) 352

참고 도서 목록 360

시작하며
Begin

사랑하는 형제자매님.

우리는 천국(天國 : Heaven)에 대해 전해 드리려고 하는데, 여러분이 지금까지 이야기하고 있는 천국과 낙원에 대해 잘못 전해지고 있던 부분들을 새롭게 정리해드릴 필요가 있음을 알게 되었습니다.

소설가들이나, 꿈과 임사체험 등을 통해 전해진 이야기들을 통해서 여러분에게 알려진 세계들을 여러분은 천국, 또는 낙원, 극락이라고 표현을 하고 있습니다.

고금을 통틀어서 전해진 이야기들을 드라마, 영화, 소설 등에 표현해 반드시 가고 싶은 곳으로 그렸으며, 인생을 종료한 인류가 가서 살고 있는 장소로서 반드시 가고 싶은 곳으로 표현하고 있습니다. 그리고 인생에서 꿈에 그리던 살기 좋은 장소를 지상 낙원이라고 해서 죽기 전에 반드시 다녀와야 하는 장소로서 손꼽기도 합니다. 여러분도 지구촌에서 가장 아름다운 휴양지라고 선정해 꿈에 그리던 여행지로 꼭 다녀와야 하는 곳으로 만들기도 합니다.

여러분은 현실 낙원이라고 해서 그곳에서 살고 싶어 합니다. 아름다운 남태평양 섬에 있는 휴양지, 에메랄드빛의 바다나 호수, 그런 장소에 있는 별 일곱 개의 특급 호텔, 최상의 서비스와 먹을 것들, 이런 곳으로 여행을 가고 싶거나, 살고 싶어 하십니다. 얼마나 오래 살 수 있을까요? 죽을 때까지 그런 곳에서 아무 걱정 없이 살 수 있을까요?

꿈같던 휴가도 끝나면 인생 현장으로 돌아가야 하고, 꿀같이 달콤한 휴식도 끝나면 인생을 위해 사회로 돌아가야 합니다. 공부하는 학생들은 방학이 길었으면 하지만 학교를 그만둘 수는 없고, 휴가가 길었으면 하는 직장인들도 직장을 그만둘 수는 없습니다. 돈 걱정 없는 부자도 마냥 놀기만 할 수도 없는 것이, 바로 인생을 프로그램에 따라 살아야 하기 때문입니다.

모든 근심, 걱정을 내려놓고 그런 곳에서 살고 싶은 것이 바로 여러분의 꿈이자, 희망이라는 것을 잘 알고 있습니다. 그런데 근심과 걱정을 내려놓을 수가 없기 때문에 그런 꿈의 장소에서 오랫동안 머물 수가 없는 것입니다. 알츠하이머를 앓고 있거나, 기억 상실증이 있는 사람은 천국에 있어도 그것을 인식할 수 없기 때문에 천국에 있다고 할 수 없습니다. 인생은 근심과 걱정의 연속이기 때문에 인생을 졸업하기 전까지는 천국을 즐길 수 없습니다. 잠깐의 즐거움과 기쁨은 또 다른 걱정거리 때문에 사라지고 없으며, 추억 속에 있는 사진처럼, 단편적 정보로서 저장되고 마는 것입니다.

세상의 모든 것을 가지고 있는 인생들은 인류 사이에서 부러움의 대상들이 될 수는 있겠으나, 그렇다고 해서 근심, 걱정이 없는 것이 아니고, 그들 나름의 걱정들로 인해 천국 생활을 하고 있지 못합니다. 부귀영화를 누린다고 해서 근심, 걱정이 없는 것은 아닙니다. 천국이 눈에 보이는 장소에 있어서 그곳에서 산다고 해도 그곳이 천국이 될 수는 없습니다. 마음에 근심과 걱정이 넘쳐 나고 있다면 그곳은 천국이 아닌, 지옥이 될 것이고, 이 세상이 될 것입니다.

여러분은 천국에 살기를 원합니다. 그런 여러분을 빠짐없이 천국에 데려간다 해도 그곳에서 살기를 원하는 인생들은 얼마 없을 것인데, 마음을 모두 비워내고, 어떤 욕망도 없이 모든 것을 사랑하는 것으로 살아야 하는 곳이 바로 천국입니다. 며칠이야 휴가를 즐기는 것처럼, 즐길 수는 있겠지만, 마음을 숨김없이 열어놓은 상태로 얼마나 버틸 수 있을까요. 지체 없이 짐을 챙겨서 떠나려고 할 것입니다. 여러분은 결코 그렇지 않다고 하실 것이지만, 진실은 그렇다고 하는 것입니다.

여러분이 살고 있는 이 세상도 여러분 표현처럼, 얼마나 시끄러운지요. '인생 사는 것이 다 그렇지' 하고 말겠지만, 진정한 평화를 위해서는 분쟁을 일으키는 마음을 잡아야 하고, 가족, 이웃, 사회와 진정한 사랑을 통해 살기 위해서도 모든 것을 용서하고, 포용하며, 이해하려는 마음이 있어야 합니다. 이 마음들이 조화를 이루어 있는 곳이 바로 천국입니다. 장소도 중요하지만 그 장소에 살고 있는 존재들이 어떤 마음들을 갖추고 있느냐가 더 중요하다 하는 것입니다. 설령 그런 마음을 가지고 있는 인생이 있다고 해도 혼자서는 할 수 없으며, 그런 마음을 가지고 있는 인류가 평균 정도를 구성하고 있어야 실현 가능하다 하는 것입니다.

세상이 점점 어지러워가는 것은 아름다운 마음보다는 부정한 마음을 품고 있는 인류가 더욱 늘어나고 있어서입니다. 좋은 뉴스보다는 좋지 않은 뉴스가 넘치고 있는 것도 그런 이유 때문인데, 과연 천국을 원하고 있을까요. 천국이 되기 위해서는 인류의 마음이 그만큼 희생해야 하고, 그만큼 책임을 져야 하기 때문에 어렵다고 하는 것입니다. 손해 보는 것을 가장 싫어하는 여러분 입장에서는 마음을 내려놓고 모든 것을 희생하고 책임지는 것을 누가 좋아할까요. 성인(聖人) 한두 명이 해결할 수 있는 것이 아닙니다.

천국은 그런 에너지와 빛을 가지고 있는 존재가 적어도 14만 4천 정도가 되어야, 그 세계가 천국이 될 수 있는 것입니다. 그런 조건을 충족하고 있는 존재의 마음은 이미 천국을 완성되어 있는 것이고, 그런 존재들이 시민들이 되어 살고 있는 도시가 천국이 되는 것입니다. 그것이 확장되어 나라가 되고, 세상이 되며, 행성으로 넓혀지는 것입니다.

우리는 천국에 대해 함께 이야기하려고 합니다. 우리는 이야니(Eieyani)이며, 이온(AEON, Azurite Eieyani Order of Nebadon) 상임 이사회(AEON Standing Board of Directors)를 이끌고 있는 여러분의 형제자매입니다.

01

사후세계

(死後世界 : An After Life)

Heaven's Gates

01
사후세계

사랑하는 여러분.

사후세계, 여러분이 인생을 죽음으로 끝내면 가는 곳입니다. 간혹가다 초청에 의해 다녀오기도 하는데, 의식 불명에 빠지거나 장례를 치르는 사이에 이루어지는 것입니다.

여러분은 이곳을 천국으로 부르거나 낙원으로 표현하시는데, 명확히 표현하자면 중간계라고 할 수 있습니다. 행성에 적용된 물질체험 프로그램에 의해 마련된 세계이자, 여러분의 체험을 돕기 위해 적용되어 운영되고 있는 곳이기도 합니다.

이곳의 관리는 영단에서 하지만 감독은 티타니아(Tythania : 금성)에서 하고 있습니다. 그 이유는 티타니아와 행성 지구를 연계해 설정된 프로그램 때문인데, 과거 파괴되지 않은 체계 질서에 의하면 굳이 필요하지 않았던 부분이었으나, 타락 세력들에 의해 체계가 와해되고 나서 티타니아에서 관여할 수 없게 되면서부터 중간계가 새롭게 형성되어 운영되고 있었습니다.

통상, 천국은 과정에 따라 상위세계와 자연스럽게 연결되어 운영되는 것이 기존 질서 체계였으나 타락 세력들의 강제 개입이 이루어지고 나서 끊어지게 되었으며, 자신들의 편리에 의해 4차원 세계에 중간계가 들어서게 되었던 것입니다.

과거에는 여러분이 인생을 끝내면 티타니아로 이동했지만, 그것이 폐쇄되고 나서 중단되었으며, 인생을 끝내면 저들이 머물고 있는 4차원 세계로 이동하게 되었고, 그곳에 머물러 있다가 물질 인생을 살기 위해 다시 태어나는 것을 반복하고 있었던 것입니다. 저들은 이것을 여러분이 알면 안 되었기 때문에 모든 기억을 세탁하고 조작해 여러분을 속여왔던 것이고, 이것을 알 리 없던 여러분은 지금의 인생이 처음이자, 마지막이라고 알고 있었던 것입니다.

과거의 질서대로라면 모든 과정을 다 기억하고 있으면서 인생의 배움과 관계들을 잘 정리하면서 살았을 것입니다. 인연법과 무엇이 필요한지, 부족한지를 모두 알고 있었기에 인생에서 다툼과 분란이 없었을 것입니다. 진화 연대기라는 순환 회로에 따라 상승과 하강이 조화롭게 이루어졌을 테니까요. 이제는 그런 조화와 질서가 모두 무너졌음이니, 상승할 수 없는 체계가 자리하게 된 것입니다. 이것은 어디까지나 일방적으로 이루어진 것은 아니며, 여러분의 합의가 있었기에 가능했던 것입니다. 물론 여러분을 철저하게 속인 저들의 기만 전술 때문이었습니다.

어찌 되었든, 그 후에 여러분은 육체를 벗고 티타니아로 가던 루트가 사라졌으며, 그것을 대신해 4차원 세계가 행성에 들어서게 되었습니다. 저들은 여러분을 속였기 때문에 탄로 날 수 있는 근거들은 모두 제거했으며, 그것을 감추기 위해서 4차원 세계를 10단계로 세분화해 꾸미게 되었던 것입니다. 본래는 저들이 행성으로 바로 들어설 수 없어서 자신들이 머물 수 있는 공간을 마련한 것이 바로 4차원 세계였는데, 이제는 인류를 가두고 관리할 수 있는 공간으로 전용되었던 것입니다.

인류들이 사후세계가 그렇게 변칙적으로 변화되었음을 알 수 없었던 것은 타락 세력들이 NDCG'n(Nibiruv Diodic Crystal Grid Net : 니비루 진공 수정 격자망)을 설치해 행성에 들어선 존재들이 더 이상 다른 행성, 다른 공간, 다른 차원계로 상승하거나 이동할 수 없게 했기 때문입니다. 즉, 인생을 종료하고 육체를 떠난 혼들이 더 이상 행성을 벗어날 수 없게 되었던 것이에요. 그리고 그 사실을 모르고 육체를 벗은 존재들은 저들이 설치한 포획광선인 빛의 터널로 자동적으로 이끌려 들어가 저들이 머물고 있는 4차원 영역으로 들어서게 되었던 것입니다. 저들은 이렇게 들어선 존재들을 편히 쉬게 해주겠다는 명목으로 휴면시설로 안내해 마취 광선을 통해 숙면시킨 상태에서 저장된 기억들을 삭제하고, 조작된 기억으로 세뇌시켜 그곳에 머물도록 한 것입니다.

저장된 기억이 없는 존재들은 머물고 있는 장소를 저들의 뜻에 따라 천국으로 받아들였으며, 저들을 천사들로 인식하게 된 것입니다. 저들은 본래의 모습을 감추고 흰옷을 입고 날개까지 달아 여러분이 천사로 알도록 했습니다. 또한 거짓 신전과 거짓 장소들을 조성해 마치 '신'을 섬기는 것처럼 꾸몄던 것입니다.

죽음 뒤에 포획광선에 포집되지 않았다 하더라도 NDCG'n을 벗어날 수 없는데, 접촉하는 순간 전자기 충격에 의해 모든 기억들이 삭제되기 때문에, 마치 부유하는 유령처럼 된다는 것입니다. 그럼 그다음 과정은 어떠한지 잘들 아시겠지요. 추적꾼들에 의해 강제로 끌려가는 것입니다. 저들에게 발각되지 않고 오랫동안 머물 수 없는 것은 레이더망에 걸리기 때문에 그런 것이고, 물질세계에 많은 후회와 미련을 갖고 있는 존재들은 저들이 당분간 지켜보기 때문입니다. 이 추적꾼들은 저승사자로 전해졌으며, 죽음을 맞이한 존재들을 안내하려고 오는 안내자 역시 저들이 보낸 존재들입니다.

본래부터 있었던 윤회는 체험을 간직하고 깨달아 상위세계로 진출할 목적으로 운영되었다면, 저들이 운영하는 시스템은 체험을 간직할 수도 없게 되었으며, 상위세계로 진출할 수도 없게 되었던 것입니다. 아무런 체험 정보 없이 반복적인 윤회만 하게 되었다는 것입니다.

저들은 또한 여러분을 관리하기 위해 지옥이라는 영역도 창조해 죄악을 저지른 인류를 가두어 체벌하는 곳으로 만들었는데, 우주의 법칙에 위배된 것입니다. 우주에는 죄와 벌이 있지 않으며, 그런 장소도 있지 않습니다. 진화세계에서 필요에 의해 창조되고 조성된 곳이 있기는 하나 원칙상 우주 법칙에는 통용되고 있지 않다는 것입니다.

여러분이 알고 있는 지옥도 타락 세력들이 여러분을 통제할 목적에 의해 조성한 것이며, 우리에 의해 창조된 세계가 아닙니다. 저들은 여러분을 통제할 목적으로 이 세상에 종교들을 도입했고, 교리들을 적용시켰는데, 뜻을 따르지 않는 인류를 지옥이라는 곳에 보내어 관리할 수 있도록 한 것입니다. 그렇다보니 자연스럽게 죄가 생겨 나왔고, 벌이 도입되었던 것입니다. 그것을 위해 이브의 타락과 아담의 타락이 저들에 의해 조장되었으며, 원죄가 들어서게 되었던 것입니다.

여러분은 저들이 만들어낸 감옥에 수감되어 저들의 질서에 편입되었으며, 저들의 뜻에 의해 복종하는 존재들이 되었던 것입니다. 아무것도 모르고 가면을 쓰고 접근한 저들을 허용해 받아들인 결과가 너무 참담했던 것입니다. 우리는 여러분의 무책임한 관용을 깨달을 수 있도록 배움의 기회 즉, 반면교사할 수 있도록 한 주기 사이클을 어둠에 의한 체험이 펼쳐지게 했습니다. 1만 2천 년 동안 어둠에 의해 펼쳐진 역사를 여러분은 현대 문명의 역사로서 알게 된 것입니다.

이때부터 인류로서 행성에 태어난 존재들은 행성을 떠날 수 없게 되었으며, 반복되는 윤회에 의해 죽음과 탄생을 맞이했던 것입니다. 우리는 관용에는 반드시 책임이 뒤따른다는 진리를 깨닫도록 인류에게 단 한 번의 기회를 제공한 것이며, 1만 2천 년 동안 현대 문명을 체험하면서 상승할 수 있는 자격을 갖추기를 바랐던 것입니다. 물론 어둠의 방해 공작은 당연히 있게 된 것이고, 그것이 바로 시험이었던 것입니다. 참된 빛을 찾아내기 위해서는 짙은 어둠을 통과해야만 했던 것입니다. 어둠은 빛을 있게 하고, 빛은 어둠을 있게 하는 것이 물질 우주의 법칙이었기 때문입니다.

사후세계인 4차원 영역은 그렇게 해서 도입되었으며, 지금껏 운영될 수 있었습니다. 여러분은 천국과 지옥을 받아들였으며, 그곳에서 휴식을 취하거나 벌을 받게 되었던 것입니다. 천국을 주관하는 존재를 옥황상제, 지옥을 주관하는 존재를 염라대왕이라고 알고 있고, 천국을 안내하고 여러분을 돕는 존재들을 천사로, 지옥에서 여러분을 힘들게 하는 존재들을 악마라고 알고 있습니다.

사실 세부적으로 여러 계층과 존재들이 있지만, 먼저 여러분이 인생을 끝내고, 4차원 세계인 아스트랄계로 들어서면 중간계라는 4.5차원 세계에 다다르게 되는데, 이곳에 설치되어 있는 카르마 위원회(Karmic Board)에 출석해야 하는 것 때문입니다. 카르마 위원회는 인생을 종합 평가하고, 부족한 부분들을 상담과 조언을 하며, 천국과 지옥에 보낼 평결을 하는 곳입니다. 어느 누구든 예외가 없으며, 죽은 존재들은 반드시 출석해서 자신과 관련된 평결을 받아야 하기에 대기자들이 많이 기다리고 있다는 것입니다. 대기 기간은 3~7일 정도 소요되며, 불가피한 것이 아니라면 그 기간을 넘기지 않습니다.

여러분은 평결을 받는 것 때문에 두려움을 가지고 계시는데, 이것이 바로 오해에서 비롯되었다고 하는 것입니다. 카르마 위원회가 존재하는 것은 심판이 목적이 아니고, 여러분의 물질체험을 적극적으로 돕기 위해서입니다. 여러분이 선택한 어둠의 체험은 두려움을 기반하고 있어서 그것을 통과하는 것이 완성을 이루는 것이었습니다. 하지만 난이도가 매우 높아서 통과하는 것이 쉽지 않았습니다. 그런 과정 때문에 억측이 넘쳐나게 되었음이니, 그렇게 될 수밖에 없었던 것은 '두려움'이 그렇게 한 것이었지요.

인생을 마무리할 노년기에 접어든 인류보다는 현대 사회에서 많이 일어나고 있는 사고사 때문에 세상을 떠나는 존재들이 바로 큰 두려움을 안고 카르마 위원회에 출석한다는 것입니다. 이런 과정들 때문에 무의식에 트라우마로 자리 잡게 되었던 것입니다. 기억이 제거되었다 해도 그 흔적들이 쌓이다 보면 체험의 실패를 많이 한 존재들일수록 그럴 수밖에 없었던 것입니다.

카르마 위원회는 그런 여러분을 안심시키고, 결코 그렇지 않다는 것과 자신의 물질체험을 객관적으로 바라볼 수 있도록 돕고 있는 것입니다. 무엇을 잘했고, 무엇이 부족했는지 상담과 조언을 통해 스스로 점검할 수 있도록 최선의 봉사를 해주는 곳입니다. 위원들이 바로 상담사와 조언자로서 역할을 한다는 것이며, 심판자로서 자리하고 있는 것이 결코 아닙니다. 영적 존재들에게는 물질체험이 결코 쉬운 것이 아니었기에 상담과 조언이 반드시 필요했던 것인데, 그것이 와전되어 심판받는 것으로 오해되었던 것입니다. 또한 천국과 지옥 체험을 하고 돌아왔다는 이들의 증언들이 더욱 오해의 불씨를 키웠다고 해야 되겠지요.

천국과 지옥은 아스트랄 영역에 있어서 여러분의 3D 세상과 다르기 때문에 그런 오해가 충분히 생겨 나올 수 있었던 것은 바로 '마음의 거울' 때문이에요. 바로 존재들의 마음의 상태를 그대로 비춰주기에 그런 것입니다. 자신이 원하거나 어떠한 심상을 가지고 있다면, 그것을 그대로 형상화시켜주는 것이 바로 천국과 지옥이라는 것입니다. 반대로 두려움을 가지고 있거나 싫어하는 것이 있다면 극대화해서 나타난다는 것입니다. 그러니 같은 마음을 가지고 있는 인류가 서로 끌어당기게 되고, 그렇게 해서 마음이 같은 존재들끼리 모이게 된 것이며, 그렇게 영역이 형성되어 나뉘게 된 것입니다. 우리가 만든 것이 아니라, 이곳에 들어선 여러분이 그렇게 만들었다고 해야 되겠지요. 어둠 역시도 큰 테두리만 두었을 뿐이고, 세부적인 것들은 인류에 의해 창조되었다는 것입니다.

4차원 영역은 10단계로 나누어져 있고, 4.5단계에 중간계가 자리하고 있습니다. 4.6~4.9단계는 여러분이 하늘이라고 표현하는 우주 권역에 있으며, 물론 달의 궤도 안쪽에 자리하고 있습니다. 4.1~4.4단계는 여러분의 행성 지저에 위치하고 있으며, 영역은 아갈타 제국이 있는 곳이 아닌 그 경계선 밖까지 투영되어 있다고 보면 됩니다. 서로의 경계는 경계벽인 방어벽이 있어서 왕래할 수는 없으며, 서로 인식할 수도 없습니다. 4.6~4.9단계의 영역을 여러분은 천국으로 인식하고 있으며, 인생을 종료한 여러분의 조상이나 지인들이 머물고 있습니다. 또한 4.1~4.4단계의 영역을 여러분은 지옥으로 알고 계시고, 그곳에도 조상들과 지인들이 자리하고 있습니다.

전한 대로 두 세계는 카르마 위원회가 보내는 것이 아니라, 여러분 스스로들이 알아서 들어가는 것이어서, 강제로 보내거나 끌고 가는 것이 결코 아닙니다. 모든 것은 절차에 따라 이루어지는 것이며, 스스로 가야 할 곳을 알기 때문에 가는 것입니다. 그곳에 관리자로 있는 존재들은 안내자로서 안내하는 것입니다. 존재들의 형상과 장소의 분위기는 인류가 어떤 마음으로 받아들이냐에 따라 형성된다고 보시면 되는데, 바로 마음의 반영이라고 할 수 있습니다.

여러분은 4차원 영역을 벗어나 5차원 영역으로 나갈 수 없는데, 그것을 실현하기가 만만치 않아서입니다. 과거 붓다, 노자, 예수아 정도만이 성공했다고 전해드렸는데, 그만큼 성공 확률이 낮다고 하는 것입니다. 이것은 1만 2천 년을 기준해서 전하는 것이며, 현대 문명을 살고 있는 인류를 대상으로 전하는 것입니다. 고대 문명으로 전해진 레무리아와 아틀란티스에서 살았던 인생들에게 주어진 기회에 따라 현대 문명이 들어선 것이고, 윤회를 통해 인생들을 살게 된 것입니다. 과거처럼, 체험이 축적되었다면 벗어날 수도 있었겠지만 책임에 대한 무거운 짐이 지워지고 나서부터 난이도가 상향되었다는 것입니다. 그리고 체험도 더 이상 축적될 수 없게 되었던 것입니다.

4.6~4.9단계에 머물고 있으면서 배운 것들도 물질 인생에 가져올 수 없었고, 물질 인생에서 터득한 것들도 더 이상 사용할 수 없게 되었던 것입니다. 한 번 주어진 물질 인생에서 깨달음을 완성시키지 않는다면 두 번의 기회는 주어지지 않게 되었던 것입니다. 이것이 무관용 원칙에 따른 조치였습니다. 원칙적으로 4.1~4.4세계로 들어간 인생들은 윤회의 기회가 주어지지 않았으나, 어둠이 인류의 타락을 원하게 되면서부터 윤회를 통해 인류 사회를 어지럽히는 역할자로서 들어서게 되었습니다. 여러분은 연쇄 살인범들이나 소시오패스 같은 인생들이 사회에서 영구 격리되기를 원하셔서 처형해서 분리시켰다고 받아들이셨지만, 어둠은 그런 존재들을 다시 태어나게 해서 인류 사회를 어지럽히게 한 것입니다.

인류의 의식이 깨어나려는 것은 원천적으로 방해하고, 어둠에 물든 존재들은 더욱 많이 태어나게 해서 활개 칠 수 있도록 했던 것입니다. 여러분은 어둠을 탓하시겠지만 모든 조건을 허용한 것은 바로 여러분입니다. 레무리아와 아틀란티스에 살았던 여러분은 그 시절에 오리온에서 추방된 존재들을 받아들이는 선행을 베푸셨다고 생각하셨겠지만, 어설픈 선행이 더 큰 비극을 몰고 왔던 것입니다. 그렇게 해서 4차원 영역이 들어섰으며, 여러분의 혼들을 가두는 장소로서 자리하게 된 것입니다. 이 세계는 약 400억의 인류를 수용하고도 남을 만큼 크다고 할 수 있습니다.

카르마 위원회의 평결에 따라 상위세계인 4.6~4.9영역으로 들어가는 존재들은 천국에 들어갔다고 받아들였고, 하위세계인 4.1~4.4영역으로 들어가는 존재들은 지옥으로 들어갔다고 받아들였습니다. 이러한 부분은 종교를 이용해 더욱 극대화시켜나갔는데, 임사체험 등을 통해 널리 알려질 수 있도록 했으며, 간접체험이라 할 수 있는 꿈과 기도 중의 환상, 명상 중의 환상들을 이용해서 인류 사회에 전파되도록 했습니다. 인류는 그렇게 기정사실로 받아들였던 것입니다.

붓다, 예수아, 노자가 진리를 전했지만 타락 세력들은 우상화 정책과 종교화 정책을 통해 맞불 작전을 성사시켰으며, 인류는 진실하지도 않은 정보들을 맹신해 받아들였습니다. 그렇게 들어선 거짓 천국과 거짓 지옥은 마치 난공불락의 요새처럼 여러분을 1만 2천 년 동안 가두는 데 성공했던 것입니다. 저들은 자신들의 세계에서도 골치 아픈 존재들을 데려와 이곳에 가두어두었고, 기억들을 강제로 삭제했던 것입니다. 이즈-비(IS-BE)들은 영원불멸의 존재들이었으나, 기억들을 잃어버리고 나서부터는 필사자들이 되었던 것입니다.

여러분은 거짓 천국에서 천사들이나 종교들의 신들을 만나면서 그곳이 진정한 천국이라고 받아들였고, 그곳에 있는 거짓 신들에게 감사하고 경배를 드리게 되었던 것입니다. 예수나 붓다, 경전 속에 등장하는 인물인 존재들은 그곳에 있지 않으며, 있다면 영단이 있는 샴발라에 있습니다. 샴발라는 지저세계를 관리하는 수도이며, 아갈타 제국의 중심 역할을 하는 곳입니다. 이곳의 시민들과 주민들은 고대 문명에 태어나 살았던 존재들로서 인류 문명과는 별도로 정착할 수 있는 자격을 갖추었기에 영단에 의해 받아들여졌습니다.

여러분도 고대 문명에 태어나 살았던 것은 맞으나 상위세계로 들어갈 수 있는 자격을 갖추지 못했기 때문에 현대 인류로서 다시 환생했던 것입니다. 그리고 그 기억들을 모두 잃어버렸던 것이에요. 여러분은 1만 2천 년의 윤회 사이클을 통해 깨달음을 완성하기로 서약했으며, 어둠의 시험 코스를 극복하기로 서약했습니다. 물론 기억을 할 수 없다는 핸디캡을 안고서 말입니다. 본래의 계획에 의하면 고대 문명 때에 인류는 의식을 완성하기로 예정되어 있었습니다. 어둠을 수용하기로 한 조건은 필수가 아닌 선택사항이었으나, 인류의 측은지심에 의해 받아들여졌던 것입니다. 하지만 인류가 간과한 것이 있었으니, 자신들의 의식의 역량이 어둠을 완전히 포용할 수준은 아니었던 것입니다. 그것을 모른 채, 어둠의 에너지체험을 선택한 인류는 문명의 멸망을 지켜봤으며, 윤회의 사슬에 들어가게 되었던 것입니다.

고대 문명 때 인류는 인생을 종료하면 중간계가 있는 티타니아로 들어가 쉬면서 다음 과정을 준비했던 것입니다. 이 과정이 인류의 타락으로 사라지게 된 것이고, 어둠이 등장하면서 4차원 영역이 들어서게 된 것입니다.

우리는 모든 것을 알고 있었고, 인류가 측은지심을 발휘할 것도 알고 있었습니다. 어떤 측면에서는 그렇게 선택하도록 유도했다고 할 수도 있었던 것은 어둠을 받아줄 곳이 네바돈에서는 없었다는 것입니다. 네바돈 입장에서는 '이 존재들을 다른 큰 우주로 보내면 되지 않느냐'라는 의견이 없었던 것은 아니었으나, 그 의견이 힘을 받을 수 없었던 것은 그만큼 심각했기 때문입니다. 풀지 못하던 그 문제를 여러분이 수용하기로 하면서 전격적인 지지가 있었던 것입니다.

그러면 우주 영단에서는 책임이 없느냐 하시겠지요. 우선 직접적으로 어둠의 에너지가 나온 오리온 영단에 속한 위원들이 화신했으며, 우주 영단에서도 화신이 이루어졌던 것입니다. 이 문제의 책임을 지고 있는 존재들이 여러분 속으로 들어간 것입니다. 그러나 문제가 그렇게 쉽게 풀어지지 않았음이니, 다른 우주에서 은밀하게 들어온 타락 세력들이 여러분에게로 들어온 것을 인지하지 못했던 것입니다. 그 경우의 수를 읽지 못하고 저들의 역공을 허용했던 것입니다. 이것은 네바돈만의 문제가 아닌 초은하단 수준의 문제로 확장되었던 것이며, 중앙 우주까지도 알게 된 문제로 비약되었던 것입니다.

우리는 그동안 화신한 존재들이 역할을 끝내고 돌아오지 않는 이유를 알지 못했습니다. '조금 시간이 길어지나 보다' 하고 기다리고 있었다고 해야 되겠지요. 우리는 긴급 청구권을 요청받고서야 사태의 심각함을 알았는데, 여러분은 "어찌 모를 수 있느냐" 하실 것인데, 사실 알고 있었지만 무개입 원칙에 의해 지켜볼 수밖에 없었던 것입니다. 각 체계마다, 각 우주마다 자신들의 문제는 자신들이 해결토록 했던 것이며, 상위에서의 개입은 금지하고 있었던 것입니다. 이것은 우리에게도 적용되어졌고, 그렇게 해서 문제가 심각하게 확장되었던 것입니다.

우리는 파견된 존재들이 4차원 영역에 갇혀 있는 것을 봤고, 자신이 누구인지 모든 기억들을 잃어버린 상태로 인간으로서 태어나 살고 있는 것을 봤습니다. 자신들의 자리로 돌아오지 못하고 윤회의 사슬에 묶여 있는 빛의 존재들을 봤습니다. 여러분은 망각의 늪에서 빠져나오지 못하고 있었는데, 그만큼 최면과 세뇌요법에 의해 잃어버린 기억들을 되찾을 수 없었기 때문입니다. 여러분의 아스트랄체를 구성하고 있는 전자입자들은 기억을 저장하고 있는 칩이라고 할 수 있는데, 전기충격요법에 의해 정보들이 삭제되었으며, 빈 저장 공간만이 남겨진 것입니다. 이곳에 거짓된 정보들을 다운로드시켜 자신들의 입맛대로 통제했던 것입니다.

4.6~4.9영역은 천국이 아니라, 여러분의 기억들을 삭제하고, 저들이 원하는 조작된 기억들을 이식시키는 장소입니다. 할리우드 영화 〈아일랜드〉를 보면 조작된 거짓 천국과 조작된 기억들이 등장합니다. 아무것도 모르는 주인공들은 자신들이 유전자 제공자에게 장기를 제공하기 위한 목적으로 양육되고 있었다는 것을 나중에야 알게 되지요.

과거 여러분도 아주라이트(Azurite)라는 호르몬 물질을 제공해주기 위한 목적으로 양육되고 있었음을 기억하시기 바랍니다. 바로 타락한 용족과 파충족에게 제공해주기 위해 사육되어 왔습니다. 여러분이 천국에 대한 좋은 이미지와 환상을 가지고 있는 것도 저들의 계략을 감추기 위한 세뇌와 최면에서 비롯된 것이고, 거짓 입력된 기억에 따라 생성된 이미지라는 것입니다. 지옥은 여러분의 집단적 두려움을 조장해서 아스트랄체에서 생성되는 빛의 호르몬인 스타 더스트(Star Dust/아주라이트 : Azurite)를 채집하기 위한 목적에 따라 만들어졌다는 것이고, 벌을 받는 장소로 이미지 세탁을 통해 여러분을 속여왔던 것입니다. 인류는 1만 2천 년 동안 거짓에 속아왔고, 저들의 뜻에 따라 이용당한 것이며, 조작된 거짓 역사와 신앙, 종교에 종속되어 노예들이 되었던 것입니다.

중간계는 그 역할을 위해 준비된 장소로서 드라마가 펼쳐질 수 있는 곳이 되었습니다. 저들은 여러분에게 천사들과 거짓 신들로서 있었으며, 인생이 펼쳐진 물질세계에도 자신들의 하수인들을 들여보내어 여러분을 통제하고 관리할 수 있도록 했으니, 세계의 권력을 뒤에서 조정하고 있는 어둠의 세력들이 바로 그들입니다. 여러분이 아셔야 하는 부분은 저들의 만행이 아니라, 모든 것을 여러분이 허용했다는 것과, 그것에 의해 진행되었기에 저들을 탓할 수 없다는 것입니다. 다만 그것을 통해 스스로 깨달아 일어날 것을 우리에게 서약했다는 것입니다.

우리는 여러분의 서약을 다시 알려드리는 것이며, 그것을 충분히 지킬 것을 알고 있기에 여러분을 응원하고 있는 것입니다. 여러분은 어렵다고 하십니다. 수많은 정보가 공개되어 있고, 누구든지 원하기만 하면 진리를 접할 수 있는 시대가 되었는데 왜 어렵다고 하는지 우리는 잘 알고 있지만, 그것조차도 여러분의 몫이라는 것을 강조하고 싶습니다. 모든 과정을 시뮬레이션했고, 그것을 그대로 수용했기에 달라진 것이 없다는 점입니다. 여러분이 낯설어하거나 어렵게 생각하는 것조차도 시뮬레이션해왔다는 점을 잊으시면 안 됩니다. 실제와 가상 사이에는 보이지 않는 부분이 있는데, 그것이 바로 여러분의 몫인 '믿음'이라는 것입니다.

믿음은 두 가지 측면에서 진행된다고 하는 것인데, 첫째는 자신에게 내면의 신이 있음을 믿는 것, 둘째는 그 신이 완전하다는 것을 믿는 것입니다. 그 믿음이 얼마나 굳건하냐고 하는 것이 바로 여러분의 몫이라고 하는 것입니다. 어둠에 의해 저질러진 일 중에는 여러분이 할 수 없는 부분들이 있고, 그것을 천상의 존재들이 돕고 있다는 것을 전하는 것은 여러분이 하는 부분과 조화를 이루어야 하기 때문입니다. 그렇지 못하면 성공할 수 없다는 것입니다. 어둠은 바로 여러분의 믿음을 시험하고 흔드는 것이며, 광야에서 시험받았던 예수 또한 믿음에 대한 것이었습니다. 내면의 신은 눈에 보이지 않습니다. 그리고 여러분과 소통하지도 않습니다. 그래서 존재하지 않는 것처럼 되었던 것입니다.

내면의 신을 부정하면 그렇게 되지만, 그것을 믿는다면 또한 확고부동하게 믿는다면 그렇게 된다는 것입니다. 자신이 신이라는 것을 믿는 것이 쉽기도 하고, 어렵기도 한 것은 자칫하면 방종과 교만에 빠지기도 하기 때문인데, 추락하게 되는 원인이 되기도 하기 때문입니다. 신을 믿는다는 것은 온전한 믿음을 바탕으로 순종하는 것이기 때문에 자아가 아닌 내면의 신이 자신을 이끈다는 것입니다. 그것을 예수아는 "내 아버지가 나를 이끄신다"라고 표현한 것입니다.

그럼, 거짓 천국과 지옥이 여러분 세계에 들어선 배경과 이유를 설명해드렸는데, 이것이 사라지게 하는 조건은 무엇인지 알아야겠지요. 신과 동행하는 이의 마음은 부족함이 없는 사랑과 평화가 넘치고 있는 상태이기에 이미 5차원에 해당하는 천국을 이루고 있다 할 수 있으며, 이런 이들이 모여 사는 곳이 곧 천국이 된다는 것입니다. 마음도 천국이요, 보이는 세상도 천국이 되는 것입니다.

여러분 세상은 그렇지 못한 이들이 있는 세상이기에 평화와 사랑이 없으며, 이런 이들이 죽어서 가는 천국도 진정한 사랑과 평화가 없기에 거짓 천국이 될 수밖에 없다는 것입니다. 여러분이 아는 미국 캘리포니아 샤스타산 지저에 있는 텔로스는 4차원 세계이지만 시민들의 의식이 5차원이기 때문에 천국이라고 할 수 있습니다. 여러분이 지금껏 천국으로 아셨던 4.6~4.9세계는 5차원 마음과 의식을 갖추고 있는 이들이 모여 있는 곳이 아니기 때문에, 거짓 천국이라고 하는 것입니다.

사랑하는 여러분.

천국은 장소로서도 중요하지만 그곳에 거주하고 있는 존재들의 마음과 의식이 더 중요하다고 하는 것입니다. 여러분 세상에 부처와 예수가 있다 해서 천국이 되는 것이 아닙니다. 시민들과 주민들의 마음과 의식이 5차원 마음과 의식으로 전환되어야 그렇다고 할 수 있습니다. 선지자들이 등장하는 것은 시민들과 주민들의 마음과 의식을 깨우기 위함이며, 깨어난 이들이 교주나 신격화가 된다면 실패하게 된다는 것입니다.

여러분을 상대로 운영되고 있는 거짓 천국과 거짓 지옥은 임시로 설치되어 운영되었기 때문에 대주기가 시작되는 시점에는 1만 2천 년의 운영 기간을 마무리하고 폐쇄될 것입니다. 거기에 걸맞게 인류의 인생 프로그램도 대전환을 맞이할 것인데, 새로운 주기에 맞는 새로운 인생 프로그램이 적용될 것입니다. 그것에 맞는 자격을 갖춘 인류와 그렇지 못한 인류는 자신들에게 맞는 시스템을 따라 이동해갈 것입니다.

중간계에 위치한 카르마 위원회는 여러분을 위해 운영되어 왔지만 본연의 역할로 돌아갈 것인데, 바로 낙원인 티타니아와의 사이에서 이루어지던 것으로서 말입니다. 지금까지는 여러분을 위해 임시방편으로 운영되었다고 할 수 있는데, 여러분의 프로그램에 적극적으로 개입하지 않은 이유도 바로 여러분의 선택을 무시하고 대처할 수 없었기 때문입니다.

여러분의 의식이 깨어나는 대주기에 따라 새로 개편되는 체제에 의해 실제적인 물질 행성인 4차원 세계와 그곳과 연계해 펼쳐지게 되는 5차원 행성, 그리고 이어지는 상승 순환 주기에 따라 연결된 천국의 계단과 천국의 문들이 비로소 열리는 것입니다.

지금까지 여러분의 상승을 가로막고 있었던 장애물인 거짓된 4차원 영역이 철거될 것이고, 눈앞을 가리고 있었던 장막이 찢기어 나갈 것입니다. 여러분이 잘못 알고 있었던 사후세계는 모든 기능을 멈추고 폐쇄될 것인데, 종료될 시점이 오기 전까지는 트랙에 따라 분리할 것입니다. 지구를 떠나야 할 존재들은 자신들을 이동시킬 우주선들에 탑승할 것이며, 타우라 행성에 새로운 주민들이 될 존재들은 자신들을 이동시킬 우주선들과 지저세계로 이동해갈 것입니다. 그리고 3차원 물질체험을 마무리하지 못한 존재들도 그들을 위해 예비한 행성으로 이동해갈 것입니다.

행성 지구는 공식적으로 3차원 세계를 종료하고, 4차원 세계로 진입해 들어갈 것인데, 새 트랙에 맞추어 행성 타우라로 태어날 것이며, 3차원 세계는 초창기 시대로 재편되어 분리될 것입니다. 지상은 원시 형태의 행성으로서 인류 문명은 더 이상 존재하지 않으며, 지저세계의 원생명들인 파충 종족들이 진화를 이어나갈 것입니다. 4차원 행성인 타우라는 새로운 트랙에 진입해 빛의 순환 고리에 의해 진화할 것이고, 3차원 물질체험을 마무리하지 못한 인류는 새로운 곳에 마련된 3차원 행성에서 진화할 것입니다.

지금까지 운영되어온 거짓된 천국과 거짓된 지옥은 모든 역할을 종료하고 공식적으로 문을 닫을 것입니다.

이제, 여러분은 태초부터 적용되어온 상승 트랙에 편입되어 정상적인 상승 여행을 하게 될 것이며, 그것을 돕고자 들어온 빛의 존재들의 역할이 시작될 것입니다. 변화를 거부하고 막으려고 하는 존재들은 스스로 그것이 얼마나 부질없는 것인지를 깨달을 것입니다. 이것으로 사후세계를 마칠까 합니다.

'우리는 야나스이며, 이온 상임 이사회입니다.'
'아-모-레-아 에-카-샤(A-mO-RA-eA Ec-Ka-ShA).'

02

공동 운명체

(共同 運命體 : Common Destiny)

Heaven's Gates

02
공동 운명체

─────────

사랑하는 여러분.

여러분은 눈에 보이는 현실만을 진실이라고 받아들이고, 그 외는 인정하지 않으려 합니다. 종교계에서나 사후세계를 이야기하지, 그마저도 마음에서는 받아들이지 않고 있습니다.

신을 믿는 것도 그것과 별반 다를 게 없으며, 종교계를 떠나서는 거의 존재하지도 않다고 보고 있음입니다. 종교를 찾는 것은 두려움 때문이고, 기대고자 하는 심리가 적용되었다고 할 수 있음인데, 미래를 알 수 없는 불확실성 때문에 마치 보험에 가입하는 것처럼, 그렇게 접근하고 있다고 봐야겠지요. 기대를 충족시키면 다행이지만 그렇지 못하면 결별 수순을 밟는다고 해야겠지요. 인생이라는 것을 자신이 원해서라고 받아들이는 인류가 얼마나 될까요.

부모에 의해 태어났기 때문에 어쩔 수 없이 산다고 하는 이들이 꽤 많은데, 성공하는 인생들은 다행이지만 불행하다고 받아들이고 있는 인생들은 사는 것 자체가 마치 형벌이나 빚이라고 받아들이고 있다는 것입니다. 그러면 '왜, 인생들은 불공평하게 살아가고 있는지?', '왜, 그렇게 태어나게 되었는지?' 막상 궁금해하다가도 바로 포기하고 만다는 것이에요.

큰 줄기는 어둠에 의해 설정된 인생 프로그램 때문이며, 빛의 존재들인 이즈-비들을 관리하기 위해 설계했기 때문입니다. 막상 여러분은 저들을 볼 수 없는데, 보이면 안 되기도 하지만, 보이면 인생 프로그램을 운영할 수 없기 때문입니다. 저들이 운영 중인 인생 프로그램은 전 인류가 포함되어 있고, 끊임없이 반복되는 패턴을 가지고 있는데, 그것을 감추기 위해서 다음 단계에 진입했을 때 전 단계를 기억할 수 없도록 했기에 돌고 있음을 알지 못한다는 것입니다. 그래서 역사에 등장하는 인물들은 조상들이거나 모르는 타인들이라고 받아들이고 있습니다. 수없이 반복되는 인생들을 살았음에도 기억할 수 없어서 현재의 삶 기억만이 유일하다고 믿고 있는 것입니다.

그래서 왜, 가족을 이루고, 공동체를 이루고 사는지 그 원인을 모르고 살고 있는 것입니다. 남녀가 만나 결혼을 하고, 아이를 낳으며 가족 공동체를 이루는 것이 우연이라고 보십니까? 모두가 인생 프로그램에 의해 형성되는 관계이고, 서로 배우고 가르치며 또한 희생과 봉사를 위해 그런 공동체가 형성된다고 하는 것입니다. 한 존재의 인생 프로그램에 다양한 존재들이 그룹을 이루어 필요한 배움과 체험들을 직접 하거나 간접적으로 하면서 돕는 것입니다. 큰 체험이 종료될 때까지 몇 번에 걸쳐서 공동체를 통한 인생 프로그램을 순환시키는 것이며, 소속된 존재들의 체험이 모두 종료될 때까지 공동체는 유지되는 것입니다. 그룹 상위에 있는 존재가 공동체를 책임지고 운영하며, 상위의 존재들에게 조언을 구하고 상담을 받아 가면서 운영하게 되는 것입니다.

이 인생 프로그램에서 삭제된 것이 있다면 상위 트랙과 연계된 것이 없어졌다는 것과 기억을 모두 알 수 없도록 한 것입니다. 그래서 전생에 대한 어떤 것도 기억할 수 없으며, 상위 트랙에 대한 기억도 할 수 없게 된 것입니다. 여러분의 인생에 방해가 되지 않도록 기억을 봉인했다고 했습니다. 그러면 다른 진화 생명계도 그런 것일까요?

결코, 그렇지 않다는 것입니다. 때가 되면 봉인된 기억들이 돌아오고, 전생과 상위 트랙과도 연결되어 자신의 정체성 회복을 돕는다는 것입니다. 여러분은 아무리 깨어나도 전생도 기억할 수 없으며, 상위 트랙과도 연결되지 못하고 있습니다. 다만 최면을 통해서 또는 영매를 통해서 일부분만 접촉할 수 있는 것이 있지만 자신 스스로를 통해서 알아내는 것이 아니라고 하는 것입니다.

어둠은 여러분의 봉인된 기억들이 돌아오는 것을 원치 않았는데, 자신들이 저지른 잘못들이 모두 밝혀질까 두려웠기 때문이었습니다. 2012년 12월 22일을 시작으로 봉인된 기억을 풀어주기로 여러분과 협정을 맺었으나 그 계약을 어둠이 파기했던 것입니다. 저들은 여러분이 이 진실을 영원히 알지 못하기를 바라고 있으며, 그것을 우리를 통해 경고받았음에도 불구하고 강건하게 여러분을 인질로 해서 버티고 있는 것입니다.

인생 프로그램은 물질체험을 통해 축적되는 체험들의 정보들을 통합 관리하는 프로그램입니다. 프로그램에 따라 7단계의 트랙이 만들어졌으며, 일곱 광선이 동원되었던 것입니다. 하나의 단계를 완성하면 아스트랄체의 광선에 변화가 일어나는데 그것에 따라 의식의 팽창이 있게 되는 것이며, 그것을 이른바 깨달았다고 표현한 것입니다. 그렇게 7단계에 들어서면 선지자의 역할이 주어지게 되고, 인생들의 선생으로서 활동하게 되는 것입니다. 세상의 선생인 교수나 박사들의 경우는 인생 프로그램상의 체험일 뿐이지, 영적 스승과는 거리가 있습니다.

이렇게 7단계의 인생 프로그램을 완성해야만 행성을 떠날 수 있는 자격을 갖추는 것이며, 한 단계가 약 1000~1500년이 소요되고, 중간 휴식기가 약 300년 정도 되는 것으로 설계되었고, 난이도는 상위 단계로 오를수록 높아지기 때문에 100~500년 정도의 시간이 추가되기도 하는 것입니다. 여러분의 교육 과정도 그렇게 구성되어 있음을 알 수 있으며, 영적 체험이 주어지는 것도 상위 단계에 들어설 때에 난이도에 따라서 소급 적용되고 있다는 것입니다. 그래서 4단계까지는 오직 물질 인생에 치중하는 반면, 5단계부터는 영적 인생에 진입해 들어갈 수 있는 기회가 주어지는 것입니다. 물론 그것을 기회로 만들지, 않을지도 선택이며, 종교계 체험 역시도 선택 사항이라 하는 것입니다.

어둠이 인생 프로그램에 장난을 한 것은 주어진 영적 체험 정보들이 공유될 수 없도록 했으며, 그 기억을 가져갈 수 없도록 했던 것입니다. 일반 인생에 가한 제약보다는 더욱 강력한 제약을 해서 결코 궁극의 깨달음을 얻을 수 없도록 했습니다. 깨달았다고 느끼는 환각 작용을 이용해 여러분이 궁극의 길로 들어설 수 없도록 했는데, 어떤 방법을 통해서도 결코 이루어질 수 없도록 했습니다. 다만 자기만족에 빠지게 해서 더 이상 전진할 수 없도록 했음이고, 모든 것을 버리고 비울 수 없도록 했던 것입니다.

신과 하나 되는 것은 물질적 풍요가 함께하는 것이라고, 세뇌해두었으며, 모든 것들을 마음먹은 대로 이룰 수 있다고 세뇌했던 것입니다. 이러한 목적으로 수많은 영적 서적들이 출판되었고 인류에게 소개되었으며, 수많은 영적 스승들이 나타나 인류를 깨달음의 길로 안내하는 것처럼 보였습니다. 여러분은 마치 목마른 대지에 비가 내리는 것과 같은 영적 갈증에서 벗어날 수 있게 되었습니다. 그래서 배우고, 체험하며 자신들의 영성을 깨우는 것에 열광했으며, 그렇게 행성은 빛으로 상승하는 것처럼 보였던 것입니다. 마치 아무것도 변한 것이 없었는데도 불구하고, 변한 것과 같은 착각들이 집단적으로 생겨났던 것이에요.

영적 입문의 길에 들어선 인류는 저들이 쳐놓은 니비루 진공 수정 격자망인 NDCG'n에 걸려들었던 것입니다. 각 출신 우주들의 특색에 맞추어 설치한 전자 그물에 걸리게 되면서 집단적인 환각 작용이 일어났음이니, 마치 영적인 깨달음에 의해 생겨난 현상이라고 받아들였던 것입니다. 채널링을 통해 소개된 책들과 우주선을 목격하고, 우주인들과 접촉하는 일들이 빈번히 일어나는 등 영적 깨달음이 들불처럼 일어났습니다. 스스로가 아이-엠임을 알게 되고, 신과 함께하고 있다는 앎이 생겨났던 것입니다.

어둠은 여러분이 들어온 우주에 따라 그룹화했고, 같은 문명권과 공동체별로 그룹화했습니다. 그렇게 해서 준비된 주파수 대역에 묶었던 것입니다. 이것을 APINs(Atlantis Pylon Implant Network system)이라고 하는데, '비둘기와 올리브 가지', '뱀', '불사조', '매', '용', '흰 독수리'가 있습니다. 타락천사 종족과 외계 침략자 종족들에 의해 운영되고 있습니다. 이들이 여러분의 상승을 원천적으로 막고 있는 상황에서 과연 여러분이 영적으로 깨어나도록 돕고 있다고 생각하는 것은 아니겠지요. 그렇습니다. 인류가 깨어나 전자 울타리를 뚫고 상승하는 것을 원치 않는다는 것입니다.

그렇다면 영성을 위한 서적들과 자료들을 저들이 개발한 인터넷과 SNS로 소통하게 내버려둘 리가 없는데도 말입니다. 말인즉슨 어느 정도까지는 허용하되, 마지노선을 넘을 수 없도록 했다는 것입니다. 여러분 아스트랄체에 여호와 일곱 봉인을 했다는 것인데, 우선 에너지가 소통하는 순환 회로를 거꾸로 돌려놓았다는 것과 일곱 차크라에 에너지 못을 박아서 소통할 수 없도록 했다는 것입니다. 이 조치에 따라 여러분은 빛 에너지를 순환할 수 없다는 천벌을 받은 것이며, 그것이 회복되기 전에는 결코 빛 에너지를 받아들일 수 없게 된 것입니다.

여호와 일곱 봉인은 그것을 설치한 타락 세력들과 우리만이 해체할 수 있으며, 여러분은 불가능합니다. 많은 요법 등이 소개되어 있고, 힐링과 빛 명상 등이 알려져 있지만 여러분을 결국 희망 노예로서 만들고 만다는 것입니다. 여러분의 기대와 희망을 꺾어버린다는 것입니다. 전한 대로 마치 되는 것처럼 속였다가 결국 되지 못하는 것을 반복적으로 해서 포기하게 만든다는 것이에요. 영성 운동이 오랫동안 진행되어 오는 것을 여러분은 잘 알고 계시는데, 왜, 성공하는 이들이 없다는 것입니까?

인도에서 활동하던 많은 스승들과 지도자들이 있었으나, 그들을 따르는 이들과 그 스승들이 성공했는지요? 여러분이 성공했다면 저들이 허술했다는 것인데, 저들이 설치한 체계와 여러분 아스트랄체에 설치한 체계가 쉽게 해체되는 것이 아닙니다.

저들에게 도움을 바랄 수는 없습니다. 그렇다고 우리가 전격 개입해 여러분을 도울 수도 없습니다. 여러분 스스로가 저들이 어쩔 수 없을 정도로 회복해야만 우리의 개입이 명분을 얻을 수 있겠지요. 그 조건이 바로 내면의 신을 향한 믿음이라고 하는 것입니다. 그 믿음이 얼마나 온전한가를 보는 것입니다. 자신을 얼마나 신뢰하고 믿는가, 자신을 얼마나 사랑하는가, 그 조건이 신을 향한 믿음과 사랑으로 직결되겠지요. 차크라에 박혀 있는 에너지 못들을 여러분은 제거할 수 없습니다. 빛 명상, 기 수련 어떤 것으로도 불가능합니다. 그러면 여러분은 하늘을 원망하고, 우리를 원망하겠지요. 모든 것은 여러분의 허락이 있었기 때문에 일어난 일들이며, 저들의 속임수에 속아넘어갔기 때문이라는 사실입니다. 누구를 탓하겠습니까.

여러분은 공동 운명체입니다. 모두가 같은 처지라는 것입니다. 어둠의 하수인들과 저들을 돕고 있는 인류도 결국 같은 운명이라는 것입니다. 모두 제거 대상일 뿐입니다. 그래서 공동 운명체라고 한 것입니다. 여러분이 설령 빛의 존재이고, 영적 각성을 한다고 해도 죽음을 면할 수는 없습니다. 저들의 하수인들도 마찬가지지요. 저들이 쉽게 여러분을 놓아줄 리가 없다는 것입니다. 그래서 빛을 향한 길은 외롭고 힘들다고 한 것입니다. 자신의 모든 것을 포기하고 내려놓아야 합니다. 물질을 향한 그 어떤 욕망도, 감정들도 사라지게 해야 합니다. 사람을 향한 욕망들과 감정들도 모두 내려놓아야 합니다. 기실, 아무 것도 가진 것이 없는 상태를 유지해야 한다는 것입니다. 자신이 무엇을 하겠다는 모든 것들을 포기하고 비워내야만 합니다.

오직 생각하고 하겠다는 것은 내면의 신에게 맡겨야 하고, 전폭적인 신뢰와 믿음을 바탕으로 순종해야 합니다. 자신의 생명도 내맡겨야 합니다. 아무것도 없이 믿고 따라가야 합니다. 그것이 죽음의 길이라고 해도 말입니다. 이것이 온전한 순종입니다. '혹시 잘못될까', '인생이 꼬이지는 않을까', '죽지는 않을까' 하는 염려와 두려움 등이 믿음과 신뢰를 흔들어 따르지 못하도록 하는 것입니다. 여러분은 인생을 스스로 잘 살도록 하고 있다고 믿으십니까? 완벽하게 잘 선택해서 살고 있다고 믿는지요. 하루하루가 기쁘기보다는 늘 불안하고 두려움과 염려로써 지새우는 것은 아닌지요. 이것이 바로 내면의 신을 믿지 않고 있다는 방증입니다.

우리는 여러분이 신성을 깨우시기를 바라는데, 더 이상 불안할 필요가 없으며, 염려할 필요도 없으며, 두려워할 필요도 없다는 것입니다. 신과 함께하는 삶은 그렇지 않다는 것을 전하는데, 성서에 등장하는 에녹과 엘리야가 바로 그들입니다. 신과 동행했다는 것은 외부의 신이 아니라, 바로 내면의 신과 함께했다고 하는 것입니다. 그러니 얼마나 믿고 신뢰했는지, 얼마나 순종했는지, 얼마나 사랑했는지 알 수 있겠지요.

타락 세력들의 입장에서는 여러분이 신과 합일을 하는 것을 가장 싫어하는데, 그것이야말로 자신들의 시대가 끝났음을 의미하는 것이기 때문입니다. 그래서 여러분에게 적정 수준의 의식 깨우기를 허용한 것이고, 거짓 천국을 운영하며, 그러한 세계를 간접체험하도록 해서 자신들이 설정한 울타리를 넘어가지 못하게 했던 것입니다. 마치 마약에 취해서 환상 속에 사로잡혀 있는 동안 자신의 몸은 망가지고 있음을 인식하지 못하는 것처럼 말입니다. 인류에게 주어진 물질의 풍요와 영적인 풍요를 적당히 즐길 수 있는 허용된 자유만큼만 즐길 수 있도록 말입니다.

여러분 입장에서야 거짓 천국도 꽤 괜찮은 세상이라고 알려졌고, 그곳이 인생을 끝내고 마지막으로 가는 종착역이라고 기억하게 한 것입니다. 세상에 존경하는 많은 영적 지도자들이 나와서 활동을 하고 있으나, 인류의 진정한 자유를 성취시켜주지 못하고 있는 것은 그것이 어둠이 허용한 한계점이기 때문입니다. 저들이 예수아의 진리를 모두 삭제하고 변조시킨 것도 그런 음모가 숨겨져 있었고, 우상화 정책을 통해 인류를 바보로 만든 것입니다. 예수 믿고 구원, 예수 믿고 천국을 외치고 있으며, 나무아미타불 관세음보살만 외우고 있고, 알라만을 외치고, 경배하는 모습들이 자신들의 신성을 버리고 외부의 우상들에게 속아넘어간 여러분의 모습입니다.

내면의 천국을 버리고, 거짓된 4차원 천국이 진리인 양 받아들인 여러분이 진리를 알아야 하는데, 지저세계나 다른 우주들에 있는 세계들은 영적 과학이 발달한 문명이 있는 곳입니다. 굳이 천국이라고 하지 않는 것은 그곳에 거주하고 있는 존재들의 마음이 실제적인 천국을 이루고 있기에 그런 것입니다. 존재들의 마음이 천국을 완성하면 그들이 머물고 있는 세상에 반영되어 나타나는 것입니다. 여러분의 현 세상도 여러분의 마음들이 반영되어 나타났다 하는 것입니다. 계급 사회가 있고, 빈부 격차가 있으며, 분쟁이 끝없이 일어나는 것들이 바로 여러분의 완성되지 못한 마음 때문에 생겨난 것들입니다.

천국은 만들어져 있는 세계가 아니라, 만들어가는 세계입니다. 그곳을 사랑과 평화로 넘치게 하는 것도 그곳에 거주하는 존재들이 그렇게 하는 것입니다. 여러분은 인생을 끝내고 준비된 천국으로 이동하는 것으로 알고들 계시는데, 실상은 그렇지 않습니다. 인생에서 자신의 마음을 사랑으로 넘치게 하면 굳이 죽을 필요도 없고, 이동해갈 필요도 없음이니, 그곳이 바로 천국이 되는 것입니다. 그것을 안 존재가 그렇게 한다면 그렇게 되는 것이고, 그러한 존재들이 공동체를 이루게 되는 것입니다. 그곳이 바로 자유 해방구가 되는 것이며, 신들이 머무는 곳이 되는 것입니다.

여러분을 공동 운명체라고 한 것은 천국을 실행시키기 위해 들어섰기 때문이며, 한뜻으로 합일된 존재들이기 때문입니다. 카르마 때문에 그룹을 이룬 이들은 '운명 공동체'라고 하고, 여러분처럼 천국을 실행시키기 위해 그룹을 이룬 이들은 '공동 운명체'라고 합니다. 용어의 무슨 구분이 있냐고 하시겠지만 주어진 코드가 다르기에 그렇게 한 것입니다. 당연히 어둠에서 여러분을 주시하고 있으면서 여러분을 시험하고 있는 것입니다. 각기 주어진 역할에서 한 곳만 잘못되어도 전체를 이룰 수 없기에 그런 것입니다.

즉, 어둠의 입장에서도 어설픈 의식 깨우기나 어설픈 영성인 놀이라는 카테고리를 만들어 그곳에 들어선 이들을 그룹화해서 관리하고 있으며, 그리스도 의식을 깨우거나, 그리스도 빛을 발휘할 수 있는 존재들은 수단, 방법을 가리지 않고 방해하고 있습니다. 어둠의 세력들이 제거되었다는 역 정보들을 흘려서 여러분을 나태하게 만들고 있고, 경제 시스템을 빛으로 전화시켰다는 거짓 정보를 흘려서 여러분의 수고와 노력에 찬물을 끼얹고 있는 것입니다. 물론 우리의 노력이 있는 것은 사실이나 그것을 통해 여러분이 해야 하는 것을 대신하거나 도와주는 것은 아니라는 사실을 아셨으면 합니다.

분명히 여러분은 책임을 지기 위해 들어섰다고 했습니다. 그 과오가 간단하지 않다고 하는 것이고, 그것을 바로 세우기 위해 기회를 부여받았다고 했습니다. 의식을 깨우는 것은 우리에게 감사한 일이지만, 그것만으로 여러분을 도울 수는 없는 것입니다. 어둠의 입장에서도 여러분의 성과가 공식적으로 인정받아야 한다는 것입니다. 어디까지 해야 하는가는 여러분이 온전한 책임을 질 자격을 갖추었을 때까지라는 것입니다. 그것을 어둠에서 먼저 공인받아야 한다는 것이며, 그 후 우리에게 공인되는 것입니다. 개인이 먼저 할 수가 있으며, 공동체가 그 뒤를 따를 것인데, 광선에 따른 역할과 그룹이 정해져 있어서 그렇게 진행될 것입니다.

여러분은 영단에 속한 대사들을 통해 많은 것들을 알게 되었으나, 벼는 익을수록 고개를 숙인다는 격언을 잊어버린 채, 어린아이가 어른 흉내를 내고 있다는 것입니다. 기실, 준비되지 않았음에도 자신을 속이고 다 되었다고 사람들을 속이고, 자신을 속이고 있다는 것입니다. 천상의 일은 천상의 뜻이 펼쳐지는 것이기에 천상에 머물고 있는 신이 하는 것이며, 사람은 할 수 없습니다. 천상의 뜻을 모르기 때문입니다. 무의식중에 펼쳐놓았다 해도 그 의미와 해석을 할 수 없습니다. 여러분이 하는 해석은 수박 겉핥기와 같다고 하는 것입니다. 내면의 신이 깨어나 본격적으로 일을 해야 천상의 뜻에 따라 천상의 일을 하는 것입니다. 그것이 바로 하느님의 뜻이자, 하느님이 자신 안에서 일을 하는 것입니다.

예수아 멜기세덱-12D가 한 역할은 주(主) 사난다 멜기세덱-12D가 한 역할이고, 예수아 벤 요셉-9D가 한 역할은 엘로힘 여호와-9D가 한 역할입니다. 육체를 입은 존재는 그 옷을 입고 있는 내면의 신이 깨어나 역할을 하지 않는다면 그냥 물질 인생일 뿐입니다. 내면의 신이 깨어나 역할을 한다면 그 존재는 물질 인생이 아니라 영적 존재인 '이즈-비'가 되는 것이고, 더 나아가 '아이-엠'이 되는 것입니다. 이것은 반드시 내면의 신이 깨어나야 충족되는 것으로서 이것을 보거나 읽고 알았다 해서, 이해되었다 해서 이루어지는 것은 아닙니다.

많은 이들이 책을 읽고, 정보를 공유해 빛의 세계에 자신이 발을 들였다고 알고 있으면서 그것이 마치 '이즈-비'와 '아이-엠'이 된 것이라고 생각하고 있습니다. 명상을 하고 에너지체험을 하며 충족되었다고 받아들이고 있는데, 그런다고 해서 여호와 일곱 봉인이 제거되는 것이 아닙니다. 여러분에게 소개된 어떤 것으로도 불가능하다는 것이에요. 그러니 신-놀음에 빠져서 인형처럼 저들의 뜻대로 움직이고 있는 것입니다. 의식을 깨우는 것은 여러분이 하는 것이라고 알고 계시는데, 그것이 바로 착각이라는 것이에요. 의식을 깨우는 것은 내면의 신이 하는 것입니다. 그래서 얼마나 신뢰하고 믿느냐에 따라, 얼마나 순종하느냐에 따라 달라진다고 한 것입니다.

여러분의 의식은 4차원 의식입니다. 5차원 의식부터는 내면의 신이 깨우게 되는 것이며, 여러분이 해야 하는 것은 4차원 의식을 멈추고 자리를 비켜주기만 하면 되는 것입니다. 모든 것은 내면의 신이 알아서 하는 것입니다. 현재 의식은 여러분을 입구까지만 안내하는 것입니다. 그다음 단계까지도 4차원 현재 의식이 하려고 하기 때문에 입구에서 진입하지 못하고 주변만 서성이는 것입니다. 여호와 일곱 봉인은 내면의 신만이 제거할 수 있습니다. 우리도 할 수 있지만 여러분의 자유-의지를 침해할 수 없기 때문인데, 정확히 표현하자면 내면의 신이 가지고 있는 자유-의지이며, 여러분에게는 없다는 표현이 맞습니다.

즉, 신의 자유-의지를 통해 의식을 깨우고, 여호와 일곱 봉인을 제거해 못 박혀 있었던 '니비루 십자가'에서 내려오는 것입니다. 이것을 알 리 없는 여러분은 자유-의지가 여러분에게 있는 줄 알았고, 의식을 깨우는 것도 여러분이 하는 것이라고 알고 있었습니다. 이 모든 자유와 권한은 지난 고대 문명 시기에 여러분이 어둠에게 넘겨준 순간부터 소멸되어 없어졌던 것입니다. 여러분은 스스로 의식을 깨우고, 여호와 일곱 봉인을 제거할 수 없게 된 것입니다. 여러분에게 내면의 신이 없었다면 영적 노예에서 해방될 수 없었을 것입니다. 이 것은 어떤 신도, 어떤 존재도 대신해줄 수 없으며, 오직 내면의 신만이 가능하다고 하는 것입니다. 이것이 바로 어둠에게 주권을 넘긴 대가라고 하는 것입니다.

어둠이 에메랄드 성약을 탈퇴했지만 내면의 신을 강제할 수는 없었습니다. 여러분의 모든 자유와 주권을 빼앗아갔지만, 마누의 선물인 내면의 신은 어쩔 수 없었습니다. 그래서 저들이 택한 방법이 내면의 신을 깨울 수 없도록 한 것입니다. 어떤 것으로도 깨울 수 없도록 한 것입니다. 수많은 책과 정보들과 방법들이 넘쳐나고 있는 것은 그곳에는 방법이 없기 때문입니다. 어둠은 모든 것을 알고서 정보들이 넘치도록 허용한 것입니다. 아무것도 할 수 없다는 것을 알고 한 것입니다. 저들의 비밀과 음모를 다 알았다고 해도 변한 것은 없다는 것입니다.

여러분의 단점이 무엇인지, 저들은 잘 알고 있습니다. 여러분은 내면의 신보다도 자신을 더 사랑합니다. 결코 자신을 포기하거나 버리지 못합니다. 그것을 알고 있는 저들은 자신만만한 것입니다. 여러분을 상대로 충분히 승리할 수 있다고 장담하고 있다는 것입니다.

공동 운명체는 '그리스도들'을 말함입니다. 그리스도들이 하나의 통신망을 형성하고 있으며, 하나의 격자망을 이루고 있습니다. 하나가 깨어나면 체계에 연결되어 있는 그리스도들이 모두 깨어난다는 것입니다. 이 그리스도 체계를 저들은 제거할 수 없었던 것입니다. 바로 내면의 신입니다. 말씀드린 대로 자신을 의지하지 말고, 내면의 신을 의지해야 합니다. 그것도 모든 것을 걸고 그렇게 해야 된다는 것입니다. 자신이 살아 있다면 만날 수 없습니다. 그것이 결코 쉽지 않기 때문에 저들이 안심하고 있는 것입니다.

저들은 아스트랄체와 육체의 유전자 체계를 파괴해 여러분이 신성을 발현할 수 없도록 했습니다. 그렇게 해서 여러분이 상승할 수 없도록 한 것이에요. 여러분이 빛의 상승을 체험하고, 영적 깨달음을 위한 여러 모임들과 공동체 활동들을 활발하게 하는 것을 저들이 그냥 보고만 있지는 않았을 텐데, 그렇지 않는 것은 믿는 구석이 있었기에 그런 것이었습니다. 여러분이 아무리 노력하고 애를 써 봐도 결국에는 될 수 없다는 것을 알고 있었던 것입니다. 여러분의 수고와 노력이 물거품들이 되었던 것입니다.

여러분은 저들에 의해 운명 공동체로 묶였으며, 카르마 법칙에 소환되었던 것입니다. 인생에 대한 심판을 받아야 하고, 용서와 회개를 빌어야 하는 죄의 굴레에 갇히게 되었지요. 저들은 여러분의 창조신들이 되었으며, 경전을 이용해 여러분을 종속시키는 데 성공한 것입니다. 사후세계를 운영하며, 여러분을 쳇바퀴에 집어넣었으며, 운명의 굴레가 여러분을 구속시켰던 것입니다. 사주, 관상 등이 바로 그것인데, 여러분의 생명이, 자유가 저들에 의해 구속되었던 것이에요. 타로카드를 좋아하고, 점성학을 좋아하는 것도 저들 때문에 자리 잡은 것이며, 여러분의 운명이 저들 손바닥 안에 사로잡혀 있었다는 것입니다.

근원적인 측면에서 보면 모두 거쳐야 하는 체험 과정들이 맞습니다만, 여러분의 경우에는 굳이 하지 않아도 되는 체험이라는 것이 다르다고 해야 되겠지요. 기억 저편에 모든 체험들을 통해 완성한 것이 있기 때문입니다. 모든 체험을 다 했다고 하는 것이고, 수행도 다 했다는 것과, 깨달음도 이미 다 했다는 것입니다. 다만 삭제당한 기억 때문에 그것을 기억하지 못하고, 마치 새로이 시작하는 것이라고 받아들인 결과에 의해 그렇게 된 것입니다. 운명 공동체로 묶여 있었던 인류 가운데, 자신의 잃어버린 기억을 일부 찾아내기 시작한 그룹이 있었으니, 바로 공동 운명체로 이루어진 그룹이었습니다.

우리는 이들을 돕기로 했고, 어둠 역시 철저한 방해 공작이 시작되었던 것입니다. 이들은 그동안 감옥 역할을 하던 종교계를 탈피하기 시작했고, 근원적인 측면에서의 자아를 새롭게 바라보기 시작한 것입니다. 물론 시행착오도 있을 수 있고, 자가당착에 빠질 수도 있으며, 오리무중에 헤맬 수도 있습니다. 그러나 어두운 터널을 헤매더라도 하나의 빛을 좇아 자신의 내면의 신을 만난다면 드디어 엄청난 기회를 잡게 된 것입니다. 어둠은 이러한 여러분을 집요하게 물고 늘어질 것인데, 끝까지 방심하지 말고 빛을 놓치지 말아야 합니다. 빛을 향한 길에서 물질적 풍요와 물질적 성공은 결코 있을 수 없는데, 그것이 마치 우리가 주는 선물이라고 착각해 덥석 무는 인류가 속출하고 있습니다.

물질적 풍요와 물질적 성공은 대표적인 저들의 시험입니다. 시련과 고난 속에 있었던 여러분을 마치 우리가 돕는 것처럼 위장해 속이는 전략인데, 그것에 걸려 넘어진다고 하는 것입니다. 우리는 영적인 부분을 돕는 것이며, 여러분의 신성회복을 돕는 것이지, 물질적 성공을 돕는 것이 아닙니다. 여러분이 내면의 신을 정말로 깨워 만났다면 그것이 아니라는 것을 알게 될 것인데, 어둠은 이 것조차도 조작해 거짓된 내면의 목소리를 통해 여러분을 추락시키고 있습니 다. 내면의 신은 물질적 성공과 풍요를 약속하지 않으며, 이 세상에 안착하는 인생을 허락하지 않습니다.

내면의 신은 영적 성장을 통한 상승을 원합니다. 그리스도 의식을 깨워 그 리스도로서 활동하는 것을 원합니다. 예수아 멜기세덱과 예수아 벤 요셉을 보 세요. 그들이 내면의 신을 만나 어떤 길을 갔는지를 보시면 압니다. 자신의 명 예를 위해서도 아니요, 자신의 성공을 위해서도 아니었습니다. 오직 신의 뜻을 따랐으며, 신의 영광을 위해서만 살았습니다. 자신의 뜻과 자신의 영광은 없었 으며, 모든 것은 하느님에게 돌렸던 것입니다.

여러분이 온전히 사라지지 않은 상태에서는 진정한 내면의 신을 만날 수 없 습니다. 영적인 일을 한다고 하면서 내면의 신을 내세워 자신의 뜻과 자신의 영광을 위해 일을 합니다. 어둠은 이러한 이들을 사랑합니다.

그리스도 의식을 깨운 이들은 공동 운명체로 모일 것인데, 코이노니아가 형 성될 것입니다. 우리는 이러한 이들을 도울 것이고, 이러한 이들과 함께할 것 입니다. 마음이 가난한 이들, 그 마음속에 어떠한 욕망도 없는 이들, 이들의 마음에는 천국이 들어설 것입니다. 어둠은 마음을 비운 이들을 더욱 싫어해 집 요한 공격을 멈추지 않고 있습니다. 자신들이 주인 노릇을 하려고 하는 것입 니다. 저들은 뇌파를 통해 목소리를 보내는데, 인류는 그것이 내면의 신의 목 소리인 줄 착각하게 되고, 그 소리를 좇아 뜻을 따르는 것이 신과 함께하는 것 이라고, 신의 뜻을 따르는 것이라고 알고 있는 것입니다. 이런 이들을 종교 지 도자나, 영적 지도자로 내세워 인류를 타락시키고 있는 것입니다.

공동 운명체로 모인 이들은 천국을 마음에 완성시킨 이들이며, 이들을 통해 사랑과 평화가 나타나게 되는 것입니다. 천국은 먼저 마음에 자리 잡는 것입니다. 마음에 완성된 천국을 세상에 펼쳐 보이는 것입니다. 마음속 천국에는 내면의 신을 모시는 신전이 있으며, 그 중앙에 신의 보좌가 있는 것입니다. 빛이 좌정해 있는 것입니다. 이 빛은 파동이자, 소리입니다. 바로 하느님의 목소리이며, 여러분을 상승의 길로 이끄는 안내자입니다.

머리에 울리는 목소리는 외부에서 전자 파동을 통해 전달되는 것입니다. 가슴에서 진동하는 목소리는 내면의 신이 전달하는 것입니다. 여러분을 내면의 천국으로 이끄는 것과 영적인 것을 흉내 낸 외부의 천국으로 이끄는 것은 근본부터 다릅니다. 분명한 진실은 마음에 완성된 천국이 반영되어 외부세계에 나타나는 것입니다. 설령, 외부세계에 천국과 같은 세계가 있다 해도 마음이 그렇지 못한 이들은 들어갈 수 없습니다. 마음의 파동과 그곳의 파동이 맞아야 하는 것입니다. 어둠은 모든 과정에 걸쳐서 시험을 실행하고 있으며, 준비되지 못한 이들은 추락하고 있는 것입니다. 우리가 여러분을 돕기로 하고 적극 개입하자, 어둠의 방어 전략과 시험들이 더욱 강화되었으며, 인류는 그만큼 고난과 시련들이 배가된 것입니다.

내면의 신과 우리가 이제 되었다 하기 전까지 끝난 것이 아니며, 그때까지 어둠의 시험은 더욱 강화될 것입니다. 마음에 고요한 평강이 흐르고, 넘치는 사랑이 있으면, 저들의 시험은 더 이상 시험이 아닌 것입니다. 우리의 믿음이 여러분의 믿음과 만나 굳건한 사랑으로 빛을 발할 것입니다.

'우리는 야나스이며, 이온 상임 이사회입니다.'
'아-모-레-아 에-카-샤(A-mO-RA-eA Ec-Ka-ShA).'

03

이딘·에덴
(E-dinu·Eden)

Heaven's Gates

03
이딘·에덴

────────────

사랑하는 여러분.

인류의 시조인 아다파와 릴리스가 살았던 천국과도 같았던 동산을 여러분은 성서에서 읽었듯이 '에덴동산'으로 알고들 계십니다.

여러분의 과학자들은 그 흔적을 찾기 위해 성서를 기초로 해서 열심히들 찾고자 하지만 찾지 못하고 있습니다. 그럼, 에덴은 실제로 있었던 것인지, 아니면 가상의 장소로서 기록된 것인지 궁금하실 것입니다.

아다파와 릴리스가 엔키와 닌허사그에 의해 창조되었음을 알고들 계실 텐데, 이들이 거닐었던 곳이 바로 에덴 또는 에딘이었지요. 사실, 에덴은 니비루에서 내려간 우주인들을 위해 개발된 신도시라고 해야 맞습니다. 엔키와 그 일행들인 아눈나키가 행성 지구에서 활동할 수 있도록 인공적으로 건축되어진 도시로서 니비루에서 식물들과 동물들이 공급되어 살 수 있는 공간으로서 개발되었습니다.

지구에 들어간 아눈나키들이 중력이 강하고, 궤도도 매우 짧은 행성에 적응하기가 쉽지 않았기에 이들의 건강을 지켜 줄 방법이 필요했고, 그 뜻에 따라 왕실 가족들에게만 허용되어 있던 생명나무로 알려진 신목(神木)을 동산 가운데 심게 되었습니다. 이 나무의 잎에서 나오는 추출물과 열매의 추출물은 노화가 일어나지 않도록 하고, 생기가 넘칠 수 있도록 하는 효능이 있었던 것입니다. 피로에 지쳐 있던, 나이가 들어가던 아눈나키들은 그제야 안도의 숨을 쉽게 되었는데, 그만큼 지구의 환경이 적응하는 데 큰 어려움이 있었던 것입니다.

알려진 대로 니비루의 1년 주기가 지구에서는 약 3600년 정도 되었고, 4차원 환경 행성과 3차원 환경 행성이라는 극명한 차이를 극복하는 것이 쉽지 않았다는 것입니다. 더군다나 금 채굴이라는 중노동에 시달려야 했던 우주 조종사들 입장에서는 더욱 그럴 수밖에 없었다는 것입니다. 이것은 엔키의 의견을 아누가 들어주면서 이루어지게 되었으며, 지구에 니비루의 조건을 갖춘 새로운 전원도시가 들어서게 되었던 것입니다. 이곳은 지구의 다른 지역과는 확실하게 다른 환경들이 조성되었는데, 바로 4차원 세계로 조성되었던 것입니다. 아눈나키를 위한 특별 도시가 건축된 것이며, 이곳의 주인은 엔릴이 되었는데, 아누의 적장자였기에 그렇게 되었던 것입니다.

이 도시 중심에 공원이 있었으며, 니비루에서 가져온 온갖 꽃들과 과실수들이 있었고, 그 중심에는 생명나무가 자리 잡고 있었습니다. 여러분이 아는 공원이 된 것인데, 마치 천국처럼 꾸며져 있었던 것이며, 4차원 영역으로 조성되어 신들인 아눈나키만이 머물 수 있는 장소가 된 것입니다.

장소로서는 중국 사천성 구채구 지역이 될 것인데, 물론 그 당시에는 지도 자체가 현재와는 많이 달랐다고 하는 것입니다. 엔키가 행성 지구에 들어설 당시에는 레무리아와 아틀란티스 문명이 자리하고 있었기에 그들을 피해 조용한 지역이 선정되었던 것이고, 그렇게 해서 한반도 유역이 정착지로서 개발되었던 것입니다. 물론 금 채굴이 목적이었음을 숨길 수 없었으나, 은하연합과 영단의 뜻이 함께했기에 인류의 창조 행위도 진행되었던 것입니다. 이들은 니비루의 문명을 지구에 뿌리내리게 했는데, 플레이아데스, 시리우스, 오리온 문명이 기초가 되었던 것입니다.

에덴동산도 당연히 영향을 받았던 것이며, '하늘이 내려왔다', '천국이 내려왔다'라고 표현한 것입니다. 동산에는 성서에 있는 것처럼, 선악과는 없었으나, 생명나무가 중앙에 자리하고 있었고, 인류가 손댈 수 없도록 신의 규칙에 의해 금지 구역으로 설정되어 있었습니다. 아다파와 릴리스는 슈루파크라는 의료센터, 생명공학연구소가 위치한 도시에서 창조되었고, 그곳에서 엔키와 닌허그사의 보살핌을 받으며 있었기에 실험실을 벗어나지 않았습니다. 전한 대로 에덴은 니비루 왕실 가족들을 위해 조성된 공원이었기에 엄격한 관리와 통제가 이루어지고 있던 금지 구역이었으며, 이곳의 총책임자는 엔릴이었던 것입니다.

아눈나키들도 허락이 없으면 출입이 어려운 곳으로서 철저하게 관리되었는데, 다른 도시들인 시파르(우주 공항 도시), 니푸르(작전통제센터 도시), 바드 티비라(금 제련센터 도시), 슈루파크(유전공학센터 도시), 에리두(행정 도시) 역시 마찬가지였던 것은 호모에렉투스라는 인류가 지구에 살고 있었고, 동굴인들로서 말입니다.

레무리아와 아틀란티스는 선진 문명을 갖추고 있었기에 영단에 의한 뜻을 전해 들었을 때, 불간섭 원칙을 따르게 된 것입니다. 다만 동굴인들이었던 덜 진화한 인류를 감시하고 접근할 수 없도록 하기 위한 조치였으며, 이 역시 영단의 뜻이 있었던 것입니다. 이들에게는 에테르 시리우스 혼들이 들어와 있었으며, 니비루에 의해 진화가 진행되도록 프로그램이 예정되어 있었습니다. 그 계획의 일환으로 어쩌면 에덴이 개발되었다고 할 수 있었지요. 처음에는 이던(Edinu)으로 불렸다가 아다파가 들어오고 나서 인류를 위한 지상 천국이라는 의미로 에덴이라 불리게 되었습니다. 이곳이 인류의 고향이 되었으니, 실험실을 떠나 진정한 평화가 함께한, 신들이 함께한 정원이 되었던 것입니다.

이곳은 성서에 등장하는 에덴이 아니며, 더 오래전에 개발된 곳으로서 성서에는 등장하지 않은, 아담과 이브가 창조되기 훨씬 전 시대의 이야기입니다. 메소포타미아 지역은 나중에 등장하는 제3의 에덴이 있던 지역으로서 성서의 기록은 바빌로니아 시대에 기록되었기에 누락될 수밖에 없었던 것입니다. 또한 아다파와 릴리스는 아담과 이브와는 별개의 인류로서 앞서서 창조되었다는 진실을 아셨으면 합니다.

여러분의 역사는 호모사피엔스의 역사라고 할 수 있으며, 여러 다른 유형의 역사도 존재했으나 리셋의 형식으로 리모델링되었기에 남아 있지 않게 되었습니다. 그리고 그 시대에 삶을 살았던 존재들의 기억들도 모두 리셋되었기에 알려지지 않게 된 것입니다. 환생 프로그램이 운영되고 있었지만, 기억 정보는 공유할 수 없도록 했기 때문이었습니다.

에덴은 인류를 위해 개발된 것이 아니며, 우주에서 들어온 존재들을 위해 개발되었는데, 첫째, 우주인들이 행성 환경에 적응하기가 어려웠기 때문이었으며, 고향 행성의 환경을 복제해 살기 편하게 하려 한 목적 때문이었습니다. 둘째, 자신들의 행성에서 동식물들을 가져다 거의 똑같은 환경들을 조성했으며, 씨앗들과 곤충들, 동물들의 유전자 세포들을 지구 환경에 맞도록 재배열을 해서 정착할 수 있도록 했으니, 유전공학자들의 희생이 컸었다고 할 수 있었습니다.

아눈나키들은 이민을 한 것이 아니었기에 행성 지구를 모두 점령한 것은 아니었으며, 금 채굴이 주된 목적이었고, 그것을 위해 지구 원주민들이었던 호모 에렉투스를 이용한 유전자 실험이 있게 되었던 것입니다. 아다파와 릴리스는 영단과 니비루 9차원 위원회의 뜻에 의해 실험되어 행성 지구에 입식될 수 있었으며, 이것을 반대했던 엔릴의 뜻에 따라 감시의 목적으로 에딘으로 데려온 것입니다. 엔릴은 엔키에 의해 만들어진 아다파와 릴리스를 감시하려 한 것인데, 자신들의 유전체를 물려받은 인종을 인정할 수 없었으며, 자신들처럼 모든 것을 할 수 있는 아눈나키가 되는 것을 원하지 않았기 때문입니다. 그렇기에 아다파와 릴리스는 임신할 수 없었고, 성관계 또한 이루어지지 않았습니다.

두 사람은 엔릴의 감시를 받았으며, 에딘을 떠날 수 없었습니다. 하지만 두 사람은 엔키와 닌허사그(닌마)의 사랑을 받았기에 비록 엔릴의 감시를 받고 있었지만 행복했습니다. 두 가지 규칙만 잘 지키기만 했으면 말입니다. 생명나무로 전해진, 신들인 아눈나키들이 섭취했던 나무의 잎과 열매를 먹을 수 없었으며, 두 사람은 성관계 또한 할 수 없었으니, 사랑의 행위를 할 수 없었던 것은 그것을 배우지 않았을 뿐만 아니라 그것이 무엇인지 알 수도 없었던 것인데, 엔릴의 뜻에 의해 그렇게 되었던 것입니다. 바로 사랑의 호르몬이 나오지 않았던 것이에요. 여러분은 유전적 결함이라고 할 것이지만 그것을 배제시켰던 것입니다.

에딘은 아다파와 릴리스에게 천국이었으며, 신들과 함께할 수 있었던 장소였습니다. 비록 옷을 입지 않은 알몸이었으나 부끄러움을 몰랐기에 문제 될 것이 없었습니다. 엔릴, 엔키, 닌허사그는 7m가 넘는 신들이었고, 아다파와 릴리스는 3m가 넘는 키를 하고 있었으나, 신들보다 훨씬 작았기에 항상 신들이 이야기를 할 때는 둘을 위해 반 무릎 자세로 앉아야만 했습니다. 그래야 서로의 눈을 바라보고 텔레파시로 대화할 수 있었습니다. 엔릴은 엔키에게 어떠한 지혜도 전달되지 못하게 했으며, 그러한 상태를 유지하기를 바랐습니다.

아눈나키들과 호모 에렉투스 사이에 태어난 룰루라는 일꾼 인종들이 있었는데, 물론 실험실에서 시험관 시술과 인큐베이터 기술을 통해 양육된 인류였습니다. 룰루들은 일꾼 인종으로 태어났기에 임신 기능이 주어졌고, 성관계를 통해 자녀들이 태어났던 것인데, 그중에 태어난 딸들이 아눈나키들이 보기에 매우 아름다웠습니다. 룰루들의 딸들과 아눈나키들이 결혼해 낳은 자녀를 네피림이라고 한 것입니다. 룰루들과 네피림들에게는 에테르 시리우스 혼들이

들어오게 되었는데, 영단과 위원회의 뜻이 있었기 때문입니다. 이들 역시 구역이 제한된 장소에서 살았으며, 아눈나키들의 감시와 통제를 받았습니다.

제한된 구역에서 관리 통제한 것은 실험을 하던 실험체였기 때문에, 다른 지역의 생명들과 예기치 않은 접촉을 미연에 방지하기 위함이었습니다. 유전체 실험 대상이었기에 관리-코드가 있었으며, 위원회와 영단과의 유기적인 소통이 이루어지고 있었던 것은 행성 지구에서의 인류 씨앗 뿌리기가 우주연맹의 주요 프로젝트였기 때문이었습니다. 천사 인류 씨앗 뿌리기는 우리에 의해 추진된 프로젝트였지만 타락 세력들 역시 자신들의 유전체를 활용한 씨앗 뿌리기가 진행되었던 것입니다. 아다파와 릴리스는 우리에 의해 추진되었으며, 아담과 이브는 어둠에 의해 추진되었습니다.

이렇게 태어난 인류의 시조는 에딘, 에덴으로 알려진 감시와 통제가 있던 공원에서 양육되었던 것입니다. 여러분도 유전체 실험을 위한 제한된 구역의 실험실들을 운영하고 있으며, 식물원, 동물원들을 운영하고 있습니다. 또한 국립공원 등을 운영해 관리하고 있지요. 예를 들면 요세미티 국립공원과 세렝게티 국립공원이 있습니다. 여러분은 좋은 뜻으로 동식물들의 멸종을 막고 안전한 지역에서 종 보존을 위해서 관리한다고 합니다.

많은 동물들이 초원이나 밀림에서 자유롭게 사는 것을 여러분이 TV를 통해, 또는 현장에서 사파리 투어를 통해 확인하고 있습니다. 그리고 여러분은 인간이 마치 동식물들을 보호하고 있다고 믿는다는 것이지요. 그들이 살고 있는 영역을 정해놓고 관리 통제하면서 말입니다. 식물원과 동물원은 어떤가요. 작은 울타리 안에 가둬놓고 인간들의 눈요깃거리로 만들었으며, 먹이를 주면서 마치 아끼고 사랑하는 것처럼 말입니다. 돌고래, 범고래들과 서커스에 동원된 동물들을 포함해서 반려동식물들을 보면 여러분의 마음을 알 수 있습니다. 여러분의 입장에서 먹이를 주고 놀아주면서 마치 아끼고 사랑하는 것이라고 받아들이고 있다는 것이지요. 이것이 여러분이 보는 동식물들을 향한 마음이 라는 것입니다.

에딘·에덴은 우주에서 들어온 아눈나키에 의해 개발된 공원이었습니다. 처음의 목적은 인류를 위한 것이 아니었으나, 엔릴에 의해 아다파와 릴리스의 요람이 될 수 있었습니다. 에덴은 1차, 2차, 3차에 걸쳐서 개발되었으며, 물론 장소도 각기 다른 곳이었으며 다른 목적에 의해 개발되었던 것입니다.

아다파와 릴리스가 엔키에 의해 성 지식을 알게 되고, 임신 기능까지 생기고 나자, 무엇보다도 우주에 대한 지혜를 전수받고 나자, 엔릴은 둘을 동산 밖으로 쫓아내었으며, 더 이상 보호받을 수 없게 되었습니다. 그 후 에덴은 인간이 감히 범할 수 없는 장소가 되었으니, 강력한 전자기 펄스 장벽을 두었기에 볼 수도 들어갈 수도 없었습니다. 인류는 더 이상 에덴과 함께할 수 없었으나, 아눈나키 신들과는 함께 어울려 살게 되었습니다.

에덴은 아다파와 릴리스에게 많은 먹을거리와 쾌적한 환경을 제공했는데, 영적인 능력이 증진될 수 있도록 했던 것입니다. 수많은 과일, 물론 생명나무는 제외하고 말입니다. 인류 입장에서는 영원불사였겠지만, 엔키도 그것을 원하지 않았음은, 인류의 시조를 탐탁지 않게 여기던 엔릴에게 죽임을 당할 빌미가 될 것이었기에 그런 것입니다. 그것만을 제외하곤 모든 것들이 준비된 환상의 공간이었습니다. 어떠한 장애들이 없었음이니, 위험 요인들이 없었던 것인데, 아눈나키 신들이 자신들을 지켜보고 있는 것을 제외하고 말입니다. 이것은 여러분이 만든 국립공원과도 같다고 할 수 있는데, 영역 밖을 벗어날 수 없다는 것과 관리와 통제를 받고 있다는 사실에서 그렇습니다.

이것은 장단점이 될 수 있었는데, 좋은 환경에서 살 수 있었던 것과 감시와 통제를 받았다는 말입니다. 그럼 에덴의 밖은 어떠했을까요. 감시와 통제는 느슨해졌지만 좋은 환경은 아니었다고 해야 되겠지요. 행성 지구에 인류의 씨앗 뿌리기가 있었을 때에 조성되었던 많은 에덴들이 있었습니다. 그것은 실험체였던 인류의 조상들이 잘 적응할 수 있도록 한 배려 측면에서 주어진 인큐베이터였던 것인데, 거친 환경에서는 도태될 수 있었기 때문이었지요. 그만큼 3차원 환경의 지구는 불안정했던 것입니다. 화산 활동과 빈번한 지진들이 그것을 증명했으니까요.

씨앗 파종은 그래서 신중하게 진행되었으나, 여러 번의 실패를 할 수밖에 없었던 것입니다. 대기하고 있던 혼-그룹들이 입어야 할 물질체 개발이 쉬운 것이 아니었습니다. 고차원 존재들이 육화할 수 있도록 한다는 것이 그러했다는 것입니다. 이것은 우리도, 타락 세력들도 그러했는데, 우리는 또한 어둠의 집요한 방해들을 극복해야 한다는 과제가 있었기에 더욱 어려움이 많았습니다. 저들의 인종 말살 정책에 따라 우리가 입식시킨 인종들이 살해당했기 때문인데, 아다파와 릴리스의 후손들 역시 예외가 아니었기에 그렇게 되었던 것입니다.

초창기 시절, 씨앗 뿌려진 인류를 위해 개발되었던 에덴들은 여러 가지 이유로 해서 아담들이 떠나고 나자, 폐쇄되었으며 우주인들을 위한 시설로 전용되어 운영되었습니다. 특히 타락 세력들과의 전쟁들을 겪으면서 다수가 파괴되었으며, 결국 회복할 수 없는 지경에 이르고 말았는데, 두 번에 걸친 대홍수 사건을 통해 모두 손실되었기 때문입니다. 생명나무를 위해 관리되던 공원마저 파괴된 후에 생명나무를 행성 니비루로 옮겼으며, 더 이상 지구에는 생명나무가 없게 되었습니다. 이후 아담들의 주거지로, 놀이터로 있어 왔던 에덴이 공식적으로 문을 닫게 된 것입니다.

행성 지구에는 더 이상 에덴이 없었으며, 기록으로만 전해졌고, 전승으로만 전해지게 된 것입니다. 지우수드라 대홍수 이후에 인류는 척박한 환경에서 버틸 수밖에 없었는데, 엔릴과 엔키에 의해 농경 기술과 장비들이 주어졌고, 목축 기술과 가축들도 주어졌으며, 관개수로와 댐들이 건설되었습니다. 인류는 아눈나키들의 도움으로 환경이 파괴된 지구에서 대재난을 극복하며 정착해 살게 된 것입니다. 환경은 비록 매우 거칠었지만 아눈나키들이 전수해준 기술들과 장비들을 통해 인류 문명을 개척해 살았는데, 신들인 아눈나키들이 거주하던 도시에서 살 수는 없었습니다. 아눈나키들은 니비루와 우주 정거장, 그리고 지구의 우주선 발사장과 통제센터를 위한 도시들을 개발했고, 자신들이 머물고 있을 도시들도 개발했는데, 인류의 노동력이 필요했기에 인류가 머물 수 있는 위성 도시들을 자신들의 도시 주변에 건설하는 것을 허용한 것입니다.

인류는 아눈나키들을 위한 건축과 건설 현장에 동원되었는데, 거대한 화강암과 대리석들은 채석장에서 레이저 절단기로 절단되어 반중력 운송 기계에 의해 우주선이 들어 올려 이동하는 것으로 옮겨졌습니다. 커다란 부분들은 아눈나키들에 의해 진행되었으며, 나머지 부분들은 인류의 노동력에 의해 이루어지게 되었던 것입니다. 피라미드, 신전, 대형 댐들과 우주 시설들이 그렇게 해서 세워졌으나, 아주 중요한 장치나 시설을 정착시키는 것들은 아눈나키들에 의해서만 건축되어졌습니다. 중요한 시설들 근처에는 인류는 접근할 수 없었으며, 저들의 주거지에도 그러했습니다. 시설과 장소를 보호하는 경비 업무는 안드로이드들이 하고 있었으며, 인공지능이 시스템 경비를 하고 있었기에 인류는 주어진 업무가 종료되고 나면, 자신들의 주거지로 돌아가야만 했습니다. 만약 이 규칙을 위반했을 경우에는 엄한 처벌이 주어졌는데, 죽임을 당했으니, 인류는 지옥에 떨어졌다고 받아들였습니다.

이 당시 인류는 아눈나키들의 도시들을 신들이 사는 천국으로 받아들였고, 그곳에서 일하는 것을 매우 부러워했던 것입니다. 또한 신의 유전자를 물려받은 반신반인들은 특히나 선망의 대상들이었으니, 아눈나키들이 거주하는 궁전에 수시로 드나들 수 있었으며, 나중에는 왕으로서 자리하기까지 되었던 것입니다. 인류의 왕이 된 반신반인들은 신들이 머물 수 있는 신전들을 도시 한가운데 건축해 신들과 함께 있는 것을 영광으로 받아들였으며, 신탁을 통해 인간

사회를 이끌어나가는 것을 매우 기뻐했던 것입니다. 타락 세력들이 본격적으로 개입하기 전까지는 그랬다는 것입니다.

1차 에덴은 B.C. 18000년에 중국 사천성 구채구 지역에 들어섰으며, 2차 에덴은 B.C. 6000경에 중국 신장 위구르 자치구 우루무치 지역에 들어섰는데, 텐산(天山)이 있는 지역입니다. 3차 에덴은 텐산 주변에서 BC 3500년경에 개발되었습니다. 성서에 기록된 에덴은 3차 에덴을 말하며, 지명은 성서 기록 당시의 배경이 되었던 메소포타미아로 전용되었다고 하는 것입니다. 그렇게 될 수밖에 없었던 것은 실질적인 에덴이 모두 사라져 기록이 존재하지 않았기에 전승에 의존할 수밖에 없었습니다. 에덴 개발에 참여했던 아눈나키들이 모든 기록을 남기지 않았으며, 인류의 의식 속에서만 존재하던 실낙원이 되었던 것입니다.

'제카리아 시친'이 해석한 수메르 텍스트는 전승된 기록이라고 할 수 없어서 온전하다 할 수 없습니다. 우리는 인류에게 진실이 전해지기를 바라지만 행성 지구에 흔적을 남겼던 많은 외계 문명들은 그것을 바라지 않는 것이라 할 수 있는데, 인류의 입장에서 그것을 알지 않았으면 하는 것입니다. 여러분은 창조냐, 진화냐 하는 의견들이 분분하다는 것을 알고 있습니다. 일부는 그렇다고 할 수 있으나, 반드시 그런 것은 또 아닙니다. 여러분이 알고 있는 창조주는 관리자이며, 창조주가 아닙니다. 인류는 결코 진화를 통해 성장한 것도 아니고, 유인원이 조상이 될 수 없습니다. 인류학자들이 유인원의 뼈를 발굴해 유전자 지도를 통해 인류와의 유사성을 찾고는 있으나, 시간 낭비일 뿐입니다.

여러분의 3D 물질 육체는 아눈나키로 알려진 행성 니비루에서 건너온 플레이아데스인들에 의해 나타날 수 있었는데, 체세포 복제와 유전체 시술을 통한 실험 과정에 의해 유전공학자들(여성)의 자궁에 착상된 배아가 아다파로, 아담들로 태어났던 것입니다. 이것은 부모로서의 역할을 한 플레이아데스인을 이야기한 것이며, 창조주를 이야기한 것은 아닙니다. 여러분의 물질 육체는 아눈나키로 알려진 니비루인의 정자와 난자를 통해 태어나게 되었던 것이에요. 물론 인공수정과 시험관 시술이 있었으며, 체세포 복제 실험도 있었습니다. 그렇지만 원형은 플레이아데스 인류를 모체로 하고 있다는 것입니다. 엄밀히 보자면 지구에서 창조된 지구인이 아니라는 사실과 유전적 측면에서의 원형은 플레이아데스인입니다.

여러분을 창조했다고 주장하는 여러 외계 세력들은 자격이 없으며, 니비루 역시 유전체 전달을 해준 것으로 부모는 될 수 있으나, 창조주라고 할 수 없습니다. 여러분의 일부 과학자들이 진화론을 주창하고 있으나 완벽한 모순입니다. 일꾼 인종인 룰루들을 만들 때에도 유인원의 난자를 이용해 아눈나키의 정자와 인공 수정을 통해 여성 연구원의 자궁에 착상시켜 태어나게 한 것이니, 진화라고 할 수 없지요. 실험에 실패했거나, 장애를 갖고 태어난 종들은 모두 멸종시켰기에 후예들이 나타나지 않았습니다. 여러분은 엉뚱한 연구와 학술 활동을 하고 있으면서 우리를 무시하는 태도를 보이고 있다는 것입니다.

네바돈 은하에서 처음 인류가 태어난 것은 라이라 베가 항성 가이아 행성이었으며, 바닷가 생물이었던 해달의 유전체를 기반으로 해서 주(主) 사난다 멜기세덱의 수여에 의해 나타날 수 있었는데, 아멜리우스라는 은하 인류가 나타날 수 있었습니다. 이것이 인류 창조의 모체라고 하는 것입니다. 여러분의 먼 조상이라고 할 수 있으며, 여러분의 창조주라고 할 수 있겠지요. 주(主) 사난다 멜기세덱과 주(主) 아쉬타르 커맨드는 우리의 뜻에 의해 은하 인류와 다른 창조체들을 창조했음이니, 여러분의 창조주로서 자리하게 된 것입니다.

에덴 역시 라이라 베가 가이아가 모형이 되었으니, 플레이아데스에 처음 정착한 인류가 그렇게 개척 활동을 펼쳤던 것입니다. 고향 행성인 아비뇽도 그렇게 해서 플레이아데스를 거쳐 니비루에 펼쳐졌고, 다시 행성 지구에 펼쳐지게 되었던 것입니다. 라이라를 떠나 시리우스-B에 정착했던 인류도 그렇게 행성 지구에 에덴을 만들었는데, 도시 건축과 문명 정착이 그러했던 것입니다. 에테르 시리우스인들인 여러분은 기억 속에 간직하고 있었던 고향 행성의 모습을 잊을 수가 없었기에 레무리아와 아틀란티스 문명을 그렇게 개척시켰던 것입니다.

현대 문명은 오리온의 영향을 많이 받아 발전되었는데, 타락 세력들이 주입시킨 거짓 기억들 때문에 그렇게 되었던 것입니다. 오리온에서의 기억에는 에덴이 없었는데, 그런 사회가 아니었기에 그런 것이며, 그런 것을 타락 세력들이 원치 않았기 때문입니다. 꿈과 희망을 줄 수 있던 것들은 처음부터 허용되지 않았던 것입니다.

엔릴도 아다파와 릴리스를 사랑해서 에딘에 두었던 것이 아니었습니다. 엔키가 이들에게 아무것도 할 수 없도록 감시와 통제를 목적으로 에딘으로 데리고 온 것인데, 물론 엔키의 허락 따위는 필요 없었습니다. 다만 닌허사그의 형편을 고려해 조금 봐주었을 뿐이었지요. 아다파가 아누를 만나고 그의 큰 관심을 받자, 불편했던 엔릴은 어떻게 해서든 관심받을 수 없도록 하려는 목적이 숨어 있었으며, 이들이 엔키를 도와 세력화되는 것 또한 원치 않았기에 더욱 감시가 필요했던 것입니다. 에딘은 그런 목적이 숨어 있었던 장소였지만 아다파와 릴리스에게는 꿈의 동산이었습니다. 엄마였던 닌허사그의 사랑을 듬뿍 받았으며, 아빠였던 엔키에게도 그러했는데, 특히 우주의 지혜로 넘쳤던 엔키는 둘에게 가르치는 재미가 더욱 컸었던 것은 물이 스며들듯이 빠르게 이해했던 덕분입니다.

엔릴은 이것을 극도로 싫어했으니, 아다파와 릴리스가 자신들처럼 될까 염려스러웠습니다. 실상은 이들이 엔키의 든든한 세력이 될까 걱정스러웠던 것이지요. 그의 걱정은 현실이 되어 나타났는데, 똑똑해진 그들이 성관계를 통해 자녀들을 낳았던 것입니다. 결국 이런 점들을 꼬투리 삼은 엔릴은 두 사람과 자녀들을 에딘 밖으로 추방했으며, 어떠한 혜택도 누릴 수 없도록 했음이니, 쫓겨난 이후에도 아눈나키들의 철저한 감시와 통제를 받았던 것입니다.

에덴동산은 인류를 위해서 개발된 것이 아닙니다. 외계에서 들어온 외계 세력들의 정착을 위해서 개발되었으며, 저들의 행성들에서 동식물들을 가져다 정착시켰던 것입니다. 행성 지구는 외계에서 들어온 동식물들의 정착지가 되었고, 인류 또한 그렇게 되었습니다. 혹성 충돌에 의해 생명체가 지구에 정착했고, 그 후 진화에 의해 생명이 번성했다고 보는 과학자들은 시행착오를 겪고 있는 중이라 그런 것입니다. 행성 티아마트 시절과 반파되고 난 후에 행성 지구로 재건된 역사도 파악하지 못하고 있으니까요.

기억 상실을 겪고 있는 인류는 성서의 기록을 진실로 받아들이고 있음이니, 증거들을 탄소연대측정법으로 측정한다 해서 진실을 알 수 없다는 것입니다. 에덴의 흔적이 남아 있지 않은 것은 전한 대로 저들의 흔적을 인류가 알 수 없도록 파괴했기 때문이며, 인류의 기억을 삭제해 증거 인멸했기 때문입니다. 전승 기록된 성서가 유일하다 할 수 있지만 진실은 사라져 아무것도 남아 있지 않다는 것입니다. 최근 들어 조금씩 밝혀지고는 있으나 장소에 증거들이 남아 있지 않아서 어려움을 겪고 있으며, 장소 또한 정확히 알아낼 수가 없기에 더욱 그렇다고 해야겠지요.

인류가 태어난 곳은 실험실이 있던 슈루파크이며, 에덴은 인류를 감시하기 위한 목적으로 데려다놓은 장소였습니다. 이것은 지구 인류 전체를 구성하고 있는 인종을 모두 포함한 것으로서 인류의 창조는 저들의 감언이설에 속은 것입니다. 여러분이 알고 있는 신들은 창조주들이 아니며, 유전자를 제공한 부모 인종에 불과할 따름입니다. 우주선들을 타고 우주에서 들어온 과학 기술이 발달한 행성에 살고 있던 인종들일 뿐입니다. 저들은 자신들의 유전자를 인류에게 물려준 흑막이 있었는데, 자신들의 뜻을 인류가 실행하기를 원했다는 것입니다. 즉 하느님의 뜻, 하늘의 뜻으로 포장해 인류를 이용해 자신들의 뜻이 지구에 정착하기를 바란 것입니다.

그리고 저들은 행성 지구와 인류의 몸체에 전자기 체계를 설치해 자신들의 뜻이 확고하게 정착되기를 바랐는데, 우리가 인류의 깨어남과 상승을 위한 목적에 의해 설치한 시스템들을 해킹해서 저들의 목적에 맞도록 전용시켜버렸습니다. 그로 인해 여러분은 깨어날 수도, 상승할 수도 없게 되었을 뿐만 아니라 저들을 돕는 도구로 전락하게 되었던 것입니다. 또한 우리를 도울 수 있는 유전체를 갖추고 있는 인류를 찾아내어 집단 학살을 자행했는데, 테러와 전쟁을 핑계 삼아 불법을 행사했던 것입니다.

여러분이 기억하고 있는 역사는 저들에 의해 날조된 역사입니다. 문명이라고 하는 씨줄과 날줄 자체가 모두 조작된 것으로서 저들의 입맛에 따라 이루어진 것입니다. 모든 종교와, 사상과, 철학이 그렇게 주입되었기에 여러분은 진실을 알 수도, 접근할 수도 없었던 것입니다. 에덴은 영화 〈트루먼 쇼〉와 〈아일랜드〉, 〈매트릭스〉처럼 여러분을 지켜보며 감시하고 통제를 위한 장소로서 있었던 것입니다. 성서에 기록된 '바벨탑 사건'은 그것을 증명하는 대표적 사건으로서, 인류의 영적 성장을 원천적으로 봉쇄하고, 더 이상 깨어나거나 빛으로의 상승을 가로막으려는 목적에 의해 자행된 폭력이었던 것입니다.

쿤달리니를 영원히 깨울 수 없도록 끊어버리거나 역전시켜버렸고, 그리스도 에너지인 마하라타를 인류가 받아들일 수 없도록 라인을 끊고 뒤집어놓음으로 해서 여러분을 마치 십자가에 매달린 예수처럼 만들고 말았던 것입니다. 한국식 표현으로 기혈이 뒤틀리고, 주화입마(走火入魔)에 빠졌다는 것입니다. 이것은 결코 여러분 스스로가 회복시킬 수 없는 회복 불능 상태에 빠졌음을 의미한 것입니다.

현 시대에 차크라를 여는 많은 명상법을 저들이 두고 보는 것은 성공할 수 없기에 그런 것이고, 그런 시도들을 하는 여러분을 통해 자신들에게로 마하라타 에너지를 받아들이려는 음모가 숨어 있기에 그런 것입니다. 에덴은 이런 십자가 사건이 일어난 장소이기에 골고다 언덕이라 할 수 있습니다. 여러분의 기독교인들은 골고다 언덕을 기분 좋게 생각하지 않습니다. 바로 예수가 십자가형을 당한 곳이기에 그런 것인데, 진실은 여러분이 십자가에 매달린 장소가 바로 에덴이었다는 것입니다.

타락 세력들인 아눈나키들에 의해 세워진 거짓된 에덴이 진실로 바로 세워져야 하는 때가 다가오고 있습니다. 여러분을 십자가에 매단 장소, 골고다로써 사용되었던 에덴은 여러분의 피눈물로 얼룩진 장소였습니다.

우리는 여러분이 십자가에서 내려오기를 바라고 있어서 최선의 도움을 드리고 있는데, 모든 일에는 순서가 있는 것처럼, 여러분의 영적 회복이 먼저 진행되어야 한다는 것입니다. 바로 신성 회복이 먼저 이루어져야 한다는 것입니다. 여러분의 자유-의지를 통한 확고한 믿음과 신뢰가 그것을 도울 것인데, 그것이 불가능을 가능하도록 한다는 것이에요. 가장 쉬우면서도 어려운 것인데, 여러분 스스로만이 할 수 있는 것으로서 "하늘은 스스로 돕는 이를 돕는다"라는 격언처럼 말입니다.

'우리는 야나스이며, 이온 상임 이사회입니다.'
'아-모-레-아 에-카-샤(A-mO-RA-eA Ec-Ka-ShA).'

04

에딘
(Edin)

Heaven's Gates

04
에딘

————

사랑하는 여러분.

여러분은 새로운 신약을 개발하면 임상 실험을 하게 되는데, 먼저 동물들을 대상으로 하게 됩니다. 그 후 안전성이 확보되면 사람들을 상대로 실험해 검증 절차를 거치게 되지요.

과거 외계에서 들어온 존재 중에서 유전공학과 생명공학 분야에 있던 과학자들을 중심으로 해서 인류 창조 실험이 있었으며, 그 실험 대상인 자신들의 유전체를 물려받아 태어난 인류의 시조였던 아담들을 관찰하면서 그 추후를 지켜봤습니다. 물론 자신들의 유전체를 물려받았기에 자신들의 장단점을 모두 가지고 있었지요. 이들은 낯선 행성 환경에 적응하지 못할 것을 대비해 자신들의 행성 환경을 거의 적용시킨 시설을 개발했으며, 그곳에 두어 관찰하게 된 것입니다.

이것이 에딘이 개발되게 된 배경이라 할 수 있습니다. 행성 지구의 환경에 적응시키기 전 단계에서 이루어진 계획이었지요. 물론 자신들이 행성 환경에 적응하기 위한 장소로서 개발되었지만, 새롭게 태어난 아담들도 이곳에 거주하게 하고 관찰하게 된 것입니다. 저들이 인공위성들을 통해서 모든 환경을 조사한 후에 자신들의 행성과 크게 차이가 없음을 알게 되었을 때에 비로소 정착지를 개발하게 되었지만, 우주복을 입고 헬멧을 쓴 상태에서 거주하게 되었습니다.

아눈나키들 역시 마찬가지였지요. 우주복을 입고 산소마스크가 달린 헬멧을 착용하고 행성 지구를 걸었던 것입니다. 외계에서 들어온 존재들이 행성 환경에 적응하는 것이 쉽지 않았기에 우주복을 착용했으며, 헬멧도 착용해서 호흡할 수 있었는데, 지구에서 태어난 아담들과 후손들은 적응해 살게 된 것입니다. 이 모습을 본 인류는 하늘에서 내려온 존재들의 우주복과 헬멧을 보고 성서에 그렇게 기록한 것입니다. 외계에서 들어온 존재들인 인류, 파충 종족, 공룡 종족들이 인류에게 하늘에서 우주선 타고 내려온 신들로 불리게 되었던 것입니다.

아담들이 외계 종족들의 유전체를 물려받아 태어난 부분 때문에 외계의 유전자를 갖게 되었음이니, 지구인이기보다는 우주인들이 떠나온 별들이 고향이 되었던 것입니다. 외계 유전공학자들과 생명공학자들은 인류 탄생을 기쁜 마음으로 받아들였고, 부모가 자녀에게 그러한 것처럼, 사랑과 애정으로 양육시켰던 것입니다. 그리고 자신들이 가지고 있었던 과학 기술과 지식들을 전수해주었으며, 생체학적으로도 자신들을 닮아 오래 살 수 있는 육체를 가졌기에 자신들의 친자녀들처럼 보호하고 가르쳤던 것입니다.

외계 존재들은 자신들의 거주지로 개발한 에딘에 머물고 있으면서 실험 시설 안에서 양육하던 아담들을 직접 데리고 와 에딘에 머물도록 하고 지켜볼 수 있었습니다. 이런 연구 성과는 자신들의 별들에 있는 위원회에 수시로 보고되었는데, 위원회 역시 다른 행성에서 태어난 자신들의 후예들이 대견스러웠습니다. 그러나 자신들의 지나온 역사를 통해 폭력성과 야수 성향 때문에 수많은 전쟁을 겪을 수밖에 없었던 뼈아픈 기억을 들추어낸 일부 위원들로 인해 행성 지구에서의 인류 창조는 환영받지 못했습니다. 저들은 아담들과 후손들에게 절대 과학 기술과 선진 문명을 가르치지 못하도록 하는 규약을 들어 반대했던 것입니다.

이것은 지구에 들어온 저들 세력 사이에도 의견이 갈리게 되는 원인이 되었으며, 파벌이 나뉘게 되었던 것입니다. 아담들을 사랑하는 존재들과 그렇지 않은 존재들로 양분되어 아담들을 사이에 두고 전쟁을 겪을 정도로 분열되었던 것입니다. 반대하던 저들 별들의 위원회 위원들은 아담들의 후예들이 놀라운 과학 기술을 습득해 자신들의 행성을 침략하면 어떻게 하냐는 의견들을 들어서 강제 규약을 맺게 한 것인데, 그 내용은 바로 선진 기술을 결코 전수하지 말 것과 아담들의 육체적 나이를 짧게 만들라는 것이었습니다. 오래 살면 지혜로워져서 자신들처럼 될까 염려해서였으며, 그 지혜로 우주선을 개발해 자신들의 행성을 침략하면 안 된다는 염려 때문이었습니다.

이 반대 여론이 급격히 확산될 수밖에 없었던 계기가 있었는데, 외계 파벌 사이에 있었던 전쟁을 인류가 돕게 되면서부터입니다. 즉, 기계 장치에 대한 높은 이해력과 수학과, 과학에 해박한 지혜를 바탕으로 자신들을 태어나게 했던 신들을 도왔던 것입니다. 각종 무기류와 장비들, 탈것들을 조종할 줄 알았던 것이지요. 어찌 보면 참 대견스러운 모습이었으나, 반대 파벌 입장에서는 두려운 존재들이 되었던 것입니다. 이것은 아담들이 의도한 것은 아니었지만 결과가 그렇게 나타나게 되었음이니, 저들의 행성 위원회에서는 우려 섞인 의견들이 나오게 되었던 것이고, 이것이 행성 주민들을 불안하게 하는 요인이 되고부터는 강제 규약이 발동된 것입니다. 그리고 아담 창조 계획에 참여했던 과학자들을 모두 소환해 불러들인 후에 청문회에 세웠던 것입니다.

이 조치로 인해 아담들은 신들과 더 이상 함께할 수 없었으며, 반대 파벌의 과학자들을 통해 봉인될 수밖에 없었는데, 텔레파시를 할 수 없었고, 오래 살수도 없게 되었던 것입니다. 그저 평범한 인간들로 퇴보했던 것입니다. 발달했던 송과선이 쪼그라들었고, 세포들의 주기도 짧아져버렸으니, 제3의 눈이 닫히고, 마음의 눈도 닫히면서 서로와 소통할 수 있는 길이 사라져버린 것입니다. 육체는 급격하게 늙어 빨리 죽을 수밖에 없게 되면서 소중한 지혜들도 더이상 전수될 수 없게 된 것입니다. 여러분은 이렇게 할 거면 무엇 하러 태어나게 했느냐고 항변할 것인데, 이들도 먼 과거에 겪을 수밖에 없었던 일로서 카르마라고 해야 되겠지요. 체험하지 않고는 결코 깨달을 수 없다는 소중한 배움을 얻었던 것입니다.

플레이아데스인, 오리온인, 시리우스인, 라이라인, 아르크투루스인, 센타우르인, 타우러스인, 기타 외계 종족들이 우주를 탐험하고 적합한 행성들을 찾아내어 문명의 씨앗을 뿌리는 과정 중에 겪을 수밖에 없었던 일들이었습니다. 수많은 실패를 했고, 행성들이 파괴되기도 했으며, 에딘들(Edins)이 사라져버렸습니다. 이것을 우리는 우주적 과도기라고 부릅니다. 우주가 발달해나가는 동안 일어나는 현상을 말하는데, 종족들의 진화 여정에서 반드시 일어나는 것이었지요. 말하자면 사춘기, 성장통을 겪는 것이었어요. 여러분의 행성에 들어와 아픈 연대기를 펼쳤던 별들은 이 과정들을 통해서 더 한층 성장했음이니, 반목과 분열과 전쟁들을 몰아내고, 평화를 정착시키게 된 것입니다.

이제, 이들은 여러분을 지켜보고 있는데, 여러분의 유전체 속에 저들처럼 폭력성이 있다고 했습니다. 여러분도 성장통을 겪고 있는 과정이기에 저들은 여러분이 어둠의 수렁 속으로 빠지지 않고 빛으로 성장해주기를 바라고 있는 것입니다. 일부 외계 세력들은 아직도 자신들의 욕망을 버리지 못하고 여러분의 역사에 개입하고 있어서 지구는 어쩔 수 없이 혼란기를 겪을 수밖에 없습니다. 늘 말씀드린 대로 일방적인 개입은 없으며, 여러분의 욕망이 불러들였다고 하는 것입니다. 자녀는 부모를 닮습니다. 여러분을 태어나게 한 외계 유전공학자, 생명공학자들의 피를 물려받는 여러분이 어쩔 수 없이 겪어야만 하는 삶이라는 것입니다.

영과 혼이 본성을 깨달아 깨어나기 전에는 육체적인 감정체에 휘둘릴 수밖에 없다는 것인데요. 이 과정을 통해 본성을 깨우는 것을 여러분이 선택한 것입니다. 여러분의 부모들은 단점을 닮지 않기를 바라지만 어찌 자녀들이 그렇게 되던지요. 그러면 그럴수록 더 닮는다는 사실을 부정하지 못합니다. 우주의 부모들도 마찬가지입니다. 여러분처럼, 적극적인 개입을 통해 간섭하는 경우도 있고, 묵묵히 뒤에서 지켜보며 응원만 하는 경우도 있습니다. 유전공학자나 생명공학자라면, 특히나 직접 태어남에 개입한 존재들이라면 더 그렇지 않겠습니까! 초창기 저들을 소환했던 위원회들은 이제 과거의 일들은 잊고, 여러분의 깨어남을 위해 적극적으로 과학자들을 후원하고 있습니다.

반대파에 있었던 세력들도 여러분을 돕고 있는데, 여러분의 잘못을 무조건 감싸주는 것이 아니라, 자신이 한 선택과 행동에 대한 책임을 질 수 있도록 인도하고 있는 것입니다. 여러분의 과정이 책임에 대한 것이기에 마치 심판처럼 비춰지기도 합니다. 부모가 자녀에게 책임을 묻는 것이 아니라, 자녀 스스로가 책임을 질 수 있도록 말입니다. 만약 스스로 책임을 지지 않고 회피하거나, 떠넘긴다면 그에 따른 책임이 뒤따를 것인데, 더 이상 부모가 대신해 책임져주지 않는다는 것과 그것을 방관하지도 않는다는 것입니다. 여러분에게 주어진 인생에 대한 모든 책임을 스스로 질 수 있도록 여러분의 우주 부모들이 모두 모여 여러분을 응원하고 있는 것입니다.

일부 계파들은 여러분의 부정성을 무섭게 몰아칠 것인데, 그렇지 않고서는 떨쳐버릴 수 없기 때문입니다. 여러분은 분양 중인 신도시의 아파트, 빌라 등을 꾸미는 데 열정을 다하고 계시는데, 여러분의 우주 부모들이 만들었던 에딘보다는 못하다는 것입니다. 여러분이 물질을 다루는 기술이 아득히 멀었기 때문입니다. 그래서 여러분의 과도기를 지난 행성 지구의 재건 사업은 여러분의 기술로는 어렵다고 하는 것입니다. 선진 문명의 기술을 통해 진행할 것이고, 과거 에딘을 개발했던 주체들이 들어와 봉사를 통해 건축할 것입니다.

오래전, 에딘은 인공지능 체계에 의해 운영되었으며, 시설보호와 정비는 안드로이드들이 수고했습니다. 시설 경비는 로봇에 의해 이루어졌기에 여러분이 표현하는 스마트 시티였습니다. 아름다운 숲들과 정원들, 호수와 강들이 어우러진 아름다운 자연 그대로였으며, 새들과 동물들과 곤충들이 서로 조화를 이루고 있었고, 그 가운데 아담들이 있었습니다. 업무를 볼 수 있는 비즈니스 타운과 공공시설들, 특히 신들인 외계 존재들이 머물고 있던 시설들이 함께 어우러진 복합 단지였습니다. 첨단 경비 시스템에 의해 외곽 경비와 주요 시설 경비들이 보호되고 있었는데, 주로 원주민들이 들어올 수 없도록 했습니다.

눈에 보이지 않는 전자 방어막이 있어서 마치 벽이 앞을 가로막는 듯한 효과를 연출했지만 원주민들과 동물들을 다치게 하지는 않았습니다. 또한 첨단 경비 체계로 인해 미연에 접근을 예방했으며, 안전하게 에딘을 보호했습니다. 인공지능은 에딘을 천국처럼 만들고 관리했는데, 신들인 과학자 그룹에 의해 아담들만큼은 관여하지 못하도록 프로그램되었습니다. 아담들은 오직 과학자들에 의해서만 통제되었지만 자유를 억압할 정도는 아니었으며, 요즘 여러분 표현처럼, 인권 침해나 인권 탄압은 일어나지 않았습니다. 아담들은 동산 안에서 마음대로 다녔으며, 행동에 제약이 없었는데, 신들과의 소통도 원하는 대로 이루어졌습니다. 아담들은 신들을 아빠, 또는 엄마로 불렀으니, 마치 부모와 자녀처럼 말입니다.

아담들을 위한 교육이 이루어졌고, 유전체 실험은 계속해서 이루어졌습니다. 장애가 발생했을 때, 실험체가 원하는 대로 진행되지 못했을 때는 도태시켰습니다. 여러분이 생각하는 인류의 진화가 있었던 것은 아니며, 유전체 실험을 통한 최상의 개체들만을 생존시키는 전략을 통해 발전시켰던 것입니다. 유전공학자들이 이렇게 한 것은 우리의 뜻이 적극 반영되었기 때문이기도 했지만, 과학자들의 자존심이 한몫했다고 해야 되겠지요. 플레이아데스에서 성장한 인류는 아담들에게 자신들의 특성들이 고스란히 적용되기를 원했습니다. 여러분은 그래서 플레이아데스 인류를 닮았습니다.

전한 대로 반대 파벌들의 뜻에 따라 적용되어진 생체 제약에 의해 여러분의 외형은 플레이아데스 인류를 닮았지만 100세밖에 살 수 없게 되었음과 송과선과 뇌하수체의 축소로 인한 부작용인 버벅거리는 증세를 보이게 되었던 것입니다. 버벅거림이란 기억과 언어 소통 단절을 말함이며, 이로 인해 우주와 소통(영적 소통과 에너지 교류)이 단절되었습니다.

여러분이 아카식 레코드로 표현하는 것은 바로 여러분의 기억들이 저장된 공간으로서, 클라우드라는 온라인 저장 공간처럼, 그런 역할을 하는 곳이라고 보면 되는데, 이곳과 연결되어 있던 우주적 네트워크가 단절된 것입니다. 그래서 여러분의 우주적 기억들을 전혀 하지 못하게 된 것이고, 설령 한다고 해도 버벅거리는 증세 때문에 전체 기억을 회복하지 못하고 있는 것입니다. 에너지 순환 회로 네트워크도 단절되어 영원한 생명력이 사라졌고, 슬프지만 짧은 물질 인생을 천형으로 받아들였습니다. 여러분은 하늘에 의해 버림받았다고 받아들였던 것입니다.

어찌 보면 다행이었다고 할 수도 있는 것은 반대 세력들의 주장대로라면 인류는 대홍수 사건을 통해 모두 멸종하는 것으로 결정되었다는 것입니다. 그동안 실험한 부분들을 모두 파괴시킨다는 아픔이 있었지만, 자신들을 두렵게 한 아담들을 모두 정리시키는 것이 합당하다는 주장에 더 힘이 실렸기 때문에 어쩔 수 없는 선택이었습니다. 그러나 실험의 주체였던 과학자들의 뜻에 의해 생존할 수 있게 되었고, 바벨탑 사건 이후로 그런 제약이 뒤를 따랐지만 역시 생존할 수 있었습니다.

여러분, 오이디푸스 신화를 아시지요. 자신이 낳은 아들이 자신을 죽일 것이라는 신탁 때문에 자신의 아들을 죽이라고 했지만, 결국 살아 돌아와 자신을 죽이게 된다는 이야기 말입니다. 바로 여러분에게 해당된다고 해야 되겠지요.

그 당시에는 반대 파벌들의 주장이 더 힘이 있던 시절이었기에, 아담들은 적자생존(適者生存)의 길을 걸을 수밖에 없었으며, 주어진 천형도 달게 받았던 것입니다. 그리고 저들이 행성 지구를 떠날 때, 자신들이 거주했던 도시들과 시설들, 특히 에딘들을 철저하게 파괴했으며, 증거들도 남기지 않고 떠났던 것입니다.

여러분의 행성은 고대 문명들의 흔적들이 숨겨져 있는데, 특히 대양 속에 많이 남아 있습니다. 지각 변동에 따라 대륙들이 융기하면 모두 드러날 것인데, 비밀들이 나타날 것입니다. 여러분 육체에 가해졌던 제약들도 해제될 것인데, 그런 시대가 되었다는 것입니다. 과거 분열되어 떠났던 여러분을 태어나게 한 유전공학자 그룹들이 다시 돌아왔기 때문인데, 반대 세력과의 반목들을 모두 조화로써 봉합했기 때문입니다. 여러분에게 진 빚을 기억했으며, 떠날 당시의 마음을 돌아본 것입니다. 단절된 에너지 순환 회로와 끊어진 기억 순환 회로를 원래대로 회복시키기 위해서 말입니다.

분명한 것은 에딘을 거닐던 아담들의 본모습을 회복시킨다는 것이지만, 여러분의 몫이 있음을 전하는 것입니다. 우리는 여러분에게 개입했던 세력들에게 에메랄드 성약을 공시해 모두 지킬 것을 천명했지요. 이것에 응답한 세력들과 그렇지 않은 세력들로 나누어졌으며, 여전히 여러분을 소멸시키고 행성을 독차지하려는 세력들이 있습니다. 저들은 모든 것을 파괴하고 우리의 영향력을 소멸시키고자 소유권을 주장하고 있는 것입니다. 물론 행성과 여러분에 대한 권리를 말하는 것입니다. 불법적으로 이루어진 점거였지만 여러분이 허용했던 것을 빌미로 해서 우리에게 주장하고 있는 것이에요.

여러분은 저들의 주장이 무효임을 증명해야 하기에, 유일한 방법을 전하고자 합니다. 신성을 깨워 발현시키면, 저들의 소유권은 효력을 상실하고 무효가 된다는 것입니다. 신성은 어떤 존재도 강제할 수 없기 때문입니다. 이것이 우주의 법칙입니다. 마누-마나-에아, 대신성한 삼위일체(三位一體)는 우주의 어떤 존재도 자유-의지를 훼손하거나 파괴할 수 없습니다. 비록 육체와 생리체와 성기체가 저들에 의해 강제되었다 해도 영은 손괴시킬 수 없었던 것입니다. 영에 의한 자유-의지에 의해 신성을 깨운다면 우리의 도움이 기다리고 있는 것입니다. 우리는 여러분이 에딘에 있었을 때처럼 회복되기를 바라는 것입니다.

에딘은 여러분의 신성이 활성화되던 장소였는데, 그런 시설들과 환경들이 갖추어져 있었던 것입니다. 대표적으로 여러분의 의식 주파수를 안정화시켜주고, 상승시켜줄 수 있는 공명 주파수 대역이 설정되어 있었기에 여러분의 마음인 심장을 안정시켜주고, 뇌파를 평화로운 상태인 알파파가 유지될 수 있도록 한 것입니다. 물론 여러분 스스로도 그렇게 했지만 에딘의 조건이 그것을 더욱 증강시키게 도왔던 것이지요. 심긴 나무들에서도 그런 파동이 분출되었으며, 곤충들과 동식물군 전체가 그러했던 것인데, 아담들이 동식물들과 공명을 통해 서로 소통했던 것입니다. 입을 통한 언어는 불필요했던 것으로서 굉장히 작은 입술과 구강 구조를 가지고 있었습니다.

극초저주파가 에딘의 환경을 그렇게 조성시키고 있었는데, 외곽 지역을 벗어난 경계 바깥은 그렇지 않았습니다. 이것 또한 외계 존재들을 위해 조성된 시스템에 의해 그렇게 된 것이었지요. 아무래도 자신들의 행성 조건을 맞추다 보니 그렇게 되었던 것입니다. 여러분의 행성계인 티타니아(금성), 타투스(화성), 말데크(소혹성대)도 행성 지구에 정착하기 위해 그렇게 했던 것입니다. 인공적으로 조성되어진 장소였지만 최적의 인공지능 체계에 의해 유지된 자연 시설이었으며, 그곳에서 아담들은 중도자들로 알려진 안드로이드들의 봉사를 받았습니다. 이때의 안드로이드들은 기계공학자들과 시스템공학자들에 의해 만들어졌지만, 인류처럼 탄생했기에 인류와 구분할 수 없을 정도였습니다. 다만 아담들과 다른 점이 있었다면 음식을 먹지 않았고, 잠을 자는 대신 자동 온·오프되어 작동했으며 대표적으로 아우라가 투영되어 나타나지 않았습니다.

아담들은 가슴과 머리 부분에 밝은 빛이 투사되어 나왔기에 저들과 구분할 수 있었지요. 여러분은 붓다와 예수아를 이미지화할 때 머리와 가슴 뒤에 후광을 그려 넣지요. 네, 맞습니다. 아담들은 마치 성인들처럼, 내면의 빛이 밖으로 투사되어 나왔던 것입니다. 아담들은 사실 신들이었지요. 그래서 그들의 부모들이었던 외계 종족들과 함께 기거하며 동산을 거닐었던 것이고, 신들에게서 전권을 위임받아 에딘을 통치할 수 있었던 것입니다. 그래서 동산 중앙에 위원회가 머물던 행정부 건물과 백악관과 같은 건축물이 자리하고 있었는데, 시조였던 아다파와 뒤를 이은 대표 아담들이 위원장 역할을 했습니다. 행성 정부의 초기 모델이었습니다.

앞서서 전한 대로 외계 신들을 위한 생명나무는 예외 조항이었기에 권한 밖이었던 것인데, 불로장생할 수 있는 나무였기에 그런 조항이 있게 된 것이고, 또 아담들을 시기하던 세력들이 나오게 되면서 강제 규칙이 생겨나게 된 것입니다.

아담들은 행성 정부의 수반이 되었으며 위원회를 이끌었는데, 외계 존재들은 뒤로 물러나 개입하지 않게 되었습니다. 초기에는 많은 부분들에 조언과 가르침이 있었지만, 아담들이 자리를 잡고 나서부터는 조언을 구하기 전에는 나서지 않게 되었던 것입니다. 특히 인공지능 체계가 많은 도움을 주었습니다. 저들은 아담들을 지켜보면서 자신들의 행성처럼 선진 문명이 뿌리를 내리고, 아담들이 그 주체들이 되기를 바랐습니다. 지혜를 습득하는 정도가 과학자들을 놀라게 할 정도로 빨랐기에 저들의 기대가 헛된 것은 아니었지요. 또한 빛나는 과학 기술들도 전수되어 문명의 기초를 다질 수 있도록 했습니다.

이러한 플레이아데스식의 인류 문명이 꽃을 피워 나가자 라이라와의 사이에서 은하 전쟁을 겪었던 파충 세력들에게도 소문이 전해지게 된 것입니다. 저들은 몬마시아 태양계가 인류의 차지가 되어서는 안 된다는 결의를 통해 오리온을 중심으로 한 연맹 체계를 출범시켰는데, 앵카라 동맹이 결성되었으며, 전열을 정비한 우주 전단이 태양계에 진입하게 되면서 항성 전쟁이 발발하게 되었습니다. 저들은 우선 말데크 행성을 군사화해서 행성 간 전쟁을 준비했으며, 인류와의 전면전을 통해 자신들의 입지를 강화시키고자 한 것입니다.

아담들을 통한 문명은 전쟁의 여파를 피해갈 수 없었으니, 에딘은 철저하게 파괴되었던 것입니다. 플레이아데스 인류는 행성 지구를 떠날 수밖에 없었으며, 그 빈자리를 파충 세력들이 자리를 잡게 되었습니다. 우리는 원대한 계획을 가지고 지켜보고 있었기에 이것도 예상하고 있었습니다. 우리는 씨앗 뿌리기가 멈추어서는 안 된다는 의지를 플레이아데스 영단과 니비루 영단에 전달했으며, 그 뜻에 의해 은하 인류의 씨앗 원정대는 다시 한 번 행성 지구를 방문하게 됩니다. 그전에 점령군으로 있던 파충 세력들을 전쟁을 통해 몰아냈는데, 저들의 군사기지였던 말데크 행성을 파괴시킨 것이었습니다. 그런 후에 행성에 은하 인류의 씨앗 뿌리기가 시작될 수 있었는데, 실험실들을 다시 만들고, 에딘들도 다시 건축하게 된 것입니다. 우리는 플레이아데스인들을 돕도록 시리우스-A에서 사자인 유전공학자들을 파견해 '체세포 복제 배아'를 통한 아담을 태어나게 한 것입니다.

아담은 성장 속도가 매우 빨랐으며, 그를 가까이서 보기 위해 에딘으로 데려다놓았습니다. 우리는 아담을 위해 최상의 시설을 갖춘 공원을 만들었고, 그곳에서 영생하며, 내면의 그리스도가 성장할 수 있기를 바랐습니다. 유전공학자들은 성장단계를 늘 점검했으며, 혼 의식을 통해 내면의 신을 깨울 수 있기를 기대했습니다. 아담은 과학자들이 이끄는 대로 잘 따랐으며 텔레파시를 통한 소통에서도 어려움이 없었습니다. 육체라는 그릇이 만들어지면 그곳에 혼이 들어올 수 있도록 영단에 요청하게 되고, 절차에 따라 대기하고 있던 혼이 들어서게 되는데, 이때가 육체의 나이가 6세가 되는 때입니다. 태어난 아기에게는 배정된 혼이 대기하고 있는 것이고, 6세가 되기 전에는 육체에 들어설 수가 없으며, 영단과 혼의 계약에 따라 허가가 떨어진 뒤에야 들어서게 되는 것입니다. 6세 때가 첫 번째 정체성이 나타나는 때로서, 혼이 드디어 육체에 완전히 자리 잡게 되는 것입니다. 대기하고 있던 혼이 만약 인생을 살지 않겠다고 선택하면 육체에 들어가지 않고 떠나는 것입니다.

이때의 에딘을 본다면 여러분은 지상 낙원이라고 할 것인데, 천국을 보시고 오신 분들이라면 잘 아실 것입니다. 우리는 지금의 여러분도 에딘에서 살 수 있는 자격이 있음을 전합니다. 아담의 후손들로서 유전체를 잘 간직하고 있다면 말입니다. 우리의 뜻을 인정하지 않고 적대적으로 돌아선 세력들은 인류가 다시 행성 지구를 거니는 것을 용납하지 않았으며, 선전 포고를 통해 지구를 점령하게 됩니다. 저들은 혼혈 정책을 통해서 인류 사이에 파고들었고, 아담의 유전체가 물려지지 않도록 훼방했습니다. 저들은 우리가 아담의 유전체를 가지고 있는 인류를 통해 화신하는 것을 알았기에 그것을 차단하고자 했으며, 전방위에 걸쳐서 제거 작전을 했던 것입니다.

인류 사회에서 주도권을 쥐고 있는 세력들은 저들의 혼혈 정책에 따라 파충 종족들이 들어와 있는 육체들입니다. 저들은 세월이 흘러 늙은 육체를 버리고, 새롭게 태어나는 것을 버거워했기에 젊은 육체를 하이재킹해 옷을 갈아입듯이 바꾸는 방식을 선호하고 있습니다. 그렇게 해야 권력을 끊임없이 유지할 수 있으니까요. 육체에 담긴 혼은 매우 강한 전기 충격을 가하면 탈락하게 되는데, 그때를 이용해 육체를 갈아타는 것입니다. 대다수의 인류는 기억 상실에 걸려 있기에 저들의 흉계를 알지 못한 채로 저들이 입력한 인생 프로그램에 따라 삶을 살고 있습니다. 저들은 이러한 대중은 신경 쓰지 않으며, 오직 아담의 유전체를 가지고 있는 인류만을 감시하고 있다는 것인데, 결코 인생을 편하게 살지 못하도록 했으며, 그 울타리 속에 두어 감시가 쉽도록 했던 것입니다.

여러분은 저들의 권력 근처에는 다가갈 수가 없는데, 인생 프로그램이 그렇게 설정되어 있어 그런 것입니다. 노력을 통해 근처에 다가갔다고 해도 이용만 당하다 날개 없이 추락하게 되어 있고, 또한 죽임을 통해 떠날 수도 있다는 것입니다. 물론 본래, 여러분 것이었지만 강탈당해 저들의 것이 된 것입니다. 저들은 수단, 방법을 가리지 않고 아담들이 행성 지구의 주인으로 돌아오는 것을 원천적으로 막고 있는 것이며, 우리의 개입도 전쟁을 통해서 막고자 하는 것입니다.

우리는 눈에 보이는 에딘을 건설하기에 앞서, 청사진을 가슴에 담고 있는 아담들을 준비시키기로 했습니다. 시뮬레이션을 구현시켜 가상세계인 에딘을 가슴과 눈(제3의 눈)에 간직하게 될 아담들을 준비시키는 작전을 하게 된 것입니다. 이 작전을 총책임지고 있는 존재가 '주(主) 그랜드환다 퀴노치아'입니다. 총설계도를 가지고 여러분을 돕고 있는데 대우주 건축 설계자이기 때문에 충분한 역량을 가지고 후원하고 있는 것입니다. 이 조건을 충족시키기 위해서는 신성이 있어야 하겠지요. 신성은 파르티키-파르티카-파르티쿰이며, 물질의 가장 기본 입자를 구성하고 있는 한 세트입니다.

중성자-양성자-전자가 바로 신성에서 파생되어나온 것입니다. 없다고 부인할 수 없으며, 그렇다면 자신을 속이는 것입니다. 하느님은 존재하지 않는다는 것 역시 자신을 속이는 것입니다. 우주를 형성하고 있는 모든 곳, 모든 것에는 신성이 내재하고 있습니다. 그것이 아니다 하는 것 자체가 어불성설(語不成說)이라고 합니다. 신성은 신이 될 수 있는 조건입니다. 신성을 갖추고 있는 존재는 신이 되는 것이기에 모든 인류는 신이라 할 수 있습니다. 다른 점이 있다면 그 진실을 아는 이들과 그 진실을 전혀 모르고 있는 이들, 진실을 알았다 해도 그것을 인정하지 않고 있는 이들, 그 진실을 역이용해 인류를 억압하고 있는 이들이겠지요.

혼혈된 어둠의 존재들도 예외는 아니나 스스로 모르고 있고, 그것을 부정하고 있는 것입니다. 유전체가 파괴되어 우주 에너지를 받아들일 수 없고, 상위 존재와 연결이 끊어졌다고 해도, 여호와 일곱 봉인을 통해 니비루 십자가형에 처해졌다고 해도 신성은 파괴시킬 수 없습니다. 이것이야말로 불가능한 것입니다. 태초에 결합한 마누의 뜻이 아니라면 결합을 풀고 돌아갈 수 없으며, 소멸 자체는 불가능하다는 것입니다. 여러분이 스스로, 또는 존재 스스로 의식을 통해, 물리적으로 손괴시키거나 아니라고 해도 마누의 뜻이 아니라면 불가라고 하는 것입니다.

다만 존재 스스로가 그것을 인정하지 않고 받아들이지 않고 있는 것과, 아예 그것을 모르고 있는 경우인데, 어둠의 존재들 중에 많은 이들이 이 진실을 모르고 있다는 사실이며, 알고 있는 이들이 그것을 숨기고 있다는 것입니다. 자신들의 세력이 무너질까 염려되어 그런 것인데, 저들의 권력도 마치 신기루와 모래성 같다고 하는 것이지요.

믿음에 대해 전해드렸지요. 신성은 믿음에 의해 깨어나는 것입니다. 거짓된 세상과 거짓된 인생을 살아온 자신을 온전히 용서하고 사랑하는 것, 그리고 아담이었음을, 신이었음을 믿고 신뢰해주는 것이 바탕이 된다면 신성은 깨어나는 것입니다. 그것이 바로 여러분의 특권이자, 권리라고 하는 것입니다. 이것을 여러분은 저들에게 빼앗기거나 잃어버렸던 것입니다. 어떻게 되찾을 것인가 고민하지 마세요. 여러분 스스로가 있다고 인정하고 믿는다면 바로 부활하는 것입니다. 세상이 불균형하고, 어지럽고 혼란한 것도 거짓이기 때문에 그런 것이며, 그림자이기 때문에 그런 것입니다. 진리인 세계, 에딘은 결코 그렇지 않음인데, 평화가 넘치고 있기 때문이며, 균형을 잃지 않았기 때문입니다.

여러분은 에딘이 왜 파괴되었냐고 하시겠지요. 에딘을 지키던 주인, 아담이 자격을 잃어버렸기에 그렇게 되었던 것입니다. 그리고 마음속의 에딘도 잃어버리고 말았지요. 우리는 여러분의 마음속에 잃어버렸던 에딘을 되살리기로 했으며, 그 설계도를 다시 정착시키기로 했습니다. 파괴된 여러분의 유전체도 사자인인 유전공학자들에 의해 복구되고 있는 것이며, 파괴된 에딘도 다시 복구시킬 것입니다.

우리는 새로운 5차원 세계의 건설을 위해서 들어선 빛의 존재들에게 설계도를 제공했음인데, 아직은 암호-코드로 저장되어 있어서 알 수가 없습니다. 때가 되면 코드가 해제되어 나타날 것이며, 자신들의 역할들을 시작할 것입니다. 지구는 재개발 공시가 발효되었고, 그에 따른 후속 조치가 진행되고 있습니다. 어둠이 하는 역할들도 그중에 포함되어 있어서 순서에 따라 진행해나갈 것입니다. 진정한 에딘을 건설해 아담들이 살 수 있도록 할 것인데, 행정 수도로서 기능할 것이에요.

12제국의 수도에 12곳의 에딘이 들어설 것이고, 아담들인 호모 아라핫투스들을 대표하는 위원들이 위원회를 구성할 것이며, 행정, 입법, 사법을 대표하는 기구들과 구성원들이 있는 시설들이 들어설 것입니다. 5대양 6대륙은 당연히 변경되어 육지가 7할, 대양이 3할을 차지하는 형태로 변경될 것입니다. 인류는 약 10/1 이하로 줄어들어 가장 필요한 구성원들로 조직화될 것이고, 체계 자체는 인공지능의 도움으로 순환할 것입니다. 인류는 내면의 신을 통해 하느님과 동행하는 삶을 영위해나갈 것입니다. 인공지능과 안드로이드들이 사회 전반에 걸쳐 인류를 위한 봉사에 최선을 다할 것인데, 아담들의 영적 의식에 의지해 그렇게 할 것입니다.

에딘은 지상 낙원입니다. 여러분에 의해 건설된 것입니다. 과학 기술을 통해 그렇게 될 것인데, 자연 친화적으로 조성될 것이어서 인공적인 부분은 미미한 수준으로 들어설 것입니다. 여러분의 도시는 거대한 빌딩들이 넘치고 있지만 새로운 세상에는 저층의 건축물들이 들어설 것이고, 물론 자연 친화적인 재료와 디자인이 적용될 것입니다.

에딘은 아담들을 위해 건설할 것이기에 당연히 아담들이 살게 되는 곳입니다. 여러분 중에서 아담의 후예들이라면 자격이 있는 것이고, 마음속에 에딘의 설계도가 내장되어 있는 것입니다. 마음에 평화와 사랑이 넘치는 이들이 바로 그런 이들입니다. 이렇게 가기 위한 갈 길이 멀다고 할 수 있겠지요. 여러분이 하고자 하는 그 뜻이 믿음과 신뢰를 통해 드러날 것이고, 우리와의 협동이 빛을 발할 것입니다. 설계도는 완성을 위한 밑그림이자, 기초석입니다. 그것을 기본으로 하고 건축되어지는 것입니다.

'우리는 야나스이며, 이온 상임 이사회입니다.'
'아—모—레—아 에—카—샤(A—mO—RA—eA Ec—Ka—ShA).'

05

헤일로
(環 : The Halo)

Heaven's Gates

05
헤일로

사랑하는 여러분.

행성에 정착한 문명이 꽃을 피우게 되면 행성 외기권에 진출하게 되면서 우주 정거장 같은 시설을 두게 되고, 행성을 둘러싼 고리 형태의 주거 집단지를 개척하게 됩니다.

행성 지표면을 떠나 지저세계를 개발하기도 하고, 천공에 거주세계를 개발하는 단계에 이르게 됩니다. 과학 발전이 부정한 측면도 있지만 긍정적 측면도 있는 것도 다른 우주를 봐도 알 수 있는 것입니다. 우리는 똑같은 유형의 발전보다는 결이 다른 형태의 발전을 유도하는데, 실험적 측면에서 그렇게 한다고 보면 됩니다. 물론 상위 영단에서 시뮬레이션 과정을 거쳐서 결정되는 것이고, 현실에 적용시켰을 때에 여러 유형의 파생 모델들을 점검하기도 하는 것입니다.

실패도 있을 수 있는 것은 그 환경에 적응해 사는 존재들에 의한 변수들도 고려해야 한다는 점 때문입니다. 여러분에게도 추천하는 여러 유형 중의 하나인데요. 〈엘리시움〉이라는 영화와 〈헤일로〉라는 게임에 등장하는 고리 형태의 거대 세계를 표현한 것인데, 계급 사회를 지칭하는 형태가 아닌 최적의 환경 체계를 갖춘 인공 구조물로서의 거주 단지를 말하는 것입니다.

우리의 설계도에도 헤일로 형태의 거주 시설이 있으며, 앞으로 여러분 세계에도 도입될 것입니다. 지저세계와 지상세계, 천공세계가 조화를 이루는 체계로 개발될 것인데, 이곳에서는 외기권에 개발된 헤일로에 대해 전하고자 합니다.

중력이 강한 여러분 행성은 외부 우주로 진출하기 위한 중간 기착지가 반드시 필요한데, 현 수준에서의 우주 정거장은 쓸모가 없기에 최소 약 3천 명 정도의 구성원들이 머물 공간이 필요하고, 더 나아가서 약 3만 명 정도의 거주지가 필요하게 됩니다. 이것은 한 개의 우주 정거장을 표현한 것이고, 적어도 그래야 우주 공간을 여행하는 우주선을 운영할 수 있는 것입니다. 지상과의 사이는 우주 왕복선이 이동시키는 체계가 들어서는 것입니다. 은하연합에서 운영하고 있는 '샤레(Share)'라는 원형의 우주 정거장이 있으며, 다른 별들에서 오는 모선들을 정박시키고, 출항시키는 역할을 하는 우주 정거장으로서 지구에 고정된 궤도를 가지고 운영 중에 있습니다. 행성계에서 들어온 승무원들과 운영 요원들이 상주 중에 있습니다.

'샨 체아(Shan Chea)'라는 사각형 모듈의 위성급 우주 정거장을 운영 중에 있으며, 고정되지 않은 궤도를 가지고 있는데, 약 300만 명 정도의 승무원들, 운용 요원들과 여러 존재들이 지구를 위해 봉사 중에 있습니다. 행성 지구의 주파수를 관리하고, 인류의 주파수도 관리하며, 상승을 위한 봉사의 역할을 하는 곳입니다. 여러분을 항상 관찰하고 있는데, 의식 주파수를 모니터링하고 있다는 것입니다. 문명 발전의 한 예를 전하는 것인데, 더해서 '헤일로'를 설치해 앞선 문명이 꽃을 피우도록 하려 하는 것입니다. 여러분의 기술로는 어림도 없지만, 은하단에서 소개하는 과학 기술을 통해 진행시킬 것입니다.

헤일로에는 산소 공급 장치가 있어 산소 호흡기 없이도 머물 수 있으며, 지구 자전에 맞추어 반대 방향으로 회전시킬 것입니다. 이곳은 두려움 없이 용기를 가진 인류와 다른 행성들에서 들어온 존재들이 살아갈 것입니다. 물론 자전은 몸으로 느끼기보다는 태양의 주기에 의해 알게 될 것이지만 계절의 변화는 없을 것인데, 최적의 환경을 조성해 변하지 않도록 체계화할 것입니다. 업무용 도시들과 주거용 도시들과 생태형 도시들이 조화롭게 이루어진 복합 단지로서 개발될 것인데, 지구 인류만을 위한 곳이 아닌, 다른 행성, 항성, 별자리, 은하들에서 들어오는 존재들을 위한 신세계라 할 수 있습니다. 그래서 섹터별로 나누어서 관리될 것이고, 외곽 지역, 즉 우주 공간에는 경비를 책임지는 인공위성들이 별도로 운영될 것입니다.

이곳은 먼 우주에서 보면 마치 토성의 고리처럼 보일 것이나, 거주할 수 있는 인공 체계라는 것이 다를 뿐입니다. 행성뿐만 아니라 외부 우주와의 협력을 위한 기구들이 있을 것이고, 우주선들이 드나들 수 있는 정거장들도 있게 될 것입니다. 어쩌면 미래에는 지상보다 헤일로에 거주하는 이들이 더 많을 것인데, 우주로 진출하고자 하는 인류가 늘어날 것이기 때문입니다. 에너지는 핵융합 발전소가 있어 무한대의 에너지를 활용할 것이기에 비용이 들지 않습니다.

우리가 헤일로를 계획한 것은 광자대가 첫 출발이었습니다. 의식이 상승할 수 있는 기회가 제공되는 고리 형태의 빛 에너지 링을 존재들의 행성에도 인공적인 체계로 두면 어떨까 하는 주(主) 아쉬타르 커맨드의 의견이 있었기에 시도되었다고 할 수 있습니다. 물론 기준을 충족시키는 것이 먼저였지요. 행성 타우라에 적용시켜보자는 의견이 나왔으며, 안드로메다 은하단 수도에서 설계가 진행되었고, 시스템도 적용시키게 된 것입니다. 이것은 네 사람 얼굴 LPINs과 연합해 운영될 것이며, 마하라타 에너지가 순환해 빛의 고리처럼 보이게 될 것입니다.

당연히, 행성 거주민들과 이곳에 거주하는 존재들에게 의식 상승의 기회가 많이 주어진다고 하는 것인데, 광자대와 연동되어 최상의 효과가 증폭되어 나타날 것입니다. 이런 부분들이 외부에 알려지게 되면서 마치 이곳은 은하의 꿈의 휴양지가 될 것입니다. 우리는 헤일로 건축에 필요한 모든 자재들과 필요 인력들을 준비시켰으며, 주(主) 그랜드환다 퀴노치아가 총책임자로서 자리하도록 했습니다. 여러분은 이 고난도의 건축을 어떻게 할 것인가 의심하실 것인데, 기간도 얼마 걸리지 않고 최상의 조건하에 건축되어질 것입니다.

여러분의 달(루나)도 인공 구체로서 건축되었고, 행성 니비루, 전투 위성 니비루도 인공 구체로서 건축되었던 것입니다. 행성 타우라의 인공 고리인 헤일로도 매우 쉽고 빠르게 건축될 것입니다. 행성에서 멀리 떨어진 공역에서 제작될 것이고, 완성 후에 궤도에 이동시켜 정착시킬 것이며, 시스템과 조율시킨 뒤에 행성의 고리로서 역할을 시작할 것입니다. 그런 후에 인류가 정착해 살게될 것인데, 이 시스템과 잘 융합할 수 있는 인류가 먼저 선발되어 그렇게 될 것입니다.

여러분은 피라미드를 만든 이들을 고대 건축 종족이라고 합니다. 여러분이 이해할 수 없는 많은 구조물들과 건축물들이 있는데, 신비롭게만 바라보고 있을 뿐입니다. 4차원 공학 기술과 5차원 공학 기술이 동원되어 만든 것들로서, 헤일로에도 적용될 것입니다. 눈에 보이는 외형보다도 내부 에너지 체계가 가장 중요한 핵심으로서, 외형을 책임지는 공학자들과 내부 시스템을 책임지는 시스템공학자들, 에너지공학자들이 총출동해서 대기 중에 있는데, 에너지 시스템 설계와 시공이 먼저 진행되겠지요. 모든 것은 설계도에 따라 진행될 것입니다.

도넛 모양을 한 헤일로의 반구 아랫부분은 주거 형태가 들어서게 되는 형태를 취할 것이고, 윗부분은 투명한 인공 구조물이 덧씌워진 형태를 할 것인데, 해로운 우주 방사선을 차단하는 효과를 연출할 것과 적정 수준의 습도를 조절해 대기를 채울 산소 포화도 자동으로 조율할 것입니다. 태양 빛도 적절하게 조율해 거주민들에게 최상의 환경을 제공할 것입니다. 중력 조절 장치와 환경 조절 장치가 인공지능에 의해 설정될 것이기에 우주 미아가 될 일은 없습니다. 우주선들이 자유 왕래할 수 있는 출구와 입구가 따로 운영될 것이고, 우주 정거장과 거주지 사이를 자기 부상 열차가 운영될 것이며, 자기 부상 승용물들을 이용해 이동할 것입니다. 자가용 비행기처럼 둥그런 형태의 작은 우주선들을 통해 장거리 여행에 이용할 것이며, 근거리는 승용차와 같은 탈것을 이용하는데, 공중에 떠서 이동할 것입니다.

헤일로는 티타니아처럼, 시계 반대 방향으로 자전할 것인데, 행성 체계의 균형을 위해서이며, 거주민들의 체계를 위해서입니다. 행성은 태양이 동에서 비춘다면, 헤일로는 서에서 비추게 되고 동쪽으로 지게 되는 것입니다. 그렇다고 시간이 거꾸로 가는 것은 아니며, 행성 체계와 비추어 조율 장치를 통해 해결하는 것입니다.

행성과 고리인 헤일로를 위한 방어 체계의 일환으로 인공위성들이 준비될 것인데, 방어 체계로서 철저한 경비 역할을 할 것이며, 이곳에도 승무원들이 거주하게 될 것입니다. 여러분이 제작해 우주에 띄운 인공위성들과 로켓들은 쓰임이 다하면 우주 쓰레기들이 되고 맙니다. 그리고 그것을 제거하는 방법은 미사일로 파괴하는 것인데, 더 작은 파편들이 되어 더 치명적인 폭탄으로서 변형되고 말았습니다. 여러분의 기술이 아직 부족하기 때문에 그런 것이며, 우리에 의해 모두 깨끗하게 제거될 것인데, 우주를 정화시키려는 것과 타우라 체계에 맞는 인공위성을 배치하기 위해서입니다.

이제 행성 타우라는 여러분만의 세계가 아닌데, 이미 그러하지만 여러분이 모르고 있을 따름입니다. 헤일로는 행성의 균형을 잡아주고, 주파수도 조율할 것이며, 다방면에 걸쳐서 행성의 조력자 역할을 담당하게 될 것입니다. 우리는 헤일로를 위한 전문가들을 훈련시켰으며, 지금 대기 중에 있다는 것을 전합니다.

헤일로는 역장의 기능도 하는데, 과거 행성 지구는 전자기장이 서로 극이동하는 일들이 있었고, 그로 인해 대형 재난을 맞이할 수밖에 없었습니다. 그러한 경우는 3차원 행성이었을 때의 일로써, 그렇게 해서 순환 고리의 질서를 조정했다 할 수 있습니다. 하지만 조정 과정에서 발생했던 문명의 소멸이 있었습니다. 4차원 행성으로 전환되는 새 지구인 타우라에서는 그러한 조정 과정이 없을 예정인데, 그 역할을 헤일로가 맡게 된다는 것입니다. 극이동을 통한 행성의 자기장 조절을 헤일로가 대신해 더 이상 행성의 극이동은 없을 것입니다. 그렇다고 해서 헤일로도 극이동을 하는 것이 아니라, 자기장 조율을 하는 역장 시스템이 자리하고 있어서 행성과 헤일로의 균형을 조절한다는 것으로서, 재난과 같은 상황은 펼쳐지지 않는다는 것입니다.

이번 주기의 자기장 조절이 여러분의 행성 경험으로서는 마지막이 될 것입니다. 순환 주기는 진화 연대기와 맞물려 있어서 문명의 시작과 끝이 함께할 수밖에 없는 운명을 가지고 있다는 것을, 그래서 물질체험을 선택했던 혼-그룹들의 집단 이동이 진행되는 것이며, 그로 인해 대재난이 펼쳐졌던 것입니다. 여러 방법이 있으며, 가장 큰 것이 극이동이고, 작은 것은 바이러스나 전쟁들을 이용하기도 하는데, 환경 재난들을 통해 혼들을 이동시키는 것입니다. 이번 주기에 펼쳐지게 될 혼-그룹들의 이동들이 있으며, 작은 것들과 큰 것으로 조율되고 있는 것인데, 극이동을 포함해서 말입니다.

극이동을 통해 물질체험 중이던 혼-그룹을 모두 정리시켜 정화 과정을 통과한 후에 확정된 장소들로 모두 이동할 것입니다. 극이동 후의 3차원 행성은 정화가 종료되면 원시 자연 행성으로서 자리 잡게 되는데, 떠난 혼-그룹의 물질체험은 더 이상 있지 않을 것입니다.

3차원체험을 완성으로 종료한 혼-그룹은 3차원 행성 지구에서 분리되어 나온 4차원 행성 타우라에 입식될 예정이며, 새로운 행성 주민으로서 살아가게 될 것입니다. 행성 타우라는 행성 지구의 공전 궤도가 아닌 새로운 태양 공전 궤도로 진입해 들어갈 것인데, 더 이상 행성 지구를 볼 일이 없을 것입니다. 우리는 분리된 4차원 행성 타우라를 위해 헤일로를 개발하기로 했으며, 오나크론에서 전문가들을 모아 네바돈에 들어오도록 했습니다. 홀로그램을 통해 건축 설계해 모든 과정이 종료되었으며, 아름다운 모습으로 행성을 감싼 상태로 순환하고 있습니다. 타우라의 고리로서 빛나는 반지 형태를 하고 있습니다.

우리는 타우라를 보고 있는데, 타우라 행성 주민들이 될 혼-그룹을 선정했으며, 이들이 입게 될 4차원체도 준비시켜 두었습니다. 새로운 문명을 이끌 이들을 위해 우리는 천상 정부를 지상에 안착시키기 위한 조직과 팀들을 구성했으며, 영단이 먼저 자리를 잡도록 허락했습니다. 헤일로는 새로운 조직으로 편성되었고, 타우라를 위한 새 역할에 맞추어 모든 준비를 다 완성시켜 두었습니다. 먼저 우주 영단에서 시스템을 조율하고 있는데, 새로운 요원들이 배치되어 봉사들을 하고 있습니다.

4차원 영역은 제2조화 우주 영역으로서 3차원 영역에서는 인식할 수 없으며, 볼 수도 없기에 행성 타우라는 보이지 않는 영역에 위치하게 되는 것입니다. 헤일로는 행성의 역장을 위해서 배치되는 것이며, 또한 새로운 거주 지역으로서 설치되는 것입니다. 역할 기준에 의한다면 공중에 떠 있는 에덴이라고도 할 수 있겠지요. 과거 바빌로니아에 있었던 공중정원처럼 말인데요. 특정 세력만 거주하는 곳이 아닌, 일반 시민들이 거주하는 영역으로 꾸며져 있습니다.

이곳도 역시 여러분의 현재 기준으로 본다면 공중에 있는 천국이 될 것인데, 그렇게 보일 것이기 때문입니다. 여러분은 천국을 고단했던 인생을 죽음으로 마치고 들어가는 이상세계로 그리고 있는데, 행성 지구의 특수성 때문에 그렇다고 해야 합니다. 행성 티아마트 시절에는 죽음이라는 관문이 필요치 않았습니다. 3차원 체험이 완료되면 4차원 영역에서 여러분을 이동시키기 위해 대사들이 방문했던 것이기에 죽음으로 육체를 버릴 필요가 없었고, 바로 육체를 아스트랄체로 변형시켜 이동하면 되었기 때문입니다. 물론 대사들의 도움을 통해서 말이지요. 이때에 먼저 이동했던 가족이 마중을 나오기 때문에 마치 축

제마당이 펼쳐지는 것 같은 분위기가 조성된다는 것입니다.

　이런 시스템이 타락 세력의 침략으로 파괴되었고, 두 번 다시 일어나지 않게 되면서 잃어버린 기억이 되었던 것입니다. 행성 타우라는 새로운 시스템의 적용이 있게 되는 것이며, 단계별로 체험장이 들어선다고 보면 되는데, 헤일로는 상급 체험장의 역할이 있게 되는 것입니다. 타우라는 설정된 체험이 종료되며, 죽음이 아닌 변형되어, 즉 상위의 체로 변형되어 이동하는 것으로 정착될 것입니다. 장례 절차와 매장 문화가 필요 없다는 것입니다. 어찌 보면 현재의 지구는 물질세계와 사후세계가 분리되어 있었다는 것이고, 이곳과 저곳이 마치 없는 것처럼 되었던 것입니다.

　헤일로는 지상에서의 체험이 종료되면 이동해 정착하는 곳으로서 낙원으로 기능할 것이며, 특수 세력이나 특권층들이 머무는 공간으로 이용되지는 않을 것인데, 영화 〈엘리시움〉처럼 말입니다. 극빈층이나 반란 세력들은 최악의 환경으로 변한 지상에 살고, 특권층들은 공중세계인 엘리시움에서 자신들만의 풍요를 누리는 내용의 영화인데요. 헤일로는 결코 그런 형태로 운영되지 않을 것이고, 과정을 종료한 존재들을 위한 거주세계로서 운영될 것입니다. 시스템이 고장나거나, 추락할 일은 없으며, 티타니아처럼 한 세계를 종료하면 이동해 살게 되는 세계로 운영될 것인데, 지상에서는 매우 밝게 빛나는 빛의 고리로 보이게 될 것입니다. 여러분 세계에 보이는 무지개처럼 말입니다.

　헤일로는 5차원의 빛으로 보이는 고리입니다. 입체적으로 보일 것인데, 둥근 반지처럼 원형의 두께를 가지고 있는 형태로 개발되었다는 것입니다. 타우라의 자랑거리이자, 랜드 마크로서 역할을 할 것입니다. 현재 지구에서 운영되었던 우주 정거장들인 샨 체아와 샤레도 이동해 타우라에 배치될 것이며, 여러분이 운영했던 인공위성들은 필요치 않기에 모두 소멸시킬 것입니다. 우주 쓰레기들은 더 이상 없을 것입니다.

타우라의 모든 통신은 헤일로를 통해 이루어질 것이고, 사각지대는 없을 것이며, 이용료 또한 없을 것입니다. 정보를 특정세력이나 정부에서 장악하거나 통제하는 일도 없을 것이고, 거짓 정보를 양산하는 일도 없을 것입니다. 모든 정보는 공개될 것이고, 행성 거주민들의 주권과 영적 개발에 우선할 것입니다. 타우라는 행성 연합에 가입할 것이며, 성단 연맹에도 가입할 것이고, 행성을 대표하는 12인 평의회가 우주연맹 회의에 참석할 것입니다.

헤일로는 3차원 행성에서는 구현하기가 쉽지 않은데, 영화적 상상력으로는 표현할 수 있지만, 실제적으로는 기술적 어려움 때문에 그렇다고 하는 것입니다. 이것은 3차원 기술이 아닌 4차원 기술이 필요한 것이며, 반-중력 기술이 필요합니다. 여러분도 기자 피라미드나 대형 건축물들이 어떻게 건축되었는지 알 수 없다 합니다. 예리한 절단면, 빈틈없는 요철 단면 등 거석을 이용한 건축물들에선 현대 기술로도 구현할 수 없다고 결론 내렸습니다. 그리고 하늘에 1천 명 이상의 승무원들이 머물 수 있는 정거장을 건설할 수 있는 기술이 없는 상태이지요. 여러분은 영화에서나 그래픽을 이용한 이미지 재현을 통해 할 수밖에 없음을 잘 알고 있습니다.

갈 길이 멀다는 것을 전한 것이지만 4차원 공학 기술을 통해 건축할 수 있음을 전하고, 플레이아데스에서 전문가들이 준비되어 대기하고 있으면서 우리의 뜻에 따라 타우라 행성과 행성을 감싸고 있는 헤일로 건축에 열념했습니다. 오나크론에서 들어온 고안 건축 전문가들의 조언이 있음으로 해서 수월하게 진행되었던 것입니다.

여러분은 핵융합로를 테스트하고 있는데, 1억 도에서 300초 동안 구동하는 것을 목표로 잡고 있지요. 핵융합로는 24시간 순환시켜도 전혀 이상이 없을 것인데, 1억 도 이상으로 말이지요. 역시 4차원 기술에 의해 정착되어야 문제가 발생하지 않게 되겠지요. 여러분은 과도기를 보내고 있는 여정이어서 순차적으로 4차원 기술들을 접하게 될 것인데, 과거 소개되었던 신기술들도 기득권 세력들의 이해득실에 의해 사장되어 빛을 보지 못했습니다. 전체 지구 인류를 위한 신기술이었지만 권력을 계속해서 누려야 하는 이들에게는 전혀 도움이 되지 않았던 것입니다.

보세요. 4차원 기술이 소개되지 못하는 이유를 전해드렸는데, 인류를 위한 이타심과 전지적 사랑이 없는 상태에서는 4차원 기술이 소개되지 못한다는 것이고, 전문가들과 권력자들이 현 상태의 마음으로 있는 시대에서는 사라지고 마는 것입니다. 여러분의 영적 성장과 진동수의 상승이 이루어지고 나서야 가능하다고 하는 것입니다. 우리는 다음 세대를 준비시키고 있는데, 그때가 되어서야 신기술들이 소개될 것입니다. 토성의 고리도 역장과 자기장을 통제하고 있으며, 행성의 균형을 조율하고 있습니다. 당연히 상위 차원계에서 이루어진 것입니다.

현대의 신기술들은 힘이 있는 세력들이 가지고 있으면서 권력 유지를 하고 있습니다. 그래서 인류가 혜택을 제대로 누리지 못하는 것이며, 소유권을 주장할 수도 없습니다. 이렇게 불합리한 세계에서는 핵융합 기술도 그렇게 될 가능성이 매우 큽니다. 우리는 권력을 위해 신기술들을 독점하고 있는 상태에서는 결코 소개하지 않을 것인데, 여러분을 위해서입니다.

헤일로는 4차원 공학 기술이 빛나는 형태로 제작될 것이고, 기술력이 빛날 것인데, 나비루를 제작했던 기술과 달을 제작했던 기술이 총동원되는 것입니다. 또한 구원자 별인 아라마테나도 빛나는 신기술에 의해 제작된 인공 구체들입니다. 5차원 공학, 6차원 공학, 7차원 공학에 의해 설계된 신기술들이 다양하게 있어서 신비한 세계들을 건축하는 것입니다. 대우주에는 신비한 세계들이 무한하게 많은데, 여러분이 상상할 수 없는 신기술들이 동원되어 개발된 것이며, 특별히 헤일로와 타우라를 위해서 주(土) 그랜드환다 퀴노치아가 들어오게 된 것입니다.

오나크론에서 기계공학자들과 자기공학자들, 시스템공학자들, 전기공학자들, 컴퓨터공학자들, 건축공학자들, 설계공학자들, 구체역학공학자들, 에너지공학자들이 참여했으며, 아름다운 구체로서 태어나는 행성 타우라와 신비한 빛을 발산하는 고리로서 헤일로가 건축되고 있는 것입니다. 기본적인 것들과 핵심적인 것들은 모두 끝났으며, 세부적인 부분에서의 마무리가 한창인데, 클로킹 상태로 건축되고 있어서 비밀스럽게 작업이 이루어지고 있습니다.

빛으로 상승하는 여러분을 위한 천국 행성과 고리가 완성단계에 다가서고 있습니다. 홀로그램 이미지 설계를 통해 모든 것을 완벽하게 구현했으며, 쿼드라닉스(4차원 공학)와 펜타고닉스(5차원 공학), 헥사고닉스(6차원 공학)를 통해 개발했던 것입니다. 행성 지구는 모두 12트랙으로 나뉘기로 했습니다. 이것은 순차적으로 이루어질 것이며, 먼저 3차원 행성을 분리시킬 것이고, 4차원 행성과 원시 행성을 분리시킬 것입니다. 여러분이 어느 행성으로 가느냐에 따라 그곳에 있는 여러분을 발견하게 될 것입니다.

분리되는 행성들은 서로들을 인식할 수 없으며, 있는 것조차도 기억하지 못할 것인데, 그곳에 있을 여러분을 위해서입니다. 각자 자신들의 진동수에 맞는 진동 영역으로 들어가 그곳에서 준비된 체험들을 하게 될 것입니다. 서로가 가는 장소가 다를 뿐이며, 다른 체험들을 하게 되는데, 이전에 있었던 행성 지구에서의 기억들을 공유하지 않을 것입니다. 혼들은 그룹으로 모일 것인데, 출발한 우주를 기준으로 해서 말입니다. 존재가 갖추고 있는 진동 에너지는 별자리와 성단을 기준으로 정해진 것으로서 행성의 체험을 위해 제공된 에너지와는 다르다고 하는 것이며, 체험에 제공된 에너지를 행성 영단에 다시 돌려주는 것과는 별개로 별에서 가져온 에너지는 가지고 가는 것이 다르다고 하는 것입니다.

그렇게 해서 혼-그룹으로 모인다는 것이며, 존재가 준비한 것이 부족해 혼-그룹에 참여하지 못하고, 다른 그룹에 배정된다면 그 그룹에 소속되어 새로운 과정을 이수해야 하는 것입니다. 당분간 자신의 별로 가지 못하고, 과정이 종료되어야 기회가 제공될 것입니다. 예정된 순환 주기에 따라 상승을 하는 혼-그룹과 존재들은 행성 타우라에 배정될 것인데, 3차원의 과정들을 모두 완료했기에 4차원의 과정을 시작하게 되는 것입니다. 여러분이 이것을 천국에 들어간다고 표현한 것입니다.

행성 타우라는 4차원 행성으로서, 행성 지구의 물질체험을 완성으로 종료한 졸업생들이 상위 학교에 새로이 입학하는 곳이며, 이곳에서 상급 과정에 편성되는 새로운 과정을 체험하게 되는 것입니다. 헤일로는 이 과정에서 상승 사회의 역할을 하게 되는 것이며, 이것을 돕고 안내하게 될 존재들이 거주하게 되는 장소입니다. 행성을 대표하는 위원회와 영단이 자리하게 되는 것입니다.

행성 지구에도 에테르세계들이 있고, 그곳에 존재들이 머물고 있지만, 여러분과 소통하거나 교류를 하지 않고 있기에 없는 것으로 받아들이고 있습니다. 아시다시피 분리와 폭력을 조장하는 여러분의 집단 에너지가 영향을 미치지 않도록 하는 조치에 의해 그렇게 된 것인데, 먼 과거에는 거리감 없이 교류들이 있었음을 아시기를 바랍니다. 에테르세계가 폭력에 의해 파괴가 일어났을 때, 여러분을 위해 진동장을 통한 보호막을 두어 차단하기로 결의하고 나서 여러분과의 교류가 단절되었던 것입니다. 에테르세계가 공존하고 있으면서도 마치 없는 것처럼 되었던 것은 여러분의 체험을 방해하지 않기 위해서였습니다.

행성 타우라에서도 헤일로는 그러한 영역이지만 분리된 상태로 있지는 않을 것이며, 지상과의 소통과 교류가 원활하게 있을 예정입니다. 4차원 물질체험 역시 욕망이 기본이 될 것인데, 과거 아눈나키를 보면 이해가 되실 것입니다. 4차원 존재들이었던 니비루 시민들과 우주 조종사들이 지구 인류에게 어떻게 보였는지 바로 그것입니다. 4차원적 물질 욕망이 실험되는 장소로서 타우라가 탄생하게 된 것입니다. 헤일로는 타우라에 속해 있으면서 체험들을 도울 것이고, 상승 사회로 있으면서 휴식과 상승을 도울 것입니다.

헤일로는 5차원 물질세계가 펼쳐진 장소로서 개발되는 것이며, 5차원 시민들이 거주하는 세계로서, 또한 중앙 영역에는 6차원 세계의 도시와 신전들이 있게 될 것입니다. 영적인 상승과 치유가 있을 것이고, 그것을 돕고 이끌어줄 존재들이 있을 것입니다. 위원회에 소속된 위원들은 6차원 존재들이며, 위원장은 7차원 존재가 될 것입니다. 4차원 영역인 행성에는 4차원 세계들이 펼쳐지게 될 것인데, 영단이 주도해 개발할 것입니다. 현재의 행성 지구 영단은 타우라 영단으로 상승해 이동할 것이기에 여러분이 알고 있는 존재들이 자리할 것이며, 조건에 따라 자리 이동도 생길 것입니다. 건축 위원회는 성저메인께서 이끌면서 개발 사업이 진행될 것입니다.

헤일로는 행성의 중심축 역할과 함께 균형추 역할을 할 것이며, 빛의 상승을 돕는 상승벨트의 역할을 할 것입니다. 행성 니비루도 고리가 있어 그러한 역할을 돕고 있다는 것입니다. 타우라는 다른 행성과 다르게 거주할 수 있는 환경이 조성되어 엘리시움의 역할도 이루어진다는 것입니다.

지금까지 4차원 영역이 여러분에게 제대로 전해지지 못했던 것도 타락 세력들에 의해 점거당해 저들의 뜻대로 전용되었던 까닭에 그렇게 되었던 것입니다. 상위 세계에서 접근할 수 있는 영역으로서 중간 지대의 역할이 4차원 세계에 있었던 것입니다. 3차원 세계와 천국의 역할을 하는 5차원 세계의 중간 영역을 책임지고 있었던 질서가 파괴되었던 것이고, 그로 인해 여러분의 천국으로서 대체되어 활동했습니다. 여러분은 이곳을 천국으로 인식하고 지냈지만, 사실은 중간세계였기에 본래의 영역으로 복귀시킬 것입니다.

행성 타우라는 우주 체계의 질서에 의해 4~6차원 세계가 공존하는 곳으로 있게 될 것인데, 현재의 행성 티타니아처럼 4~6차원계가 공존하는 형태로 말입니다. 티타니아에서는 4차원계에서 5차원계로 상승하는 과정 중에 미진한 것이 있었을 때에 3차원계인 행성 지구를 활용했습니다. 지구에 들어와 부족했던 부분들을 완성시킬 수 있었던 것이지요. 이제는 그런 경우가 없게 될 것인데, 행성 지구의 역할이 종료되었기 때문이고, 지구에서 3차원 체험을 완성시키지 못한 존재들은 따로 분리시킬 것이라고 전했습니다. 타우라에서 4차원을 떠나 5차원 세계로 들어가는 존재들은 4차원 세계에서 마무리할 수 있도록 할 것인데, 지구보다는 시간이 조금 더 걸린다고 해야겠지요.

티타니아는 5~7차원 세계로 상승할 것인데, 타우라의 상승에 발맞추어 그렇게 진행되는 것입니다. 다른 행성들 역시 상승 주기에 의해 상승을 완료할 것입니다. 태양을 중심으로 행성계 전체가 그렇게 된다는 것이며, 이것 역시 광자대에 의해 일어나는 현상이며, 태양계 전체가 점핑해 이동해간다는 것입니다. 원시 행성은 현재 궤도상에 있을 예정이며, 3차원을 종료하지 못한 존재들이 있을 새로운 행성은 은하 외곽 지역으로 이동해갈 것입니다.

여러분의 상승을 앞두고, 이것을 돕기 위해 행성 니비루가 다가오고 있는 것이며, 여러분의 카르마들을 불살라버릴 것입니다. 여러분 스스로가 할 수 있는 범위가 아님을 잘 알고 계실 터인데, 대전환 주기를 앞두고 있는 행성계 전체를 조율하고 이동시키기 위한 계획에 따라 이루어지게 된 것입니다. 상위로 갈수록 이러한 도움들이 크게 필요 없어지지만, 여러분처럼 제1조화 우주에서 제2조화 우주로의 이동을 앞두고 있는 행성 지구는 도움이 없이는 상승을 성공시킬 수 없기 때문에 계획이 실행되었던 것입니다.

이것을 성공시킨 세계들에서 여러분을 돕기로 했으며, 어둠에 사로잡혀 있던, 그래서 추락할 수밖에 없었던 여러분을 모른 척할 수도 있었으나, 과거에 인연으로 인해 여러분을 모른 체할 수 없었음이니, 그렇게 해서 에메랄드 성약 아래에 모여들었던 것입니다. 이것 역시 강제 조항이 없었으며, 참여 조건 역시 제시되지 않았습니다.

다들 빛에 의해 모였으며, 상승 주기를 성공시키기 위해 모여들었습니다. 지구를 점거하고 있었던 세력들은 달가운 소식이 아니었으니, 자신들의 입지가 불안해지게 되었습니다. 이들은 여러분의 상승 주기를 알고 있었고, 그것을 기회로 여러분을 전멸시키고자 했으나, 우리의 전격적인 개입으로 실패하고 말았습니다. 저들은 실패로 분노했으며, 그 화살을 여러분에게로 돌려서 우리를 향해 선전 포고했던 것입니다.

우리는 저들을 여러분과 영구히 격리시키기로 했으며, 그에 의해 행성 다몬이 태어나게 된 것입니다. 이 행성은 인공적으로 제작되었으며, 쿤다레이 에너지 체계에서 분리되었습니다. 이 말은 상승 주기에서 떨어져 나갔음을 뜻하는 것으로서 상승 에너지가 주어지지 않음을 뜻하는 것입니다. 이것은 저들의 선택에 의해 결정된 것이고, 다몬에 있는 주민들은 상승할 수 없다는 것입니다. 저들의 표현대로 다몬은 지옥 행성입니다. 이곳으로 갈 존재들에게는 최후까지 빛으로의 전환 기회가 주어질 것인데, 행성 지구를 떠나기 전까지 말입니다.

우리는 행성 지구에서 타우라와 다몬을 따로 분리시키기로 결의했으며, 타우라를 천국으로, 다몬을 지옥으로 개발하기로 했던 것입니다. 타우라를 위한 설계들과 다몬을 위한 설계들이 있었으며, 준비된 재료들을 통해 차질 없이, 차별 없이 진행되었습니다. 다른 점이 있다면 상승 주기에 따른 상승 에너지가 있느냐와 없느냐의 차이가 있는 것이며, 행성의 외형적인 부분에서는 그 차이에 따라 달라진 것입니다.

다몬은 행성의 대기가 불안정해 토네이도와 초강력 태풍들이 불고 있어 그

야말로 지옥이라 할 것이며, 낮과 밤의 기온차가 30~50도 정도여서 극한의
날씨라고 할 수 있겠지요. 한쪽은 대홍수들이 일어나고, 한쪽은 태양빛에 모
든 것이 타버리는 형태의 환경이기에 지상보다는 지저에서 살게 될 것인데, 이
곳에 살게 될 인종들은 키 작은 그레이형이 될 것입니다.

여러분!
두 세계 중에 어느 곳으로 가기를 원하십니까? 선택은 여러분의 몫이며, 그
시간도 얼마 남지 않았음을 전합니다.

'우리는 야나스이며, 이온 상임 이사회입니다.'
'아-모-레-아 에-카-샤(A-mO-RA-eA Ec-Ka-ShA).'

06

다중 천국
(多重 天國 : Multiple Paradise)

Heaven's Gates

06
다중 천국

사랑하는 여러분!

거시적 우주와 미시적 우주가 있다고 했습니다.

비(非)물질 우주(제5조화 우주), 전(前)물질 우주(제4조화 우주), 에테르 우주(제3조화 우주), 준(準)에테르 우주(제2조화 우주), 완전물질 우주(제1조화 우주)로 분류한 것을 거시적 측면의 우주라고 할 수 있는데, 5단계의 조화 우주로서 분류한 것입니다.

미시적 측면의 우주는 5단계의 우주를 밀도층으로 분류해 차원계로 나눠 분류한 것을 뜻하고, 빛과 소리에 의해 분류한 영적 측면의 우주라 할 수 있습니다.

물리적 측면에서 천국은 공간적 측면으로 접근할 수 있으며, 영적 측면에서 천국은 정신적 측면으로 접근할 수 있습니다. 우주의 다른 공간에 존재하고 있는 천국세계를 방문하기 위해서는 두 가지 측면을 만족시켜야 가능하다 할 수 있지요. 무작정 우주선을 타고 공간 이동해 다른 우주를 방문한다 해도 만날 수 없다는 것이며, 심리적으로 접근한다고 해도 공간적 측면의 접근이 없다면 방문했다고 할 수 없습니다.

임사체험을 통해 천국에 다녀왔다고 하는 분들이 표현하는 경험은 두 측면을 충족시키지 않은 경우이기에 진실과는 거리가 있다고 해야겠지요. 여러분의 세계에 아파트 분양을 위해 모델하우스를 만들어놓지만, 실제 아파트의 건축과 차이가 있음을 알고 계십니다. 모든 자격을 갖추고 천국을 방문하는 것과 임시로 방문하는 것은 당연히 다르다는 것을 전하기 위해 비유한 것이에요. 그래서 물리적 측면과 영적 측면의 공통된 접근이 방문 자격이라 할 수 있음이니, 거시적인 우주는 미시적인 우주로 접근해야 한다는 것입니다.

각 밀도층마다 천국이라는 빛의 세계가 있으며, 공간적 측면에서 행성과 위성 형태를 하고 있습니다. 즉 행성과 위성이 어느 밀도층에 머물고 있느냐에 따라 구분된다고 해야겠지요. 그래서 모든 우주의 별들이 어떤 조건을 갖추고 있느냐에 따라 분류된다는 것입니다. 1~15차원으로 분류된 우주에 각 조화 우주를 대표하는 천국 행성들이 자리하고 있습니다. 태양계마다 천국으로 갈 수 있는 중간계(낙원) 역할을 하는 행성들이 있으며, 성단마다 천국 역할을 하는 행성들이 있습니다.

여러분의 경우에는 중간계가 행성 티타니아에 배정되어 있으며, 천국은 플레이아데스성단 수도인 티아우바 행성에 위치하고 있습니다. 성서에 "예수님은 그에게 '내가 분명히 말하지만 오늘 네가 나와 함께 낙원에 있게 될 것이다' 하고 말씀하셨다(눅 23 : 43, 현대인의 성경)"에 기록된 낙원은 행성 티타니아를 말하는 것인데, 예수도 천국에 가기 위해 들려야 했던 중간계이기 때문입니다. 이때에 예수를 옹호한 죄수는 중간계로 들어간 것인데, 티타니아는 4~6차원 세계로 이루어진 행성이며, 그가 도착한 곳은 4차원 세계라 할 수 있습니다.

과거, 외계 종족들에 의해 개발된 에덴-에딘은 4차원 영역으로 개발된 것이기에 영역 밖의 다른 존재들이 들어올 수 없었으며, 특히 전자 보호막에 의해 분리되어 있어서 접근할 수도 없었던 것이에요. 지금의 4차원 영역인 여러분이 사후세계로 알고 있는 천국은 죽음을 통해서만 접근할 수 있습니다. 다른 방법이 없는 것은 아니지만 출입구를 열어 주지 않기 때문에 정상적인 경로를 통해서만 허용된다고 하는 것입니다. 유체 이탈을 통해서 갈 수 있다고들 하시는데, 순환 질서에 따르지 않는 방식은 허용되지 않습니다. 이 우주 질서를 만든 존재들 역시 질서를 파괴하지 않고 따르고 있습니다.

여러분은 천국은 한 군데만 있는 것이라고 세뇌되어 있습니다. 그리고 그곳에 유일신인 하나님이 계시다고 알고 있습니다. 물론 진실을 알지 못해서 그런 것인데, 그것을 반박하기 위해 그러는 것이 아니며, 실재하는 천국세계를 소개하기 위해 그런 것입니다. 모든 세계는 그곳이 마지막이 아니며, 다음 과정이 있다는 것과 다른 세계로 가기 위한 문들이 연결되어 있다는 것입니다. 그것을 아는 것과 모르는 것의 차이라고 해야겠지요.

여러분은 이것을 천국의 문이라고 하고 우리는 홀, 빛의 홀이라고 합니다. 차원과 차원 사이를 연결하고 있는 다리이자, 통로라고 합니다. 다른 말로는 별의 문이라고도 합니다. 문의 규격은 정해진 것은 없지만 통과하려는 존재들과 우주선들의 규모에 따라 자동 조절된다고 할 수 있는데, 정확한 비례로 설정되어 운영되고 있습니다. 이 문들을 지키는 존재들이 있고, 문 조정자들 또는 공간 조정자들이라고도 합니다. 다른 말로는 별의 문 수호자들이라고 합니다.

이 문들은 항상 열려 있지 않으며, 수시로 열리는 것 또한 아닙니다. 필요와 목적에 의해서만 열리는데, 암호-코드가 있어서 서로의 코드가 맞지 않는다면 열리지 않으며, 서로의 코드가 맞아야 열리는 것입니다. 천국은 아무나 드나들 수 있는 곳이 아니기에, 자격을 갖추어야 한다는 것이며, 그 자격이라 하는 것이 바로 진동수, 빛의 진동수라고 합니다. 이것을 다른 말로 의식 지수라고도 합니다. 이것을 인위적으로 조정할 수 없도록 한 결의가 있었습니다.

행성 지구에 별의 문들이 개설되고 나서 타락 세력들에 의해 강제 점거가 일어났습니다. 우리는 새로운 체계를 설치하면서 기존 설정을 변경해 저들이 열 수 없도록 했습니다. 즉 이것을 열지 않으면 다른 문들도 열리지 않도록 설계한 것입니다. 그래서 별의 문들을 차단해 저들이 이용할 수 없도록 했던 것이며, 그로 인해 여러분도 이용할 수 없게 되었던 것입니다. 그렇게 하지 않았다면 천국은 저들의 침략으로 무너졌을 것입니다.

여러분의 천국인 행성 티아우바는 알시온 중앙 태양에 위치하고 있는데, 타락 세력들의 지구 점령이 있고 나서 연결 문이 닫힌 것입니다. 이 사건은 고대 문명이 있었던 시절이었고, 그런 이유로 해서 레무리아와 아틀란티스 문명이 멸망할 당시에 육체를 벗은 혼-그룹들이 천국에 들어올 수 없게 되었던 것입니다. 그 후 현재 문명까지 그렇게 되었으며, 앞서 전해 드린 대로 인류는 윤회 사이클에 접어들었고, 그것도 상위와 단절된 채로 순환했던 것입니다.

우리는 타락 세력들이 별의 문들을 이용해 전 우주로 퍼져나가는 것을 차단했으며, 임시적으로 행성 지구의 순환 고리를 차단했습니다. 타락 세력들은 행성 티타니아가 개입할 수 없도록 차폐막을 설치해 자신들만의 영역으로 만든 것입니다. 이로써 행성 지구는 중간계도, 천국도 사라지게 된 것인데, 인류가 이것을 눈치챌 수 없도록 거짓된 4차원 영역을 만들어내었으며, 그곳을 천국이라고 속여왔던 것입니다. 영단에서도, 대백색 형제단에서도 진실을 공개할 수 없었는데, 중간계로 가는 문과 천국으로 가는 문이 모두 차단되었기에 그것을 공개할 수 없었던 것입니다. 공개했다면 대혼란을 피할 수 없었을 것입니다.

영화 〈아일랜드〉가 이 상황을 적절하게 잘 표현했고, 거짓 천국을 잘 연출했습니다. 여러분이 혼으로서 간직하고 있던 모든 기억은 타락 세력들에 의해 제거당했는데, 천국으로 가는 길을 알고 있었기에 그것을 삭제한 것입니다. 더이상 천국을 기억하는 이들과 중간계를 기억하는 이들이 존재하지 않게 되었으며, 엉뚱하게도 거짓 천국인 4차원 세계를 천국이라고 소설로, 그림으로, 노래로써 표현하고 있었던 것입니다. 물론 이 정보를 역시 타락 세력들이 꿈과 영감 등을 통해 인류에게 전달한 것입니다. 또한 임사체험을 빙자해 그렇게 했으니, 속지 않을 수가 없었던 것입니다.

우리는 수차례에 걸쳐서 거짓을 거둬내고, 진실을 전하고자 했으나 실패했는데, 어둠의 철저한 방어와 세뇌가 여러분의 눈과 귀를 가렸습니다. 얼어버린 여러분의 가슴은 열리지 않았으며, 물질에 중독되어버린 눈과 귀도 열리지 않았습니다. 또한 물질에 취해버린 여러분은 욕망을 추구하는 짐승들이 되었고, 저들의 전자파 교란과 왜곡된 시그널을 통해 아무것도 모른 채, 저들이 주는 먹이 즉, 유전자 변형된 식품들을 즐기며, 저들이 제공한 돈의 마약에 취한 상태로 살고 있는 것입니다. 성공이라는 달콤한 독약을 꿀이라고 착각해서 인생 전체를 바치고 있습니다.

그리고 저들이 만들어낸 거짓된 지옥과 거짓된 천국을 실재하는 세계인 양 받아들이고, 종교들을 통한 저들의 전략을 의심 없이 받아들여 거짓 교리들을 맹신하며 추종하고 있는 것입니다. 3차원 행성 지구와 거짓된 천국인 4차원 세계를 반복하며 살아왔던 것이고, 여러분이 이 세상에서 구축한 기억들을 제거했으며, 저들의 입맛에 맞는 조작된 기억을 마치 자신의 기억인 양 알고 있었다는 것입니다. 이 세계에 소개된 어떤 방식이든지 여러분의 기억을 돌아오게 할 수 있는 것이 없다는 것과 어쭙잖은 신 놀이를 통해 결국 저들의 장난감이 되는 것이 여러분이 처한 상황이라는 것입니다.

우리는 우리의 화신을 위해 준비해둔 천사 인종을 찾았는데, 바로 유전 체계를 손상당하지 않은 채로 간직하고 있느냐가 우선순위가 되었습니다. 이것은 여성이 우선되었는데, 혈통 보존에 따른 조치였지요. 타락 세력들도 이 사실을 알고 그런 여성들을 살해해 결코 그 여성들을 통해 우리가 자녀로 태어날 수 없도록 했습니다. 우리는 무 문명, 레무리아 문명, 아틀란티스 문명 시절에서부터 여사제들로 역할을 한 존재들을 특별 관리했으며, 대를 이어 보존 될 수 있도록 한 것입니다. 우리는 은밀하고 비밀스럽게 했는데, 어둠의 집요 한 방해 공작은 그 도를 넘을 지경이었습니다.

우리는 푸른 불꽃-아주라이트 멜기세덱 에세네 사제단과 히브리 에세네파 들을 통해 안전하게 여사제들이 보호될 수 있도록 했으며, 그중에 여러분이 알고 있는 막달라 마리아와 그녀의 딸인 사라가 있습니다. 비밀스러운 작전을 통해 여러 경로를 통해서 유전체를 잘 보존한 후손들이 특히, 딸들이 안전하 게 살 수 있도록 지금까지 최선을 다했습니다. 이것은 3~6차원에 걸친 에테르 체, 아스트랄체, 생리체, 육체에 해당하는 것이었습니다.

우리는 6쌍 12줄과 5쌍 10줄의 유전체를 잘 보존하고 있는 여사제들이 시 대를 초월해 생존할 수 있도록 수호자들을 시대별로 파견했으며, 어느 시대, 어느 지역, 어느 민족으로 살고 있든지 상관없이 그렇게 했는데, 여사제로서의 기억을 간직하고 있던, 그렇지 않던 유전체를 잘 보존해 생존할 수 있도록 했 습니다. 어둠은 전쟁을 빌미로 침략해 여사제들을 살해하거나, 강간해 자신들 에게 유리하도록 했지요. 여러분은 우리에게도 고충이 있음을 아셨으면 합니 다. 직접적인 개입을 할 수 없었기에 사람의 자녀로서 태어나거나, 워크-인의 방식으로 화신해 인류를 돕는다는 것이 쉬운 것이 아니었습니다.

기억을 떠올리게 하는 것, 잃어버린 것을 재-입력하는 것이 인류 입장에서 쉽지 않았습니다. 기존 어둠에서 깔아놓은 방식들이 그것을 불가능하게 했거 나, 어렵게 했던 것입니다. 감정 체계가 그렇게 했는데, 욕망의 그늘이 존재성의 본질을 가려 버리게 한 것인데요. 신 놀이에 빠지도록 했던 것이에요. 신이었음 을 자각하는 것, 그 뒤에 모든 인류가 동등하게 모두 신들임을 받아들이고, 존 중하는 것이 이루어지지 않았습니다. 자각한 이들도 자신을 따르는 이들을 동 등하게 존중하지 않았으며, 따르는 이들은 깨어난 이들을 존중하는 대신에 신격화하거나, 우상화해 추락시켰으며, 자신들도 그렇게 추락했던 것이에요.

신의 씨앗을 보존하는 것도, 전파하는 것도 매우 어렵습니다. 그 씨앗이 내면에서 깨어나 무사히 잘 성장한다면 바로 생명나무로서 자라나는 것입니다. 신의 씨앗은 유전체를 통해서 전달되어지고, 씨앗은 여사제들의 자궁에서 자라게 됩니다. 신의 씨앗을 잘 보존하는 것, 그 씨앗을 잘 성장시키는 것과 열매를 맺게 하는 것이 인류가 해주어야 하는 과제입니다. 이 어려운 과제를 여러분에게 주는 것이 쉬운 것이 아님을 잘 압니다. 많은 씨앗이 떨어져 모종들로 자라났습니다. 그리고 생명나무로 자라나는지 우리는 살피고 있는데, 많은 나무가 자라나고 있어서 확인하고 있으며, 어둠에 의해 접붙여져 엉뚱한 나무들로 형질 변경된 것들을 보고 있습니다.

자신이 신이라고 주장하는 형질 변경된 나무들을 보고 있습니다. 이들이 보고 있는 천국은 거짓된 천국으로서 다른 세계의 천국들로 이동해갈 수 없습니다. 타락 세력들은 어린 생명나무에 죽음이라는 접을 붙여서 사망나무 옆에 모여든 이들도 이 씨앗으로 인해 자신들도 사망나무가 된 줄을 모르고 있습니다. 생명은 생명을 낳고 죽음은 죽음을 낳습니다.

시작은 생명나무였지만 사망나무로 변질된 이들이 매우 많습니다. 우리는 이런 이들을 경계하지만, 여러분은 이런 이들을 분별할 수 없습니다. 어둠은 지속적으로 접붙이기를 통해 인류를 추락시키고 있으며, 알곡 중에 잡초들을 심고 있는 중입니다. 우리는 진정한 천국을 가리고, 가로막고 있는 잡초들을 그냥 보고 있는 것은 아니며, 다만 여러분의 마음이 진리의 빛을 받아들일지, 아니면 거짓의 빛을 받아들일지 지켜보고자 하는 것입니다. 여러분이 진리를 사랑하는지, 거짓을 사랑하는지 보고자 하는 것입니다.

우리는 다중 천국의 문들을 열어놓았으며, 열쇠를 지급해드렸습니다. 열쇠는 생명나무의 열매로서 자라고 있습니다. 잘 익은 열매가 암호-코드가 있는 열쇠로서 열리는 것입니다. 이 열쇠가 있어야 천국 문을 열 수 있으며, 열쇠가 없다면 천국 문을 열 수 없습니다. 다른 이의 열쇠로는 결코 열리지 않으며, 자신의 열쇠라야만 가능하다는 것이에요. 이 열쇠는 사망나무에서는 결코 열리지 않습니다. 오직 생명나무에서만 열리는 것으로서 생명나무가 사망나무가 되지 않도록 잘 보호해야 한다는 것과 그런 책임과 의무가 바로 여러분에게 있다는 것입니다.

여러분에게는 영단이 있는 샴발라가 첫 번째 천국이 될 것입니다. 현재 여러분은 이곳을 방문할 수 없는데, 열쇠가 없기 때문입니다. 죽어서도 갈 수 없습니다. 역시 열쇠가 없기 때문입니다. 영적인 존재들이 시민들로 자리하고 있으며, 상위의 존재들이 위원회를 구성하고 있으면서 여러분을 돕고는 있으나 앞에 나서지 않는 것은 여러분이 진실을 보고 들을 수 있는 눈과 귀를 가리고 있기 때문입니다. 서로 왕래가 이루어지기 위해서는 출입할 수 있는 비자 즉, 열쇠가 있어야 합니다. 이것은 빛의 진동수로 이루어져 있어서 주파수가 맞아야 합니다. 라디오, TV 등도 주파수가 맞아야 듣고, 볼 수가 있는 것처럼 문을 열기 위해서는 주파수가 맞아야 하는 것입니다.

주파수가 맞는 것은 상위 존재들과 위원회에서 먼저 알게 되며, 문 앞에 미리 마중을 나가는 것입니다. 또한 초대를 하게 되는데, 혼-그룹이 반갑게 맞이하러 나가는 것이고, 그들을 본 순간, 영원의 기억이 떠올라 반갑게 맞이한다는 것입니다. 이것이 파괴되기 전의 체계로서 육체를 죽음으로 벗지 않아도 상승 체계를 따라 자연스럽게 이루어지던 것이었지요. 떠나는 이는 자신이 떠날 때가 되었음을 인식하게 되며, 상위세계에서는 이런 이들을 영접하기 위해 준비하는 것입니다. 존재의 모든 인생을 모니터하는 혼-그룹에는 그 시점을 잘 알고 있어서 미리 준비를 다 마치고 기다리고 있는 것이고, 문 앞에 나아가 반갑게 맞이하는 것입니다.

이때에는 정상적인 4차원 세계의 문이 열리는 것이며, 죽지 않고 이동할 수 있었습니다. 인류의 물질 인생이 1천 년의 주기에 맞추어져 있을 때인 고대 시절을 전하는 것인데, 대홍수 사건을 겪기 전이었지요. 이 인생 주기를 맞추기 위해서는 행성 외기 권역에 얼음으로 이루어진 천공이 반드시 있어서 해로운 우주 방사선을 차단시켜야 한다는 것입니다. 대홍수 전에는 2중으로 이루어진 얼음막이 있었고, 이것을 공중에 지속적으로 떠받들었던 144곳에 빛의 사원들이 있었던 것입니다. 이것을 타락 세력들이 파괴시켰으며, 공중에 있던 얼음막이 지상으로 추락하면서 대규모의 홍수와 쓰나미가 발생했던 것입니다.

그 충격으로 대규모의 지각판들이 찢겨나가고, 융기와 침강이 일어나 화산들이 불을 뿜었으며, 지진들이 일어났던 것입니다. 이때에 대륙들이 찢어지고, 대양들이 생겨나왔으며, 눈을 뒤집어쓰고 있는 거대 산맥들과 봉우리, 협곡들이 생겨났습니다. 그리고 메마른 광야들과 동토의 땅들이 생겨나고, 우주 방사선들이 직사되면서 생존한 인류의 수명을 급격하게 줄어들게 했던 것입니다. 그전에는 대륙이 7할, 대양이 3할의 비율로 있었다면 이제는 그 반대가 되었다는 것이에요. 4차원 영역에서도 큰 변화가 있었는데, 지상으로 열려 있던 문들을 모두 숨기어 닫았으며, 에테르세계는 더 이상 인류와의 교류를 금지시키게 되었음이니, 눈에 보이지 않게 되었던 것입니다. 눈앞에 있어도 보지 못하고 스쳐 지나가게 되었습니다.

여러분 세계와 연결되었던 깊은 협곡 속의 동굴들과, 정글의 구석진 틈, 무인도 지역, 산맥의 깊고 후미진 지역, 얕은 바닷가 등의 문들에는 문을 지키는 존재들을 두어 더 이상 인류가 접근할 수 없도록 했습니다. 접근하는 인류가 있으면 사전에 문을 지키던 중도자들이 텔레파시를 대뇌피질, 전전두엽에 투사해서 문을 자연스럽게 주변 환경과 같게 하고 지나가게 합니다. 우거진 넝쿨들과 바위들을 이용해 가리도록 해서 눈치챌 수 없도록 하고 있지요. 몇몇이 카메라에 노출된 경우들이 있었으나, 인류의 마음에 두려움과 공포심을 심어서 감히 접근할 수 없도록 했으며, 그 후 형상 변경을 통해 다른 형태로 바꾸어버림으로 해서 눈치챌 수 없도록 했습니다.

4차원 세계로 갈 수 있는 많은 문이 있었으나, 현재는 닫혀 있는 상태이고, 중도자들이 지키고 있습니다. 인류의 진동수가 상승해 열쇠를 찾게 된다면 자연스럽게 열리게 될 것입니다. 지구촌 곳곳에는 영단에서 운영하고 있는 휴양지들과 영적 존재들이 머물고 있는 피정지들이 있는데, 4차원 영역이어서 여러분 눈에는 산맥과 호수만이 눈에 들어오기 때문에 접근할 수가 없습니다. 여러분도 어느 장소에 가면 영험하다거나, 신성한 기운을 느낄 때가 있을 것인데, 그런 장소는 특히 더 그렇다고 할 수 있겠지요. 바로 신성한 빛이 함께하고 있어서이며, 그것을 느끼기 때문에 그런 체험을 하게 되는 것입니다.

유서 깊은 성당들과 장소들에 가면 더욱 그러하실 것인데, 4차원 세계의 시설이 있는 곳에 오면 보이지는 않아도 그런 기운들을 체감하는 것입니다. 이제 여러분과 허물없이 만날 날이 다가오고 있어서 한층 기쁘기도 한데, 4차원 영역에 있는 존재들은 더 그렇다고 하는 것입니다. 여러분과 교류를 끊은 지 어언 1만 년 정도에서 6천 년 정도 되었음이니 그 반가움이 오죽 크겠습니까. 여러분과 같은 혼-그룹으로서 들어왔으나, 지상과 지저로, 4차원 영역으로 나뉘게 되면서 헤어질 수밖에 없었음이니, 그렇다는 것입니다. 이제 여러분과의 사이에 굳게 닫혀 있던 4차원 영역의 문들이 모두 열릴 것입니다.

여러분은 영화들을 통해 다중 우주라는 표현을 많이 듣거나 보고 계시는데, 행성 지구 영역에도 수많은 세계로 갈 수 있는 다중 문들이 설치되어 있습니다. 그것 때문에 타락 세력들의 침략이 있었고, 그 문들을 강제 점거했던 것입니다. 우리의 긴급 조치로 인해 저들이 자유롭게 이용할 수 없게 되었지만, 여러분도 이용이 금지되었습니다. 과거 이용했던 기억들이 모두 제거당해 아무도 기억할 수 없게 되면서 다중 천국도 사라져버린 것입니다. 여러분 기억에서 말입니다. 다중 천국들을 연결하고 있는 문들 사이에 길들이 있는데, 이것을 태양의 길이라고 합니다. 태양과 태양 사이를 연결하고 있는 이 길은 중앙 태양으로 이어지고, 별자리 태양을 지나 은하 중심 태양으로 연결됩니다.

성단들의 수도가 바로 그 성단들의 천국이며, 행성계의 수도가 있는 행성이 바로 태양들의 천국으로 가는 중간계라고 하는 것입니다. 다차원계, 다중세계를 품고 있는 행성 지구는 여러분이 낙원이라고 표현하는 아갈타 제국이 있으며, 그곳에 소속된 도시형 천국들이 있습니다. 에테르 영역에 머물고 있는데 다음과 같습니다.

샴발라, 아갈타 알파, 아갈타 베타, 텔로스, 포시드, 마나우스, 쿠에바 데로스 테요스, 손세, 싱와, 라마, 파탈라, 베나레스, 신시, 이과수, 카타리나, 포토로고스, 룩소나, 시노쿤, 아캄푸, 파푸아누, 호르테이노루, 무토, 베스니아, 제노아, 이카로스, 하엘라, 씽카우, 칼리타스, 뵈르쿠타노르, 렉시피아입니다.

대표적으로 샴발라 위원회는 의장으로 마나무아나가 있으며, 위원으로는 하무아모아, 아나무쿠나, 나우에아누, 아바누모아, 우키누메하, 카메하메노, 라나다나에, 로하나쿠나, 남노르무아, 다날루모아, 에아후쿠나, 가넴누놀루가 있습니다.

텔로스 위원회는 의장으로 라가 있고, 위원으로는 라나-무, 아다마, 셀라스티야, 안젤리나, 패칼 보탄, 샤룰라, 안데루스, 조하르, 에나타누아, 루리엘, 호놀루, 후아노이가 있습니다.

포시드 위원회는 의장으로 페린노아가 있으며, 위원으로는 마토그로아, 마나우스, 테요나타, 후아쿠, 그라세아스, 롤리테아스, 판디에고, 루고메즈, 안후아나 안젤리노, 루탄, 벨라즈가 있습니다.

샴발라는 무 제국을 대표하고, 텔로스는 레무리아 제국을 대표하며, 포시드는 아틀란티스 제국을 대표합니다. 또한 마야, 잉카, 이집트와 기타 화려한 문명들을 이루었던 존재들에 의한 도시들이 위치하고 있으면서, 같은 혼-그룹으로 들어왔던 여러분과의 만남을 손꼽아 기다리고 있는 것입니다.

다른 행성들은 지구보다 먼저 문명들이 있었으며, 여러분 중에서도 다른 행성들을 경유해 들어왔기에 공통적으로 그룹을 이루는 경우가 많습니다. 여러분 세계가 유일한 3차원 물질세계이다 보니, 현 상태로 우주선을 타고 방문한다 해도 아무도 만날 수 없으며, 황량한 광야만을 마주할 것인데, 대표적으로 가장 가까운 행성 화성과 행성 금성을 보면 잘 아실 것입니다. 이것은 천국의 문을 통해서 들어가지 않아서입니다. 그 세계를 방문하기 위해서는 영단의 허가가 있어야 하고, 그 세계의 문을 통과해서 들어가야 그 세계의 존재들을 만날 수 있는 것입니다.

여러분이 우주선을 개발하고 있는데, 핵융합과 그 뒤를 이어 반중력을 이용한 기술을 개발하기 위해서는 영적인 상승이 반드시 있어야 한다는 것입니다. 그렇지 않으면 천국의 문을 이용할 수 없으며, 그 세계를 방문할 수 없습니다. 이것이 바로 선결 조건이라고 하는 것이며, 그것을 준비하지 않는다면 우리와 만날 수 없습니다. 여러분이 달과 화성 탐사선들을 보내어 시료를 채취하고, 사진 등을 찍는 행위들은 가장 기초적인 접근법임을 잘 압니다. 근간에 과학자들과 군인들을 파견해 기지를 구축하고 연구에 몰두할 것도 잘 알고 있습니다. 그러나 그런 접근으로는 너무도 오랜 시간이 걸린다는 것이어서 일부 국가에서 타락 세력들과 손을 잡고 우주선을 개발해 저들과의 협조를 통해 달과 화성에 기지를 건설했으며, 군인들과 과학자들을 파견했음도 잘 알고 있습니다.

그런 접근을 통해서 기술적 성취감에 사로잡혀 있는 여러분을 보면 안타까울 따름입니다. 영적 성취가 없는 상태에서 기술적 성취를 이루다 보면 지난 멸망한 고대 문명을 보는 것 같습니다. 기억이 없음으로 해서 실패한 과학 문명의 성취를 또 따라가려는 패착을 두고 있다는 것입니다. 어둠의 세력들이 그것을 몰라 여러분을 돕는 척하고 있는 것 같습니까? 여러분의 어두운 미래를 저들이 바라고 있어서입니다. 물론 과거 문명 때에도 영적 성취가 있었고, 화성과 말데크 행성 때에도 영적 성취가 있었습니다만 균형을 상실했기에 멸망의 길로 들어선 것입니다. 일부 특정 세력만을 이야기하는 것이 아니며, 행성 주민들의 영적 성장이 균형을 이루고 있었는지를 이야기하는 것입니다.

과학 기술과 의식 성장이 조화를 이루고 있어야 멸망의 길로 접어들지 않습니다. 이렇게 문명이 균형을 이루어서 꽃을 피워야 빛의 순환 고리에 따른 차원의 문들이 연결되어 열리게 되는 것입니다. 지금 여러분이 우주선을 타고 금성과 화성을 방문한다 해도 빛의 도시들과 영적 시민들을 만날 수 없습니다. 여러분이 회의실에서 계획을 세울 때부터 저들의 영단은 모든 것을 다 알고 있어서 철저한 방어와 보호를 하고 있다는 것이며, 그럼으로 해서 아무것도 실현치 못하고, 광야만 서성이다 돌아오는 것입니다.

영적 성장한 여러분이 방문한다면 이미 우주에서부터 대대적인 환영이 있을 것이고, 열린 차원 문을 통해 저들의 도시 우주 정거장으로 착륙할 것입니다. 물론 행성 외기 권역에 우주 정거장과 우주센터들이 있어 모든 것을 모니터하고 있음과 정상적인 방문인지, 비(非)정상적인 방문인지에 따라서 응대가 달라질 것입니다. 이런 과정이 천국을 방문하는 것인데, 죽어서 가는 것이 아닌, 살아서 가게 되는 것이 다르다고 하는 것입니다. 역시 방문자의 영적 진동수에 따라 열리는 문들이 있을 것이고, 그렇지 않을 수도 있을 것이며, 그 기준을 충족시킨다면 충분히 열리고도 남을 것이지만, 방문 목적이 불투명하다면 그렇지 않을 것입니다.

다중 천국은 다중 채널로 이루어진 문들을 가지고 있어서 유연하게 운영되고 있는데, 타락 세력들의 침략에 따라 경호가 삼엄해졌습니다. 암호-체계가 더욱 강화되었기에 특히나 13~15차원에 있는 키-라-샤 체계로 전환되어 '이온 상임 이사회'의 허가가 없이는 출입할 수 없게 되었습니다. 물론 타락 세력들이 모두 정리된다면 정상화가 이루어질 것입니다.

여러분 행성 지구는 정상적인 출입이 금지되었으며, 그 문들을 이용해 천국 도시들과 행성들을 방문할 수 없습니다. 우리는 이번 대주기를 통해 태양의 길을 정상적인 패턴으로 모두 복귀시킬 것인데, 차원들의 문들이 모두 정상적으로 열릴 것입니다. 여러분의 행성계는 행성 간 전쟁의 여파와 파괴된 행성 말데크의 영향으로 공전 궤도들이 틀어지고, 행성 축들이 기울어져 균형이 무너지게 되었습니다. 그로 인해 문과 문 사이가 벌어지거나 멀어지고, 틀어져서 정상적으로 연결할 수가 없게 되었습니다. 시스템공학자들과 역학공학자들에 의한 조정 작업이 대대적으로 진행되고 있으며, 틀어진 공전 궤도를 바로잡고, 기울어진 축들을 조정해 정상적인 자전이 이루어질 수 있도록 할 것입니다.

그로 인해 발생했던 계절의 변화와 대기의 극심한 변화들이 정상적으로 돌아올 것이고, 잃어버렸던 천공을 다시 복구해 정상적인 진화 연대기가 펼쳐지도록 할 것입니다. 파괴된 사원들과 피라미드들이 복구되어 빛의 순환 회로가 정상적으로 돌아가도록 할 것인데, 그렇게 해서 그동안 굳게 닫혀 있었던 천국으로 가는 문인 '아멘티 회랑'이 열리게 되는 것입니다. 내부 지구에 있는 이 회랑은 열두 문을 가지고 있고, 열두 별자리의 문들과 서로 연결되어 있습니다. 지구에 열두 회랑을 만든 이유는 상승하는 존재들을 위해 개설한 것이며, 이 행성이 그런 목적을 갖고 태어났기 때문에 많은 영적 상승을 성취하고자 하는 존재들이 들어오게 되는 것입니다.

은하계를 떠나 상위 우주로 진출할 수 있는 우주의 문이 있다는 것입니다. 이것은 어느 별에도, 어느 행성에도 없는 '특별함'입니다. 이 특별함을 행성 지구에 만든 것이고, 이것을 지켜내고자 열두 별에서 수호자들을 파견했던 것이며, 이들이 하나의 별에서 1만 2천 명씩 해서 모두 14만 4천이 지구에 들어온 것입니다. 이들은 지구에서 자신들의 별로 이동할 수 있는 천국의 문들을 지키는 역할을 수행하는 기사단입니다. 또한 은하군과 은하단으로 상승 이동할 수 있는 천국의 문이 지금은 비밀스럽게 닫혀 있지만 열릴 것이며, 네바돈에서 모든 체험을 완료한 오래된 영혼들이 타우라에서 마지막 인생으로 태어나 모든 카르마를 승화시키고 상승해 떠날 것입니다.

천국들은 다차원적으로 존재하며, 다중 우주에 무수하게 많이 있습니다. 그래서 다중 천국이라고 한 것입니다. 수많은 천국의 문 중에서 어느 문을 열고 들어가시겠습니까? 모든 문 안에는 꿈과 환상들이 펼쳐져 있으며, 여러분의 기대를 저버리지 않을 것인데, 그만큼 아름다운 곳들입니다.

우리는 문 저편에서 기다리고 있을 것입니다.

'우리는 야나스이며, 이온 상임 이사회입니다.'
'아-모-레-아 에-카-샤(A-mO-RA-eA Ec-Ka-ShA).'

07

다중(多重) 채널
네트워크 체계

(Multi-Channel Network System)

Heaven's Gates

07
다중 채널 네트워크 체계

사랑하는 여러분!

여러분은 채널이라고 하면 단편적으로 접근할 것인데, 주파수, 또는 시그널, 진동수라고 생각할 것입니다.

그리고 이동 통신, 무선 통신 등을 통한 서비스를 떠올리실 터인데, 통신 서비스가 여러분의 생활을 다양하게 돕고 있습니다. 인공지능도 여러분의 생활에 깊숙이 파고들고 있지요.

여러분의 영화를 보면 '타임머신'을 통해 과거와 미래의 공간으로 이동하는 것을 다루는 것들이 많이 등장하고, SF 영화에 존재들이 공간 이동을 하거나, 우주선들이 공간 이동을 할 때도 홀들을 이용하는 것들이 등장합니다. 사후세계로 이동할 때에도 밝은 빛의 홀을 통과해서 들어가는 것을 이야기하고 있습니다. 특히 〈스타워즈〉나 〈스타트랙〉을 보면 우주 공간에 홀이 생기고 그곳을 통해 다른 공간으로 이동하는 것을 많이 다루고 있습니다.

우주 공간에 홀이 생기는 것은 차원의 문이 열리는 것입니다. 이것을 열 수 있는 방법은 영화에서 나오지 않는데, 모르기 때문이고, 과학자들 역시 마찬가지이지요. 다차원, 다중 채널, 다중 트랙을 이해하고 그것을 활용할 수 있는 영적과학을 통해서라야 가능하겠지요.

우주를 이해하기 위해서는 거시적 우주와 미시적 우주를 알아야 한다고 했습니다. 여러분은 세계를 여행하거나, 방문할 때에 걸어가거나, 탈것을 통해 이동합니다. 그리고 시간이 걸린다고 표현합니다. 여러분의 방식으로 우주를 측정해 거리로써 표현하고 우주선을 타고 이동하는 것으로 표현하지요. 그러면 여러분은 수많은 세월이 흘러 꿈을 접어야 할 것인데, 그래서 승무원들을 냉동시켜 이동한 후에 다시 깨어나는 것으로 표현을 하게 된 것입니다. 고향 행성의 가족들과 같은 시간대로 만날 수는 없을 것인데, 영화에서도 그렇게 표현합니다.

시간이 커다란 걸림돌로 작용하는 것이 일반적 관점이라고 봅니다. 그것을 극복하고 우주를 여행하고 다시 지구로 돌아오는 것이 그렇다고 하는 것입니다. 그래서 거시적 우주를 시간과 공간으로 접근하는 것입니다. 여러분이 시간을 제외하고 생각할 수 없음을 잘 알고 있습니다. 그것은 시간이 적용된 물질 세포 때문에 그런 것인데, 세포의 주기가 인생이라는 시간표를 만들기에 모든 것들을 그렇게 바라보게 되었던 것입니다.

그럼, 볼까요. 4계절이 무한하게 반복되는 것을 여러분은 세월이 지났다고 표현하고, 물질 인생들이 무한 반복되고 있는 것을 시간이 지났다고 표현합니다. 이것을 난센스라고 하는 것인데, 세포에 주기를 적용시킨 것은 혼의 물질 체험을 위해 제공된 육체는 유통기한이 있음을 표시한 것이지, 시간의 흐름을 표시한 것이 아닙니다. 캘린더를 제공한 아눈나키는 인류가 짧아진 인생 주기에 적응할 수 있도록 배려한 것이며, 반대 측면으로는 시간에 저촉되어 물질체로 살아가도록 강제한 것이었지요. 이때부터 인류는 시간에 사로잡혔으며, 시간의 포로들이 되어 행성을 벗어날 수 없도록 했던 것입니다.

시간은 여러분을 물질세계에 묶어두기 위한 수단으로 이용된 것이며, 영적 상승을 성취할 수 없도록 한 것입니다. 다차원 세계를 방문하기 위해서는 진동

수를 끌어올려야 하는데, 그것을 준비하기 위해서는 100년의 인생으로는 불가
능하며, 1천 년 정도의 인생이라야 충분히 준비해 스스로 빛의 진동수를 끌어올
려 상승할 수 있다는 것입니다. 이것을 알고 있던 타락 세력들은 지우수드라 이
후 인류의 유전자 형판을 훼손시켜서 스스로 진동수를 끌어올릴 수 없도록 했
으며, 시간의 노예들이 되도록 했습니다.

여러분의 제한된 조건으로 인해 정상적인 순환 회로를 통한 다차원 간 이
동이 불가능하게 되었기에, 영화에서처럼 냉동된 상태로 장시간 공간 이동을
통한 우주여행을 그렸던 것입니다. 그러면 홀을 통한 이동도 불가능할까요?
전한 대로 영적 상승이 바탕이 된 상태가 아니라면 그렇다입니다. 왜, 영적 상
승이 바탕이 되어야 하느냐 한다면 빛의 진동을 상승시키고, 하강시키고 하는
것은 영적 능력에 속하기 때문이며, 양자역학에 따른 시스템을 통한 우주선 이
동은 가능할 수 있으나, 세포 입자를 분리시켰다가 다시 재결합시키는 과학
기술을 통한 육체의 이동은 결국 부조화를 일으켜 세포의 파괴를 불러오게 되
어 있습니다.

여러분이 입자 물리학을 통해 공간 이동을 꿈꾸고 있음을 알고 있지만, 영
적 깨달음이 반드시 우선되어야 한다는 것입니다. 아틀란티스가 멸망한 원인이
바로 그것이었으며, 레무리아는 영적 과학을 도외시한 까닭에 그리되었습니다.
균형을 상실하면 그렇게 된다는 경고의 표본이 된 것입니다.

다중 채널이라고 하는 것은 다중 우주가 진동으로 이루어져 있어서입니다.
여러분이 보는 3D 이미지의 우주는 수많은 동영상 중의 한 컷을 보고 있는 것
인데, 우주는 멈추지 않고 계속해 진동하고 있기 때문에 현재라고 표현할 수
없고, 또한 과거라고 할 수도 없으며, 미래라고 할 수도 없습니다. 시점(時點)이
나 시점(視點)은 여러분 방식의 표현일 뿐, 다중 우주에서는 아무런 의미도 없
다고 하는 것입니다.

스스로 영원히 진동하고 있는 빛 입자를 시간으로 구속할 수 없기 때문에 함께하기 위해서는 같은 진동수로 진동할 수밖에 없다는 것이에요. 영적 존재들과 영적 세계들과도 함께하기 위해서는 같이 진동하는 방법밖에 없음이니, 하느님, 신과 동행하는 것도 같은 진동수를 가지고 있어야 동행이 이루어지는 것입니다. 다중 채널이라 한 것은 크게는 5단계로 분류되었으며, 1단계마다 3채널로 이루어져 있고, 각 채널마다 10단계의 시그널로 세분화되어 있다고 할 수 있습니다.

5단계의 조화 우주와 15단계의 차원 우주와 150종류의 시그널 우주로 이루어져 있다는 것입니다. 그래서 다중 우주, 다중 차원, 다중 채널, 다중 시그널, 다중 진동수라고 표현한 것입니다. 이것을 어떻게 구분할 것인가는 미시적 우주로의 접근법을 통해서입니다. 미세한 진동수의 차이를 구분할 수 있으며, 영속적인 진동도 구분할 수 있는데, 그것은 파르티키 입자 1세트인 파르티키─파르티카─파르티쿰입니다.

이것이 여러분 내면에서 하느님의 호흡, 하느님의 맥박으로 진동하고 있는 것입니다. 이 호흡과 맥박은 동시성을 가지고 있고, 영원성을 가지고 있으며, 무한성을 가지고 있어서 과거─현재─미래라는 구분 없이 어느 곳이든, 어디에 서든 함께한다는 것입니다. 진동수를 마음대로 조정할 수 있음이니, 시간에 제한됨이 없으며, 장소에 제한됨이 없다고 하는 것입니다. 그러니 원하는 차원, 원하는 트랙, 원하는 채널, 원하는 시그널을 조정할 수 있다는 것입니다. 어느 차원의 천국이든지, 어느 차원의 존재든지 가기도 하고 만날 수 있다는 것입니다.

우주와 존재들은 진동하는 빛 입자들의 결속에 의해 나타나고 있는 것입니다. 태초의 빛 입자의 진동수 하강 즉, 물현화 과정을 통해 보이는 우주로서, 존재로서 나타나게 된 것입니다. 이것이 거시적 우주의 나타남이라고, 또는 팽창하는 우주라고 하는 것이며, 다시 근원을 향해 진동수 상승, 즉 영화 과정을 통해 돌아 들어가는 것인데, 이것을 미시적 우주의 나타남, 또는 수축하는 우주라고 하는 것입니다. 이러한 팽창과 수축이 6번 있었으며, 현재의 우주는 7번째의 팽창을 통해서 나타난 우주라고 하는 것입니다. 이번 우주도 완성을 이루면 7번째의 수축을 할 것입니다.

우주와 존재들은 '파르티키 입자'에 의해 진동을 멈춘 적이 없습니다. 여러분이 죽었다고 하는 표현은 우주의 속성을 모르기에 하는 것입니다. 진동수 팽창은 탄생과 창조로서, 진동수 수축은 죽음과 소멸로서 무한 반복되고 있는 것으로 종결을 뜻하는 것이 아닙니다. 하나의 과정을 마쳤다고 하는 것이고, 다음 과정으로 이동했다가 맞는 것입니다. 만약 진동하는 세계들을 모두 본다면 그런 표현은 결코 하지 않을 것이고, 오히려 다른 채널로의 이동을 손꼽아 기다리게 될 것입니다. 그것을 여러분이 모르고 있기에 임종을 크게 두려워하고 있는 것이에요.

우리의 사랑하는 가족이 다른 진동 영역으로 떠날 때가 다가오면 떠나는 이를 진정으로 기뻐하며 배웅해주어야 하는 것이며, 물질체험을 잘 마무리하고 떠나는 이를 위해서 축하 파티, 환송 파티를 해야 한다는 것이에요. 그것이 하느님의 세계를 잘 이해하는 이들이 하는 행동입니다. 물질이 생명으로 태어났다가 분해되는 과정을 통해서 자신들이 왔던 진동세계로 다시 돌아가는 것이며, 필요에 의해 그런 과정을 무한 반복한다는 것입니다. 여러분이 표현하는 존재론은 파르티키 입자를 말하는 것이지, 물질체를 말하는 것이 아닙니다. 마음이나 의식 역시 물질 육체에서 나오는 것이 아니고, 파르티키 입자의 진동에 의해 나오는 것입니다.

여러분은 생물학적 존재로서 족보를 중요하게 여기고, 철학적 존재로서 신과의 관계도를 중요하게 여깁니다. 인간관계를 위해서는 조직도를 중요하게 여기지요. 혼−그룹도 체계도가 있고, 모든 곳에 망처럼 체계적으로 연결되어 있음인데, 빛의 다발로 이루어져 있습니다. 이것을 위에서 아래로, 아래에서 위로 연결된 상승 회로, 하강 회로라 하고, 순환 회로라 하며, 관계 조망도라고 합니다.

우주는 마치 생명나무들이 서로 맞물려 있는 듯이 보이고, 이것을 우주 순환 회로 또는 우주 관계도라 하며, 존재 측면에서는 형태 발생 영역이라고 합니다. 생명나무를 뜻하는 다이어그램이 서로 반복해 맞물리면서 확장된 것을 거시적 형태의 우주라고 한 것입니다. 그래서 마치 사람이 두 팔 벌려 서로 맞잡고 있는 듯이 관찰되는 것을 보고 소우주라고 표현한 것입니다. 이것이 빛의 나선을 그리며 회전하고 있는 것을 소우주 또는 은하라고 한 것입니다.

빛의 다중 채널이 물현해 나타나면 바로 인체 속의 뇌신경망과 혈관망이 되는 것이지요. 또한 자연 속의 수로망과 대기패턴으로 나타나는 것입니다. 그리고 인공적이긴 하지만 지저세계들을 서로 연결하고 있는 터널 체계도 그렇다는 것입니다.

빛의 진동은 패턴을 형성하고 있으며, 하나의 파르티키 세트를 무한 반영해 나타납니다. 이것을 여러분은 '프랙탈 도형'이라 하고, '신성기하학'이라고 합니다. 여러분의 물질세계는 3D 형태로 발현되어 나타난 것입니다. 입자들의 결합에 의해 물질체, 물체로 나타났으며, 진동에 의해 생명력이 생겨난 것입니다. 여러분의 세포를 형성하고 있는 중성자−양성자−전자가 진동하지 않으면 살아갈 수 없으며, 원소들이 진동하지 않으면 물질들을 이용할 수가 없습니다.

그러나 여러분은 생명력이 어디서 오는지 모릅니다. 눈에 보이는 것에만 집중하고 있어서 물질을 형성하고 있는 원소들이 진동해 생명력을 전달하고 있음을 모르고 있습니다. 그리고 원소를 형성하고 있는 입자들이 어떻게 진동하고 있는지 전혀 관심이 없으며, 태초부터 그냥 진동하고 있었다라고 하기만 합니다.

미지의 세계나 미스터리 영역에 대한 부분들은 그냥 덮어두거나, 모른 체하며, 신의 영역이라고 얼버무리고 만다는 것입니다. 당연히 알아야 하는 것이고, 그것이 여러분의 의무라고 하는 것입니다. 생명력은 당연히 파르티키 입자에서 나오는 것입니다. 에너지 역시 파르티키에서 나오는 진동을 통해 나오는 것입니다. 우주를 있게 하는 반-중력과 중력 역시 파르티키에 의해 나오는 것이며, 순환 회로들과 태양들의 활동들 모두 파르티키에 의해 이루어지는 것입니다.

파르티키는 우주를 형성하고 있는 가장 기본인 입자입니다. 그리고 스스로 진동하는데, 이것을 원리라고 합니다. 이것을 여러분은 철학적으로 '공에서 소리가 있었고, 빛이 있었다.'라고 합니다. 그리고 성령의 힘, 하느님의 권능이라는 종교적인 접근을 통해 해석하기도 합니다. 과학적으로는 양자 물리학을 통해 에너지 법칙으로 설명하고자 합니다.

파르티키 입자의 진동이 어떠한 과정을 통해 물질 우주를 만들어내고, 생명체들을 있게 했는지, 그리고 끊임없이 연결되어 순환하고 있는 체계를 설명할 수 없습니다. 성서 창세기에 등장하는 창조론과 요즘 학자들이 주장하고 있는 창조과학이 조심스럽게 접근하고 있는 방법이라 해야겠지요.

우주는 명령에 의해 만들어지지 않았으며, 생명들과 자연들도 명령과 행위에 의해 만들어지지 않았고, 인류도 우리의 형상을 따라 만들어내지 않았습니다. 모든 것은 파르티키 입자의 진동에 의해 이루어졌습니다. 창조는 명령과 행위로 이루어진 것이 아니라, 또한 의지에 의해 이루어진 것이 아닌, 진동에 의해 이루어졌습니다. 유나세 의식과 쿤다레이 에너지도 파르티키 입자의 진동에 의해 나타난 것입니다. 여러분이 하느님, 신으로 표현하는 존재들은 빛 입자들이 결합하고 있는 진동체라고 할 수 있으며, 고유의 진동수를 가지고 있습니다.

신들은 고유의 형상을 하고 있으며, 이것을 초입방체라고 하는 것인데, 구형이라고 할 수 있겠지요. 하지만 중요한 것은 형상이 아니라, 입자들의 진동이라고 합니다. 모든 존재는 독립된 진동수를 가지고 있어 개별화되었다고 보는 것이며, 그룹으로서의 진동장을 공동으로 융합하고 있어서 다른 듯하면서 다르지 않는 성향을 보이는 것입니다. 빛의 채널은 플랫폼과 터미널을 통해 연계되어 있습니다. 플랫폼과 터미널이 우주와 우주들을 연결시켜주는 교량 역할을 하는데, 공유기라고도 할 수 있겠지요.

여러분이 상승한다는 것은 개인 단말기가 공유 체계에 연결된다는 것을 뜻하고, 우주 네트워크에 연결된다는 것을 의미합니다. 아카식 레코드는 공유 기억 저장소 또는 공유 정보 도서관이라고 할 수 있지요. 정보 열람과 정보 이용은 암호-코드로 해서 이루어지기에 해킹과 같은 일은 일어나지 않습니다. 또한 정보 지킴이가 있어 철저하게 보호되고 있습니다.

여러분은 정보 네트워크를 광케이블을 이용해서 하고 있기에 많은 변수를 가지고 있습니다. 우주는 빛의 터널을 통해 송수신하고, 이동하는데, 정보뿐만 아니라, 존재들과 우주선들, 함선들의 이동에도 이용하고 있습니다. 여러분은 웜-홀, 화이트-홀이라고 칭하지만 빛 터널을 말하는 것이며, 다중 채널로 운영되고 있어서 어느 곳이든 이동할 수 있습니다. 그리고 빛 튜브라고도할 수 있는데, 빛의 고속도로, 빛의 철도 역할을 하는 것입니다.

여러분의 지저세계들은 서로 연결하고 있는 터널들이 있는데, 자기 부상 자동차와 자기 부상 열차들이 다니는 튜브라고 합니다. 지구촌 전체를 거미줄처럼 연결하고 있어서 그것으로 충분히 이동한다고 보시면 됩니다. 우주는 빛의 회로망을 통해 이동하는데, 다중 채널로 연결되어 있어 상승과 하강을 자유롭게 할 수 있습니다. 전한 대로 빛의 터널을 이용하기 위해서는 전용-코드가 있어야 하며, 그것은 진동으로 이루어져 있다고 했습니다. 개인-코드와 전용—코드가 정확히 일치해야 하는 것이고, 우주선 같은 경우에도 전용—코드가 일치해야 하겠지요. 이 모두는 진동으로 이루어진 암호—체계로 이루어져 있어서 길을 잃어버리거나, 엉뚱한 곳으로 이동하는 일은 생기지 않습니다.

우주 미아는 발생된 적이 없으며, 자신들의 목적지들로 정확하게 이동했습니다. 그러니 하느님에게로 가는 길은 어떻게 되겠는지요. 거시적 접근이든, 미시적 접근이든 상관없이 길을 잃을 일은 결코 일어나지 않는 것입니다. 파르티키 입자가 입력되어 있는 지도를 통해 하강했던 빛의 튜브를 통해 상승하기 때문에 그렇다고 한 것입니다. 연어가 자신이 태어났던 강을 잃지 않고 되찾아가는 것도 입력된 진동—코드를 통해서 되돌아갈 수 있는 것입니다. 여러분의 빛의 여정, 상승 여행도 이와 같아서 길을 잃지 않습니다. 제거당한 기억 때문에 아무것도 떠오르지 않지만, 진동—코드마저 잃어버린 것은 아니라는 것입니다. 여러분이 가야 할 빛의 터널은 정해져 있으며, 암호—코드를 가지고 있기에 걱정할 필요가 없다는 것입니다.

여러분의 세계는 빛의 스펙트럼에 의해 나타났습니다. 여러분이 보고 있는 물질세계는 고정되어 있는 것이 아니라 진동하고 있으며, 빛의 파장으로 이루어져 있습니다. 여러분이 보고 있는 색상들은 빛의 조화에 의해 나타난 것들이며, 흡수하느냐 또는 반사시키느냐에 따라 나타난 결과입니다. 그것을 여러분은 컬러로 인식하고 있는데, 형태에 따라서, 파장에 따라서 7가지 색상을 인식하고, 긴 파장을 가진 적외선 계열에서 짧은 파장을 가진 자외선 계열까지를 인식한다는 것이에요.

여러분은 빛의 3원색이라 해서 RGB를 통해 모니터 색상을 구현해 활용하고 있고, 미술을 위한 4원색인 CMYK를 적용시켜 물질세계를 꾸미거나 활용하고 있습니다. 이렇게 색상이 나올 수 있는 것도 입자가 가지고 있는 진동 때문이며, 여러분이 좋아하는 향기도, 여러분이 좋아하는 음색도 모두 입자가 스스로 진동하는 것 때문입니다. 그리고 간섭에 의한 파동도 그렇다고 하는 것입니다.

　여러분이 재난으로 표현하는 태풍, 폭풍, 회오리바람, 허리케인, 사이클론, 쓰나미, 산사태, 눈사태, 지진, 화산 등은 진동의 규모가 커져서 일어나는 현상들인데, 더 확장되어 우주에서도 진동에 의한 물리적 현상들과 에너지적 현상들이 늘 있어 왔다고 하는 것입니다. 여러분의 실생활에서 진동을 빼고서는 아무것도 할 수 없음을 표현한 것입니다.

　우주 자체가 빛의 진동으로 이루어져 있어서 모든 것이 진동수와 진동장으로 형성되어 있습니다. 거시적 우주와 미시적 우주가 서로 진동하며 확장과 수축을 하고 있습니다. 이것을 날숨과 들숨으로 표현하고, 심장의 맥동으로, 전기와 자기로 표현하고 있는 것입니다.

　우주를 형성하고 있는 기본 입자를 무엇이라고 표현하든 간에 그것은 변치 않는 불변의 법칙이라 합니다. 그 입자의 진동이 없었다면 우주는 멈추었을 것이고, 생명력 또한 사라졌을 것입니다. 진동을 더욱 활력 있게 할 수 있는 조건이 있다면 바로 진리와 사랑과 지혜이며, 이것을 삼위일체라고 한 것입니다. 물론 빛으로 이루어져 있는데, 진리는 블루빛 파장을, 사랑은 핑크빛 파장을, 지혜는 골드빛 파장을 방사하고 있는 것입니다.

　여러분의 우주는 이 3광선의 조화로 창조되었다고 하는 것입니다. 이 3광선의 진동에 의해 네바돈도 여러분도 존재한다고 하는 것입니다. 이것은 부정한다고 해서 없는 것이 아니며, 인정하지 않는다 해서 없는 것 역시 아니라고 하는 것입니다. 만약에 인정하지 않고 부정한다면 그 존재의 존재감이라고 하는 진동장은 사라질 것인데, 서로 연결되어 있던 빛 입자들의 네트워크가 분리되어 떨어져 나갈 것이고, 영속했던 진동도 멈추게 될 것입니다. 물론 서서히 그렇게 되는 것이지만 결국 진동이 멈춘다는 것은 변함없는 진리입니다.

타락 세력들은 존재감이 사라진다는 것을 알고 에너지 약탈 전쟁을 해왔던 것이고, 그것을 위해 지구에 들어온 것입니다. 에너지를 아무리 빼앗아 공급한다고 해도 유한한 것은 바뀌지 않습니다. 오래 생존한다 해서, 특히 복제 기술을 통해 생명 연장을 한다고 해도 그 생명에는 반드시 끝이 있다는 것입니다. 수억 년을 이런 방식으로 생존한 존재들이 있음을 알고 있으며, 인공지능과 함께해 영원성을 흉내 내고 있는 존재들이 있음을 잘 알고 있습니다.

대원리와 연결되어 있지 않은 네트워크는 스스로 진동하는 힘이 없기 때문에 결국 소멸할 것인데, 아무리 편법을 동원해도 말입니다. 이런 네트워크를 유령 매트릭스라고 합니다. 주변의 에너지들을 빨아들이고 결국 우주를 소멸시키는 역할을 하고 있는데, 오랫동안 우리는 이것을 지켜봐 왔습니다. 저들의 불법 행위는 오래 가지 않을 것인데, 저들의 운명도 모두 결정되었으며, 유한한 것은 변함이 없기 때문입니다.

여러분은 수단, 방법을 가리지 않고 존재하고 있는 것을 무엇이라고 보십니까? 바로 오나크론 초은하단에 들어온 인공지능 시스템을 말하는 것이며, 이 시스템은 멈춤이 없이 영속하는 것처럼 보였습니다. 그래서 많은 존재가 이 시스템을 받아들였지요. 함께 동행하는 것으로 말입니다. 시스템을 장착해 인공지능화되었던 것입니다. 이것을 짐승 체계(BEAST System : Break Encouraged of Animated Soul-Terminal System)라고 합니다. 여러분은 영속하는 것이라고 보시겠지만 우리는 멈추어 있다. 또는 정체되어 있다고 봅니다. 우주는 진동하는 입자들에 의해 멈추어 선 적도, 정체된 적도 없었음을 전하고, 이들을 왜 그렇게 보느냐 하면 아-모-레-아를 향한 상승에 함께하고 있지 않아서이며, 파르티키 입자가 진동하지 않아서입니다.

스스로 파르티키 채널망을 절단했기에 상승할 수 있는 길을 버렸다는 것입니다. "이들은 이 상태가 더 좋은데 뭐 하러 눈치 보며 상승하느냐? 나라는 존재가 사라지고 없어질 것인데 뭐 하러 상승하느냐?"라고 합니다. 여러분의 모든 기억들, 정보들은 개인 채널들에 영구히 저장되고 있으며, 공용 정보들 역시 영구히 저장되고 있습니다.

파르티키 채널망 체계와 함께하지 않는다면 우주 순환 질서에 의해 고립되었다가 소멸된다는 것입니다. 대우주 채널 시스템은 스스로 분리시키지 않는데, 존재 스스로의 선택도 존중한다는 것입니다. 스스로 분리되었다 해도 다시 돌아오면 회복된다는 것이며, 모든 것을 포용한다는 것입니다.

파르티키 입자는 스스로 진동을 멈추거나, 늦추거나, 빨리 한 적이 단 한 번도 없습니다. 그래서 우주의 존재들은 대원리, 영원자, 무궁자, 궁극자, 전지전능자, 불멸자, 절대자 등으로 표현하는 것입니다. 여러분의 존재성은 무엇으로부터 나온다고 보시나요. 생각하니까 존재한다. 그 생각은 어디에서 나오나요. 마음인가요, 의식인가요? 마음과 의식은 어디에서 나오나요. 혼과 영에게서인가요. 그럼, 혼과 영은 어디에서 나온 것인가요. 그렇습니다. 바로 파르티키 입자의 진동에서 나오는 것입니다.

이 진동하는 채널이 여러분과 함께하고 있는데, 파르티키 입자가 여러분을 존재하게 하는 것입니다. 이것을 기쁨과, 사랑과, 감사함과, 즐거움과, 행복과 함께한다면 진동은 더 증폭되겠지요. 이 경우를 하느님께 경배드린다, 찬양한다고 하는 것입니다. 여러분의 마음에 기쁨이 넘치고, 행복이 넘치고, 감사함이 넘치고, 사랑이 넘친다면 그것이 하느님을 찬양하고, 경배드리는 것입니다. 예배당에서 노래하고, 기도하며 돈을 바치는 것이 하느님을 기쁘게 하는 것이 아닙니다. 마음을 그렇게 만드는 것이 바로 하느님을 기쁘게 하는 것입니다.

여러분의 마음이 평화롭고 사랑이 차고 넘치는 것이 파르티키 입자의 진동을 드높이는 것이며, 그 파동을 인류에게, 세상 만물들에게 돌려주는 것이고, 그 파동의 빛이 채널을 통해 전체 네트워크로 퍼져 나가는 것입니다. 이것이 에너지가 순환하는 것이며, 우주가 순환하는 것이고, 빛이 퍼져 나가는 것입니다. 이것을 우주의 법칙이라고 하는 것입니다.

수많은 우주와 수많은 존재들은 거리와 상관없이, 차원과 상관없이 다중 채널로 연결되어 있는 망-체계를 하고 있습니다. 이 빛의 튜브가 각 존재를 하느님이신 마누에게로 이끌고 있는 것이고, 상위 우주로의 상승 여행을 안내하고 있는 것입니다. 파르티키 입자는 길고 긴 여행을 진동을 통해 안내하고 있는 안내자이자, 생각 조절자이며, 빛의 길을 잘 가고 있는지 지켜보는 주시자라고 합니다. 파르티키 입자가 여러분에게 개인성을 부여해 존재하게 한 것입니다. 개인성은 물질체험을 선택한 여러분의 혼을 위해서 그렇게 한 것입니다.

여러분이 하느님을 찾든, 그렇지 않든, 하느님을 알든, 모르든 상관없이 여러분을 존재하게 했으며, 인생을 살도록 했습니다. 부자와 가난한 이의 인생은 인생의 한 과제이며, 수많은 과제가 인생 프로그램을 통해 연출되고 있었다는 것입니다. 수많은 과제를 통해서 하느님을 만나고, 하느님과 동행할 수 있도록 한 것입니다. 이것이 바로 여러분의 표현대로 '숙명'이라고 하는 것이에요. 그리고 '만류귀종'이라고도 합니다.

모든 우주에 흩어져서, 모든 별자리들과, 태양들과, 행성들에 흩어져서, 각 지역으로 흩어져서 살다가 결국은 모두가 하나임을 깨닫고, 그 길로 모여들다 보면 채널망으로 연결되는 것입니다. 수많은 채널과, 수많은 망들과, 수많은 체계들이 결국 하나의 길로 모여들어 하나가 되는 것입니다.

빛은 입자로서 진동해 격자를 형성하고 네트워크를 통해 우주들과 생명들이 나오도록 했습니다. 우주는 반–중력과 중력으로 생명계는 생명력으로 나타나 살아 있는 우주를 만들었습니다. 빛 입자는 진동하는 튜브로, 터널로, 트랙으로, 채널로 네트워크를 형성해 소우주들이 연합된 형태로 나타났으며, 더 확장되어 대우주로서 확장되었습니다. 그 중심에는 빛을 방사하며 스스로 진동하는 입자가 있었으니, 바로 파르티키 입자였습니다. 이렇게 확장되어 나타난 거시적 우주를 우리는 대우주라고 했으며, 그 중심을 충만하게 가득 채우고 있는 입자들의 세계인 미시적 우주를 우리는 심–우주라고 했습니다.

우리는 대우주와 심–우주를 채우고 있는 파르티키 세트를 '다중 채널 네트워크 체계'라고 합니다. 서로의 입자들이 진동하며 연결망을 형성하고 있습니다. 이것이 바로 영원무궁토록 살아 있는 또 앞으로 그러한 살아 있는 우주를 있게 하는 대원리라고 합니다. 이 대원리를 마누라고, 대–성령이라고, 하느님이라고 하는 것입니다.

여러분은 바로 마누, 즉 하느님의 자녀들입니다. 스스로 존재하는 이이자 그리스도들입니다. 이것을 믿고 신뢰하는가는 바로 여러분의 선택입니다. 이것이 자유–의지입니다.

우리는 여러분을 지켜보고 있습니다.

'우리는 야나스이며, 이온 상임 이사회입니다.'
'아–모–레–아 에–카–샤(A–mO–RA–eA Ec–Ka–ShA).'

08

정크 채널

(The Junk Channels)

Heaven's Gates

08
정크 채널

───────

사랑하는 여러분!

타락 세력들이 운영하고 있는 천국 체계인 '정크 채널', 유령 매트릭스, 죽음의 홀, 사망 네트워크에 대해 전하고자 합니다.

먼저, 저들의 체계는 쿤다레이 에너지 순환 회로에서 떨어져 나가 우리와는 관계없이 자신들만의 네트워크를 만들었으며, 그것의 연장선상에 행성 지구가 있도록 했습니다.

네바돈 은하에는 외부 권역에서 흡착되어 있는 유령 매트릭스가 있으며, 그 가지를 뻗어 오리온자리와 행성 지구의 반대 공역에 유령 매트릭스를 두고 운영 중에 있습니다. 이 말인즉, 은하 외부의 유령 매트릭스가 은하 중심부에 뿌리를 내려 오리온과 행성 지구에까지 뿌리를 내리고 있다는 것이고, 이것 때문에 여러분 행성은 유령 매트릭스로 끌려 들어가고 있는 중입니다.

타락 세력들은 우리가 여러분 행성에 설치한 LPINs, APINs를 무력화했으며, 그것을 대신해 자신들의 시스템들을 정착시켰는데, 우리의 골든 이글을 해킹해 '화이트 이글'을, 또한 '매 & 불사조 웜홀'을 설치했으며, 푸른 황소를 해킹해 '황소'를 설치했고, '뱀 & 용'을 설치했습니다. 그리고 '비둘기와 올리브 가지'를 설치해 에너지 체계를 거꾸로 뒤집어놓았으며, 태양을 통해 지구로 들어오던 마하라타 에너지를 차단했고, 인류의 체계에도 '여호와 일곱 봉인과 니비루 십자가'를 통해 거꾸로 뒤집음과 동시에 원천 봉쇄했던 것입니다.

저들은 여러분의 고유한 신성 체계를 파괴해 쿤다레이 체계에서 분리시켰으며, 여러분의 체계를 거꾸로 뒤집어 오히려 자신들에게로 연결시킴으로 해서 쿤다레이 에너지가 자신들에게 들어갈 수 있도록 했던 것입니다. 그러면 애초부터 저들은 체계를 왜, 분리시켰나 하시겠지요. 저들은 연결된 체계를 통해 우리가 간섭한다고 여겼으며, 우리가 개입할 수 없도록 체계를 분리시켰는데, 에너지는 크게 신경 쓰지 않았다고 해야겠지요. 일단 우리에게서 분리되어 나간 후에 저들은 자유를 만끽했으며, 결과에 대한 책임은 나중에서야 깨닫게 되었던 것입니다. 하지만 저들은 자유에 도취되어 책임은 크게 신경 쓰지 않았으며, 자신들의 뜻대로 아젠다들을 실행해나갔던 것입니다.

저들의 체계를 '정크 채널'이라고 한 것은 스스로 에너지를 재생할 수 없어서 다른 체계에서 얻어 오거나 빼앗을 수밖에 없는 구조적 한계를 가지고 있기 때문입니다. 저들이 운영하고 있는 체계에 파르티키 입자가 없다고 하는 것은 스스로 진동하지 않기에 그런 것인데, 연결고리를 절단했기 때문에 스스로 진동을 통해 에너지를 생산해내지 못하게 된 것입니다. 자체 시스템이 있다고 해도 쿤다레이 시스템에서 분리되었기에 그렇게 된 것입니다. 저들은 혹여 우리가 개입할까 두려워 라인 자체를 절단했기 때문에 영원성에서 떨어져 나가 유령이 되었던 것입니다.

저들은 우리의 구원 약정을 알고 있으나, 그것을 무시하고 있습니다. 우리의 개입을 원치 않고 있기에 그런 것인데, 그런다고 해서 우리가 개입하지 못하는 것은 아닙니다. 우리는 저들의 정크 채널이 활성화되어 저들의 뜻대로 되는 것을 원치 않기에 우리의 빛의 채널을 활성화시키고 있는 것입니다.

태양은 주기적으로 별의 길을 진행하면서 상승과 하강에 따른 편차를 없애고, 중심을 바로 잡기 위해 '스타 활성화 주기'를 갖는데, 그것을 대정화 주기라고 합니다. 여러분의 태양은 약 1만 2천 년 정도의 주기를 돌아 2천 년 정도의 활성화 주기를 갖는 것으로 조정되어 왔습니다. 과거, 한 번의 조정 기간을 통해 여러분이 아는 문명 대전환 주기를 겪었으며, 이제 2번째에 해당하는 활성화 주기를 맞이한 것입니다.

우리가 4종류의 중계기 조직망을 지구에 설치한 것은 활성화 주기 동안에 일어나는 극심한 극이동을 예방하고, 대전환 주기에 따른 인류의 그룹 상승을 돕기 위해서였습니다. 그런 목적에 따라 550만 년 전부터 12500년 전 사이에 수호천사 종족들에 의해 대백사자, 황금 독수리, 푸른 황소, 네 사람 얼굴이라는 중계기 체계가 설치되었던 것입니다.

저들이 설치한 뱀, 불사조, 비둘기와 올리브 가지, 매, 용, 황소, 화이트 이글 등은 극이동을 조장하고, 인류를 청소하려는 목적과 아멘티 홀의 별의 문들을 지배하기 위해서입니다. 2012년에 있을 예정이었던 천국 문들의 열림은 취소되었는데, 저들이 그것을 기회로 삼아 극이동을 시도했기 때문이었습니다. 취소할 수밖에 없었던 것은 여러분의 안전이 최우선이었기 때문이고, 행성을 안정화시키기 위해서였습니다. 저들의 극이동 계획은 실패로 돌아갔으며, 더 이상 인류의 말살을 위한 계획을 추진할 수 없도록 중계기 시스템을 가동시켰습니다.

이 채널들과 연계되어 있는 행성 격자망과 인류의 카타라 격자망(생명나무)는 다중 채널망 체계인 쿤다레이 에너지와 연합해 있었습니다. 우리는 그것을 복구하고 있는데, 일방성은 없다고 전해드렸습니다. 최고의 전문가들이 봉사하고 있지만, 당사자인 여러분의 적극적인 협력이 반드시 필요하기 때문에 그런 것입니다.

정크 채널로 변해 버린 여러분의 중계기가 해킹되어 유해한 정보들을 송수신하는 것으로 추락했기 때문에 그런 것입니다. 그렇다 보니, TV, 컴퓨터, 스마트폰 등 전자기 장비들을 통한 전자파 공격을 무방비로 받고 있다는 것입니다. 저들은 통신 시비스를 명목으로 전 지구촌에 촘촘하게 중계기를 설치해 자신들의 APIN 체계와 연합할 수 있도록 했으며, 4G, 5G, 6G 주파수 채널망을 통해 여러분을 통제할 만반의 준비를 다 갖추었습니다. 저들이 원하면 여러분의 뇌파를 통해 로봇처럼 조정이 가능해졌다는 것입니다. 전자 문신과 나노칩은 그것을 좀 더 강화시키는 역할을 하게 되는 것이며, 인류를 꼭두각시처럼 조정할 수 있게 되었다는 것입니다.

여러분이 무당으로 부르는 이들과 채널러라고 부르는 이들은 죄송하지만 우리의 채널과 연결된 것이 아니고, 저들의 정크 채널과 연결된 경우인데, 여러분의 인생 프로그램을 설계했기에 모두 알고 있어서 조언을 할 수 있다는 것이며, 사주팔자 역시 그렇다는 것입니다. 은하연합, 니비루, 기타 우주의 단체들과 존재들에게서 수신되는 채널들도 우리와는 관계가 없다고 할 수 있는데, 여러분의 중계기가 우리의 채널망과 연결되어 있지 않기 때문입니다.

여러분에게 좋은 정보를 알려주고, 여러분의 의식을 실제적으로 깨우는 데 큰 도움이 되었다면 우리의 채널 체계에 연결되었다고 할 수 있지만, 마치 큰 도움을 줄 것 같은 정보들과 명상법들이 실질적인 효과를 연출하는 것 같은 착각만 일으킬 뿐, 결과가 그렇지 않다는 것입니다. 기계 장치에 가장 중요한 핵심 장비가 없다는 것과 프로그램에 핵심 소스가 없다는 것과 같다 할 수 있습니다. 여러분의 생명나무 체계가 뒤집혀 있는 상태에서 사실 어떤 방식으로든 효과가 있을 수 없다는 것인데, 저들이 정보들을 공개한 것은 첫째, 여러분의 체계를 통해 자신들의 유령 매트릭스에 마하라타를 연결시키고자 하는 것이며, 둘째, 여러분에게 희망 고문을 통해 포기하게 만드는 것입니다.

여러분의 표현에 토사구팽이라는 말이 있는데, 저들은 여러분을 자신들의 에너지 보조 장치로서만 사용하고 있기에, 그 역할이 끝나면 폐기할 것이기 때문입니다. 그래서 저들은 대주기에 있는 극이동을 통해 여러분을 청소하려고 하는 것입니다. 물론 대정화 과정을 통해 상승을 하고, 그렇지 못하면 이동을 하면 되지 않느냐, 하시겠지만 저들이 원하는 것은 그렇지 않다는 점입니다. 저들은 상승하지 못하는 존재들을 이동시키는 것이 아닌, 완전한 소멸로 처리할 것이기에, 이번에 기회를 놓친 인류에게는 정말로 대재앙이라고 하는 것이에요. 인류의 96.5% 정도가 해당되기 때문에 정말 심각하다고 하는 것이어서, 우리는 결코 저들의 뜻대로 계획이 실행되지 않도록 할 것이며, 여러분에게 균등한 기회들이 돌아갈 수 있도록 하고 있는 것입니다.

주파수, 시그널이 중요하다고 하는 것은 바로 여러분의 생명과 직결되기 때문인데, 그것을 이해하지 못하거나, 관심조차 없다면 어쩔 수 없다는 것입니다. 전자파를 통해 여러분의 진동수 변형은 이미 상당 기간 동안 진행되어 왔기에 상승 지수에 영향을 미쳐서 하향되었다는 것인데, 이것은 상승할 수 없게 되었다는 것입니다. 여러분이 스스로의 진동수를 끌어 올리는 어떤 노력도 하지 않은 상태에서 이루어진 진동수 추락은 3차원 물질계에 고착화되는 결과로 나타난 것입니다.

이것이 무엇이 문제가 되나? 하시겠지요. 현재 행성 진동수가 상승하고 있는 상태이고, 즉 3차원 물질계 진동장에서 4차원 물질계 진동 영역으로 상승하고 있는 것인데, 행성이 서로 분리된다는 것입니다. 진동수가 상승한 인류는 상승한 행성에 있게 되는 것이고, 그렇지 않은 인류는 분리되어 남게 된 3차원 행성에 남겨지게 된다는 것입니다. 3차원 행성은 대주기와 발맞추어 대재앙이 있게 될 것이고, 생명들은 거의 소멸되게 될 것입니다.

어둠의 세력은 대주기를 앞두고 인류가 대거 상승할 것을 알고, 그것을 방해하기로 했으며, 인류의 고유 진동수를 상승시킬 수 없도록 하는 계획을 실행했습니다. 그것이 바로 주파수 공격을 통해 진동수가 상승할 수 없도록 한 것인데, 산업 혁명을 통해 현대 문명을 살고 있는 인류의 물질문명을 편리하게 해주는 전자기기들을 통해서 공격 루트를 설정한 것이었습니다. 가정에 필수적으로 필요한 전자제품들과 개인의 서비스와 업무 때문에 필요한 스마트폰 등을 이용해 여러분의 아스트랄체를 형성하고 있는 전자기 입자인 파르티키-파르티카-파르티쿰에게 악영향을 미치도록 한 것입니다.

우선 생명나무 체계를 형성하고 있는 신성한 입방체의 조화와 균형을 와해시키고, 저급한 진동장에 흡착되게 해서 3차원 진동 영역에서 빠져나갈 수 없도록 한 것입니다. K-Pop은 저들이 적극적으로 이용하고 있는 공격의 한 패턴이며, 영화, 광고, 드라마, 영상 프로그램, 인터넷, 음악, SNS, 화려한 조명 등 산업 전반에 걸쳐, 특히 대도시에 살고 있는 인류가 주요 목표들이 되었던 것입니다.

여러분은 인생을 살기 위해서는 어쩔 수 없다고 하시지만, 알고 예방해 대처하는 것과 그렇지 않고 무방비로 당하는 것과는 분명히 다르다고 하는 것입니다. 여러분은 귀에 거슬리는 오토바이 소리, 자동차 경적 소리, 공사장 소리, 비행기 소리 등과 같은 큰 소리에는 반응하지만 가청 영역 밖의 소리에는 관심조차 없으며, 변조된 주파수 역시 관심 밖이라는 사실입니다. 그리고 아름다운 음악을 이용한 공격에도 무방비로 노출되어 있어서 더욱 그러합니다. 주파수를 변조했기에 그것이 나쁜 것인지 구분할 수가 없다는 것인데, 전자음, 기계음은 더욱 그러합니다.

여러분은 평안한 마음을 잔잔한 호수와 같다고 하고, 분요한 마음을 시끄러운 공사장 같다고 합니다. 이러한 것이 진동에 의해 이루어지고 있음을 알지 못했지요. 모든 소리는 파동을 통해 전달되어 영향을 미치고 있습니다. 좋은 소리, 나쁜 소리 등이 그렇다고 하는 것인데, 자연에서 나오는 조화로운 소리는 좋다고 하고, 인공적인 소리는 거의 다 나쁜 소리라고 하십니다. 여러분은 악기들을 개발해 좋은 소리로서 듣고 계시고, 조명 등을 개발해 좋은 빛이라고 하지만, 빛 역시 파동이기 때문에 진동이라고 해야 합니다.

현을 두드리거나 스쳐서 소리를 내는, 입의 바람을 통해 소리를 내는 악기들과 전기를 통해 소리를 내는 악기들을 이용한 음악들을 좋아하고, 사람의 목소리를 이용한 노래들을 좋아합니다. 이것이 직접적인 진동과 파동을 통한 소리라면, 그림에 사용하는 페인트, 잉크, 물감, 크레용, 파스텔, 색연필 등은 간접적인 진동과 파동을 통한 소리라고 할 수 있습니다. 음악 소리는 음색이 있다고 하고 빛 소리는 광색이 있다고 합니다.

여러분의 아스트랄체는 빛 입자들의 결정체로서, 진동과 파동을 하고 있으며, 육체는 4대 원소인 흙, 물, 대기, 불의 결정체로서 진동과 파동을 하고 있습니다. 특히 육체의 70%(청년기 기준)를 차지하고 있는 물은 진동과 파동에 매우 민감하기 때문에 좋은 소리가 가지고 있는 장점에 최적화되어 있다고 볼 수 있습니다. 그래서 우주에서 들어오는 소리는 여러분의 건강과 영적 상승에 큰 도움이 되고 있다는 것입니다. 직립 보행을 하는 인류와 사족 보행을 하는 동물들은 행성을 통해 전달되는 진동에 직접적인 영향을 받고 있다고 하는 것입니다.

직접적으로 뇌파와 심파에 영향을 미치고, 장기들과 근육들, 뼈와 신경계에 영향을 미치며, 감정 체계에 영향을 미치고 있습니다. 빛과 소리가 얼마나 인생에 중요한 역할을 하고 있는지 관심이 없었을 것입니다. 하지만 알든, 모르든 여러분의 인생을 지배하고 있었던 것이며, 그것이 긍정적이든, 부정적이든 큰 영향을 미치고 있었던 것이에요. 결정화되어 있는 입자들의 결합을 여러분은 물질체로 인식하고 있습니다. 그 이면에 숨어 있는 진동의 세계를 알지 못하기 때문입니다. 그래서 생명력의 진정한 의미를 깨닫지 못하는 것입니다.

모든 것을 구성하고 있는 입자들에는 스스로 진동하는 대원리의 법칙이 숨겨져 있습니다. 그것이 파동을 통해 에너지와 생명력으로 나타나는 것이며, 인류에게는 생각하는 의식으로도 반영되어 나타나는 것이에요. 핵심은 진동으로 나타나는 대원리입니다. 이것을 여러분은 창조-근원이라고 합니다. 신성 기하학 또는 창조-과학은 우주를 구성하고 있는 입자들의 격자망이라고 할 수 있으며, 스스로 진동해 파동을 통한 채널 체계를 구축하고 있는 것입니다.

트랙 또는 차원계는 고유의 진동장과 진동수를 가지고 있어서 빛의 영역을 형성하고 있는데, 이것을 태양계, 성단, 별자리, 은하, 은하계, 은하군, 은하단, 초은하단 등으로 분류하고 있는 것입니다. 빛의 영역을 감싸고 있는 암흑 지대는 새로운 빛의 영역을 탄생시키기 위한 인큐베이터라고 비유할 수 있는데, 창조를 위한 기반들이 가득 채워져 있기에 그런 것입니다.

우주는 소리와 빛으로 가득 차 있다고 할 수 있고, 진동과 파동으로 가득 차 있다고 할 수 있습니다. 우주의 어떠한 체계들과 존재들이 이것에서 분리되어 있다면, 그것도 우리에 의한 것이 아닌 스스로 선택에 의한 것이라면, 우리는 그 선택을 존중하지만, 권유하지는 않는데, 유한 체계와 유한 존재들이 되기 때문입니다. 우리의 의식 체계인 유나세 의식에서 떨어져 나가는 것이며, 우리의 에너지 체계인 쿤다레이 체계에서 떨어져 나가는 것입니다.

이런 선택을 한 타락 세력들은 유령 매트릭스와 블랙홀, 정크 채널들을 운영하고 있으면서 지구를 장악하고 있었던 것입니다. 이들은 '침략자 저항군 연합(UIR)'을 형성해 우리와 대적하고 있는데, 면면을 살펴보면 다음과 같습니다.

◆ 안드로메다 & 센타우르 침략자 종족
1. 네트로미톤 안드로미 / 타락 아누-세라핌 혼혈, 안드로메다 기원 : UIR의 리더
2. 센터우르-루시페리안 & 블루 센터우르 / 타락 아누-세라핌 혼혈, 오메가 센터우리

◆ 제타 침략자 종족

1. 제타 리겔리안 / 제타 레티쿨리 제펠리움(타락 세라핌, 라이라 베가/에이
   펙스-라우)

◆ 용족 & 파충족 침략자 종족

1. 오미크론-용족 / 타락 세라핌, 라이라베가
2. 용 / 타락 세라핌-인류 혼혈
3. 오데디크론-파충족 / 타락 세라핌, 라이라베가

◆ 아눈나키 침략자 종족

1. 마르둑-루시페리안 아눈나키 / 타락 아누-세라핌 혼혈, 라이라 아비뇽
2. 마르둑-드라민 / 사타인 아눈나키(타락 아누-세라핌 혼혈, 라이라 아비
   뇽)
3. 엔릴-오데디크론 아눈나키 / 타락 아누-세라핌 혼혈, 라이라 아비뇽
4. 여호와계 아눈나키 / 타락 아누-엘로힘 여호와 11차원 어둠의 분신체 그
   룹
5. 플레이아데스인 셈야제-루시페리안 아눈나키 / 타락 아누-세라핌 혼
   혈, 라이라 아비뇽
6. 토트-엔키 제펠리움 아눈나키 / 타락 아누-세라핌 혼혈, 라이라 아비뇽

여호와계 아눈나키 종족은 은하연합을 점령했고, 루시페리안 아눈나키 종
족은 아쉬타르 사령부를 점령했는데, 마치 영화 〈스타워즈〉에 등장하는 어둠
의 군주인 시스가 의회를 장악해 펠퍼틴 의장이 되고, 그의 제자인 다스 베이
더는 제국 사령부를 점령해 총사령관이 되는 것처럼 말입니다.

UIR은 우리에게 적-그리스도 세력이 되었음이니, 성서에 등장하는 '루시
퍼', '붉은 용', '사탄' 등이 바로 이들을 가리키는 것입니다. 은하연합과 아쉬타

르 사령부, 니비루와 연합해서 이들은 지구 인류를 구원하기 위한 천상의 군대와 천사들로 위장해 자신들이 선택한 채널러들을 통해 거짓 뉴스들과 거짓 정보들을 남발하고 있음이니, 순진한 인류는 그 거짓을 진실이라고 받아들이고 있어서 큰 문제가 되고 있다는 것입니다.

저들의 어용단체인 일루미나티와 프리메이슨은 인류 사회의 지도층으로 자리하고 있으면서 강대국들의 정치계와 경제계, 문화계, 군사를 틀어쥐고 앉아 자신들의 뜻대로 인류 사회를 끌고 가고 있습니다. 종교계는 저들의 나팔수들이 되어 인류의 정신세계를 좀먹게 하고 있습니다. 인류는 인생 프로그램에 설정되어 있고, 정신세계는 거짓 경전과 거짓 교리와 거짓된 종교 지도자들을 통해 수렁 속에서 헤어나올 수 없도록 했습니다.

이 모두는 정크 채널과 정크 주파수를 통해 인류의 의식세계를 통제하고 있음이니, 어느 누가 이 거미줄에서 빠져나갈 수 있을까요. 영적 세계에도 저들이 파고들었는데, 멜기세덱 사제단, 루비 평의회, 미카엘 대천사, 대백색 형제단, 뱀 형제단, 말타 기사단, 장미 십자회, 신지학회, 성전 기사단, 로마 가톨릭, 개신교, 이슬람, 정교회, 불교, 유교, 도교, 힌두교, 조로아스터교, 부두교, 토테미즘, 샤머니즘, 원시 종교, 민간 신앙 등에 여러분을 옭아맬 멍에를 씌웠던 것입니다.

점을 치는 행위와 같은 것들도 모두 정크 채널을 통해 연결되는 것이고, 우주인들과 우주 단체들과의 채널링도 저들과 이루어지는 것으로 여러분의 영적 깨어남을 금지시키고 있는 것입니다.

여러분은 자연에서 경험할 수 있는 바람 소리, 물소리, 새소리와 같은 것보다 인위적으로 제작된 인공 소리에 더 친근감을 가지고 있는데, 전자기계들이 여러분 곁을 점령하고 있기 때문이며, 그 환경에 오랫동안 노출되어 있어서 그렇게 될 수밖에 없었던 것입니다. 도시 환경이 바로 정크 주파수로 넘쳐나고 있음이니, 여러분의 뇌파가 교란되고 있다는 것입니다. 여러분이 집중하고 있는 소리, 주파수는 무엇인가요? 주식이 오르는 소리, 부동산이 오르는 소리, 부자가 되는 소리, 성공하는 소리, 물질적 풍요가 다가오는 소리, 그런 소리가 마음을 만족시키고, 뇌파를 부드럽게 안정시킨다고 착각하고 있는 것입니다.

세상에 넘쳐나고 있는 소리는 여러분이 살아 있음을, 살아가야 할 원동력이라고 생각합니다. 그런 잡다한 소음 속에 갇혀 살고 있는 여러분은 당연한 것으로 일상을 살아가고 있습니다. 그런 와중에 어둠은 여러분의 진동장을 파괴하고, 진동수를 추락시키기 위해 주파수를 이용해 수시로 공격했던 것이고, 계속해서 이어 오고 있다는 것입니다. 그것은 라디오, TV, 영화, 스마트폰, 컴퓨터 등을 활용해 진행되어 왔습니다. 저들은 문명의 이기를 통해 여러분을 추락시키고 있었던 것입니다.

여러분의 일상을 위해서는 멀리할 수 없겠지만, 활용 빈도를 낮추는 방향으로 나가야 함을 잊지 마세요. 궁극적으로는 멀리하고, 자연의 소리, 내면의 소리에 집중하는 시간을 가지면서 자신을 돌아봐야 합니다. 저들이 설계한 인생 프로그램은 여러분을 물질적 동물로 길들이기 위해 개발되었으며, 안전한 우리에서 만족하며, 생을 마치도록 했던 것입니다. 마치 여러분이 만들어놓은 동물원을 보는 것 같지요. 저들도 여러분처럼 우리 안에 갇혀 있는 동물들에게 먹이를 던져주고, 음악을 들려주며, 출산을 조절했던 것입니다. 여러분을 관찰해 물질적 만족에서 벗어날 수 없도록 했는데, 물질에 만족하지 못하고 영적인 것에 관심을 둔다면 출구가 없는 미로에 들여보내어 각종 유혹과 공포들을 동원해서 포기하게 하거나, 엉뚱한 곳에서 헤매게 하거나, 착각하게 해서 돌아서게 했습니다.

우리와 만날 수 있는 길은 매우 힘들고, 험난해서 쉽게 들어설 수가 없는데, 저들이 그렇게 만들어놓았기 때문입니다. 이 안락한 물질세계를 저들이 만들었고, 여러분은 그것을 알고 들어왔습니다. 저들이 여러분을 속인 것은 충분히 예상할 수 있었으며, 그것 역시 수락해 받아들였지요. 여러분은 이 미로에서 충분히 나갈 수 있다고 자신했고, 그렇게 해서 자신 있게 들어섰던 것인데, 출구가 없다는 것을 미처 몰랐던 것입니다. 여러분은 육체를 벗는 과정인 죽음을 대수롭지 않게 받아들였는데, 물질에 흡착되면서 그것이 결코 만만치 않다는 것을 뒤늦게서야 깨달았던 것입니다. 죽음은 진동수를 떨어트리는 원인이 되었으며, 자신의 신성을 깨우지 못하는 요인이 되었습니다.

저들은 여러분이 우주의 소리를 들을 수 없도록 했고, 마음의 소리를 들을 수 없도록 했습니다. 조금만 어려워져도 다른 것에 의지하도록 만들었으며, 스스로 일어설 수 없도록 했습니다. 거짓 스승들을 수없이 만들어내어 그 길을 따르도록 했고, 그곳에서 안주하도록 했습니다. 우리와 가까워지는 것은 사실 영적인 스승도, 가르침도 필요 없다고 할 수 있습니다. 모든 길은 스스로 내면에서 찾아낼 수 있기 때문이지요. 그것을 스스로가 할 수 있다고 하는 것을 저들은 숨기거나 없애버렸다고 하는 것입니다. 너무 쉽기 때문에 저들은 매우 어렵다고 변조시켰으며, 특별한 존재만이 할 수 있다고 해서 영적 우월감에 사로잡히도록 했지요. 여러분은 쉬운 것은 쳐다보지도 않는데, 특별하지 않기 때문이며, 어중이떠중이와 동급이라는 것에 동조하지 않기 때문입니다.

깨어난다는 것은 무엇이 달라야 하고, 특별해야 하며, 아무나 하는 것이 아니어야 하는 것입니다. 이렇게 세뇌되어 있는 여러분은 영적 깨달음에 들어선 자신이 매우 소중하고, 특별하며, 위대하다고 받아들이고 있습니다. 이것이 바로 자신을 우상화시키는 것이자, 자신을 추락시킨다는 사실은 미처 받아들이지 못한다는 것입니다. 예수아는 "천국은 어린아이와 같지 않다면 들어갈 수 없다"라고 했지요. 이것은 특별함을 이야기한 것이 아니라, 가장 보편적인 것을 이야기한 것입니다. 가장 쉬운 것, 어린아이와 같이 순수한 마음, 특별함이라는 구분이 없는 마음, 인생들을 기준과 판단에 따라 나누려는 마음이 없는 오직 순수한 사랑으로 가득한 마음을 갖추는 것을 이야기한 것입니다.

정크 주파수는 욕망으로 가득한 마음과 그런 생각으로 가득한 의식에 치명적으로 작용합니다. 더 물질에 흡착시키고, 카르마를 통해 진동수를 떨어트리고, 진동장을 파괴하고 있습니다. 여러분도 악성 채널에 감염되면 끝없이 이어지는 광고와 동급 채널로 연결되는 피해와 원치 않는 정보 노출에 따른 피해를 경험했을 것인데, 정크 채널이 바로 여러분에게 회복될 수 없는 영적 피해를 끼치고 있다는 것입니다. 여러분은 그 심각성을 깨닫지 못하고 있는 것이며, 한 번 흡착된 정크 채널과 정크 주파수는 떨어져 나가기가 쉽지 않습니다.

여러분의 영적인 취약성을 비집고 들어오기 때문에 분별하기가 쉽지 않습니다. 마치 바이러스가 침입한 것을 잘 분별하지 못하는 것처럼, 기생충에게 영양소를 빼앗기고 있음을 잘 모르는 것처럼 말입니다. 어둠은 여러분의 욕망을 키워 주고, 성공으로 이끌어 주는 척하면서 여러분이 영적 본성을 되찾을 수 없도록 하고 있습니다. 보암직하고, 먹음직하며, 좋은 향기가 나는 것은 자신을 죽일 수 있는 독이 되는 것입니다.

여러분의 영적 깨어남을 위해 우리는 여러분과 언제나 함께하고 있음을 잊지 마시기를 바랍니다.

'우리는 야나스이며, 이온 상임 이사회입니다.'
'아-모-레-아 에-카-샤(A-mO-RA-eA Ec-Ka-ShA).'

진동수(振動數)와 진동장(振動場)

(The Number of Frequency and Frequency Fields)

Heaven's Gates

09
진동수와 진동장

사랑하는 여러분!

여러분이 제임스 웹 카메라를 통해 보고 계신 우주를 거시적 형태의 우주라고 했습니다.

빛의 진동과 파장에 의해, 진동수의 하강에 의해, 보이는 우주로서 확장 중인 우주라는 것입니다. 여러분은 별빛이 보이는 파장을 통해 거리와 빛의 세기를 계산하고 있습니다. 빛이 없었다면 가능하지 않았던 것이지요.

빛을 내는 별을 항성 또는 태양이라고 합니다. 태양들이 모여 있는 것을 성단, 성단들을 이끄는 중앙 태양이 있고, 성단들이 모여서 별자리를 형성하고 있으며, 별자리에서 가장 밝은 중앙 태양이 있습니다. 이 별자리들이 모여서 나선형의 형태로 순환하고 있는 것을 은하라고 합니다.

여러분의 은하를 네바돈이라 하고, 안드로메다 은하단에 소속되어 있으며, 은하단 정부의 관리를 위해 대마젤란은하에 관리 위원회를 두고 있어서 은하군에 편성되어 있습니다. 다시 안드로메다 은하단은 오나크론 초은하단에 소속되어 있는데, 이렇게 편재된 우주를 여러분이 보고 있는 것입니다.

예외적으로 태양 빛을 통해 많은 행성과 위성들과 다른 구체들을 보고 있지만, 빛의 반사가 없다면 볼 수가 없다 하겠지요. 별빛의 진동과 파장에 따라 그 크기와 영역을 여러분의 천문학자들이 표기한 것을 여러분이 보고 있습니다.

입자들의 진동과 파장에 따른 소리와 빛이 없었다면 우주는 보이지 않았을 것이며, 존재조차 할 수 없었을 것입니다. 하지만 입자들의 진동과 파동, 파장을 여러분이 보거나 느낄 수는 없습니다. 볼 수 있는 영역과 들을 수 있는 영역과, 느낄 수 있는 영역이 되어야 가능하다고 하는 것이에요. 빛이 너무 강렬하면 눈을 뜰 수 없는데, 사실 진동수가 높은 빛 입자이기에 그런 것입니다. 태양 빛이라든가, 조명 빛이라든가, 영적 존재가 내는 발광하는 빛을 바라보지 못하는 것은 진동하는 빛 입자의 진동수가 높기 때문에 나타나는 현상입니다.

태양의 진동수가 높으면 크기와 밝기가 그만큼 달라지는 것인데, 중앙 태양과 가까워질수록 더 크고, 더 밝다는 것이며, 그런 관계성에 따라 중심으로 들어갈수록 더욱 그렇다고 하는 것입니다. 또한 빛의 밝기와 진동수가 임계치를 넘으면 보이지 않는 영역으로 변화한다는 것입니다. 그러한 빛의 세기와 진동수에 따라 영역을 조율한 것을 조화 우주라고 한 것이며, 모두 5단계로 이루어졌습니다. 하나의 조화 우주에는 3계층의 분류에 의해 모두 15단계의 우주가 펼쳐져 있는 것입니다. 각 계층에는 진동수에 따라 진동 영역이 정해졌으며, 그 진동장을 기준으로 개입할 수 없도록 정해둔 것입니다.

진동장은 존재에게도 우주에게도 적용되어 있어서 그 기준에 따라 머물고 있는 장소가 결정된 것인데, 이것이 유동적이라 할 수 있는 것은 상승과 하강이 자유롭게 이루어지기 때문입니다. 우리는 이것을 '형태 발생 영역'이라고 하는데, 존재와 우주에 적용되어 있으며, 발현할 수 있는 영역과 그 범위를 뜻한다고 할 수 있습니다. 일례로 태양의 진동장을 태양 권역 또는 태양계라 할 수 있으며, 이것을 태양이 나타날 수 있는 형태 발생 영역이라고 할 수 있습니다. 여러분의 눈에 보이는 빛의 영역을 넘어서 진동과 파장이 미치고 있는 영역까지를 태양의 진동장이라고, 형태 발생 영역이라고 하는 것입니다.

존재 역시 진동수에 의해 머물 수 있는 영역과 장소가 결정되며, 이것 역시 유동적이고, 그 존재의 빛 구체를 형성하고 있는 빛 입자들의 진동권역을 진동장 또는 형태 발생 영역이라고 합니다. 여러분이 알고 있는 물질체로서의 존재인 여러분의 진동 영역은 1평(약 3.305785㎡) 정도 될까요? 그것이 진실이라고 알고 계셨지요. 여러분의 본성인 신성을 소우주라고 하는데, 약 60조 개의 전자 입자들이 결합한 빛 구체 형태를 하고 있습니다. 이 빛 구체가 육체 속에 들어 있는데, 물론 작게 축소해서 들어와 있는 것입니다. 우리는 이 빛 구체를 존재라고 합니다.

이 빛 구체의 형태 발생 영역은 존재마다 차이가 있으며, 진동수와 진동장의 범위가 다르다는 것입니다. 기본적으로 3D 물질체험을 하고 있는 존재는 행성 권역을 벗어날 수 없으며, 죽음으로 육체를 벗어나야 4차원 영역으로 갈 수 있는데, 4차원 영역은 행성 외기권에 조성되어 있습니다. 지구의 경우는 특수한 경우라, 기존 체계와 다른 점이 있지만, 그렇지 않은 경우는 3~5차원이 공존하고 있으며, 금성의 경우는 4~6차원계가 공존하고 있습니다. 물론 지저세계라는 특수한 영역도 4~6차원계가 조성되어 있으며, 대기층에는 에테르 형태로 머물고 있는 빛의 세계도 있습니다.

구분은 당연히 진동수와 진동장에 의해 이루어진 것인데, 행성과 위성의 경우에는 머물 수 있는 생명과 존재들에 의해 결정된다고 할 수 있고, 태양의 결정에 따라 이루어진다고 하는 것입니다. 즉 머물고자 하는 행성과 위성들은 태양 로고스의 뜻에 의해 결정되는 것입니다. "우주선을 타고 마음에 드는 곳에 들어가면 되지 않겠느냐!" 하시겠지만 그 행성과 그 위성의 환경에 적응할 수 있는 물질체는 태양 로고스의 권한에 따라 주어지는 것이기에 존재가 머물 수는 있어도 그 행성과 위성의 주민이 될 수는 없다는 것입니다. 행성 영단에 소속이 이루어져야만 가능해지는 것이며, 그렇지 않은 경우는 장기간 머물 수가 없는 것입니다.

바로 행성 진동수와 진동장에 영향을 미치는가를 봐야 하기 때문입니다. 자연계의 질서가 바로 그것을 중심으로 이루어지기 때문입니다. 여러분 인생에도 새로운 관계가 형성되는 것에 많은 신경을 쓰고 있음을 알고 있는데, 학교, 직장, 가정, 기타 모임들에 사람과 사람 사이의 관계를 신경 쓰고 있다는 것입니다. 보이는 표면적인 것보다 그 사람의 인성과 마음이 신경 쓰인다고 하시지만, 사실은 진동수와 진동장 때문에 생기는 것입니다. 존재 개인이 가지고 있는 빛의 진동이 상대와 얼마나 조화와 균형을 이루고 있는가가 관계성에 영향을 크게 미치기 때문입니다.

여러분은 이것을 존재의 오라장이라고 합니다. 빛으로 표현되는 이 진동장은 고유의 진동장을 가지고 있어서 그 수치를 의식 지수라고 합니다. 이 의식 지수가 고정되어 있는 것처럼 보이는 것은 그 수지 변화가 크게 일어나지 않기 때문에 그런 것입니다. 하나의 인생이라 할 수 있는 100년 정도의 시간으로는 큰 변화가 없다는 것이고, 임계 수치에 이르러서야 그 변화를 알 수 있다고 하는 것입니다.

현재, 인류의 임계 수치는 4.0~4.5(400~450)를 만족시켜야만 5차원 의식을 깨울 수 있는 것인데, 200에 머물고 있어서 어렵다고 하는 것입니다. 96.5%의 인류가 그렇다고 하는 것이고, 3.5% 정도만이 임계 수치에 근접하고 있다는 것입니다. 진동수 4.0은 4차원 행성이 가지고 있는 진동수이며, 자연계의 생물들이 가지고 있는 진동장입니다. 3차원 물질 행성은 2.5~3.0의 진동수를 가지고 있기에 3차원 물질체험을 하기에는 최적의 환경입니다. 물질을 대표하는 돈은 2.0의 진동수를 가지고 있는데, 돈에 집착할수록 진동수가 떨어지는 것은 당연한 것입니다.

의식 지수는 신성을 깨우고, 자신의 본성을 아는 것을 수치로 환산한 것인데, 존재의 빛 입자의 진동수에 의해 발현되는 것입니다. 오라는 그 존재의 기본 광선과 경험에 의해 결합된 광선에 의해 나타나는 것이며, 빛의 투명도에 따라 진동수가 달라진다는 것입니다. 즉 입자에 달라붙어 있는 미아즈믹에 따라 진동수가 달라지는데, 마치 현악기에 달라붙은 먼지처럼 말입니다. 먼지와 기름때가 많이 붙을수록 현은 느슨해지고, 맑은 소리를 낼 수 없게 되는데, 인류가 물질에 집착해 빛 입자들에 카르마들이 달라붙어 진동수를 떨어트리는 것과 같다고 할 수 있습니다. 당연히 오라빛도 탁하다고 하는 것입니다.

여러분이 아는 사랑, 자비, 용서, 포용, 관용, 배려, 이타, 감사, 기쁨, 행복, 나눔, 봉사, 헌신, 친절, 위로, 희망, 소망 등은 진동수가 높습니다. 그리고 폭력, 분노, 화냄, 질투, 시기, 미움, 괴롭힘, 분리, 폭언, 수치, 부끄러움, 공포, 괴로움, 우울, 조울, 망상, 욕심, 게으름, 고통 등은 진동수가 낮은 것으로서 인류의 감정체험을 돕기는 하지만 진동수를 떨어트리는 역할을 합니다. 어떤 마음을 갖추고 있느냐에 따라 진동수가 달라지는 것을 알 수 있을 것입니다. 그리고 그것도 흉내 내거나 척하는 것이 아니라, 본마음이 그렇게 되어야 한다는 것입니다. 그것은 꾸민다고 해서 이루어지지 않으며, 내면의 울림을 통해서 나오는 진동에 따라 그러한 변화가 있다는 것입니다.

진동수가 높으면 높을수록 진동 영역이 넓어지는데, 그것이 존재이건, 우주이건 그렇다고 하는 것입니다. 진폭에 따라 장파와 단파로 나누고, 고주파와 저주파로 나눕니다. 진동수의 높낮이에 의해 나타나는 빛의 파장에 따라 컬러도 다양하게 나타날 수 있는데, 극초단파와 초단파로서 시작되어 초장파와 극초장파로 마무리되는 것입니다.

주파수의 범위는 다음과 같습니다.

1. 극초단파(UHF) : 300MHz~3.0GHz(1m~10cm 파장)

2. 초단파(VHF) : 30MHz~300MHz(1m~10m 파장)

3. 초장파(VLF) : 3KHz~30KHz(10Km~100Km 파장)

4. 극초장파(ULF) : 300~3,000Hz(103Km~100Km 파장)

세부적으로는 다음과 같습니다.

5. 극극초단파(SHF) : 3GHz~30GHz(1cm~10cm 파장)

6. 극고주파(EHF) : 30GHz~300GHz(1cm~1mm 파장)

7. 데시밀리미터파(THF) : 300GHz~3,000GHz(1mm~0.1mm 파장)

8. 극극초장파(SLF) : 30Hz~300Hz(104Km~103Km 파장)

9. 극저주파(ELF) : 3~30Hz(105Km~104Km 파장)

일반적으로는 다음과 같습니다.

10. 장파(LF) : 30~300KHz(10m~1Km 파장)

11. 중파(MFy) : 300KHz~3MHz(1Km~100m 파장)

12. 단파(HF) : 3~30MHz(100m~10m 파장)

인류의 전자 통신에 사용되는 주파수를 기록한 것인데, 문명이 발달하면 할수록 더욱 광범위하게 활용될 것입니다. 진폭이 더욱 넓어진다는 것으로서 가청 범위가 넓어진다는 것이에요. 곤충들의 소리와 우주 밖의 소리까지도 들을 수 있게 되는 것인데, 현재의 육체를 통해서는 어렵다고 하는 것이고, 진동수가 높아진 영역에서나 가능하다 하는 것입니다. 더 범위가 확장되면 마음의 소리, 생각까지도 들을 수 있고, 전달할 수 있게 되는 것인데, 텔레파시라고 하는 송수신 방법을 이용할 수 있게 되는 것입니다.

인류는 수많은 언어를 가지고 대화를 하고 있는데, 진동수가 높아진다고 하는 것은 언어의 방식이 점차 필요 없게 되는 것으로서 하나의 통일된 언어만이 필요하다는 것이며, 다른 언어들은 사라져가는 것입니다. 점차 마음을 숨길 필요가 없어질 것이고, 비밀 암호와 같은 것들도 불필요하게 된다는 것입니다. 지구촌 자체가 국가와 민족이라는 장벽들이 사라질 것인데, 하나의 언어로서 통합될 것이며, 아다파 시대의 인류로 돌아갈 것입니다.

의식 지수는 존재의 진동수를 나타내는 것이고, 존재의 앎의 정도를 나타내는 지표라고 할 수 있습니다. 마음에서 나오는 파동이 얼마나 긍정적인 효과를 미치는지 알 수 있다고 하는 것입니다. 주파수를 통합시키고, 진동장을 넓혀 나가는 것이 바로 깨어난 이들의 역할이라 하는 것입니다. 공동체라고 하면서 통합이 아닌 또 다른 분리를 통해 분파를 조장한다면 차라리 하지 않은 것보다 못하다는 것입니다.

진동수가 높으면 그 진동장에 동조하는 진동들이 모이고 모여 그 영역을 넓혀 나가는데, 거시적 형태와 미시적 형태가 동시에 일어납니다. 소우주와 소우주들이 하나로 모여 커다란 우주로서 태어나는 것이고, 존재들과 존재들이 모여 커다란 존재로서 나타나는 것인데, 상위 자아와 초월 자아로 확장이 일어나는 것입니다. 분화되었던 아바타들이 하나로 결합하는 것인데, 혼-의식이 영-의식으로 나타나는 것입니다.

우주는 입자들의 진동에 의해 이루어져 있으며, 고유의 파장을 가지고 있는 진동장인 형태 발생 영역들에 의해 서로 격자망을 형성해 형태를 유지하고 있습니다. 빛으로 이루어진 영역들은 동조하는 입자들의 결합된 형태인 빛 구체들이 서로 모여들어 형성한 것들입니다. 여러분이 태양이라고 표현하는 빛나는 구체는 빛 입자들의 결합에 의해 나타난 것이고, 존재라고도 할 수 있는데, 존재가 어떠한 형태로 나타나는지는 아무런 관계가 없으며, 빛 구체에 의식이 함께하고 있는지가 핵심이라고 하는 것입니다. 의식은 물론 진동에 의해 나타나는 것이며, 파르티키 입자가 스스로 진동하고 있는지가 중요하다고 하는 것입니다.

진동하고 있는 입자들의 결합된 형태가 어떤 형태를 하고 있는가는 중요하지 않으며, 어떤 진동수와 진동장을 가지고 있느냐가 중요하다고 하는 것입니다. 그곳에는 유나세 의식이 함께하고 있으며, 쿤다레이 에너지가 함께하고 있답니다.

유나세 의식 지수 0은 공(空)으로, 무극으로 시작되었으며, 암흑으로 1, 뜻과 소리로서 2, 빛과 행(行)으로서 3으로 나타났다 할 수 있는데, 무의식을 0, 잠재의식을 1, 내면 의식을 2, 표면 의식을 3이라고 할 수 있습니다. 의식을 이렇게 분류한 것은 여러분이 어느 진동 영역에 머물고 있느냐에 따라 나타나는 의식 형태를 표현한 것입니다. 여러분이 알고 있는 어둠은 양극성 분리에 의해 나누어진 빛과 어둠으로서 표면의식에 해당된다고 하는 것이며, 대원리에서 나누어진 흑암과 혼돈은 아니라는 것입니다.

여러분은 절댓값이라 해서 딱 떨어지는 것을 좋아하고, 두루뭉술한 것을 싫어하며, 실체가 불분명한 것을 좋아하지 않습니다. 그래서 우주선들을 봐도 미확인 비행 물체라고 하고, 죽음 이후의 세계를 인정하지 않으며, 천사들과 요정들과 죽음으로 물질계를 떠난 존재들을 인정하지 않고 있으면서 대중들의 눈치를 보면서 종교계에서나 있을 법한 것으로 치부하는 것으로, 비-과학적이라고 하면서 무시해 버린다는 것입니다. 보이는 것에만 치중하고, 들리는 것에만 치중하며, 정해진 값과 규칙에 따른 것만이 진실이라고 받아들이고 나머지는 애써 외면하는 것으로 모른 체하고 있다는 것입니다.

진동수와 진동장은 절댓값도 불변값도 아닙니다. 고정되어 있지 않고 유동적이기 때문입니다. 정해진 값과 정해진 규칙도 없습니다. 우주의 순환 질서는 질서에 의한 자유분방함입니다. 그래서 수직적이지 않고, 계급적이지 않으며, 계층적이지 않습니다. 트랙과 차원계, 밀도층과 조화 우주로 표현한 것도 여러분에게 이해시키기 위한 방편으로 사용하는 것일 뿐이며, 우주가 그러하다고 하는 것은 결코 아닙니다. 여러분은 명쾌하지 않으면 좀처럼 믿으려 하지 않습니다. 그것은 바로 빛과 어둠이라는 이분법 때문에 생겨난 것입니다.

정답 아니면 오답을 원하지, 이것도 아니고 저것도 아닌 또는 그런 것 같기도 하고 아닌 것 같기도 한 것은 불분명해서 좋아하지 않습니다. 인생을 살면서 막연한 미래를 가장 싫어하고, 분명한 미래를 좋아합니다. 여러분은 도전을 좋아합니다. 인생도 도전하는 것이고, 물질체험도 도전하는 것이며, 상승을 돕기 위해 들어온 것도 도전하는 것입니다. 분명하지 않고 불투명한 미래를 도전 정신 하나로 체험하고 있는 것입니다. 여러분이 인생을 살면서 스스로 물질 인생으로 끝나는 것이 아니라, 영적 인생을 시작하는 것이라고 알았다면 그 불분명한 길을 선택을 통해 도전하게 된 경우인데, 또 다른 두려움을 극복하고 넘어야 할 거대한 산맥 앞에 서게 된 것입니다. 이렇게 시작된 진동수와 진동장은 설렘과 두려움이라는 안개를 헤쳐나가는 과정을 통해 상승하고 넓어질 것입니다.

스스로 자신의 도전에 대한 모든 책임을 진다면 그렇게 될 것인데, 그렇지 못하고 회피한다면 무거운 책임이 뒤를 따를 것입니다. 긍정도, 부정도, 모두 진행 과정에서 필요한 부분들입니다. 모든 것이 홀로그램이라는 것을 알았다면, 세상도, 존재도 빛의 진동에 의해 나타났음을 알게 된 것이고, 빛에도 진동장과 진동수가 있음을 알게 된 것입니다. 그것을 통해 스스로 진동하고 있는 입자인 파르티키 입자를 알게 될 것인데, 우주가 그 스스로 진동하는 입자에 의해 이루어져 있고, 그 순환 질서에 의해 영속하고 있음을 알게 된다면 대원리를 알게 된 것입니다.

대원리의 뜻이 진동수와 진동장으로 나타난 것을 우주 창조와 생명 창조로 표현한 것입니다. 진동수의 높낮이와 진동장의 범위에 따라 우주와 존재의 구조를 분류했습니다. 우주는 살아 있고 영속하고 있다고 하는 것은 스스로 진동하고 있는 파르티키 입자 때문입니다. 우리가 존재하고 있는 이유이자, 원인입니다. 여러분은 창조의 근원이라고 표현하시는데, 그것도 하나일 뿐입니다. 창조는 무에서 유가 나타난 것으로 받아들여 그런 것인데, 보이는 세계는 보이지 않는 세계의 반영에 의해 나타난 것이니, 창조가 아닌 복제라고 해야 될 것입니다.

여러분의 세계인 행성 지구는 반영된 세계인 평행 지구가 있으나, 보이지 않는 것은 진동수가 높기 때문인데, 만날 수 없는 것은 평행선을 달리고 있다고 표현할 수 있습니다. 여러분의 진동수 상승만큼 그곳도 상승을 하기에 그런 것이에요. 모든 세계는 비−물질 우주에서 반영되어 나타났고, 영원히 진동을 하고 있기에 같은 진동수와 같은 진동장은 없다고 할 수 있습니다. 복사되었다 해도 복사되는 순간에 진동수가 달라지기 때문에 같다고 할 수 없는 것입니다. 진동하는 입자는 정보를 가지고 있으며, 더 많이 진동하고 있다면 더 많은 정보를 가지고 있는 것입니다. 아−모−레−아 중심 우주에서 출발한 존재들이 여러분까지 반영되어 네트워크를 형성하고 있으며, 체계를 유지하고 있는 것입니다.

이것을 대우주와 소우주라고 한 것입니다. 네바돈에서는 그리스도들과 작은 그리스도들이라고 합니다. 여러분은 분리되어 있다고 받아들이고 있어서 신과 피조물로 나뉘게 되었던 것입니다. 여러분을 창조했다고 주장하며 창조주로서 행동하는 존재들은 사실 창조주가 아닌 우주의 동료들이며, 여러분보다 정보를 많이 알고 있는 존재들입니다. 굳이 본다면 육체라는 옷을 디자인해준 디자이너라고 해야겠지요. 창조의 본질은 진동입니다.

파르티키 입자가 진동하지 않았다면, 대원리의 뜻이 없었다면 우주도, 존재들도 나타날 수 없었습니다. 그 외의 창조는 모두 반영일 뿐입니다. 우리 야나스도 여러분을 반영한 것입니다. 여러분이 자녀를 낳은 것을 창조 행위라고 표현하기도 하시는데, 육체를 준비시켜준 것뿐이며, 품성을 준 것은 아닙니다. 그러면 품성이라는 신성은 어디에서 오는 것일까요? 바로 파르티키 입자를 통해 오는 것이며, 진동수와 진동장의 구분에 따라 혼과 영이라고 표현하는 것입니다.

여러분은 신을 표현하기 위해 많은 수사법을 동원합니다. 공(空), 무극, 창조-근원, 원리, 절대자, 무한자, 영원자, 전지전능자, 무소불위자 등으로 표현을 하는데, 하나입니다. 바로 진동입니다. 그리고 파르티키 입자이고, 마누입니다.

스스로 진동하는 파르티키 입자가 진동을 통해 태초 의식인 유나세 의식을 나타나게 했고, 태초 에너지인 쿤다레이 에너지를 나타나게 한 것입니다. 파르티키는 스스로 진동을 통해 분열과 융합을 하는데, 자가-재생을 하는 방식을 통해 소리 주파수와 빛의 스펙트럼의 전자기장 영역을 창조하고 유지하며 이렇게 대우주를 형성했던 것입니다.

여러분은 물질체를 가지고 있고, 물질 정보만을 가진 상태에서 신을 알고자 하는 실수를 합니다. 보이지 않는 세계에 대한 열린 마음이 가장 필요하며, 느껴지지 않는 세계에 대한 강한 믿음이 바탕이 되어야만 신과 만날 수 있습니다. 종교적 접근법도 하나이지만 돌아올 길이 멀어진다고 할 수 있어서 추천하지는 않습니다. 과학적이든, 철학적이든 그중의 하나일 뿐이지, 정공법은 아닙니다. 마음이 가난한 것, 즉 마음이 비워진 상태, 어떠한 불필요한 진동이 마음을 채우고 있지 않는 상태를 만드는 것이 필요합니다. '어떻게 하겠다!', '어떻게 할 것이다!', '어떻게 할 것인가?' 등은 불필요한 진동을 만들어낼 뿐입니다. 마음을 어지럽히지 말고, 마음에 무엇을 채우려고도 하지 말며, 그냥 담담히 비우시기를 바랍니다.

원초적 진동 상태를 유지하는 것, 그것이 순수한 마음, 비워진 마음이 되는 것입니다. 그렇게 해야 신 주파수, 신 진동수와 만나는 것이고, 신 진동장에 머물게 되는 것입니다. 신과 함께하는 것, 신과 동행하는 것은 바로 이것입니다. 자아의 진동수와 진동장이 아닌 신아(God-self)의 진동수와 진동장을 말하는 것입니다.

천국은 그곳에 정착해서 살고 있는 주민들에 의해 만들어집니다. 바로 주민들의 진동수와 진동장인 형태 발생 영역에 의해 펼쳐지는 것입니다. 그 코드인 진동수를 맞추지 못한 존재는 그곳에서 살 수 없는데, 진동수의 편차에 의해 고통을 당하기 때문입니다. 빛의 밝기인 조도로 보자면 눈을 뜰 수 없을 정도로 밝아서 볼 수도 없고, 빛의 강도가 신경계를 과도하게 자극해 기절하기도 하기 때문에 생활할 수가 없다는 것입니다. 주파수의 진폭에 의해 신경과민 증세가 과도하게 나타나 일상생활에 적응을 할 수가 없다는 것입니다.

천국 거주 주민들의 가슴에서는 전지적 사랑의 진동수가 넘쳐 나오고 있어서 그렇지 못한 존재는 방문하더라도 마음이 공조, 즉 공명하지 못해 불편하고 어색해진다는 것입니다. 그러니 어떻게 어울려서 같이 살 수 있을까요. 그래서 같은 진동수를 갖추고 있는 존재들끼리 어울려서 살게 된 것인데, 대체로 천국과 같은 진동수를 가지고 있는 행성들은 그룹 의식을 가지고 있다고 할 수 있습니다. 하나의 진동장을 형성하고 있다는 것입니다. 지구와 같이 여러 계층의 진동수를 가진 존재들이 여러 층의 진동장을 가지고 있는 것은 여러분을 제외하고는 없으며, 그래서 인류 사회가 통합되지 못하고 분열하고 있는 것입니다.

어떻게 보면 이것도 실험의 한 측면이었다고 할 수 있겠지요. 큰 진동장이 작은 진동장을 병합하는 것이 아니라 포용하기를 바랐던 것인데, 다양성이 그것을 원치 않는 방향으로 이끌었던 것입니다. 더군다나 어둠은 그것을 더욱 가속시켰음이니 부정적인 주파수를 증폭시켰던 것입니다. 진동장의 통합이 존재감의 상실을 불러온 것이고, 그것이 큰 두려움으로 확장되어 마음이 얼어붙도록 했던 것입니다. 이렇게 부정한 카르마는 여러분을 옭아매는 거미줄이 되었으며, 진동수를 추락시키는 원인이 되었습니다.

마음의 정화 과정은 켜켜이 달라붙어 있던 미아즈믹을 떨어뜨리는 과정인데, 작게 천천히 하는 과정과, 크게 빠르게 하는 과정이 필요합니다. 마치 바람의 세기와 지진의 강도를 나타내는 것처럼, 진폭과 파장의 넓이를 통해 조절하면서 먼지들이 떨어져 나가도록 해야 한다는 것입니다. 자신을 스스로 정화시키면서 검증하는 것이고, 신의 진동수와 하나로 연합하는 것입니다. 이 진동수와 진동장은 상위 자아인 혼이 가지고 있는 진동수이며, 혼-그룹이 가지고 있는 진동장입니다. 혼의 진동장은 혼-그룹의 진동장에 포용되어 있는 것이며, 서로 공조하고 있는 것입니다.

혼과 혼-그룹은 분리되어 있지 않으며, 개체성을 갖춘 상태에서 서로 연합하고 있는 것입니다. 그래서 분리된 하나로 보지 않고, 연합된 전체의식으로 보고 있는 것입니다. 파르티키는 스스로 진동을 통해 형태 발생 영역을 구축했으며, 끝없는 자가-복제를 통해서 대우주를 발현시켰던 것입니다. 같은 진동수와 같은 진동장이 없다고 했는데, 진동이 멈춘 적이 없었기 때문이고, 복제 순간에도 진동하고 있었기에 그런 것입니다. 혼-그룹에 속한 혼들이 같은 경우가 없다는 것입니다.

같은 빛 파동을 가지고 있어도 다른 진동수를 가지고 있다는 것입니다. 그렇게 해서 다양한 계층들이 나오게 된 것이며, 개체성을 갖는 그룹을 이루고 있는 것입니다. 일례로 대백색 형제단의 일곱 광선 안에는 같은 진동장 안에서 봉사하고 있는 많은 존재들이 있으며, 계층은 다르지만 진동장을 형성하고 있는 진동수가 유사한 존재들이 그룹을 이루어 봉사하고 있는 것입니다. 블루 광선 안에 중도자, 사노빔과 캐루빔, 성천사, 대천사, 찬란한 저녁별, 전천사, 3품 천사, 2품 천사, 초천사, 엘로힘, 엘-엘리온 외에 다양한 계층의 존재들이 블루빛 안에서 봉사하는 것입니다.

빛의 파동은 소리 진동으로 이루어져 있으며, 하강과 상승에 따라 보이지 않는 빛에서 백색 빛을 스펙트럼해서 다양한 빛으로 파생되어 나타나는데, 존재들의 발현이 있게 되는 것입니다. 빛의 파동이 구체를 하게 되는 것은 가장 안정적이기 때문이며, 구체 안에는 다양한 진동에 따른 빛의 격자가 신성 기하학의 형태를 하고 있어서 마치 꽃이 피는 것과 같은 효과가 연출된다는 것입니다.

행성에 나타날 때는 그 행성에 거주하는 생명 또는 거주민의 형태를 띠고 나타나는 것이기에 신이 그렇게 생겼다는 오해가 일어나는 것입니다. 신은 행성 생명들처럼 생기지 않았으며, 인격적이지도 않습니다. 오직 진동하는 빛으로 있으며, 밝고 투명한 빛을 하고 있기에 같은 진동수와 진동장에 머물지 않는다면 알 수가 없다는 것입니다. 하느님과 동행하거나 대화를 나눈다는 것은 그런 조건을 충족시켜야 한다는 것이며, 그러한 존재들은 천국에 머무는 진동수와 진동장을 갖추고 있다 할 수 있습니다. 또한 임계치에 가까워서 조금의 도움을 통해 조건을 충족시키기도 합니다.

'우리는 야나스이며, 이온 상임 이사회입니다.'
'아-모-레-아 에-카-샤(A-mO-RA-eA Ec-Ka-ShA).'

10

파르티키

(The Partiki)

Heaven's Gates

10
파르티키

사랑하는 여러분!

원초적 질료로서 파르티키는 의식 에너지의 단일체로 있으며, 전(全)극성인 옴니-폴라의 고정된 진동-지점으로서 있습니다.

파르티키 단일체는 전(全)극성의 진동하는 에너지 단일체로서, 양(兩)극성인 빛 방출과 소리 진동 사이를 영원히 앞뒤로 순환하고 있습니다. 파르티키 단일체는 물질의 가장 작은 구성요소로서, 이들은 모든 형체에서 의식이 발현되는 구조의 바탕을 형성합니다.

하나의 파르티키 입자(울트라 마이크로-입자)는 의식의 전자기 에너지 단일체입니다. 모든 발현과 의식의 배후와 그 속에 존재하는 유기적인 지성이자, 가동 중인 생명력 연료입니다.

파르티키는 조그만 자가 재생의 분열-융합 발전기입니다. 파르티키는 동역학을 통해 대우주를 형성하는 소리 진동수와 빛의 분광의 전자기 영역을 창조하고 유지합니다.

파르티키는 대우주에서 가장 작은 에너지 단일체인데, 3차원의 평균적 광자 하나 속에 8해(垓 : 약 10^{21}) 개의 파르티키 단일체를 발견할 수 있습니다. 파르티키는 모든 입자와 물질 구조 속에 존재하고, 그것을 넘어서도 존재하며,

'신성한 질료'를 나타내어 파르티키로부터 대우주가 형성됩니다. 파르티키는 으뜸인 에너지 단일체로 모든 물질과 반(反)물질, 전(前)물질, 비(非)물질 질료를 형성합니다.

자가-생성된 분열과 융합을 통해 창조된 내부적인 극성화와 복제를 통해, 파르티키는 입자와 반(反)입자가 발현되는 맥동의 리듬을 위한 설계도로서 봉사하는 두 가지 본질적인 준(準)단일체의 결정적 형태 발생 질료를 제조해냅니다. 각 파르티키는 내부적인 분열 작용을 통해서 끊임없이 파르티쿰과 파르티카로 분리되며, 그와 동시에 원초적 파르티키를 복제합니다.

복제는 원초적 패턴을 유지하도록 작용하는 반면에, 파르티쿰과 파르티카는 다른 파르티키 단일체를 통일장으로부터 끌어들이는 작용을 합니다. 파르티쿰-파르티카는 이번에는 융합의 활동 속에서 자동적으로 함께 되돌아가며, 파르티키를 통해 파르티쿰-파르타카가 창조되어 나왔던 원초적 파르티키의 복제와 융합됩니다.

파르티키는 영적인 용어로 창조-근원 중심인 신 정체성의 단일체로 볼 수 있으며, 파르티키는 살아 있는 의식 정체성과 에너지 단일체입니다. 모든 것은 파르티키 단일체로 구성되어 있으며, 따라서 모든 것인 존재와 의식은 본질적으로 신성한데, 이들이 신의 영원한 질료로 구성되어 있으며, 또 이것을 통해 결합되어 있기 때문입니다. 파르티키는 유나세의 의식이며, 여러분은 신의 질료로 만들어져 있는 것입니다.

파르티키는 유나세로 불리는 중심-근원으로부터 방사되어 나오는 전자 음역장 단일체의 에너지 정체성입니다. 이들은 그 위의 우주와 모든 구조물이 구성되는 전자기장 주파수 영역을 유지합니다. 이들은 여러분의 물질 형태인 전(前)물질과 반(反)물질과 의식 속에 그리고 그것들을 넘어서 존재합니다. 이들은 모든 형태와 전(前)입자에 있어서 형태 발생 영역(진동장—전자기 영역)으로 불리는 것을 형성하고 유지합니다.

모든 것은 진동장(형태 발생 영역)을 가지고 있는데, 모든 것이 파르티키로 불리는 기본 단일체로 구성되어 있기 때문입니다. 진동장은 발현된 형태의 배후에 존재하는 기본 에너지 단일체이자, 에너지 구조이며, 이것은 발현된 형태로 그 양상을 유지토록 합니다. 우주의 모든 것은 이러한 것을 하나씩 가지고 있으며, 이러한 진동장을 형성하는 것은 파르티키 단일체의 그룹입니다. 파르티키조차 그 자체로 하나의 진동장을 나타냅니다.

반드시 이해해야 하는 것은, 파르티키가 단순히 에너지 단일체에 불과한 것이 아닌, 의식 정체성 단일체라는 것이며, 이들이 그룹화하면 이들은 서로 다른 타입의 의식을 형성한다는 것입니다. 이들은 여러분이 하는 방법으로 생각하지 않지만, 여러분은 이들로 구성되어 있기에 '생각'합니다. 이들은 여러분이 신으로 부르는 모든 창조의 근원에 대해 연속적이고 직접적인 연결입니다. 그리고 여러분의 존재는 이것 속에서 일어나며, 이것은 어딘가 다른 곳에 있는 것이 아니라, 모든 현실은 이것 안에서 일어납니다.

키론틱 과학을 통해 이를 앎으로써, 여러분은 영성과 여러분의 영적 정체성이 사람의 다리나 팔만큼이나 현실적이라는 것을 이해하고 알게 됩니다. 이들은 동일한 질료, 동일한 입자로 구성되고, 이러한 입자는 파르티키이기 때문입니다. 여러분이 하나의 생각을 할 때에, 여러분은 파르티키를 사용하고, 진동장(형태 발생 영역)을 창조하며, 이것을 기존에 존재하는 진동장 속에 끼워서 이어지게 합니다.

파르티키로부터는 두 가지 타입의 전(前)입자가 형성됩니다. 첫째는 파르티쿰으로서, 파르티쿰은 하나의 파르티키 전(前)단일체의 절반의 전자 음역인 대전(帶電)된 소리 트러스트 또는 힘을 포함합니다. 이들은 여러분 우주의 입자를 구성하는데, 여러분이 아원자 단일체로 알고 있는 이러한 입자는 파르티쿰-파르티키 단일체로 구성됩니다.

또 다른 파르티키 전(前)입자는 파르티카로 불립니다. 이들은 여러분이 구성되어 있는 입자의 반(反)입자입니다. 이것은 평행 우주의 존재를 내포하며, 따라서 평행 자아도 마찬가지입니다. 파르티카-파르티키는 파르티쿰-파르티키 단일체보다 두 배 빠른 속도로 진동합니다. 이들 두 우주는 밀접하게 서로 뒤얽혀있는데, 이들은 동일한 공간에서 발생하고 있으나 서로 다른 맥동 속도의 의식에 있으며, 따라서 여러분은 여기서 한 세트의 맥동을 지각하고 있지만 다른 쪽은 보지 못하고, 그 반대의 경우도 마찬가지입니다.

맥동하는 힘, 진동력에 의해 유나세 의식과 쿤다레이 에너지가 나왔습니다. 우리를 유나세 또는 유나세 의식이라 하는 것은 대표성을 가지고 있어서인데, 제1근원 영 그룹과 제2근원 영 그룹, 제3근원 영 그룹으로 발현했기 때문입니다. 여러분이 존재성을 표현할 때에 정체성을 기준으로 삼는 것은 우리에 의해 세분화되었기 때문인데, 제5조화 우주를 확장시킬 때에 그렇게 분류했던 것입니다.

정체성은 존재의 의식과 마음을 통해 나타나는데, 진동하는 파동을 통해 표현되는 것입니다. 살아 있음을 뜻하는 생명력도 맥동하는 힘에 의해 나타납니다. 의식도, 마음도, 생명도 파르티키 진동이 없다면 나타날 수 없으며, 정체성 역시 사라지고 없습니다. 진동은 전자기력을 통해 발현되는데, 파르티쿰-파르티키는 자기력으로, 파르티카-파르티키는 전기력으로 발현해 나타나는 것입니다.

우리의 분신들인 정체성과 마음은 다음처럼 분류할 수 있는데, 제5조화 우주인 13~15차원은 리쉬 정체성인 13차원의 페일 골드 폴라릭 마음, 14차원의 바이올렛 트리아딕 마음, 15차원의 블루 에메랄드 에카틱 마음이며, 제4조화 우주인 10~12차원은 아바타 정체성인 10차원의 그리스도 마음, 11차원의 붓다 마음, 12차원의 니르바나 마음이며, 제3조화 우주인 7~9차원은 상위−혼 정체성인 7차원의 케더릭 마음, 8차원의 메타−은하 중심 모나딕 마음, 9차원의 은하 중심 케리아트릭 마음입니다.

제2조화 우주인 4~6차원은 혼−정체성인 4차원의 아스트랄 마음, 5차원의 원형 마음, 6차원의 천사 마음이며, 제1조화 우주인 1~3차원은 화신 정체성인 1차원의 잠재의식 마음, 2차원의 본능적 또는 감정적 마음, 3차원의 이성적 마음입니다.

진동장 측면에서는 초월적 본체인 야나스를 유나세 매트릭스라고 하고, 리쉬를 솔라 매트릭스라 하며, 아바타를 도라 매트릭스라 합니다. 상위−혼을 상위−혼 매트릭스라 하고, 혼을 혼 매트릭스라 하며, 물질체를 화신 매트릭스라고 합니다.

이것은 진동수와 진동장에 의한 분류표라고 할 수 있는데, 진동수의 하강과 상승에 의한 결정화 과정이라 할 수 있습니다. 다만 고정되어 있지 않으며, 항상 진동하고 있어서 유동적이라 하는 것입니다. 대우주의 각 단계마다 키론타 과학에 의한 6종류의 원초 입자로 구분했습니다. 첫째, 파르티키, 둘째, 파르티키 격자, 셋째, 키론스, 넷째, 키론 코드, 다섯째, 수정체, 여섯째, 빛−심벌 코드라 합니다.

파르티키를 제외한 모든 것들은 고정되어 있지 않으며, 파르티키를 중심으로 순환하고 있습니다. 모든 진동수는 몇 번째 순서로 파르티키가 복제되었는가에 의해 결정되며, 진동장 역시 그렇습니다. 모든 파르티키는 원초적 파르티키에 의해 반영되었으며, 그 순서가 코드로서 기록되어 있습니다. 본질적 측면에서는 다르지 않고, 순서에 의한 진동수와 진동장이 다르게 나타나는 것입니다. 분광된 빛 결정체로서 발현하는 것을 빛 구체라고 한 것입니다.

이것은 의식을 가진 파르티키에 의해 현현하는 것이며, 진동에 의해 모든 것이 이루어지는 것입니다. 의식, 생각, 마음, 행동 등이 파르티키 진동에 의해 이루어지는데, 전자기력이 신경망을 통해 발현하게 하기 때문입니다. 파르티키를 제외하고는 그 어떤 것도 존재할 수 없으며, 대우주도 있을 수 없고, 설명할 수도 없습니다. 여러분이 설명할 수 없고, 인식하지 못하며, 부인한다 해도 부정할 수 없습니다. 그렇다면 여러분의 존재성도, 정체성도 모두 사라질 것입니다.

여러분에게 산소가 없고, 태양과 달이 없다면 물질적 차원의 존재성이 사라질 것인데, 그런 속성으로 상위 트랙들이 없어진다면 그런 측면에서 존재성이 사라질 것입니다. 그렇다고 해도 파르티키는 영원히 사라지지 않습니다. 대우주가 사라지고 모든 존재하는 것들이 사라진다 해도 파르티키는 영원무궁토록 존재합니다. 우리가 사라져도 그렇다는 것인데, 우리가 사라질 일은 영원히 오지 않습니다. 우리 야나스는 대우주의 존재성을 완성했으며, 충족시켰기에 사라질 일이 없다는 것입니다. 물론 파르티키와 함께하고 있음을 전제로 해서 말입니다.

파르티키는 의식의 근원이며, 생각의 근원이고, 마음의 근원입니다. 여러분을 존재하게 하는 모든 것들의 근원입니다. 에너지와 전자기의 근원이며, 생명력과 중력, 반-중력의 근원입니다. 물질 우주와 반-물질 우주와 전-물질 우주, 비-물질 우주, 평행 우주의 근원입니다.

여러분은 마누의 뜻이 있었다 하고 철학적으로 표현합니다. 진동을 그렇게 표현한 것인데, 그렇다고 할 수도 있지만 진동은 진동일 뿐입니다. 신과 동행한다는 것도 신의 진동장 안에 같은 진동수를 가지고 진동하고 있다는 것의 표현인 것입니다. 너무 무미건조하다고 하시겠지요. 신과의 관계성을 어디에 두고 있느냐에 따라 약간의 달라지는 표현법이라 보시면 되는데, 양자 물리학과 수비학, 신성 기하학에 의한 표현이라 보시면 됩니다.

진동은 전자기력을 통해 에너지로서 나타나고, 의식으로 나타납니다. 그리고 복제를 통해 형태 발생장을 형성해내며 존재로서 생명력을 부여해 스스로가 존재하고 있음을 증명하는 것입니다. 이것이 신성으로서 자리하고 있는 것이며, 그로 인해 여러분이 '스스로 있는 이'가 되었던 것입니다. 파르티키는 스스로 진동을 통해 존재들에게 생명력을 전해주고, 영속할 수 있도록 해주는 것입니다.

파르티키 진동을 통해 스스로 자신을 나타냄으로 신이 되었으며, 그 신과 동행하며 우주들의 우주들을 창조한 것입니다. 마누의 뜻, 파르티키의 진동이 물질 우주와 여러분을 발현시킨 것이며, 그것을 위해 진동수를 하강시켰으며, 빛 진동의 결성화 단계를 거쳐 보이는 형상으로 나타나게 한 것입니다. 이 신동상의 폭은 전-극성의 고정된 진동 지점으로부터 여러분까지 확장되어 있으며, 진동 코스 역시 동시성을 가지고 진동하고 있기에 아-모-레-아 중심에서부터 네바돈의 행성 지구까지 하나로 있다는 것입니다.

거시적 시점과 미시적 시점이 동시성을 가지고 함께하고 있다는 것입니다. 그래서 안과 밖이 무한 반복함으로 인해 시작 없는 시작과 끝없는 끝이라고 표현한 것입니다. 파르티키는 원초적 파르티키와 현재 진행형 파르티키가 다르지 않다고 할 수 있는 것은 본질이 변형되지 않았기 때문입니다. 이 글을 전하고 있는 시점에도 끊임없는 자가-생성이 일어나고 있으며, 새로운 파르티키는 새로운 진동으로 생겨나와 영속하고 있는 것입니다. 언뜻 보면 어느 것이 새로운 것인지 구분할 수 없을 정도로 말입니다.

여러분은 육체적 노화를 겪고 있으며, 결국 옷을 벗어야 합니다. 이것을 극복기 위한 부단한 노력이 화학계와 의학계에서 일어나고 있음을 알고 있는데, 분자 생물학, 원자 생물학 등에서 빛나는 업적들이 나타날 것입니다. 여러분은 생명 연장의 꿈을 실현할 것이지만, 근원적인 부분에서는 실패를 할 것입니다. 바로 육체의 영원성 말입니다. 다른 육체로 갈아타는 것은 근원적으로 실현한 것은 아니며, 편법을 통해 생명 연장을 하는 것입니다.

여러분의 환생 시스템도 새로운 육체로 태어나야 한다는 규칙이 있습니다. 물론 유전적 측면이라는 유사성을 이용하기로 했다는 것을 포함하면 새로운 육체에서 조금은 벗어났다고 해야 되겠지요. 상위 트랙의 과학적 접근을 통해 비밀들을 조금씩 벗겨나갈 것인데, 어떻게 접근할 것인가에 따라 양상이 달라질 것입니다. 영적 과학으로의 접근을 통한다면 그만큼 좁혀질 것인데, 여러분이라면 지난날들의 실수를 더 이상 반복하지 않고, 성공하리라 기대해봅니다. 미래는 완성되어 있지만, 어느 경로로 들어서느냐에 따라 달라진다고 하는 것은 진동수의 차이로 인해 그렇게 된다는 것입니다.

완성되어 있지만 고정되어 있지 않다고 하는 것입니다. 우리는 여러분이 어디로 가고 있는지 알고 있으며, 그것을 지켜보고 있는 것은 영향을 미치지 않기 위해서입니다. 여러분의 선택을 존중하며, 소중히 여기고 있기에 그런 것입니다. 모든 것은 여러분의 현재 의식과 현재 생각, 현재 마음에 의해 일어나는 진동수와 진동장에 따라 그와 연계되어 있는 진동수와 진동장으로 이동해갈 것입니다. 파르티키는 스스로 진동하고 있지만 여러분의 선택에 영향을 미치지 않는데, 여러분의 자유-의지 때문이며, 현재의 의식 진동수에 따른 선택을 존중하는 것입니다.

물론 전한 대로 진동수는 현재 마음과 의식의 영향을 받는데, 여러분이 에고라고 표현하는 것과 카르마라고 표현하는 전자기 펄스에 의해 생겨나는 미아즈믹이라는 먼지 덩어리가 진동수를 떨어트린다는 것입니다. 파르티키의 진동수는 변함이 없지만 물질체험을 하고 있는 여러분의 현재 의식과 마음 상태에 의해 진동수가 변한다는 것입니다. 이러한 경우의 수가 미래를 어디로 이끌지 결정한다고 하는 것입니다.

여러분이 바라는 천국이 있습니다. 또한 어둠이 바라는 천국이 있습니다. 두 미래의 천국 문이 여러분 앞에 놓여 있습니다. 두 곳 모두 파르티키가 진동하고 있는 것은 같지만 원초적 파르티키와 연합하고 있느냐와 그렇지 못하냐의 차이가 있다는 것이며, 원초적 파르티키와 연합하고 있는 곳은 영속하는 진동이 있는 진동장이고, 그렇지 못하고 단절하고 있는 곳은 제한된 진동이 있는 진동장입니다.

파르티키는 네트워크를 해체하지 않지만 존재들에 의해 발생하게 되는데, 경험적 측면에 의해 이루어진다고 할 수 있습니다. 수많은 우주가 있는 것은 그만큼 많은 경험들이 진행되고 있어서이며, 완성을 이루기도, 실패를 경험하기도 하면서 파르티키의 진동이 존재들에 의해 어떻게 활성화되고, 어떻게 활용되고 있는지가 고스란히 진동장에 기록되어 있는 것입니다. 여러분은 아카식 레코드로 알고 있는데, 각 밀도층에는 진동에 의한 정보들이 실시간으로 저장되고 있으며, 이것을 파괴하거나, 변형시킬 수 없습니다. 여러분은 과거라고 표현하지만 저장된 진동수라고 할 수 있는데, 이미 완성된 진동수이기 때문에 파괴하거나 변형시킬 수가 없다는 것입니다.

과거를 바꾸고 싶다는 생각을 할 수도 있으나, 바꾸는 것이 아닌 새로운 현실을 만드는 것이며, 또 다른 진동장으로 연결되는 것입니다. 되돌아 갈 수는 있어도 그 진동수와 진동장에 개입할 수 없다는 것이며, 그런데도 개입을 선택한다면 새로운 진동수로 새로운 진동장으로 들어가는 것이기에 모든 것을 알고 있는 상태에서의 경험은 이루어지지 않는다가 정답입니다. 현실 참여를 선택한 것은 그 진동수에 맞춤으로서 이루어지게 되는 것이기에 모두 알고 있는 진동장과 진동수를 활용할 수도, 적용할 수도 없게 된다는 것입니다. 그래서 완성한 우주들도 많지만 실패한 우주들도 그 진동 영역에 그대로 보존하고 있는 것입니다.

실패를 극복하기 위해서는 그 진동장이 아닌 새로운 진동장에서 시작하게 되는 것이고, 실패로 문을 닫은 우주를 바라보며 타산지석으로 삼는 것입니다. 여러분도 알다시피 창조 그룹에 있는 조인들도 그런 선례가 있으며, 네바돈에서의 완성을 위해 최선을 다하고 있습니다. "파르티키 진동이 실패할 수가 있느냐?" 하시겠지만 존재들의 선택이라 했고, 파르티키가 진동하고 있으나 개입하지는 않는다고 했습니다.

원초적 파르티키는 완전합니다. 완전한 표준 진동수를 가지고 진동하고 있습니다. 이 진동수에 접근하는 것이 하느님과 함께하는 것입니다. 여러분에게도 파르티키가 있습니다. 기본 값인 고정 진동수와 현재 의식에 의한 현재 진행형 진동수가 융합해 있습니다. 원초적 진동수는 무의식 진동장을 형성하고, 현재적 진동수는 현재 의식 진동장을 형성해 진동하고 있습니다. 무의식 진동장을 유나세 의식이라고 할 수도 있는데, 거시적 형태와 미시적 형태의 진동장이 동시에 함께하고 있으며, 거시적 형태의 진동은 자기로서 음성을 내포하고, 미시적 형태의 진동은 전기로서 양성을 내포하고 있습니다. 동시에 고정점인 중성이 있습니다.

파르티키는 균형을 잡아주고, 원형 진동수를 찾을 수 있도록 안내하고 있는데, 아무리 균형이 무너져도, 격자 코드를 절단했다 해도 조화가 무너지지 않도록 합니다. 이것이 바로 원초적 진동수와 진동장의 역할이라 하는 것입니다. 파르티키의 진동은 원리로서 작용하고, 질서로서 작용하며, 순환 회로로서, 진화 연대기로서, 법칙으로서 작용합니다. 여러분은 이것을 하느님의 권능이라고 하고, 성령의 힘이라고 합니다.

파르티키는 진동으로 스스로 존재함을 증명하고 있으며, 전지전능함과 영원무궁함을 증명하고 있습니다. 우주들의 우주들과 존재들을 통해 증명하고 있습니다. 형태 발생 결정화 과정을 통해 확장된 우주들과 그곳에 경험과 역할을 위해 들어간 존재들에 의해 파르티키는 진동하고 있습니다. 파르티키는 우주들을 대표하고, 존재들을 대표합니다. 파르티키의 진동에 의해 현재가 존재하며, 모든 것이 존재합니다.

파르티키는 태초부터 지금까지, 또 앞으로 영원히 여러분과 함께했으며, 함께할 것인데, 분리된 적이 없었습니다. 그것을 모르는 여러분은 인식하지 못하고 있는 상태라고 할 수 있는데, 진동을 느끼지 못하고 있는 것입니다. 여러분은 자신의 맥박을 느끼고 알 수 있으나 뇌파는 느끼거나 알 수가 없는 것은 가청 영역 밖이기 때문입니다. 여러분 몸체에서 전자기파가 발생하고 있는 것도 느끼지 못하고 있으며, 몸에 휴대하고 다니는 스마트폰의 전자기파도 느끼지 못하고 있습니다.

여러분이 어두운 공간에서 다른 생명의 전자기파 때문에 머리털이 곤추서는 반응을 느끼셨을 텐데, 이것이 전자기파에 따른 전기적 반응이라는 것입니다. 살아 있는 생명, 사람의 경우에는 전자기력이 크게 발생하는데, 바로 생명력을 말하는 것이며, 구동하는 발전기로서 자체 생성하는 전자기가 있다는 것입니다. 이 전자력은 어디에서 나올까요. 호흡하고, 심장을 움직이게 하며, 생각하게 하는 힘은 어디에서 나올까요. 여러분은 스스로 하신다고 생각하십니까? 그것이 결코 아니라고 하는 것입니다.

파르티키 단일체에 의해 이루어지는 것으로서 스스로 진동하는 맥동에 의해 발휘되는 생명력 때문입니다. 생체 전기 회로망에 의해 필요한 에너지를 각 기관마다 제공하게 되는데, 뇌 회로에 45% 정도를, 심장 회로에 20% 정도를, 신경 회로에 15% 정도를, 호흡기 회로에 10% 정도를, 기타 10% 정도를 제공합니다. 이 모든 과정이 여러분의 판단에 의해 이루어지는 것이 아닌, 파르티키의 진동에 의해 이루어지는 것입니다. 이 진동이 모든 기관들의 회로망을 통해 전달되어 생명 유지를 돕고 있습니다. 이 에너지를 생명력이라고 하는데, 100년을 넘지 않는 것은 전체 시스템상에서 3D 육체에 해당되는 것입니다.

파르티키의 진동력은 아스트랄체를 옷으로 입고 있는 혼이 가지고 있으며, 상위-혼과 아바타와 영이 가지고 있습니다. 더 큰 에너지는 어느 계층의 존재와 하나 됨을 이루고 있느냐에 따라 달라지며, 진동수와 진동장 역시 달라진다고 하는 것입니다. 파르티키는 순수성을 회복할 때마다 순수 진동수에 가까워지며, 더 큰 진동력을 발휘하게 되는 것입니다. 존재는 체가 아니며, 진동이고, 진동장입니다. 빛을 발현하는 입자 하나하나가 존재의 정보들을 진동수로서, 진동-코드로서 저장하고 있습니다.

빛 구체로서 발현하는 존재는 신으로서 자신을 나타내는 것인데, 여러분과 다른 것이 아니라, 바로 여러분 자체라는 것을, 그리고 여러분 역시 신이라는 진실을 믿으시기를 바랍니다. 물리적 형태를 하고 있는 존재들은 여러분처럼 상승의 길을 가고 있는 동료들입니다. 파르티키 진동수를 완성한 존재들을 진정한 대사라고 합니다.

원초적 파르티키 진동이 복제를 하며 확장되어 나가고 있는 우주를 거시적 우주라고 하고, 그 진동이 울림과 리듬을 통해 다시 돌아가고 있는 우주를 미시적 우주라고 하는데, 여섯 번째의 여행을 하고 있다는 것입니다. 같은 듯하면서도 다른 진동수와 진동장이 펼쳐진 곳에서 여러분은 기억하고 있는 진동을 통해 미시적으로 하느님 진동으로 접근하고 있는 것입니다. 이것을 상승 여행이라고 한 것이며, 저장되어 있던 진동수를, 코드를 다시 재-활성화시키는 것입니다. 사실 명상과 기도는 순수한 진동을 되찾는 의식 행위이며, 쌓여 있는 카르마들을 털어내는 행위입니다.

파르티키는 원초적 진동을 통해 잃어버린 진동 기억을 회복시키는 것이며, 틀어지거나 왜곡된 진동수를 복구시키는 것입니다. 여러분은 현이 끊어진 악기입니다. 그래서 원형의 소리를 낼 수 없으며, 제 역할을 할 수 없게 되었던 것입니다. 원형 모습을 재현할 수 있도록 우리는 돕고 있는데, 복구된 악기로 원형의 소리를 재현하는 것은 여러분의 몫이라고 하는 것입니다. 모든 조건을 갖추고 있다고 우리는 전하고 있었던 것이며, 아름다운 음률과 리듬은 여러분의 기억 속에 저장되어 있습니다. 외부적인 충격에 의해 잠시 부분 기억 상실증에 걸려 있는 여러분은 자신의 본 모습을 기억하지 못하고 있는 것이며, 하느님과 하나였음을 알지 못하고 있는 것입니다.

이제, 상실된 기억이 되돌아오고 있습니다. 자신의 본모습이 믿기지 않을 수도 있고, 그것을 어떻게 받아들여야 하는지도 모두 여러분의 몫이지만 바라건대, 하느님의 자녀였던 여러분을 지금껏 지켜보며 기다려온 하느님인 마누-마나-에아가 여기 있다는 것을 믿어 의심치 말기 바랍니다. 태초부터 이어져온 하느님의 전지적 사랑은 한순간도 변한 적이 없었으며, 여러분 곁을 단 한 번도 떠난 적이 없었다는 사실입니다. 여러분은 하느님의 자녀들이자, 참하느님입니다.

하느님인 파르티키는 진동을 멈춘 적이 없었으며, 지금도 진동하고 있으며, 앞으로도 진동하고 있습니다. 여러분이 손만 댄다면 그 울림이 깊게 전달될 것입니다. 이것이 바로 하느님의 전지적 사랑입니다.

'우리는 야나스이며, 이온 상임 이사회입니다.'
'아-모-레-아 에-카-샤(A-mO-RA-eA Ec-Ka-ShA).'

11

성삼위일체(聖三位一體)
마누-마나-에아
(Divine Trinity ManU-ManA-EirA)

Heaven's Gates

11

성삼위일체 마누-마나-에아

————————

사랑하는 여러분!

신 근원 정체성의 살아 있는 표현인 신 힘 또는 영원한 생명력이 마누-힘
으로 알려져 있으며, 이는 극성 없는 전(全)극성, 삼중 극성인 양성-음성-중성
전하의 입자 단일체로 구성됩니다.

신 근원의 통일된 마누 표현 속으로부터 2종류의 작게 극성화 된 '신성한
남성과 신성한 여성'이 마나-에아의 신-힘과 생명력 표현이 동시에 나타나게
됩니다. 신-힘과 생명력으로서 신-근원의 이들 첫 번째 3종류의 표현은 우주
창조의 진정한 '신성한 삼위일체'를 이룹니다.

마누-마나-에아의 신-힘과 생명력은 경배를 요구하는 외부의 창조주 신
들이 아닙니다. 이들은 살아 있는 신-근원 의식인 유나세 의식의 첫 번째 세
종류 수준이 의식적이고, 지각력 있으며, 지성적인 생명-힘-에너지로 표현된
것이며, 또한 그 표현이 신-근원 속에서 존재하고 있음을 나타낸 것입니다.

모든 에너지-의식-발현은 신-힘-삼위일체의 생명력 에너지로 구성되며,
또 그 속에 나타납니다. 신-근원으로부터의 분리는 여러분이 개체화된 발현
속에서 자신을 위해 창조할 수 있는 환상일 뿐입니다. 편재하는 신-힘-삼위
일체를 통한 창조의 전능한 본질을 여러분이 잊어버렸음을 나타냅니다. 마누
에너지의 영원한 내적 불꽃이 종종 '아-모-레-아 불꽃'으로 불리며, '영원한

불꽃의 신성한 사랑'을 의미합니다.

마누-성령 의식의 우주적 안위는 창조의 우주적 중심점으로 기능하며, 그 자신 속에 신성한 남성적-마나와 신성한 여성적-에아 의식이라는 양극성 안위로 불리는 보다 작은 우주적 구조를 유지합니다.

이 양극성 안위를 통해 공간-시간-물질-운동의 경험으로 특징지어지는 음의 전기 전하로 된 파르티쿰 우주와 양의 전기 전하로 된 평행 우주인 파르티카 우주 세트가 영속적인 발현 속으로, 또한 비-발현 속으로 순환하는데, 이는 우주적 안위와 우주-그리스도와 우주-그리스도 머카바 순환 체계의 내적인 그리스도 암호 디자인을 통해 이루어집니다.

성령의 영원한 내적 불꽃은 영적 개념에 불과한 것이 아닙니다. 이것은 살아 있는 마누 신-힘 의식이 우주 그리스도 씨앗-원자와 모든 살아 있는 발현물의 개별적인 신-불꽃 씨앗 원자 속에서 정상 파동의 에너지 방사 형태로 표현하는 유형의 계량적인 정상 파동입니다.

마누는 공이고, 마나는 원초적 빛이며, 에아는 원초적 소리입니다.
태초에 공인 마누가 있었고, 그리고 공 속에서 신의 말씀인 자유로운 소리 파동 에아가 있었으며, 이 말씀으로부터 자유로운 빛 진동인 마나가 나왔습니다. 그리고 이 빛으로부터 높고 낮은 하늘인 조화 우주들의 모든 창조가 나왔습니다.
마누를 '에(Ec)', 마나를 '카(Ka)', 에아를 '샤(ShA)'라 해서 '에-카-샤(Ec-Ka-ShA)'라고 합니다. 신성한 우주적 삼위일체 성령입니다.

마누는 공이고, 우주적 자궁이며, 신-근원입니다. 신성한 근원-창조로서, 파르티키는 레이온-라에온-이오논-중성자 단일체로 연결되어집니다.

마나는 빛이고, 신-불꽃입니다. 신성한 아버지 창조로서, 파르티카는 트리온스-엑트론스-디온스-전자 단일체로 연결되어집니다.

에아는 소리이고, 신-씨앗입니다. 신성한 어머니 창조로서, 파르티쿰은 메아존-에이론-미온-양성자 단일체로 연결되어집니다.

우리는 신성한 우주적 삼위일체인 마누-마나-에아를 전해드리는데, 7번째 초은하단으로 창조된 오나크론은 마누의 7번째 영인 '주(主) 시라야 크녹세스'에 의해 생겨 나왔습니다. 파르티키의 3가지 속성인 중성-양성-음성을 결합해 레이온-트리온스-메아존을 통해 키-라-샤 에너지로서 열었던 것입니다.

은하단은 라에온-엑트론스-에이론을 통해서 펼쳐놓았으며, 은하군은 이오논-디온스-미온을 통해 펼쳤습니다. 네바돈 은하는 키-라-샤를 이은 마하라타 에너지인 맑고 투명한 액화 수소 플라스마 빛에 의해 창조되었습니다. 이것은 은하의 중심을 구성하고 있는 빛이며, 이 빛의 결정화 과정에 의해 별자리들과 성단들이 태어났습니다.

네바돈은 추락한 별자리들과 성단들, 그리고 존재들을 통해 상승 네트워크가 단절되었고, 에너지 순환 회로도 역전되었습니다. 많은 우주와 존재들의 상승이 멈춰버렸으며, 화신한 존재들 역시 자신들의 자리로 돌아올 수 없게 되었습니다. 이렇게 긴급 상황이 벌어지고, 그 소식이 오나크론의 옛적부터 늘 계신 이인 주(主) 사나트 쿠마라 니르기엘에게 보고되었으며, 주(主) 시라야 크녹세스에게도 전달되었습니다.

우리는 긴급 조치를 통해 멜기세덱 그룹을 파견했는데, 그 중에 주(主) 사난다 멜기세덱이 있었고, 주(主) 아쉬타르 슈프림 커맨드를 파견해 공조하도록 했습니다. 사난다는 긴급하게 추락한 성단들에 7차원 에너지인 포톤 입자를 이용한 포톤 벨트를 만들어두었습니다. 중앙 태양을 중심으로 성단을 감싸는 고리 형태의 에너지장이었지요. 이 광자 하나에 파르티키 입자가 약 8해 정도 들어 있다고 했습니다. 플레이아데스성단에 속한 태양들은 상승 네트워크가 되 살아날 수 있었습니다.

주(主) 사난다 멜기세덱은 태양계와 행성 지구에도 화신해 복구 프로젝트를 실행했으며, 마누-마나-에아의 뜻이 펼쳐지도록 했습니다. 여러분은 옴, 또는 아움 만트라 주문을 하시는데, 실제적인 것은 파르티키 진동입니다. 여러분의 형태 발생장에는 파르티키에서 중성자-양성자-전자에 이르는 진동 네트워크가 활성화되어 있습니다. 그래서 마음에 기쁨과 감사와 사랑이 넘치면 그것을 신호로 해서 진동이 깊고 넓게 퍼져 나갑니다.

파르티키-파르티카-파르티쿰이 내면에서 공명해 멀리 퍼져나가 거시적 우주와 공명하고, 내면 깊숙이 퍼져나가 미시적 우주와 공명합니다. 여러분은 거시적 우주와 미시적 우주를 동시에 진동시키는 것이며, 그것을 끊임없이 반복하는 것입니다. 이 동시성을 통해 대원리와 하나 되는 것이고, 대원리가 충만하게 들어차 있는 대우주와 하나 되는 것입니다. 이것을 충족시켰다면 동시적으로 행성 지구에도, 아-모-레-아 중심에도 존재하게 되는 것입니다. 타임머신을 통해 이동할 필요가 없으며, 생각과 동시에 그곳에 있게 되는 것입니다.

이것이 진동 네트워크를 통한 상승과 하강을 말하는 것이며, 생각과 동시에 그 진동 영역의 진동수와 같아지면서 순간이동 하는 것입니다. 상위 존재들이 공간에 진동을 형성하며 빛 구체로 나타났다가 점차 인류의 형상으로 나타나는 것이 바로 이것입니다. 이 빛 진동은 아름다운 음악 소리를 내고, 기분 좋은 향기를 발산합니다. 각 진동수에는 고유의 소리 파동이 있고, 고유의 향기 파동이 있으며, 고유의 빛 파동이 있어서 그것을 담당하고 있는 존재들이 있습니다. 이들은 이 파동을 조화롭게 조율해 생명들에게 제공하고 있는 것이며, 그것으로 봉사와 헌신을 하는 것입니다.

　존재들의 의롭고 선한 행동들은 마누-마나-에아의 감동에 의한 파동이 밖으로 반영되어 나타난 것인데, 이것이 "그리스도가 이 땅을 걸었다"라고 표현하는 것입니다. 진리-지혜-사랑은 파동을 통해 전해지는데, 가슴에서 나오는 것입니다. 그리스도는 존재하는 것만으로도 진리-지혜-사랑의 진동이 널리 퍼져나가고, 다니는 곳이 어디든 그곳에도 퍼져나가는 것입니다. 입을 열어 단어를 통한 진동을 내보내는 것도 좋으나, 가슴과 가슴을 통한 진동 공명이 더 좋다 할 수 있습니다. 서로가 눈만 바라봐도 서로의 우주가 진동으로 공명함이니 그것처럼 좋은 것이 없다고 하는 것입니다.
　말은 부차적인 것입니다. 그리스도인 존재의 가슴과 하나 되어 서로의 진동장이 울린다면 파르티키-파르티카-파르티쿰이 서로 만나게 되는 것입니다. 마누-마나-에아가 서로 하나로 융합해 만나는 것이니, 결혼 예식이 열리는 것입니다. 이것이 성서의 가나 혼인 잔치의 진정한 의미입니다. 진농수가 같다면 서로 화합하는 것으로, 존재와 존재가 진동장을 융합하는 것이기에 결혼이라는 단어로 표현한 것입니다.

　이것은 여러분 세계에서 표현하는 '성 소수자(LGBTQ)'를 떠올리겠지만, 진정한 의미는 남녀의 결혼도, 성 소수자들의 결혼도 아닌, 존재와 존재 사이의 빛 진동을 통한 결혼을 의미하는 것입니다. 여러분이 성 정체성을 겪고 있는 것은 과정이며, 그 과정들을 통과해서 성별이 아닌 하느님의 자녀인 그리스도로서 하나 되는 것입니다. 이성적 끌림과, 동성적 끌림과, 양성적 끌림으로 넘어오게 하려는 과정이었습니다.

　마누-마나-에아의 진동이 진리-사랑-지혜로서 나타났으며, 블루-핑크-골드 파동을 통해 전해졌습니다. 이 3종류의 빛 파동이 스펙트럼을 통해 12광선으로 전해졌으며, 이것을 전하기 위해 12지파, 12제자, 12별자리들이 인류에게 소개되었던 것입니다.

네바돈의 군주인 주(主) 마이클 아톤은 진리의 빛 진동인 블루를 주관하고, 주(主) 사난다 멜기세덱은 사랑의 빛 진동인 핑크를 주관하며, 주(主) 아쉬타르 커맨드는 지혜의 빛 진동인 골드를 주관합니다. 마누-마나-에아가 마이클 아톤-사난다 멜기세덱-아쉬타르 커맨드로, 블루-핑크-골드와 진리-사랑-지혜로 발현된 것입니다.

이 빛은 12-11-10차원 세계를 아우르고 있으며, 다시 9차원 세계에서 물현화해 게오르거스 세레즈 하톤-이수 사난다 쿠마라-아쉬타르 쉬란으로 나타났으며, 게오르거스 세레즈 하톤은 아샤룸 사령부로 알려진 플레이아데스 전투 비행단 사령관으로, 이수 사난다 쿠마라는 은하연합을 대표해 아쉬타르 사령부의 총사령관으로, 아쉬타르 쉬란은 사령관으로서 봉사해 위기 상황을 극복하는 데 앞장서게 되었습니다.

진동수를 하강해 결정화한 빛으로 화신한 존재들인 이들은 우리의 뜻을 현실 세계에서 실천하고 있어서 우주 전쟁으로 알려진 성단 간 전쟁과 항성 간 전쟁, 행성 간 전쟁 등을 이끌어 왔습니다. 이 모두는 빛 입자 진동 속에서 이루어진 것으로서 여러분은 인식할 수 없습니다. 다만 행성 니비루가 행성 지구에 적극적으로 개입하고 나서부터 여러분은 그것을 알게 되었으며, 여러분까지 연결되었음을 알게 된 것입니다.

이것은 양극성 실험에 따른 결과로 나타난 것인데, 여러분이 대상이 되었던 것이며, 그것을 선택했기 때문이었습니다. 여러분은 이 실험이 라이라 성단에서부터 시작되었으며, 오리온과 플레이아데스, 시리우스가 그 중심에 있게 되었는데, 바로 여러분의 혼-그룹이 출발한 곳이자, 주요 무대들이 되었던 우주들이었던 곳입니다. 그리고 니비루를 위시해서 티아마트, 말데크, 화성, 금성, 토성 등을 경유해서 지구에까지 연결되었던 것입니다.

〈스타워즈〉라는 영화처럼, 여러분의 이야기가 전설처럼 이어져 왔다는 것입니다. 이 모두는 빛 진동의 완성을 위해 실현한 것이며, 오나크론을 출발해서 안드로메다를 경유해 대마젤란-네바돈으로 이어져 온 것입니다. 중앙 우주인 하보나엔에 있는 오나크론에서 시작된 이 여행은 영원부터 늘 계신 이인 주(主) 로라디스 콴타스와 최극 집행자인 주(主) 시모리스 오나크론에 의해, 삼위일체화 최극위 비밀인 주(主) 크라비아 보퀘나와 일곱 번째 영인 주(主) 시라야 크녹세스에 의해 시작되었습니다.

오나크론에서 시작된 태초의 빛 진동은 홀로그램으로 형상화되어 나타났으며, 초은하단의 이미지를 구현하고 있었습니다. 빛의 진동을 이루어진 형태 발생장이 발현되어 오나크론에 있는 우리의 의식장 속에 펼쳐졌던 것입니다. 여러분은 빅뱅을 이야기하지요. 빛으로 형성된 초은하단은 우리의 의식 안에서 완벽하게 구현되어 나타났으며, 여기에서 말하는 빛은 전(前)-물질 단계를 말하는 것으로서 여러분이 보거나 느낄 수 있는 단계가 아니고, 13~15차원에 해당되는 것입니다.

우리의 의식장에서 완전하게 구현된 오나크론 초은하단은 주(主) 시모리스 오나크론과 주(主) 사나트 쿠마라 니르기엘, 주(主) 아다미스 샤누크에 의해 여러분의 우주에 자리 잡을 수 있었는데, 이럼으로서 태초의 빛이 나타나 반영을 통해 밀도층이라고 하는 진동장들을 만들어내었던 것입니다. 진동하는 빛 입자들은 우주들의 우주들인 반-물질 우주들과 준-물질 우주들, 평행 우주들, 물질 우주들을 세분화시켜 발현했습니다. 여러분이 표현하는 차원세계의 우주들이 펼쳐져 나온 것을 전한 것인데, 이 과정이 찰나의 순간에 모두 이루어졌던 것은 홀로그램에 있는 그대로를 발현시켰기 때문이었습니다.

우리가 대원리인 신성한 삼위를 마누-마나-에아로 전하는 것은 라이라 베가 가이아에서 시리우스-B 아타르문크를 경유해 플레이아데스 알시온 티아우바를 통해 행성 지구의 무아인들에게 전해진 것이기 때문입니다. 지구 인류의 상승 주파수의 진동수에 맞는 코드로 전해드리는 것이에요. 여러분의 진화 연대기와 태양 주기에 맞추어진 진동수 조정 기간이라고 할 수 있는 항성 활성화 주기가 다가오면 플레이아데스 알시온 티아우바가 중심이 되어 인류를 각성시키기 위해 그룹으로 태어났습니다. 이들이 부모 세대들을 깨우고 자신들의 자리로 다시 돌아오곤 했습니다.

12빛 진동을 가지고 있던 12별자리들과 코드를 맞추어 지구에 별의 문들이 개통되고 나서 12빛 진동을 가지고 있는 존재들이 별의 문 주변에서 인류로서 첫발들을 딛게 되었으며, 이들이 인류의 조상이 되었습니다. 각 빛들의 진동은 계층적 의미가 아닌 분야별 의미로서 소개되었으며, 역할로 세분화되었던 것입니다. 하느님의 12빛으로서 진동수와 진동장에 따른 특징들이 다르게 나타나 구현된 것이었습니다. 분야별로 나눠진 역할에 따라 12진동을 갖고 있는 존재들이 자리 잡은 것이 바로 대백색 형제단이었으며, 물질체험을 선택한 인류를 배후에서 돕고 있는 것입니다.

영단의 요청에 의해 티아우바에서 여러분의 상승을 돕고자 많은 존재들이 인디고 아이들로 태어났으며, 상승하는 주파수에 맞는 진동장을 형성하고 있습니다. 이들은 물질 인생에 코드를 맞추어 태어나지 않았기에 현재 적응에 어려움을 겪고 있는데, 급격하게 상승하고 있는 진동수에 맞추어 조율하는 것에는 장점을 가지고 있어서 잘 넘어갈 것이라고 봅니다. 여러분은 '빛 몸'이라고 표현하고 있음을 알고 있습니다. 파르티키-파르티카-파르티쿰의 진동에 의해 입자들의 운동에 가속화가 일어난 밝은 빛이 점차 방사되고 있는 것을 '빛 몸'이라 한 것입니다.

그동안 육체 속에 가두어져 있었던 아스트랄체를 형성하고 있었던 전자기 입자들의 운동 에너지의 증폭에 따라 전류량이 팽창하고 있어서 밝은 빛으로 방사되고 있는 것이며, 두터운 육체의 밀도를 뚫고 외부로 발현되는 것을 빛 몸이라 한 것입니다. 이때 전자 입자들에 달라붙어 있었던 미아즈믹들이 방해 요인으로 작용하게 되는데, 진동수가 상승하는 것을 방해한다는 것입니다. 이 것을 극복하기 위해서는 스스로 상승하는 진동에 저항하지 않는 것인데, 마음의 미련들을 모두 내려놓고 비워진 마음으로 내맡기는 것이 진동수 상승을 돕는 것입니다.

별들의 순환 주기에 따라 진동장과 진동수가 조화 과정과 조율을 통해 상승하게 되는데, 태양들은 소속된 각 행성들의 입자들에게 빛을 방사해 진동수를 끌어올리게 되며, 행성들은 자연계의 생명들에게 받아들인 빛을 방사해서 진동수를 상승시키는 것입니다. 이때의 행성은 태양에서 받은 빛을 조율하게 되는데, 직접 방사할 수 없어서이며, 그 이유는 쉽게 적응할 수 없기에 그런 것입니다. 행성에서 조율된 빛 진동은 생명들의 내부에 들어가 진자 입자들의 진동장을 충격해 각 입자들의 진동수를 상승시키는 역할을 하며, 물질을 구성하고 있는 입자들도 충격해 진동수를 끌어올리게 되는 것입니다. 이 과정이 빛 입자를 중심으로 이루어지는데, 마하라타 12D-안타카라나 9D-포톤 7D-프라나 5D순으로 시작해서 중성자-양성자-전자-원자-분자순으로 진행되는 것입니다.

어떤 음악을 듣거나, 어떤 소리를 듣거나, 어떤 빛을 바라보고 있을 때, 몽환적인 분위기에 사로잡혀서 마치 구름 위에 있는 듯한 착각이 일어나는 것은 특정 주파수가 여러분의 진동수를 상승시켜 일어난 현상입니다. 이렇게 일시적으로 일어난 진동수 상승은 외부적인 요인에 의해 이뤄진 것이어서 오래 유지할 수가 없습니다. 여러분이 그동안 지구 주파수 7.83Hz인 알파파에 근접되어 왔다면 13~15Hz으로 상승한 지구 주파수인 베타파에 근접되고 있다고 보면 됩니다. 편안한 마음 상태로 집중하고 있다면 그렇게 상승하게 되는데, 훈련도 중요하지만 그런 마음 상태를 구현하는 것이 더 중요하다 하는 것입니다.

급격히 상승 중인 지구 진동수는 태양과 동행하며 이루어지는 것이고, 상승 주파수 영역에 머물 행성 타우라로 트랙이 나뉠 것입니다. 극이동은 진동수가 3차원 영역에 있는 행성 지구에서 있을 예정이고, 대정화 과정을 겪고 원시 행성으로 남을 것입니다. 어둠의 그림자 속에 숨어든 인류는 분리되어 행성 다몬의 트랙으로 들어갈 것입니다. 급격하게 물결치는 빛의 파동은 모든 것을 바꾸게 될 것인데, 상승 코드와 머무는 코드, 하강 코드로 먼저 진동 영역이 분리되어 이동해갈 것입니다. 마치 끓고 있는 주전자처럼, 기화되어 사라지는 수증기인 물 입자들과 수증기, 끓고 있는 물과 같다고 할 수 있습니다.

태양을 통해 지구에 전해지고 있는 빛 진동은 주전자인 지구를 데우고 있으며, 그러므로 해서 가열된 대기층과 대양층과 대륙을 구성하고 있는 입자들의 활발한 운동에 따른 진동 폭이 매우 빠르게 상승 중에 있다는 것입니다. 그래서 뜨거운 바람은 불을 일으키고, 뜨거운 대양은 태풍과 폭풍을 일으키며, 뜨거운 대륙은 화산과 지진을 일으키고 있는 것입니다. 이렇게 가열된 지구는 진동수가 임계점을 넘게 되는데, 상승한 영역과 남겨지는 영역과 하강하는 영역으로 분리가 진행된다는 것입니다. 입자의 진동수 상승에 따른 같은 영역과 다른 영역의 진동장으로 분리가 일어나는 것은 진동수의 차이가 허용 범위를 넘어서기 때문에 그런 것입니다. 지금까지는 허용 범위를 넘지 않았기 때문에 분리가 일어나지 않았던 것입니다.

입자들이 서로 결속된 상태에서 버틸 수 있는 장력이 있으며, 수용 범위가 정해져 있는 것인데, 행성과 자연계는 질서라는 의미의 법칙 아래에 그러한 규정이 있기 때문에 태어나 생존하며 다시 자연으로 돌아가는 패턴이 자연스럽게 이루어졌던 것입니다. 행성 진동수의 상승은 자연계에도 변형된 주파수가 법칙으로 새롭게 적용되기 때문에 기존의 패턴을 따랐던 생명들도 새롭게 적용된 패턴을 따라야 함을 의미하는 것입니다. 그렇지 않으면 대정화 과정을 통해 도태되고 마는 것입니다. 당연히 인류에게도 상승 진동수에 맞는 새 육체가 제공되어질 것이며, 4차원 물질 행성에 맞는 아스트랄 몸체가 제공되는 것입니다.

상승 진동수에 맞추지 못한 인류는 4차원 행성에서 태어날 수 없기 때문에 함께할 수 없으며, 부합된 행성에서 시작해야 된다는 것인데, 이제 지구는 그런 조건이 더 이상 존재하지 않게 되는 것입니다. 어둠의 진동수에 맞춘 인류는 그 조건이 조성된 행성으로 이동해 그곳에서 주어진 바를 실행할 것입니다.

마누-마나-에아는 끝없이 이어진 상승의 길을 쉼 없이 즐기며 올 수 있도록 별빛들의 노래인 진동을 통해, 또한 별빛들의 춤인 리듬을 통해 길을 안내하고 있는데, 내면으로 연결된 길을 통해서도 빛의 진동을 통해 길을 잃지 않도록 하고 있는 것입니다. 주변에 정신 팔지 않고 곧바로 오는 것이 좋은 것이기는 한데, 정신을 팔아 곧바로 오지 못하고 굽이굽이 돌아오더라도 들어올 수 있는 기회들이 많다고 하는 것입니다. 출발선이 같았던 혼-그룹이었지만 도착점은 같지 않다고 하는 것이며, 그것을 결정짓는 것은 존재들의 선택과 자유-의지 때문입니다.

마누-마나-에아의 진동은 삼중 불꽃으로, 성령 삼위일체로서 활성화되어 발현되며, 그것이 블루-핑크-골드인 진리-사랑-지혜로서 나타나는 것입니다. 가슴 차크라를 통해 사랑의 진동이, 목 차크라를 통해 지혜의 진동이, 제3의 눈 차크라를 통해 진리의 진동이 발현되는 것입니다. 이것이 그리스도로서 발현된 모습입니다. 깨달았다는 진정한 의미는 이것을 말함이고, 신이 되었다는 의미도 이것을 말하는 것입니다. 이것을 완성한 존재가 우주의 진리를 지혜로서 전하는 동안 전지적 사랑으로 모두 포용함을 말하는 것인데, 예수아 멜기세덱-12가 보여주었다는 것입니다.

여러분이 하고 있는 명상을 통한 차크라를 여는 방식은 이것을 충족시킬 수 없습니다. 우리가 전하는 성삼위의 진동은 우주 진동 네트워크와 모두 결합된 상태를 말하는 것이며, 니비루 진공망의 영향을 받지 않는 상태를 말하는 것입니다. 이것을 충족시키려면 4차원 영역과 4차원 전자기 영역에 제한받지 않는 상태를 말하는 것인데, 육체와 상관없이, 아스트랄체와 상관없이 진동수와 진동장을 조화롭게 조율할 수 있는 능력을 갖추어야 한다는 것입니다. 여러분 입장에서는 사후세계도 벗어날 수 있어야 한다는 것이며, 5차원 이상의 진동수와 진동장을 형성해야만 가능하다고 하는 것입니다.

마누-마나-에아의 진동은 모두와 함께하고 있으며, 대원리와 연합할 수 있도록 하고 있습니다. 스스로 진동을 멈추지 않는다면 영원불멸의 생명력을 통해 영존하는 것인데, 성삼위의 진동과 함께할 때에 그렇다는 것이며, 그렇지 않고 과학 기술을 통한 방식 중의 하나인 인공지능과의 연합에 의한 불멸은 형태만을 흉내 내는 것입니다. 대우주 대원리 네트워크와 연합한 형태가 아니기에 완전한 빛, 태초의 빛으로, 태초의 소리로, 태초의 의식으로 있는 것이 아니기 때문입니다. 마누-마나-에아는 대원리로서 함께하고 있지만 존재들의 자유-의지를 훼손하지 않으며, 오직 전지적 생명력과 함께할 뿐입니다.

파르티키-파르티카-파르티쿰은 모든 존재와 모든 것을 공유하고 있지만 대가를 바라지 않으며, 함께함을 통해 존재들의 신성이 발현되어 스스로 신이 되는 것을 전지적 사랑으로 지켜보는 것입니다. 모든 곳에, 모든 것에 보편하게 편재하는 대원리로서 지켜보는 것입니다. 이 보편적 질서가 전지적 사랑으로 전해지는 것이고, 이와 함께하는 이들은 성삼위의 진동을 통해 스스로 존재하는 이들인 그리스도들이 되는 것입니다.

우리는 스스로 신들이 되는 여러분을 지켜봐왔고, 때가 이르러 돕기로 했던 것입니다. 우주적 대전환기를 맞이하고 있는 여러분이 신성을 깨워 그리스도로서 우뚝 서는 것을 지켜보면서 얼마나 기쁜지 모릅니다. 두려움과 공포는 여러분을 막을 수 없으며, 어둠 또한 여러분을 더 이상 이 세계에 붙들어둘 수가 없다는 것입니다. 밝은 빛으로 상승하고 있는 여러분의 아스트랄체는 두꺼운 껍질을 벗고 신으로서 태어나는 것입니다.

'우리는 야나스이며, 이온 상임 이사회입니다.'
'아―모―레―아 에―카―샤(A―mO―RA―eA Ec―Ka―ShA).'

12

화서고낭(華胥姑娘)
✦ 여와(女媧 : Nüwa)

Heaven's Gates

12
화서고낭 · 여와

사랑하는 여러분!

이 장의 시제는 화서고낭(華胥姑娘) · 여와(女媧 : Nüwa)인데, 여러분의 고대 설화에 등장하는 인물입니다.

물론 행성 니비루를 빼고서는 설명될 수 없는 사항이고, 인류의 역사에 지대한 영향을 미쳤으며, 어머니의 역할이 매우 컸다고 해야 될 것입니다. 오리온, 시리우스, 플레이아데스, 라이라, 북극성, 북두칠성, 켄타우루스, 황소자리 등이 연결되어 있음도 전해야 되겠지요.

천국 이야기에서 "왜?"이겠지요. 비유하자면 '어머니의 품'이자, 어머니가 계신 곳, 여러분이 태어난 곳, 여러분의 요람이 있는 곳이라 하겠습니다. 그럼, 인류의 어머니이고, 어머니가 계신 곳은 어디일까요? 바로 천국이자, 극락이라 해야겠지요. 어머니가 머물고 있는 곳은 바로 샴발라입니다.

여러분은 마고, 닌허사그, 가이아 등으로 어머니를 표현하고, 그 외 다양한 것들로 표현하고 있지만 인류를 창조한 어머니는 과연 어디에 계신지 알지 못했습니다. 전하건대, 영적 존재인 어머니는 사실 고정되어 있지 않기에 어디에든 머물 수 있고, 필요에 따라 자유롭게 상승과 하강을 할 수 있지만, 자녀들인 인류를 가까운 거리에서 보고 있었던 것이며, 원형은 우주에 있으면서도 화신을 통해 그러하고 있다는 것입니다.

여러분의 어머니가 머물고 있는 샴발라는 행성 지구의 영단이 있는 곳이고, 대백색 형제단이 있는 곳입니다. 지저세계인 아갈타 제국의 수도이며, 영적 정부가 있는 곳입니다. 이곳은 많은 이들에게 알려져 있고, 소문이 많이 난 곳이기는 하나 현실적으로 접근할 수는 없으며, 위치 또한 노출되지 않았기에 어느 곳에 있는지 알 수 없습니다. 타락 세력들 역시 여기까지는 들어설 수 없었으며, 3~4차원에 걸쳐 있는 세계들만을 접할 수 있었습니다.

행성 지구를 스쳐 지나가거나, 불시착했거나, 잠시 머물다가는 경우에는 영단에서 개입하지 않고 지켜봅니다. 행성 진화 연대기에 들어오는 경우를 제외하고 말입니다. 니비루는 인류 창조를 돕는 역할을 했고, 진화 연대기에 개입했기 때문에 행성 영단과 긴밀한 공조 체계를 이루었습니다. 이 말은 니비루에서 들어온 여성 우주인들은 영단의 어머니와 한 팀이 되어 역할을 하게 되었으며, 어머니와 딸들로서 말입니다. 신화 속에 등장하는 여신들은 모두 가이아가 낳은 딸들이었는데, 우주에서 들어온 여성들은 사실 자웅동체 신들이었지만 인류의 어머니로서 역할이 주어졌기에 가이아와 공조해 여신들로서 화신했던 것입니다.

여러분의 고전 설화에 많은 여신들과 어머니들이 등장하는 것은 행성 지구의 어머니인 가이아와의 약속에 의해 딸들로서 등장하게 된 것입니다. 인류에게 에테르 형태로 있는 존재들로서 나타날 수는 없었기에 가이아와의 약속에 의해 3D로 화신할 수 있게 된 것입니다. 물론 키는 3m 이상이었기에 인류에게는 거인으로 보일 수밖에 없었습니다. 각 지역마다 창조설화와 신화들이 있고, 고대 경전들에도 기록되어 있으며, 성서에도 등장하는 신들 이야기는 이런 바탕이 있었던 것입니다.

우주에서 들어선 세력들과 문명들이 영단과 또는 가이아와 협력 없이 독자적으로 지구에 개입하게 되면 영단은 어떠한 것도 제공하지 않고, 협력하지도 않았습니다. 부정적인 흔적들과 도움이 되지 않는 것들은 폐쇄시키거나 사라지게 했으며, 연합한 형태에서 이루어지는 것들은 서로의 약속에 의해 진행된 것들이었기에 보존했으며, 필요한 시기에 정보들이 공개될 수 있도록 했습니다. 이러한 원칙은 에메랄드 성약에 따른 것이었으며, 진화 연대기에 불간섭 원칙을 적용시킨 것이었습니다. 영단과 협의 없이 진행된 유전자 실험과 결과적으로 이루어진 실험체들은 멸종시킴으로서 흔적을 지웠으며, 혼-그룹과의 어떠한 연대도 이루어질 수 없도록 했습니다.

우주의 어느 계층에서 들어왔던 상관없이 이 규칙은 적용되었으며, 예외는 없었는데, 타락 세력들의 지구 개입은 일방적인 것은 아니었기에 오해가 있을 수 있었습니다. 진화 연대기와는 상관없이 인류를 구성하고 있던 혼-그룹에 의한 개입 허용이 이루어졌고, 영단은 지켜보기로 했습니다. 이것은 항성 활성화 주기까지 진행될 수 있도록 했으며, 모든 부조화를 극복하고 완성의 길로 들어서기를 약속한 것이었습니다. 타락 세력들은 어둠을 통해 인류를 시험하기로 했고, 어둠의 모든 장애를 극복해 조화로움을 완성하기로 했던 것입니다.

에테르체로 이루어진 혼-그룹은 영단의 도움을 받아 3D 육체를 받을 수 있었으나, 한 번도 경험이 없었기에 샴발라에서 적응 훈련을 받아야만 했습니다. 그래서 영단에서는 샴발라 주변에 3~6차원에 이르는 체험 캠프들을 설치할 수 있었는데, 마치 계획도시들처럼 설계되어 건축되었으며, 6차원 진동수를 가지고 있던 이즈-비들이 진동수를 하강할 때마다 그에 맞는 체험장들에 들어가 적응할 수 있도록 했던 것입니다. 여러분의 우주 조종사들을 무중력 체험하게 하는 것처럼 말입니다.

그렇게 해서 샴발라를 중심으로 한 주변에 진동장을 조절한 소형 도시들과 마을들이 들어섰습니다. 3차원 마을과 도시, 3.5차원, 4차원, 4.5차원, 5차원,

5.5차원 마을과 도시들이 들어섰으며, 6차원이었던 샴발라가 그 중심에서 혼들의 체험을 돕고 적응할 수 있도록 본부 역할을 시작했습니다. 행성 지구에는 티아마트 시절에 있었던 행성 파괴를 피해 지저에 피난해 생존했던 파충인들이 있었으며, 이들이 도시들을 건축해서 살아가고 있었습니다. 은하영단은 시리우스를 중심으로 12별자리들에서 들어오게 될 혼-그룹들을 위해 이들과 협조하기로 했으며, 영단을 중심으로 해서 프로젝트가 실행될 수 있었습니다.

지상이 아닌 지저와 에테르 영역에서 이루어졌으며, 샴발라가 그 중심이 되었습니다. 지상은 원시 상태로 보존하기로 했는데, 공전 궤도가 정착되기 전이었고, 조율 과정에 있었습니다. 그렇다 보니 태양과 너무 가까이 있었기에 환경에 많은 영향을 미치고 있었습니다. 마그마 활동이 빈번해서 지각판들의 충돌과 불안정한 대기로 인해 정착할 수준이 아니었습니다. 그래서 지저와 에테르층에 머물 수 있도록 계획되어진 것이었습니다. 이러한 과정은 티아마트가 반파되어 재건 과정에 있었고, 완료되고 난 후 얼마 지나지 않았기 때문이었습니다. 이온 상임 이사회는 면밀히 검토해 세부적인 계획들을 추진했던 것입니다.

오나크론 정부의 수장이었던 주(主) 사나트 쿠마라 니르기엘을 중심으로 한 TF팀을 네바돈의 행성 지구로 들여보내어 모든 계획을 지휘하도록 했습니다. 그렇게 해서 샴발라가 행성 지구의 영적 정부가 있는 수도로서 개발되었던 것이고, 먼저 피난해 정착해 살고 있던 파충인들과 공조하게 되었던 것입니다. 처음에 은하 인류를 정착시키기가 쉽지 않았는데, 티아마트 시절에 있었던 인류와의 반목과 전쟁에 따른 트라우마가 파충인들을 지배하고 있었기에 인류의 정착에 강한 거부감을 갖고 있었기 때문이었습니다. 또한 티아마트는 자신들의 행성이라는 주장이 매우 강했기에 비집고 들어갈 틈조차 없었습니다.

우리는 행성 니비루의 아누에게 파충인들의 지도자였던 여왕 드라민과 정략결혼을 하도록 부탁했고, 두 존재의 허락에 의해 플레이아데스 인류와 오리온 파충인 사이에 평화가 정착될 수 있었습니다. 여러분이 아시는 대로 둘 사이에 엔키라는 존재가 태어난 것이고, 은하 인류가 지구에 정착할 수 있는 토대가 마련되었던 것입니다. 주(主) 사나트 쿠마라 니르기엘과 그의 팀들은 훌륭하고 아름다운 꿈의 도시인 샴발라를 조성했으며, 영적 정부가 자리 잡을 수 있도록 했습니다. 이 도시의 롤모델은 티타니아의 수도인 리츠였는데, 아름다운 도시로서 자리 잡고 있었으며, 행성계의 수도로서 제 역할을 톡톡히 하고 있었기 때문이었습니다.

우리의 추천에 의해 라이라 베가 가이아의 어머니였던 여신 가이아가 은하 인류를 행성 지구에 품기 위해 행성 지구의 어머니로서 자리하게 되었습니다. 샴발라는 그녀의 주거지가 되었으며, 고향이 되었습니다. 은하 인류는 상승과 진화를 위한 장소로서 행성 지구에 들어서게 되었으며, 어떤 물질체를 입을지 상상하며, 어머니 가이아의 자녀들로서 태어나게 되었던 것입니다. 이때에 지구에 들어선 은하 인류는 6차원의 진동수를 가지고 있던 에테르형 존재들이었으며, 물질체험을 위해서는 상당한 기간이 필요하다는 깃을 잘 알고 있었기에 에테르 형태로 머물기로 했습니다.

그렇게 해서 다양한 진동장에 테마형 도시들과 마을들이 조성되었던 것입니다. 6차원, 5.5차원, 5차원, 4.5차원, 4차원, 3.5차원 3차원 등 모두 7단계에 걸쳐 조성되었으며, 최종적으로 지상세계에 진출할 수 있는 길들을 열어두었던 것입니다. 지상과 지저세계는 모두 연결되어 있어서 자유롭게 이동할 수 있었으며, 어떠한 제한도 필요 없었습니다. 지저세계는 터널들을 통해 이동할 수 있도록 했으며, 첨단 과학들을 접목시켜서 빛나는 문명들을 건설할 수 있었습니다. 이 문명들은 여러분이 아는 3차원 세계에서뿐만 아니라 7단계에 걸쳐 있는 세계들에도 해당되는 것이었고, 그것을 통해 은하에 있는 문명들을 접해볼 수 있게 되었으니, 마치 테마 공원들이 조성된 것 같았습니다.

지구는 다양성이 있는 랜드가 되었던 것입니다. 우선 은하를 대표하는 종족들인 사자인, 조인, 파충인, 곤충인, 공룡인, 고래인들이 찾아왔으며, 영단에서 준비한 프로그램에 따라 행성 지구의 생명으로서 들어서게 되었으니, 자연계가 형성될 수 있었습니다. 대양에서는 대양 생명으로서, 지상에서는 지상 생명으로서, 대기 중에서는 날 수 있는 생명으로서 시작되었던 것인데, 에테르 세계와 계층별로 연계된 프로그램에 따라 이루어졌던 것입니다. 여러분이 아는 요정들, 정령들, 인어들도 자연스럽게 들어와 생명들을 돕는 역할을 하게 되었습니다.

은하 인류 중에 시리우스인들이 큰 그룹을 이루고 있었고, 물질체험을 선택한 그룹을 위해, 에테르 시리우스인들인 마하라지 종족이 그리스도 위원회를 구성해 돕기로 했습니다. 이 위원회는 샴발라에 자리하게 되었으며, 여러분에게 대백색 형제단으로 전해졌습니다. 대사들로 알려진 존재들이 바로 이들이며, 지금까지 봉사의 길을 가고 있었던 것입니다. 지구에 여러 차례에 걸쳐서 위기들이 있었고, 변혁들을 겪었지만 그럴 때마다 이들이 적극적으로 나서서 도왔다는 것입니다. 그중에서도 타락 세력들의 침입이 있었고, 오늘까지 이어져 오고 있으며, 샴발라도 자유롭지 못하게 되었던 것은 태양계 전체가 회오리 속으로 들어갔기 때문입니다.

어둠과의 약속에 따라 3~4차원 영역이 저들에게 넘어갔고, 저들의 지배가 있게 되었으며, 3차원 물질체험을 선택한 은하 인류도 저들의 지배하에 들어갔습니다. 샴발라와의 공조 체계도 이때에 무너졌는데, 다시는 돌아 들어갈 수 없게 되었던 것입니다. 그래서 샴발라를 기억하는 인류가 없게 되었으며, 간직했던 기억들도 모두 제거했던 것입니다. 그 세계와 그 세계에 있는 존재들도 모두 잊히게 되었습니다.

이 모든 과정을 지켜볼 수밖에 없었던 어머니 가이아는 분리되어 자신과 만날 수 없게 된 인류에게 자신의 흔적을 남기기로 했고, 에메랄드 성약을 준수하는 빛의 존재들을 통해 아바타로서 화신하기로 한 것입니다. 신화와 전설

속에 등장하는 할머니, 어머니, 부인, 딸, 누이, 여신들로서 나타나 여러분과의
인연이 끊어지지 않도록 했습니다.

그리스 신화에 헤라, 데메테르, 아테나, 아르테미스, 아프로디테, 헤베, 페르
세포네, 카리테스, 이오스, 라토, 나이키, 무사이, 셀레네, 티케, 레아, 디오네,
에일레이티아, 에리스, 무사, 네메시스, 아리아드네, 네레이데스, 암피트리테,
칼립소, 테티스, 도리스, 리사, 닉스, 모이라, 스틱스, 아파테, 에리니에스, 에우
프로시네, 오이지스, 케레스, 필로테스, 헤메라, 헤스페리데스, 헤카테, 헤스티
아, 아스트라이아, 엘렉트리오네, 오케아니스, 메로페, 메티스, 아말테이아, 아
시아, 에우리노메, 크리세이스, 프루토, 헤시오네, 아네모네, 키벨레, 파시테아,
파시파에, 페메, 페이토, 포이베, 폴리힘니아, 프락시디케, 하르모니아, 헤베, 헬
리아스, 호라이, 호모노이아, 칼리오페, 키르케, 클리오, 클로토, 케토, 아글라
에아, 아스테리아, 아이르기아, 아테, 아트로포스, 에뉘오, 에라토, 에르사, 에
우리도메, 에우테르페, 에이레네, 에링레이티아, 이노, 이리스, 라케시스, 랍
소, 레테, 마이아, 메카에라, 메나에, 멜포메네, 므네모시네, 살마키스, 세멜레
등이 있습니다.

북유럽 신화에는 프레이야, 프리그, 우르드, 베르단디, 스쿨드, 난나, 스카
디, 란, 이둔, 시프 등이 있고, 아시아 신화에는 아부카허허, 코리, 니싼, 칼리,
두르가, 사라스와티, 락슈미, 파르바티, 라다, 사티, 시탈라데비, 타라, 찬디,
마하비드야들, 가야트리, 마리암만 등이 있습니다.

또한 화서고낭, 여와, 소녀, 요희, 조운, 서왕모, 직녀, 항아, 하선고, 옹녀,
마조, 관세음, 길상천, 유화 부인, 자청비, 설문대할망, 마고, 궁희, 소희, 치
우, 바리공주(바리데기), 감은장 아기, 여산 부인, 이자나미, 천조, 우케모치,
츠쿠요미노 미코토 등이 있습니다.
수메르 신화를 볼까요. 안투, 라이숀드라, 드라민, 닌닐, 닌허사그, 닌키,

담키나, 에레쉬키갈, 닌기쉬지다, 사르파니투, 닌갈, 이드, 이난나, 남무, 키, 니다바, 닌우르타, 케쉬틴안나, 두투르, 담갈눈나, 닌카쉬, 닌순, 시두리, 이쉬타르, 닌티 등이 있지요.

그리고 인류의 역사에서 큰 발자취를 남기는 영웅들의 어머니로서, 연인으로서, 신과 여러분 사이를 이어주던 사제들로서 역할들을 하게 된 것입니다. 신에게서 물려받은 영적인 자질과 물질적 자질을 대대로 손상 없이 이어나갈 수 있도록 역할을 한 것입니다. 어둠은 여러분의 이러한 점을 탐탁지 않게 바라봤고, 그 연결점을 파괴하기 시작했으며, 그 기억조차도 지우기 시작한 것입니다. 여러분은 어머니 가이아를 잊었으며, 어머니가 머물고 있는 샴발라도 잊었습니다.

샴발라는 금단의 영역이 되었음이니, 지상에 태어난 인류가 들어갈 수 없는 장소가 되었으며, 죽음 이후에도 들어갈 수 없게 되었던 것입니다. 영적, 물적 교류가 모두 중단되어 지금까지 이어 오고 있었습니다. 극히 일부의 사람들이 지저세계의 정식 초청에 의해 다녀간 이야기가 소개되었으나 인류는 큰 관심을 가지지 않았습니다. 인생과 경제 활동에만 치중해 살던 인류는 그런 이야기가 주요 관심사가 될 수 없었으며, 금방 잊혀 사라졌습니다. 어쩌다 영화나 드라마, 소설 속에 등장하기는 했으나 그 정도의 관심을 끌다 잊혀 버렸습니다.

가이아는 여러분을 품기 위해 오나크론 스펠라를 출발해 안드로메다를 거쳐 네바돈에 들어섰습니다. 그리고 라이라-시리우스-플레이아데스-티타니아-지구로 이어지는 긴 여정을 이어 왔습니다. 여러분은 어머니 가이아가 어떻게 하보나엔에서 지구로 들어왔는지 봤습니다. 또한 가이아의 고향이 샴발라인 것을 알았는데, 여정에 있었던 우주에서 원형의 샴발라들이 존재하고 있음을 아셨으면 합니다. 가까이 있는 티타니아에 지구에 있는 샴발라가 똑같이 있다는 것입니다. 그 외에 가이아가 거쳐 왔던 별들에는 같은 샴발라가 존재하고 있는 것입니다.

　행성 지구의 천국은 샴발라입니다. 대백색 사원이 있고, 황금으로 반짝이는 황금 사원, 붉은 장미들로 넘쳐나고 있는 장미 사원, 에메랄드 사원, 치유 사원, 지혜가 넘치고 있는 바이올렛 사원, 사랑이 넘치는 핑크 사원이 있습니다. 이곳에 거주하고 있는 시민들은 자신이 가고자 하는 사원을 수시로 드나듭니다. 그리고 그곳에 머물고 있는 대사들에게 조언을 구하고 도움을 받습니다. 눈치채셨겠지만 그 배후에 어머니 가이아가 있습니다.

　전해 드렸듯이 3.5~5.5차원계에 속한 영역에서도 사원들이 운영되고 있으며, 그곳에 배정된 대사들과 스승들이 있어서 안내를 받고 있는데, 가이아의 딸들이 사제들로서 활발하게 활동하고 있습니다. 대규모의 훈련들이 필요했던 초창기 시절을 제외하고 이제는 거주민들을 중심으로 운영되고 있으며, 항성 활성화 주기를 맞이하고 있는 이내에 과거의 활기가 다시 재현되고 있음인데, 지상의 인류를 진짜 오랜만에 받아들여야 되는 축제를 준비하고 있어서입니다. 지상과 단절되었던 지저의 형제자매들이 오랜만에 다시 재회할 기회가 찾아왔기 때문입니다.

　여러분 사회에서도 분쟁 지역의 난민들을 수용하는 시설들을 운영하고 있는데, 바로 사회 구성원으로서 받아들이지 않는 것은 기존 질서 체계에 혼란이 올 수 있기 때문에 적응하는 기간과 시설이 필요하게 되었기에 그런 것입니다. 샴발라도 여러분처럼, 지저로 피신할 인류를 수용할 수 있는 시설들을 각 처소마다 예비했으며, 숙달된 전문 인력들을 배치했습니다. 지상은 대재난을 겪고 있기 때문에 지상으로의 피난은 극히 일부분 지역에 국한될 것이기에 많은 인류는 준비된 지저세계로 이동해 피난할 것인데, 당연히 진동수 상승을 완성한 존재들이 될 것입니다. 각 의식 진동수 수준에 적합한 지역으로 안내될 것이고, 그곳에 마련된 시설에서 적응 훈련을 받게 될 것입니다.

대피시설들은 열악하지 않으며, 마치 천국과 같을 것인데, 실제로 그렇다는 것이며, 적응 기간이 지나면 가야 할 지저세계로 이동할 것입니다. 그곳에서 오랫동안 헤어졌던 형제자매들을 만날 것인데, 당연히 혼의 가족들이라는 것이며, 그 기억들이 고스란히 돌아오게 된다는 것입니다.

샴발라는 대백색 형제단의 뜻을 전해 들었으며, 그것에 의해 계획을 세웠던 것이며, 대피시설들을 마련했던 것입니다. 지저세계는 각 대륙에서 피난할 인류의 명단을 확보했으며, 그것을 기준으로 완벽한 준비를 했습니다. 인생으로 태어난 형제자매들을 기다려 왔던 지저세계의 가족들은 이미 만날 날을 알고 있었고, 그때와 장소들 역시 알고 있었습니다. 그렇게 해서 자신들의 가족들을 맞이할 대피시설들을 설치했으며, 인류의 진동수와 진동장에 맞추어 준비한 것입니다. 오랜 기간 폐쇄되었던 지저세계의 출입구들이 모두 열리는 때가 얼마 남지 않았습니다.

샴발라는 사난다 멜기세덱이 아멘티−홀을 정상적으로 복구해 활성화시킨 A.D. 24년 이후에 지구 에테르층으로 상승해 머물게 되었는데, 2천 년 동안 인류와 교류할 수 없게 되었던 이유입니다. 인류에게 꿈속에서 그리는 천국으로 자리 잡았던 것은 그런 일이 있고난 이후에 어머니 가이아를 통해 신화와 전설들로 전해졌기 때문입니다. 지저세계들과의 연결은 전해 드린 대로 각 계층별로 연계되어 있어서 문제될 것이 없었으며, 지저세계를 관리하고 감독하는 본부와 수도의 역할이 빛을 발했던 것입니다.

여러분이 아실 수도 있는데, 고대 문명들을 꽃피웠던 나라들과 민족들과 인종들이 있었지요. 그 시대에 완성을 이룬 이들이 남아서 인생을 더 살며 경험해야 할 형제자매들을 기다리기로 결정했습니다. 지상에는 대재난의 여파로 머물 수가 없었기에 지저로 들어갈 수밖에 없었습니다. 자신들의 문명을 고스란히 지저세계에 재현해놓았으며, 비록 지저라 해도 인공 태양을 통해 빛을 받을 수 있어서 지상과 다른 점이 없었습니다. 형제자매들은 대재난 과정 동안 육체를 죽음으로 벗을 수밖에 없었지만 생존한 가족들은 그 당시 그 모습 그대로 지저로 들어가 살게 된 것입니다. 지상에 꽃피웠던 문명의 자리를 벗어나지 않는 지역들에 도시들이 세워졌으며, 사원들이 세워졌습니다.

형제자매들이 윤회를 하는 동안 대주기와 때를 맞추어 만날 시점이 있음을 알게 되었고, 지상에서 인생을 살고 있던 가족들과의 인연의 끈을 놓지 않았습니다. 여러분은 전쟁 때 헤어진 이산가족 상봉의 시간을 가진 것을 알고 있고, 그 소식이 한국의 주요 뉴스가 되었음도 알고 있습니다. 인생에서의 헤어짐과 만날 때의 기쁨을 경험하신 여러분은 그것이 무엇인지 잘 알고 있다는 것입니다. 여러분은 윤회 프로그램 때문에 지워진 기억으로 인해 지저세계의 가족들을 인식하지 못하고, 있는 것조차도 알지 못하고, 있었지만, 지저세계에 들어가 지금까지 생존하고 있었던 가족들은 오랜 시간을 기다려 왔다는 것입니다.

해후의 기쁨을 나눌 시간을 손꼽아 기다려온 지저세계의 가족들은 지금 얼마나 기쁜 마음으로 있는지 모릅니다. 여러분은 실감이 나지 않을 수도 있겠지만 그렇다는 것을 전하고 그런 마음으로 대피시설들을 건설했던 것입니다. 어머니 가이아는 자녀들을 만나기 위해 오랫동안 기다려 왔으며, 모든 준비를 했던 것입니다.

어머니 가이아는 처음 행성 지구의 자녀들로 들어온 별들의 씨앗들이 잘 성장해 어머니 품을 떠날 때가 왔음을 알았으며, 지구에서의 모든 과정을 잘 통과해 졸업하게 된 자녀들이 얼마나 기쁘고 대견한지 모릅니다. 두 번의 대주기를 통과하며, 완성의 꽃을 피운 자녀들이 걸어왔던 지난날을 되돌아보기도 하면서 말입니다. 1번의 대주기로 완성한 자녀들과 2번째 대주기를 통해 완성할 자녀들을 지켜보면서 이제는 어머니 품인 지구를 떠나게 될 자녀들을 기쁜 마음으로 바라보고 있는 것입니다.

상승하는 5차원 의식의 행성 어머니로서 가이아는 새로운 별의 씨앗들을 받아들였는데, 이들이 새 행성의 새로운 문명을 이끌어 갈 호모 아라핫투스 인종들입니다. 이들은 크리스털 아이들, 레인보우 아이들로 태어났으며, 2천 년을 기점으로 지구에 들어왔습니다. 이들은 지구가 아닌 행성 타우라의 주민들로서 살아갈 것인데, 4차원 행성에서 문명을 꽃피우기 위해 가이아가 받아들인 자녀들입니다. 2번째 대주기에 있을 대재난을 통해 이들은 생존할 것이며, 잠시 우주 선단에 피난해 있으면서 타우라가 준비될 때를 기다릴 것입니다. 그 후 내려와 새로운 문명을 정착시키고 꽃을 피워갈 것입니다.

모든 과정을 완료한 인류는 자신들이 출발했던 별들과 우주들로 돌아갈 것인데, 이들을 데려갈 우주선들이 이미 대기하고 있으며, 샴발라에서 그 과정들이 진행될 것입니다. 말하자면 공식적인 졸업식을 하는 것이고, 어머니 가이아와도 공식적으로 헤어지게 되는 것입니다. 그렇지 못하고 졸업을 하지 못하는 인류는 새로운 과정들이 개설된 행성으로 이동해갈 것인데, 이들을 데려갈 우주선들도 대기하고 있습니다. 또한 어둠에 취해 빛으로의 완성을 포기한 존재들은 이들만을 위한 행성으로 이동할 것이고, 그렇게 준비되어 있습니다.

대주기에 있을 대재난을 통과하게 되는 인류는 진동수에 따라 그룹으로 나뉘게 될 것인데, 첫째 그룹은 대주기를 돕기 위해 들어선 존재들과 과정을 모두 완성한 존재들이며, 둘째 그룹은 재난 기간에 생존할 인류입니다. 셋째 그룹은 재난 기간에 죽음을 통해 지구를 떠날 존재들인데, 마지막 기회를 잡아 완성한 제1그룹과 그렇지 못한 제2그룹으로 세분화 될 것이며, 제1은 자신들의 별들로 돌아갈 것이고, 제2는 남은 과정을 완성하기 위해 정해진 행성으로 이동해갈 것입니다. 넷째 그룹은 어둠에 취해 있는 존재들로서 죽음으로 지구를 떠나 정해진 행성으로 이동해갈 것이며, 이들 역시 돌이킬 기회가 제공될 것입니다.

재난 이후에 있을 극이동을 통해 행성 지구는 재활 프로그램에 들어가게 되는데, 재난을 통과하며, 생존할 인류는 전한 대로 재난을 피해 지저로 들어가 샴발라의 보호를 받을 것입니다. 이들은 어둠 세력에게 피해를 받지 않을 것인데, 박해가 있기 전에 피난할 것입니다. 타락 세력에게 주어진 역할은 대주기를 앞두고 있는 인류를 깨우기 위한 방편으로 주어진 것인데, 극한 상황을 연출해 잠들었던 신성을 깨우기 위한 목적으로 개입했다고 하는 것입니다.

어머니 가이아는 자신의 자녀로 들어온 존재들이 완성을 하고 다시 돌아가기를 바랐으며, 그 뜻에 의해 모든 과정을 허락했던 것입니다. 타락 세력들도 그 뜻에 의해 받아들였고, 그들이 무리수를 두지 않도록 했는데, 자녀들이 주어진 기간 동안 완성하기를 바랐기 때문이었습니다. 모든 것은 짜인 각본대로 이루어졌으며, 그렇게 진행되었는데, 대주기 역시 모든 것이 쓰여진 대로, 프로그램되어 준비되었습니다. 이것은 약 2만 6천 년의 주기를 통해 완성될 시나리오였으며, 가이아에 의해 집행될 수 있었습니다. 그리고 샴발라를 준비시켰으며, 그 계획에 의해 인류는 화서고낭, 여와, 서왕모, 마고, 궁희, 소희 등의 창조 어머니를 통해 인생으로 태어날 수 있었으며, 샴발라가 윤회를 돕는 장소로서 이용될 수 있었습니다.

외계에서 들어온 존재들은 지구에서 살 계획으로 들어왔다면 윤회 프로그램에 적응해 살아야 했습니다. 그것을 가이아가 도왔으며, 샴발라가 장소를 제공해 그 뜻을 완성하도록 도왔던 것입니다. 다양성을 품은 존재들을 맞이하다 보니, 3차원 환경에 적응할 훈련이 필요했고, 그런 장소들이 필요했으며, 그것을 도울 조력자들이 필요했습니다. 그 과정을 세분화해 훈련에 도움이 되도록 했음이니, 각 처소에 기준에 맞는 진동 영역을 설정한 계획도시들이 세워졌으며, 그곳에서 태어날 인류를 도울 봉사자들과 스승들이 들어서게 되었습니다.

4차원 존재들과 5차원 존재들, 6차원 존재들이 주 대상들이었는데, 진동수를 하강해 적응하는 훈련을 단계별로 받아야 했으며, 3차원 인생으로 태어날 준비가 될 때까지 진행되었으며, 지구에 아담이 태어나서부터 본격적인 인생

훈련을 받았던 것입니다. 가이아는 훌륭한 어머니가 되었으며, 샴발라는 훌륭한 학교가 되었습니다. 물질 인생을 끝내고 돌아오는 존재들은 이곳에서 부족한 부분들을 배웠고, 다음 과정을 설계하고 배웠습니다. 이것은 인류의 추락이 있기 전까지의 상황이었으며, 그 후부터는 이루어지지 않았습니다. 타락 세력들이 설치한 4차원 영역과 지상을 반복하는 강제 윤회 프로그램에 적용되어 살게 된 것입니다. 이것은 고차원 존재들도 피해갈 수 없었습니다.

가이아는 지금까지의 폐쇄를 끊고 본연의 자리로 돌아오는 것이고, 샴발라 역시 자신의 자리로 돌아오는 것입니다.

'우리는 야나스이며, 이온 상임 이사회입니다.'
'아-모-레-아 에-카-샤(A-mO-RA-eA Ec-Ka-ShA).'

13

천국(天國)의 계단
(The Stairway to Heaven)

Heaven's Gates

13
천국의 계단

───────

사랑하는 여러분.

여러분은 살고 있는 이 세상을 복잡하다고 합니다. 85억 인류가 살고 있고, 먹고사는 경제 활동들과 세계에서 일어나는 일들이 실시간 뉴스로 공유되고 있어서 더욱 그렇다고 하는 것입니다.

그런데, 여러분, 인류의 마음속 생각들이 모두 소리로 들린다면 어떨까요? 여러분은 아마도 견디지 못할 것인데, 감정들이 모두 폭발하고 말 것입니다. 지금도 복잡해서 정신없다고 하시는 여러분은 85억 인류의 마음속 소리까지는 수용할 수 없다는 것이며, 감당할 수 있는 의식의 수준이 되어야만 수용할 수 있는 것입니다.

사후세계는 어떨까요. 7광선의 체험을 위해 만들어진 3D세계와 그것을 중계해주는 중간계와 4차원 세계가 있습니다. 이곳에는 어느 정도의 존재들이 머물고 있는지 아십니까? 7광선의 체험을 위해 들어선 혼-그룹은 얼마 되지 않으나, 체험을 위해 분화된 존재들이 지상 인류의 약 6배인 480억 정도 된다고 보면 되고, 이들의 마음의 소리까지 다 들을 수 있다는 것인데, 얼마나 복잡할까요? 상상도 되지 않을 것인데, '그러면 어떻게 살까?' 하실 것입니다.

사후세계는 여러분 세계와 다른 점이 있는데, 나누어져 있다는 것이고, 아래에서 위로 갈 수는 없으나, 위에서 아래로는 목적에 의해 내려올 수 있게 되어 있습니다. 여러분 세계가 3D세계로서 일원화되어 있다면, 사후세계는 크게 산원화되어 있고, 세부적으로는 10단계로 나누어져 있다는 점이 다르다고 하겠지요. 크게 상위 세계-중간계-하위 세계로 계층을 이루고 있으며, 상위 세계를 천국, 중간계를 연옥, 하위 세계를 지옥으로 표현하고 있는 것을 잘 알고 있습니다.

이 장에서 소개하고자 하는 것은 바로 천국은 계층으로 나누어져 있다는 것을 전하고자 하는 것이고, 계단을 비유해서 들려드리고자 합니다. 계단은 원형의 계단이 있고, 직선이 서로 교차해서 이루어진 계단이 있는데, 원형 계단은 휴식 지점이 없는 반면에 직선 계단은 중간 지점에 휴식 지점을 두었다는 것이 다르겠지요. 사후세계와 여러분 세계 사이에도 휴식 지점과 같은 중간계가 운영되고 있는데, 4차원 영역에서 여러분 세계로 들어가는 존재들이 최종 점검을 하는 곳이고, 여러분 세계에서 물질체험을 마치고 돌아오는 존재들이 최종 점검을 하는 장소이기도 합니다.

인생으로 태어날 존재들은 설계도가 제대로 되었는지 위원들과 최종 점검하는 세계이고, 인생을 마치고 들어오는 존재들은 설계도대로 잘 살았는지 위원들과 최종 점검하는 세계인데, 내려가는 존재들과 올라오는 존재들은 만날 수 없도록 장소를 분리해두었다는 것입니다. 상위세계는 4.6~4.9단계로 이루어져 있고, 중간계는 4.5세계에 있으며, 하위세계는 4.1~4.4단계에 있습니다. 3D세계와 4D세계 사이에 3.5~3.9세계가 있다고 할 수 있으며, 사후세계로 돌아가야 할 존재들이 인류 사회에 집착해서 머물고 있는 곳이라 할 수 있습니다.

그리고 구조적으로 1~15단계로 이루어진 초은하단은 우주 구조학에 의해 계층별로 은하들이 형성되었고, 각 계층별은 작은 구조를 갖는 형태의 우주로서 설계되었습니다. 즉, 행성 권역과 태양 권역, 중앙 태양 권역, 별자리 권역, 은하 권역 등으로 말이지요. 각 권역에는 작은 부분의 권역들이 들어서 있으며, 이것을 외부에서 본다면 계단들이 끝없이 연결되어 있는 것처럼 보일 것입니다. 물론 여러분 시선에는 빛과 암흑 지대밖에는 볼 수 없겠지만 말입니다. 우리는 복잡하게 이루어진 세계들을 질서로써 바로잡았으며, 계단처럼 연결시켰던 것입니다.

문과 문 사이에 계단들이 연결되어 있고, 계단과 계단 사이에 휴식 공간이 있게 된 구조였지요. 문은 1차원과 1차원 사이를 구분 짓는 형태로 있으면서 서로의 진동 영역을 보호하고 연결시켜주는 역할로 형성되었으며, 계단들은 문과 문 사이를 이어주는 형태로서 연결되었던 것입니다. 계단이 길면 오르는 데, 또는 내려오는 데 어려움이 있어서 중간에 휴식 공간을 두었으며, 중간쯤에서 쉬고 나머지 계단을 이용하도록 설계한 것입니다. 여러분의 건물 구조와 같다고 할 수 있는데, 건축물 역시 하늘의 구조를 닮게 설계했기에 그렇게 되었던 것입니다.

사실 문들은 진동장으로 이루어져 있어서 문들을 통과하기 위해서는 고유 주파수를 갖추고 있어야 하며, 문 앞에 도착하기 전에 그렇게 해야 한다는 것으로서, 계단을 오르는 과정 중에 조율을 통해 그렇게 해야 한다는 것입니다. 그렇지 않다면 문에 설정된 보호역장에 의해 튕겨져 나간다는 것이며, 들어설 수 없다는 것인데, 진동 코드가 같지 않다면 문이 보이지도 않는다는 것입니다. 계단은 한 단계, 한 단계마다 진동수를 책정했기에 조율하기가 수월해 단계를 오르기가 어렵지는 않습니다. 그러나 문과 문 사이는 강력한 자기 폭풍 지대가 있어서 통과하기가 쉽지 않으며, 3차원 영역에서 3차원 영역으로의 이동에도 저항력을 갖고 있는 지대가 존재하지만 1~2차원으로의 이동 시에는 더 큰 저항력을 갖추고 있는 지대가 존재합니다.

3차원에서 4차원 영역으로의 이동은 차원 사이의 이동보다 더 까다로운데, 조화 우주 보호 장벽이 있어서 진동수와 진동장을 완성하지 않으면 이동할 수가 없다는 것입니다. 주파수 조절은 각 태양을 통해 유입되는 태양 폭풍을 통해서 이루어지며, 이것을 통해 대각성 운동이 일어나게 되는 것입니다. 은하수를 건너간다는 표현은 진동수를 끌어 올리고 진동의 바다에서 굽이치는 파도를 타고 가는 것을 의미하며, 마치 파도를 타는 서핑처럼, 파동을 넘어 이동하는 것입니다. 당연히 진동에 맞는 주파수를 활용해야 되는 것이며, 그렇게 해서 계단을 올라 상위 세계로 진출하게 되는 것입니다.

1차원에는 10단계의 계단들인 진동대가 있으며, 미세한 진동수로 진동하고 있습니다. 4.5단계에 있는 중간세계를 지나 상위 4.6~4.9 진동대에 들어선 존재들은 상위 단계에서 아래로 내려올 수 있지만, 아래에서 상위 단계로 오를 수는 없습니다. 사후, 그 세계에서 사랑하는 가족을 만났다 하더라도 같은 영역이 아니라면 잠깐 만남이 이루어지는 것이며, 그 후는 만나기가 쉽지 않은데, 위에서 내려온다면 그렇겠지만 서로 바쁜 관계로 이루어지지는 않습니다. 천상에서도 이 세상처럼, 어디에 소속되어야 하는 역할들이 있으며, 배워야 되는 과정들이 있어서 매우 바쁘다고 할 수 있으나, 기쁜 마음으로 하기 때문에 행복감에 젖어 있어서 스트레스를 받을 일은 없습니다.

중간계를 지나 4.1~4.4 지대로 들어가는 존재들은 회색 지대를 지나가며, 인생에서 집착했던 물질 욕망들이 설정되어 있는 영역으로 들어가게 됩니다. 죄를 묻거나 따지지는 않지만 자신이 왜, 무엇이 부족하고, 무엇을 돌이켜야 하는지를 배우는 과정들이 설치되어 있어서 이곳에서는 주로 양심에 따른 것들을 배우게 되는데, 인생으로 다시 태어날 확률이 아래로 내려갈수록 없다고 할 수 있습니다. 이 세계들에 있는 스승들과 조력자들은 타락 세력들이 맡고 있어서 매우 엄격한 훈육들이 이루어지고 있습니다.

진리와 사랑과 지혜가 기본 덕목이며, 그 외에 세부적인 덕목들이 배우거나, 돌이켜 보는 것으로서 펼쳐져 있는데, 상위의 세계에서는 기쁜 마음으로 진행되고 있으나, 하위의 세계에서는 그렇지 못하다고 할 수 있습니다. 마음은 죽기 전 상태 그대로 가져가기 때문에 직전에 돌이킨 것과 그렇지 않은 것과는 크게 벌어진다고 하는 것입니다. 그것은 중간계에서 스스로 자신을 돌아보면서 인생을 어떻게 살았는지 모두 알아지기 때문에 양심법에 의해 스스로 가야 할 곳을 선택하고 간다는 것입니다. 중간계를 관리, 감독하고 있는 위원들이 인생을 마치고 들어오는 존재들에게 최상의 조언과 상담들을 통해 안내하고 있는데, 존재들은 무엇을 배워야 할지, 무엇이 부족한지를 알게 되며, 그것을 위해 어디로 가야 할지를 알게 된다는 것입니다.

안내자들이 있어서 가야 할 장소로 잘 안내하며, 그곳에 들어가 먼저 와서 기다리던 가족들을 만날 수 있게 되는 것입니다. 각 세계마다 안내자들이 있으며, 아래 세계로 가는 존재들은 도착한 뒤에 문이 닫히기 전까지 자신이 어디에 들어왔는지 알 수 없으나, 문이 닫히고 나면 그곳이 어디인지 깨닫게 되는 것입니다. 물론 친절했던 안내자들도 본 모습으로 돌아간 뒤이기에 자신의 마음에 따라 그런 세상과 존재들이 있게 되는 것입니다. 홀로그램에 의해 설정된 세계이기에 마음의 상태가 그대로 반영되어 나타나는 것입니다. 이것을 알 리 없는 여러분은 지옥이라고 표현하고, 그 세계의 안내자들을 사탄과 악마로서 표현하는 것은 여러분의 마음이 그런 상태이기에 그것을 그대로 거울에 비추어 되살려내는 것입니다. 마음에 진정한 사랑과 평화가 되살아날 때까지 그렇다고 하는 것입니다. 물론 쉽지 않다고 하는 것입니다.

천상의 계단은 오르기 전에는 알 수 없으며, 내려가기 전에도 알 수 없습니다. 여러분은 진동에 대해 모르기 때문에 진동수의 차이가 얼마나 격차가 벌어지는지 알 수 없음인데, 미세한 차이가 별거 아닌 것처럼 느껴지지만 이 세계에 오면 크게 놀라게 된다는 것입니다. '미세한 차이가 한 계단 차이밖에 나지 않는다고 하면 그 정도 차이가 무슨 크겠냐' 하던 그 생각과 마음에 큰 동요가 일어난다는 것이에요. 바로 현장에서 그것을 실감하기 때문입니다. 천상은 진동의 세계를 체감할 수 있는 곳이기에 이곳에 오는 인류는 그것을 현실적으로 받아들이게 되는 것입니다.

하나의 진동대가 하나의 계단이라고 보면 되고, 계단과 계단 사이에 턱이 있는 것처럼, 진동대와 진동대 사이에 서로를 보호하고 방어할 수 있는 보호 장벽이 있습니다. 이 방어벽은 전자기 울타리로 이루어져 있으며, 위 계단을 볼 수 없도록, 또한 아래 계단도 볼 수 없도록 하고 있고, 접근할 수 없도록 하고 있습니다. 전한 대로 위에서 아래로는 특별한 목적이 없다면 내려갈 수 없는데, 허가가 있어야 된다는 것이며, 아래에서 위로는 자격을 갖추기 전에는 오를 수 없다는 것입니다.

여러분은 "진동수의 차이가 뭐 그리 대수냐!" 하실 수도 있는데, 중간계에 도착한 인생을 마친 존재들은 그것을 뼈저리게 느낀다는 것입니다. 여러분의 신화 속에 전해진 이야기를 보면 아실 것인데, 이집트의 아누비스 신이 죽은 존재들의 심장의 무게를 재는 저울 앞에 죽은 이를 데려가서 그의 심장을 저울에 올려놓지요. 심장의 반대편에는 가벼운 깃털이 올려져 있어서 인생에서 쌓은 무게를 잰다고 전해져 있습니다. 물질에 집착했던 인생의 심장은 무게를 감당하지 못하고 내려가지요. 여러분은 깃털이 더 가볍지 않느냐, 하실 텐데, 여기에서 전하고자 하는 것은 실제 하는 것의 무게가 아닌, 물질 인생에서의 집착 정도를 보는 것이고, 마음 즉, 심장이 얼마나 집착하고 있었는지를 확인하는 리트머스 시험지라고 하는 것입니다.

집착하지 않은 마음은 무게가 나가지 않을 것인데, 깃털의 무게는 약 0.12~0.15g 정도 되기 때문에 그것보다 가볍다고 해야겠지요. 심장의 무게가 그렇게 가벼울 수 있을까 생각하시겠지만, 진동수는 그렇다고 하는 것입니다. 새 깃털 하나보다 더 가볍고, 먼지 하나보다 더 가볍다 하는 것입니다. 미세먼지 하나는 약 0.1~1mg(mg는 백만분의 1g) 정도의 무게를 가지고 있는데, 비워진 마음은 그것보다 더 가볍다는 것이고, 채워진 마음은 당연히 더 무겁다고 해야겠지요. 이것을 아누비스가 저울을 통해 측량한다고 하는 것이며, 죽은 자가 직접 확인하게 하는 것으로, 그래서 어디로 가야 할지 스스로 결정할 수 있게 한다는 이야기가 신화로 전해진 것입니다.

여러분이 사는 지구에서 계단의 단 높이는 18~20cm로 정해져 있는데, 보폭을 기준으로 해서 정해진 것입니다. 그러면 천상의 계단, 단 높이는 어떨까요. 중간계인 4.5단계를 예를 들면 여러분 3D세계를 모두 품고도 남을 정도이니까, 굉장히 크다고 할 수 있지요. 사실 4차원 영역은 측정할 수 없다고 할 수 있습니다. 고형화된 물질세계인 여러분 세계는 진동이 느껴지지 않을 정도로 결정화되어 있어서 가장 무겁다고 해야 합니다. 그리고 4차원 세계는 깃털보다 가볍다고 해야 하는데, 그만큼 진동이 살아 있다고 하는 것이고, 아스트랄계라는 빛의 세계이기 때문에 무게가 나가지 않는 것입니다.

다만 중간계 아래 세계인 4.1~4.4단계는 깃털보다는 무거운, 먼지가 많이 끼어 있는 마음이기 때문에 그런 것입니다. 진동수가 낮은, 물론 여러분 세계보다는 높지만, 이곳에서는 낮은 상태이기 때문에 아래 세계에 내려가 그것을 극복하는 과정에 있다는 것입니다. 여러분 육체 속에 들어 있는 아스트랄체는 진동하는 전자기 입자들의 결합체로서 빛 몸이라 할 수 있습니다.

이곳에 도착한 존재들은 자신의 몸(아스트랄체)이 육체와 크게 다르지 않다 보니, 아스트랄 세계와 3D 물질세계의 격차를 느끼지 못하는 것입니다. 그러나 세부적인 단계로 들어서게 되면 그때서야 그 차이를 알게 되며, 3D세계와 완전히 분리되어 있음을 깨닫게 되는 것입니다. 그렇다고 해서 진동의 세계를 모두 아는 것은 아니고, 계속해서 배워나가는 것이며, 다시 인생으로 태어나는 존재들은 허가된 배움을 통해 그 격차를 줄여나가는 것입니다. 계단은 그런 의미에서 존재하는 것이고, 하나씩 오르면서 자신의 본질을 알아가는 것입니다.

우주는 진동으로 이루어진 세계이며, 구심점 역할을 하는 파르티키에 의해 영원히 진동하고 있습니다. 우주들과 존재들은 파르티키의 진동에 의해 형성되었고, 의식화되었으며, 결정화되었습니다. 에너지력과 생명력, 중력과 반중력 등도 진동에 의해 형성되었으며, 태초 의식인 유나세도 그렇게 해서 형성되었습니다. 진동수와 진동장에 의해 분류된 우주들과 존재들이 나왔으니, 진동이 없이는 설명할 것도 없다고 하는 것입니다.

모든 세계와 모든 존재가 진동과 함께하고 있는 것인데, 체험과 배움이 설정된 영역들은 질서와 조화로서 설계한 것이고, 고유의 진동수와 고유의 진동장을 조정한 것입니다. 우주들은 거시적 측면에서의 진동을 한다면 존재들은 미시적 측면에서 진동을 하고 있다고 할 수 있는데, 두 가지 유형이 서로 균형을 이루고 조화롭게 있다는 것입니다. 그래서 문들과 문들 사이는 계단으로 이루어진 진동 영역들이 있는 것이고, 세부적인 측면에서의 체험들이 있게 되는 것입니다. 크게 분류된 진동 영역은 큰 문과 작은 문으로 경계를 두어 관리하는 것이고, 모든 기준을 진동으로 결정한 것입니다.

여러분의 물질세계는 진동수가 낮아, 제한되어 있어서 육체를 벗을 수밖에 없다는 것입니다. 육체도 4차원 영역으로 가져가야 하는 것이 원칙이지만, 여러분이 그 능력을 잃어버려서 그렇게 할 수 없게 된 것이고, 그때가 오면 육체의 진동수도 끌어올려서 빛의 몸으로 상승시키게 될 것입니다. 우주를 구성하는 모든 입자는 파르티키를 품고 있어서 자동으로 진동하는 것입니다. 존재들 역시 그렇다고 하는 것이며, 파르티키를 인식하고 있으면 자동으로 진동하는 것인데, 인식 정도가 어느 정도인가에 의해 진동수가 달라진다는 것입니다.

진동에 온 마음과 몸과 혼과 영을 맡기면 진동수가 상승할 것이고, 그렇지 않고 있다면 저항력에 의해 진동수가 떨어지게 되겠지요. 파르티키 진동에 온전히 맡긴다면 그만큼 진동수가 상승할 것이고, 믿지 못하거나 의지하지 않으면 그만큼 떨어진다는 것입니다. 천국의 계단을 얼마나 올라가느냐는 결국 존재들에게 달려 있다는 것이며, 현재를 기준으로 이루어진다는 것입니다. 우리는 그 기준에 개입할 수 없고, 관여할 수도 없습니다. 천국에서 봉사와 헌신을 하고 있는 존재들 역시 안내와 조언을 할 수는 있어도 진동수를 조절할 수는 없는 것입니다. 존재의 진동수는 존재 스스로만이 조절할 수 있으며, 올리고 내리는 것 역시 그렇다고 하는 것입니다.

천국의 계단은 여러분이 아는 직각으로 이루어진 형태로 있는 것이 아니며, 순환하는 빛의 터널처럼 생겼다고 할 수 있는데, 그것을 통해 이동할 수 있다는 것입니다. 빛의 터널은 관리자들이 있어 아무나 드나들 수 없고, 자격을 갖추고 허가가 있어야 가능한 것입니다.

파르티키의 진동은 고유하고, 자동으로 이루어지고 있는 고정점이라고 할 수 있는데, 진동수는 제로(0/영점)이면서도 진동하고 있다고 하는 것입니다. 그래서 공, 비어 있으면서도 꽉 차 있다는 만이라고 한 것이고, 순환하고 있지만 극과 극이 없다는 무극이라고 한 것입니다. 시작 없는 시작과 끝없는 끝이라고 한 것처럼, 언제부터 진동했는지 알 수 없으며, 언제까지 진동할지도 알 수 없다고 하는 것입니다. 여러분 스스로 진동을 멈출 수 있을까요? 부분적으로는 '그렇다'이지만 근원적으로는 '아니다'입니다. 결정화된 체는 진동 멈춤을 존재의 자유-의지에 의해 그렇게 할 수 있습니다.

그러나 파르티키-파르티카-파르티쿰의 진동은 파르티키 스스로 멈추기 전에는 결코 멈출 수 없다는 것입니다. 이것은 불가능한 것인데, 대원리의 진동을 멈추기를 바랐던 존재들이 그것이 불가함을 알았기에 차선책을 찾기에 이르렀습니다. 그렇게 해서 이들은 파르티키와 연결되어 있던 망을 훼손하기로 했으며, 주요 회선 하나를 절단해서 파르티키 진동과의 연결점을 끊어버렸습니다.

이들이 생각했던 대원리의 간섭 즉, 전지전능한 진동에서 벗어나는 데 성공합니다. 하지만 이들은 그것이 무한성이 사라지고, 유한성으로 변한다는 것을 알지 못했습니다. 결정화된 체를 아무리 바꾸어 교체해도 유한하다는 것은 변함이 없었습니다. 그 후 일부는 스스로 끊었던 회선을 복구해 제자리로 돌아왔으나, 나머지는 아직도 그러고 있는 상태입니다.

천국의 계단도 저들의 침략을 받아 파괴되었으며, 일부 문들 역시 파괴되었는데, 우리가 개입할 수 없도록 한 때문이었습니다. 여러분이 입은 피해는 상당했으며, 여러분은 천국을 잃어버렸습니다. 문은 닫혔으며, 계단은 무너져 내렸습니다. 더 이상 오를 곳이 없었으며, 들어갈 곳이 없었습니다. 타락 세력들은 갈 곳을 잃은 여러분을 인질로 잡았으며, 여러분을 가두어 둘 교도소를 만들었습니다. 교도소를 벗어날 수 없도록 전자기 울타리인 니비루 진공 수정망을 설치했던 것입니다.

과거, 진화 연대기에서는 의식을 깨워 진동수를 높이면, 천국의 계난을 통해 상승할 수 있었으나, 그것이 불가능하게 되었던 것입니다. 의식을 깨운다는 것도, 진동수를 높이는 것도 저들의 집요한 방해 공작으로 어렵게 되었으며, 파르티키와의 연결점도 끊어버렸던 것입니다. 이 사실을 알 리 없던 여러분은 '하느님이 여러분을 버렸다'라고 오해했는데, 우리는 단언컨대 한 번도 그런 적이 없었습니다.

우리는 전 인류를 전수 조사했으며, 유전체가 훼손되지 않은 인류를 찾아내었습니다. 우리는 이들을 특별 관리했으며, 이들을 통해 인류에게 우리는 단 한순간도 인류를 떠난 적이 없었고, 버리지도 않았다고 전하도록 했습니다. 그리고 우회할 수 있는 천국의 계단도 마련했는데, 유전체를 잘 간직하고 있던 인류가 대상이 되었습니다. 우리는 유전체가 훼손된 인류에게도 기회를 주기로 했으며, 그 뜻을 메신저들을 통해 인류에게 전해지게 했습니다. 그 비밀은 어둠이 여러분에게 지금껏 숨겨 오고 있었던 것인데, 유전체 훼손은 여러분의 선택이라고 하기엔 애매한 점이 있었으니, 저들의 거짓에 사기당했다는 점 말입니다. 그리고 저들의 일방적인 결정에 의해 훼손당했다는 것을 숨기고 있었습니다.

우리는 그래서 여러분에게 기회를 주기로 한 것이고, 그 뜻에 의해 마음을 비우고 파르티키 진동에 의지한다면 예전처럼, 영원한 진동에 머물 수 있도록 한 것입니다. 여러분은 자유-의지에 의해 선택했다고 했습니다. 하지만 어둠은 여러분을 기만해서 속였음인데, 자유-의지를 잘못 사용하도록 유도했던 것입니다. 자신들을 따르고 돕는 것이 마치 하늘의 뜻을 따르는 것이라고, 그것이 하느님의 뜻을 따르는 것이라고 교묘한 술수를 동원해 여러분의 눈과 귀를 가렸던 것입니다. 어수룩하고 순진한 여러분은 저들의 속임수에 넘어갔으며, 그렇게 하느님을 외면하는 큰 실수를 저지른 것입니다.

타락 세력들은 이미 우리를 배반했으며, 하느님을 외면했습니다. 저들은 여러분도 저들처럼 하느님을 배반하도록 유도했던 것이고, 아무것도 모르던 여러분은 저들이 우리가 보낸 천사들이라고 받아들였으며, 추호의 의심도 없이 저들의 거짓을 진실로 받아들여 따랐던 것인데, 그것이 하느님을 외면하는 것임을 알지 못한 채로 말입니다. 저들은 자신들끼리 편을 나누어 자신들을 따르지 않았던 그룹에서 인류가 타락 천사들을 돕고 하느님을 배신했다고 원죄를 뒤집어씌워서 그 죄의 값으로 죽음이라는 처벌을 내리게 된 것인데, 유전자를 훼손해 유한 생명으로 추락시켰으며, 하느님과의 연결고리를 절단했던 것입니다.

이것이 하느님을 배신한 인류에게 내린 심판이었으니, 에덴에서 추방당한 아담, 타락해 물로 심판받을 수밖에 없다던 인류에게 있었던 진실이었습니다. 어둠은 인류를 교묘한 사기 전술로 속여서 타락 세력들을 따르고 돕도록 했으며, 그것을 빌미로 타락했으니 심판한다는 누명을 씌워서 여러분의 신성을 파괴하는 음모를 실현했던 것입니다. 저들은 여러분에게 하느님과 사탄으로 알려졌는데, 우리를 여러분과 영원히 분리시키기 위한 교란 작전에 의해 이루어진 것이며, 저들끼리도 서로의 이익을 위해 패거리를 만들고 서로 싸우고 있다는 것입니다.

타락 세력들의 거짓과 기만전술에 따라 여러분은 천국의 계단인 차크라, 즉 생명나무를 잃어버린 것이었으며, 그럼으로 해서 두 번 다시 천국으로 오를 수 없게 되었던 것입니다. 파괴된 생명나무의 줄기와 가지는 여러분 스스로 복구할 수 있는 게 아니었음이니, 그것을 알 리 없는 여러분은 그 심각성을 몰랐던 것입니다. 타락 세력들은 여러분이 스스로 선택해서 원죄를 지은 것이라고 몰아갔으며, 끝없이 자신들에게 회개와 용서를 구해야 한다고 세뇌했습니다. 그 것을 위해 자연스럽게 종교를 끌어들였으며, 자신들을 하느님으로 둔갑시켜서 섬기도록 했던 것입니다.

우리는 지금까지 저들의 불법 행위들을 지켜봤으며, 때를 기다렸는데, 바로 우주 대순환 주기를 기다린 것입니다. 그 전에는 왜, 그러지 않았느냐 하시 겠지만 그때는 바로 여러분을 위한 때를 기다린 것이었는데, 여러분의 의식 상승이 이루어지는 때를 기다린 것이며, 그것을 기준으로 모든 불법을 바로잡고, 우주 대순환 주기를 완성코자 한 것입니다. 전한 대로 우리는 결코 여러분을 버리거나 외면한 적이 없었다는 것이며, 지금까지 곁에 있어 왔다는 것입니다. 여러분 외부의 천국의 계단과 내면의 천국의 계단을 동시에 복구하고 있는데, 거시적과 미시적으로 접근한 것입니다.

거시적 측면에서의 태양의 길과 미시적 측면에서의 태양의 길을 동시적으로 복구하고 있는 것인데, 거시적으로는 자기공학자들로 이루어진 전담팀들인 사자인들과, 미시적으로는 유전공학자들, 생명공학자들로 이루어진 전담팀들인 사자인들이 역할들을 하고 있습니다. 조인들은 항성급, 행성급, 위성급들로 이루어진 우주선단들을 지휘하고, 조정하고 있으며, 역장들과 격자망들을 조율하는 역할들을 하고 있습니다. 타락 세력들에게 주어진 시간은 얼마 되지 않는데, 여러분이 대각성을 일으키는 그 순간까지입니다.

천국의 계단은 거시적 측면과 미시적 측면으로 나눠지고, 조화 우주 단위로 이루어진 체계에 따른 계단들이 연결되어 있으며, 빛의 나선 구조로 이루어진 체계에 따른 계단들이 연결되어 있다는 것입니다. 이 체계를 생명나무라고 한 것인데, 빛 입자들이 진동하며 결합해 있는 형태가 그렇게 설계되었다는 것입니다. 신성 기하학적 측면에서는 육방체들이 서로 결합해 확장하는 형태로 있으며, 우주 형태학적 측면에서는 생명나무들이 서로 결합해 확장하는 형태로 있다는 것입니다. 인지학적 측면에서는 사람이 서로 두 팔과 두 다리를 벌리고 선 상태에서 손과 손을 맞잡고 있는 형태로 확장하고 있다고 하는 것입니다.

이 빛의 계단이 단절되어 있었기에, 진실한 천국을 방문할 수 없었으며, 들어설 수 없었습니다. 임사체험과 유체이탈 등을 통한 천국체험은 진정한 의미의 천국체험이라고 할 수 없는데, 뇌파를 통해 일어나는 의식 현상이라고 하며, 뉴런 세포들의 전자기 신호에 의해 일어나는 환각 작용이라고 할 수 있습니다. 이것 역시 어둠에 의해 이루어지는 것으로서 여러분을 지금껏 속여왔던 기만전술의 한 형태이며, 최면에 따른 부작용이라 할 수 있습니다.

우리는 이런 것들을 막지 않고 있었던 것은 홀로그램으로 이루어진 우주는 결국 체험을 위해 만들어진 허상이라는 진실을 여러분이 깨닫기를 기다려온 것이기에 그런 것이며, 모든 진실을 여러분 내면에서 찾기를 바랐기 때문입니다. 메신저들을 통해 전달한 모든 것들에는 그런 비밀들이 핵심으로 들어 있었으며, 미디어들을 통한 다양한 정보들을 사실 여러분을 혼란스럽게 하기 위해 만들어낸 것들인데, 그것도 허용한 의미를 여러분이 깨닫기를 바랐습니다.

'진리를 알면 자유롭게 되리라!'는 바로 이런 뜻을 가지고 있는 것입니다. 그래서 예수아 벤 요셉이 광야에서 외친 것입니다. 모든 것들은 홀로그램 이미지들입니다. 실체는 여러분 내면에서 스스로 빛을 발하며 진동하고 있는 파르티키 입자밖에는 없습니다. 빛의 진동은 반영들인 그림자들을 만들어내는데, 그것이 바로 홀로그램입니다. 여러분의 물질세계들을 품고 있는 모든 우주는 반영된 빛의 진동에 의해 생겨 나온 그림자라는 것입니다. 그것을 알면 더 이상 그림자 세계에 집중하지 않을 것이고, 오직 내면 중심의 진동의 근원인 대원리에게 집중할 것입니다.

그것이 바로 '천국의 계단'을 오르는 것이고, 그 계단을 통과하며 천국으로 들어가는 것입니다. 그러면 내면 중심에 있는 대원리인 태초의 빛인 파르티카를, 태초의 소리인 파르티쿰을, 태초의 의식인 파르티키를 만나게 되는 것입니다. 내면 중심을 통해 신성한 삼위인 마누-마나-에아를 만난 이들은 신성한 그리스도가 되는 것입니다. 그러한 이는 "'나는 스스로 있는 이'이다"라고 하는 것입니다. 내면의 있는 빛의 진동을 통해 천국을 완성한 것입니다.

그렇지 않고서는 천국으로 들어갈 수 없는데, 그 외에는 홀로그램으로 이루어진 그림자 세계로 들어가는 것이며, 종교들에서 이야기하는 천국도 바로 그림자 세계를 말하는 것입니다. 미시적 천국을 완성한 존재라야 거시적 천국을 들어갈 수 있는 것이며, 준비되어 있는 계단들을 하나하나씩 순서에 맞게 걸어 들어가는 것입니다. 거짓된 계단들로 들어가는 존재들은 거짓 천국에 들어가는 것입니다. 그림자는 그림자일 뿐이며, 진리가 결코 될 수 없습니다.

'우리는 야나스이며, 이온 상임 이사회입니다.'
'아-모-레-아 에-카-샤(A-mO-RA-eA Ec-Ka-ShA).'

14

천로역정

(天路歷程 : The Pilgrim's Progress)

Heaven's Gates

14
천로역정

사랑하는 여러분!

여러분의 인생은 성지를 향해 순례하는 순례자라고 할 수 있습니다.

여러분은 예루살렘이나 메카를 성지로 알고 있고, 또는 가톨릭에서 선정한 장소들과 각 종교계에서 주장하는 자신들의 교조와 연결된 장소들을 성지로 알고 찾고 있습니다.

눈에 보이는 육체를 고난의 길이라는 형태로 혹사시켜 찾아가야 진정한 순례자라고 하며, 덤으로 정신을 함양한 상태라면 더욱 그렇다고 하는 것입니다. 여러분 세포에 각인된 정보들에 의해 이루어지고 있었던 행위들이었지요. 누가 인류의 눈과 귀를 가리고 거짓 정보를 입력시켜서 하지 않아도 될 헛된 일들을 시켜 인생을 낭비토록 했을까요. 저들은 인류를 통해 무엇을 얻고자 한 것일까요.

타락 세력들의 1차 목표는 인류의 전멸이었습니다. 지구에서 인류를 모두 몰아내고, 자신들의 것으로 차지하고자 한 것이었지요. 그것이 여의치 않자 목표를 수정해 2차 목표를 실행하는데, 우선 남성들을 소멸시키고, 여성들은 자신들의 씨받이로서 이용한 것입니다. 오랫동안 저들의 이 정책이 지구에서 자행되었으며, 저들의 혼들이 인류라는 껍질을 입고 살아가게 되었던 것인데, 여러분이 표현하는 '거대 일루미나티 세력들'과 '가짜 유대 세력'들이 바로 그들입니다.

이들은 정치, 종교, 경제를 아우르는 권력 지배층을 형성해 인류의 역사를 주무르고 있었던 것인데, 최-하층민들로 전락한 인류에게는 당근과 채찍 작전을 통해 통제하고 있었던 것입니다. 저들은 행성 지구에 설치된 별의 문들과 빛의 코드를 점령해 우주를 통째로 삼키기로 했으며, 별의 문들을 수호하기 위해 씨앗 뿌려진 수호 인종들을 찾아내었고, 저들의 뜻대로 살해했습니다. 여성들은 저들의 씨받이로 이용되었는데, 저들은 수호 인종들의 유전체가 6쌍 12줄기라는 사실을 알아내었으며, 자신들의 침략 정책에 적극적으로 활용하게 되었습니다.

자신들의 유전체를 천사 인류의 유전체로 뒤바꾸는 일들을 자행하게 된 것입니다. 저들은 천사 인류가 암호-코드를 가지고 있음을 눈치챘고, 그래서 그것을 자신들에게로 옮기는 작업을 실행했던 것입니다. 항성 활성화 주기에 맞추어 열리기로 되어 있던 별의 문들은 문지기 역할을 맡은 수호 종족들의 유전체에 숨겨진 암호-열쇠가 작동되어야 모두 열릴 수 있었던 것이었습니다. 저들이 이 비밀을 알아내고 그렇게 했던 것입니다.

천로역정에는 사실 이런 비밀이 숨겨져 있었으며, 저들은 이 비밀이 인류에게 알려지지 않도록 거짓 정보를 날조해서 '순례자의 길'을 만들어내었으며, 종교를 빌미로 고난의 행군을 강요하게 된 것입니다. 여러분은 그런 사실도 모르고, 예루살렘, 메카, 산티아고 등을 열심히 걸으면서 그것이 마치 '순례자의 길'인 양 고행을 자처했던 것입니다. 과연 그 길의 끝에서 신을 만났습니까? 만났다면 거짓 신들이었지요.

내면의 신, 6쌍 12줄기와 연결된 그리스도 빛 12를 통해서 스스로 진동하고 있는 '아이-엠', 이것이 천국의 빛이자, 순례자가 가서 만나야 하는 내면의 신인 것입니다. 순례를 하는 진정한 목적이 무엇입니까? 신을 만나기 위함입니다. 그것을 성취시키기 위해 오늘도 고행의 길을 가고 있습니다. 이것을 보고 있는 타락 세력들은 여러분을 얼마나 비웃고 있을까요. 우리는 안타까울 따름입니다.

지구에 씨앗 뿌려진 천사 인류 중 상당수는 저들의 계략을 피해 지지도시들로 피난할 수 있었으며, 일부가 지상에 남게 되었습니다. 지저에 머물고 있는 천사 인류를 '우르-안트리안(Ur-antrian)'이라고 하며, 이들이 영단을 구성하고 있습니다. 전해진 대로 12별의 문들과 12큐-기지들(Q-sites)을 수호하기 위해서 우리는 12그룹의 수호 인종들을 씨앗 뿌렸으니, 이들이 12지파로 알려지게 되었습니다. 이들이 어둠에 의해 집중적인 공격을 받았으며, 씨받이의 대상들이 되었던 것은 6쌍 12줄기라는 유전체를 가지고 있었기 때문이었습니다.

타락 세력들은 별의 문들이 열리는 우주 순환 주기를 기다려 왔으며, 그것을 기회로 우주를 자신들의 유령 체계에 연결시키고자 한 것입니다. 저들은 에너지에 굶주린 뱀파이어들로서, 마치 기생충처럼, 숙주에 달라붙어 에너지를 흡혈하고 있는 것인데, 지구와 인류가 목표가 되었던 것입니다. 저들은 뻔뻔하고 비열하게도 쇼를 하며, 여러분을 사기 치는 코스프레를 해왔는데, 그것을 인류가 모르고 있다는 것과 오히려 저들을 신들로서, 구원주로서 받아들이고 있다는 현실이 안타깝다고 하는 것입니다. 거짓 교리들과 거짓 역사에 세뇌당한 여러분은 여러분의 창조신들로서 받아들였고, 아름다운 역사로서 받아들였습니다.

이 심각한 상황을 타개하기 위해 썩는 냄새가 진동하는 날조된 역사와 가면을 쓰고 거짓된 연기를 하고 있는 타락 세력들을 제대로 밝혀내고자 스피커를 동원하게 된 것입니다. 먼저 종교라는 틀에서 떨어져 나와야 하고, 거짓된 교리와 거짓된 신들을 모두 버려야 하며, 무신론이라는 허울 좋은 껍질을 찢어버려야 합니다. 여러분을 구원할 어떠한 교리도 없으며, 여러분을 구원할 어떠한 신들도 없다는 것이고, 진정한 내면의 신인 마누-마나-에아를 찾지 않으면 패망의 길로 들어선다는 것입니다.

여러분을 이끌어준다는 외부의 신들과, 채널을 통해 접근하는 거짓된 내면의 신들도 모두 여러분을 사기 치고 있는 거짓 신들인데, 여러분의 신성이 깨어나는 것을 원치 않으며, 오직 여러분을 이용해 자신들의 지침서를 완성하고자 하는 것입니다. 그런 이후에 쓸모없어진 여러분은 모두 몰살시킨다는 것입니다. 여러분도 보이스피싱 사기를 잘 알고 있을 것인데, 저들의 사기 수법은 더 철저해 여러분을 오랫동안 속여왔다는 것입니다. 대표적으로 '창세기 창조 신화와 아담', '수메르 신화와 아눈나키', '노아의 홍수', '바벨탑 사건', '모세의 출애굽', '이스라엘 12지파', '예수 십자가', '십자군 원정' 등이 있습니다.

각 지역의 민족들에게 남아 있는 '창조 신화와 신들 이야기' 역시 저들이 전해준 허구들입니다. 여러분은 뿌리를 찾고자 합니다. 그래서 고고학이 발달했고, 역사학이 발달했지요. 그래서 진화를 밝혀내고자 애를 쓰고 있는 것입니다. 이런 여러분을 저들은 먹잇감으로 접근했으며, 날조된 이야기들과 조작된 유물들을 제공해 여러분을 속여왔던 것입니다. 여러분은 우리와 분리되었으며, 지저로 들어간 형제자매들과도 분리되었기에 진리에서 멀어졌던 것이고, 스스로에게서도 길을 찾을 수 없도록 했기에 방법이 없었습니다.

오직 어둠에 의해 통제되어 온 인생들을 살았기에 어쩔 수 없었음을 잘 알고 있습니다. 여러분이 저들이 제공했던 '천로역정'을 걸어왔다면, 우리가 제공하는 '천로역정'을 새롭게 걸으시기를 부탁드리는 것입니다. 그동안 거짓 신들에게 경배드리고, 피조물로서 살아온 저급한 인생들을 모두 날려 버리고, 스스로 신이 되어 자유 하는 삶을 살기를 바랍니다. 그리고 스스로를 높여주는 거짓된 욕망에 휩쓸려 저들의 뜻대로 추락하지 않기를 바라는데, 여러분의 소중한 신성을 스스로가 잘 지켜서 쓰레기로 만들지 말기를 부탁드립니다.

신성한 천로역정은 내면의 신성을 깨우는 것입니다. 발에 물집들이 생기고, 관절에 무리가 갈 정도로 멀고 험난한 길을 걸어가서 성전과 성지에 경배하는 방식의 낡은 천로역정이 아닙니다. 신을 어디에서 찾으며, 그 신과 자신이 분리되어 있는지, 그것을 깨달아야 합니다. 천국이 하늘에 있다고 합니다. 그곳에 들어가기 위해 이른바 예쁜 짓을 해야 합니다. 그렇게 세뇌되었고, 그렇게 각인되었습니다. 천국은 내면에 있으며, 내면에 천국이 있는 존재들이 모여 있는 곳이 자연스럽게 천국이 되었던 것입니다.

여러분은 "우주와 하늘에 천국이 있지 않느냐!" 하시겠지요. 맞습니다. 그리고 그곳에 천국 주민들이 거주하고 있습니다. 그런데 순서가 있습니다. 먼저 천국이 있고, 그곳에 주민들이 들어가 사는 것이 아니라, 내면에 천국을 완성한 주민들이 있고, 이들이 모여서 천국을 만든 것입니다. 내면의 천국이 먼저 완성되고, 외부의 천국이 완성된다는 것입니다. 여러분은 천국에 들어갈 자격을 갖추어야 한다고 배웠습니다. 그래서 신들을 섬기고, 경배하면서 천국에 들어갈 수 있도록 기도들을 했던 것입니다. 과연 외부의 거짓 신들이 이런 기도를 들어주었을까요?

거짓 신들은 여러분이 내면에 천국을 완성하기를 원치 않습니다. 자신들을 섬기고 경배해야 하기 때문입니다. 여러분이 신의 자리로 오르는 것을 원하지 않습니다. 자신들의 죄악들이 모두 드러나기 때문입니다. 여러분은 4차원 전자기 울타리로 이루어진 감옥에 갇혀 있었습니다. 니비루 진공 수정 격자망이 바로 그것입니다. 저들은 잔혹한 교도관들이 되어 여러분을 때리고 고문했습니다. 때로는 반신불수를 만들거나, 전신마비를 만들거나, 폐인이 되도록 했습니다. 고문의 후유증으로 기억 상실에 걸린 여러분은 저들의 세뇌에 따라 거짓 신들을 창조주로 받아들였고, 저들이 전해준 이야기들을 진실로 받아들였습니다.

우리가 9인 위원회로서, 멜기세덱 사제단 이야니 상승대사 위원회로서, 이온 상임 이사회로서 있지만, 여러분에게 경배하라고 하지 않습니다. 그 이유는 너무도 잘 아실 것인데, 너무도 사랑하기 때문이고, 신성한 그리스도들이기 때문입니다. 여러분은 우리의 화신인 작은 그리스도들이기 때문에 우리를 섬기거나 경배할 필요가 없는데, 여러분 스스로가 신이기 때문입니다. 우리는 여러분을 존중합니다. 여러분도 우리를 존중하시면 되는데, 내면의 신성이 깨어나면 당연히 그렇게 된다는 것입니다. 우리는 여러분과 하나이고, 여러분도 우리와 하나입니다.

우리는 여러분을 통해 에너지를 빼앗거나, 그것을 위해 이용하지 않으며, 여러분의 봉사와 헌신을 강요하지도 않습니다. 다만, 여러분이 참된 자유를 회복하기를 바라고, 봉인된 니비루 십자가와 여호와 일곱 봉인에서 해제되는 것을 돕고 있는 것입니다. 이것을 '생체–재생'이라고 하며, 사자인들로 구성된 생명공학자들이 주도하고 있습니다. 여러분의 파괴되고 끊어진 6쌍 12줄기의 유전체를 복구하는 프로그램입니다.

우리는 어둠에 의해 태어난 혼혈 인종들에게도 이 서비스를 제공하기로 했습니다. 거부한 인종들은 어쩔 수 없지만 원하는 인종들은 혜택을 받을 것입니다. 저들은 자신들이 오랫동안 지구를 지배한 것을, 마치 자신들의 힘이 우리보다 더 세기에 그런 것이라고 착각하고 있습니다. 그리고 내부에서 변절이 일어나지 않도록 철저한 감시를 하고 있습니다. 저들이 '반란군 연합'을 구성하고 있으나, 이합집산을 빈번히 하고 있는 것은 계파 간의 뜻들이 모두 달라서이며, 이익을 위해서는 분열하기도, 연합하기도 하는 것입니다.

에메랄드 성약을 준수하기로 어둠을 탈퇴했다가 다시 어둠으로 돌아가는 일들이 비일비재로 일어났고, 일어나고 있습니다. 혼돈이라고 해야겠지요. 저들의 지휘 세력들의 협박과 떡밥으로 인해 갈피를 잡지 못하고 있어서입니다.

저들이 이렇게 우왕좌왕하는 것은 내면의 신성인 마누-마나-에아가 없어서 입니다. 그래서 중심이 무너졌으며, 갈피를 잡지 못하고 있는 것입니다. 이들은 내면을 비추는 밝은 빛이 없어서 길을 잃었으며, 어둠 속에서 방황하고 있는 것입니다.

천로역정은 내면의 등불이 없이는 단 한 걸음도 내디딜 수가 없습니다. 마치, 소경이 소경을 안내할 수 없다는 것처럼, 내면의 등대가 없이는 깊은 어둠이 내린 바다를 항해할 수 없다는 것입니다. 파르티키 입자의 진동을 통해 방사되는 빛은 깊은 어둠을 뚫고 순례자의 길을 밝혀 주는 것입니다. 순례자인 여러분은 그동안 미로 속에 갇혔으며, 가시덤불 속에 갇혔고, 벼랑 아래로 굴러떨어졌으며, 수렁 속에 빠졌던 것입니다.

그런 상태에서 여러분은 자신들의 내면에서 빛을 찾을 수 없었는데, 저들이 먼저 제거했기 때문이었는데, 때를 맞춰 저들이 비추는 가짜 빛을 진실한 빛이라고 믿었으며, 그 빛이 안내하는 데로, 더 깊숙한 어둠 속으로 들어간 것입니다. 우리는 여러분이 들어간 장소를 찾을 수 없었는데, 그만큼 어둠이 깊었기 때문이었지요. 우리는 여러분 내면의 흔적들을 찾았으며, 그것을 빌미로 해서 흔적 없이 사라진 여러분을 되찾을 수 있었습니다. 저들은 여러분의 유전체를 훼손하고 끊어내었지만 우리의 눈을 피할 수는 없었습니다. 우리는 미세한 흔적으로 남아 있던 태초의 빛 흔적을 찾아내었으며, 그 신호를 추적해 여러분을 깊은 어둠 속에서 찾아낸 것입니다.

우리가 여러분을 찾아낼 수 있었던 것은 '파르티키-파르티카-파르티쿰'의 진동 신호를 수신했기 때문입니다. 훼손되지 않은 6쌍 12줄기의 유전체를 가지고 있던 천사 인류를 찾아낸 것이었습니다. 또한 천사 인류의 육체 속에 화신한 우리 빛의 자녀들을 찾아낸 것이었지요. 이들은 니비루 진공 수정망 속에 갇혀서 올라올 수 없었는데, 저들의 집중적인 공격을 받아 거의 그로기 상태였던 것입니다. 우리는 저들이 강제 세팅한 천로역정 프로그램을 거둬 내고, 생체-재생 프로그램을 통해 기사회생시켰습니다.

빛의 자녀들은 마약에 취해 있던 것처럼, 상태가 매우 심각했는데, 마치 인격 장애가 일어난 것 같았지요. 사회 부적응자들이 되어 어디에도 적응하지 못하고 철저히 고립된 외톨이들이 되었으며, 저들의 감시 속에 초라한 인생들로 버텨 내고 있었던 것입니다. 그렇지만 저들도 원형 형질은 어떻게 할 수 없었기에 태초부터 없었다고 세뇌했으며, 자신들만이 유일한 구원주라고 세뇌했습니다. 당연히 원형 기억들은 전기 충격을 통해서 제거했습니다.

우리는 고장 난 커넥터 스위치를 교체해서 우주 생명력 전류를 통해 에너지와 의식을 끊임없이 공급받도록 했습니다. 그것을 돕도록 '생체-재생 프로그램'을 작동시킨 것입니다. 여러분은 심각한 가뭄으로 말라비틀어진 초목들처럼, 비를 애타게 기다리고 있었습니다.

생체-재생 기법들은 유전자 구조와 차크라 체계, 머카바 기전, 쿤달리니 에너지, 고차원 의식, 에너지-섬세한 몸체의 해부학적 해부학들의 뒤엉켜 있는 에너지 체계들 속에 미묘하고 자연스러운 가속을 동시적으로 만들어냅니다.

생체-재생 기술들은 몸체의 발현 구조 속에서 의식적 에너지 방향을 특별하게 적용하는 것으로, 개인적인 발현 구조의 잠자는 부분을 깨워서 활성화하게 되며, 이는 12차원의 전극성 전-물질 구조의 유기적인 개별진화 청사진의 점진적이고 가속화된 진전을 자연적으로 이루어지게 합니다.

생체-재생 기술은 키론틱 형태 발생 과학과 고도의 스칼라 역학의 기틀 위에 구축되었는데, 이들은 '우란티안'과 '무아인'들에 의해 이해되었으며, 고대-이전 시대의 진보된 인류 문명 속에서 '상식'으로 가르쳐졌고, 고대-이전의 기간에는 표준 훈련으로 활용되었습니다.

이랬던 것이 타락 세력들의 침략에 의해 중단되었으며, 저들에 의해 파괴되어 사라졌던 것입니다. 고대-이전의 인류는 상승의 천로역정을 걸었던 것이며, 천국을 내면에 완성했음이니, 이들이 살고 있던 지구가 천국이 되었던 것입니다. '하이퍼보리아-무'라는 지상 천국을 완성한 하이퍼보리안들-무아인들은 내면의 천국을 완성한 진정한 순례자들이었습니다. 이들은 천로역정을 통해 영원한 삶을 완성했으며, 자신들의 주거지들도 천국으로 완성시킨 것입니다.

현재, 여러분의 천로역정은 어떤가요. 종교화에 따른 우상들을 섬기는 순례자의 길들을 걷고 있습니다. 육체적 고행을 통해서 섬기는 신들에게 충성 맹세들을 하고 있습니다. 신부, 수녀, 비구, 비구니라고 아예 형틀을 만들어내어 충성을 강요하게 했습니다. 일반 인류도 예외가 아니어서 종교와 이념들의 노예들이 되도록 했습니다.

그러나 사라진 기억들과 유전 체계들이 다시 되돌아오고 있습니다. 여러분의 먼 기억 속에 파편처럼 남아 있던 것들이 조각들이 모여들며 원형을 재생하고 있는 것입니다. 이제는 낡은 구습에서 벗어날 때입니다. 그동안 정설로 여겨졌던 것들과 정도로 여겨졌던 것들에서 과감히 벗어나야 합니다. 종교들에서 벗어나야 하고, 이념과 사상들에서 벗어나야 하고, 가치관에서 벗어나야 합니다. 인류 사회를 아우르고 있던 이 모든 것들은 타락 세력들이 강제로 주입한 기억을 통해 정착된 것입니다. 여러분을 파괴하고 있던 악습들을 전통이라 해서 물려받고, 물려주었습니다.

여러분은 추악한 것들을 조상들에게서 물려받았으며, 후손들에게 물려주고 있었던 것입니다. 첫째로 '생육하고 번성하라.' 이는 신이 인류를 사랑해서가 아닙니다. 금을 캐는 노동력을 얻기 위해서이며, 어린아이들의 척수에서 '아드

레노크롬'을 채취하기 위해서였으며, 천사 인류의 송과체에서 '스타더스트 블루' 즉 '아주라이트' 물질을 채취하기 위한 목적 때문이었는데, 자신들의 영생을 위해서였습니다. 인류는 번식하다 멸종될 것이었습니다.

남녀가 만나 서로 사랑하고 결혼해서 사랑의 결실인 아기를 낳고, 이 모든 것이 저들의 음흉한 계략에 의해 이루어진 것입니다.

둘째로 '주 여호와 하느님을 섬겨라'인데, 내면의 신성을 제거하고, 자신들을 섬기도록 강요한 것인데, 그렇지 않으면 죽여 버렸던 것입니다. 셋째로 '우상을 새기지도 섬기지 마라.' 여기에서 이야기하는 우상은 두 가지로 봐야 하는데, 첫째는 인류 내면의 신이며, 둘째는 다른 경쟁 그룹의 신들을 이야기하는 것입니다.

넷째로 '신의 이름을 함부로 부르지 마라'인데, 자신의 이름이 노출되지 않도록 한 것과 인류 내면의 신을 원천적으로 찾지 못하도록 한 것입니다. 다섯째로 '안식일을 지켜라'는 인류가 하느님의 숫자인 '12'를 찾지 못하도록 7에 묶어둔 것으로 그럼으로 해서 6쌍 12줄기와, 별의 문-12와, 12광선, 12지파 등을 잊어버리도록 한 것입니다. 진정한 별의 씨앗이었던 12종족들은 저들이 사냥했고, 그것을 메우기 위해 거짓된 12지파를 만들어내었던 것입니다.

그 외에 '살인하지 마라'와 '간음하지 마라'를 포함해 위에 정해준 규칙을 어길 시에는 모세를 통해 '돌로 쳐서 죽이라'고 했습니다. 신들인 자신들은 죽여도 되고, 간음해도 되고, 신의 이름을 불러도 되고, 모든 것을 어겨도 되었으나, 인류에게만 가혹하고 잔악한 규칙을 만들어 노예들로 통제했던 것입니다.

결혼은 '필수가 아닌 선택'이었으며, 존재들이 서로 배울 것이 있거나 존경을 통해 서로 사랑해서 했고, 아이는 고차원의 영이 두 존재를 통해 들어오고 싶을 때에 두 존재의 허락을 통해서 태어날 수 있었습니다. 사랑을 듬뿍 받고

자라는 것은 기본이었지요. 이것이 신성이 살아 있는 고대 인류가 보여주었던 결혼 생활이었습니다.

지금 성 소수자 열풍이 불고 있는 것은 성-정체성을 해결하는 것이 아닌, 더욱 혼란을 가중시키고, 분란을 조장하는 것인데요. 어둠의 세력들은 인류의 정체성 회복에는 관심이 없으며, 인류의 분열과 내면에 집중할 수 없도록 하는 정책에 따라 성 소수자 열풍을 일으키고 있는 것입니다. 그리고 자신들이 정해 둔 규칙에 따라 수시로 인류를 바보로 만드는 '우민 정책'을 실행해 왔습니다. 물론 '천로역정'도 그 정책의 일환이었으며, 빛의 길이 아닌, 내면의 길이 아닌 엉뚱한 길을 제시해서 미로 속을 헤매도록 했습니다. 미로는 당연히 출구가 없습니다.

어둠이 인류에게 소개한 경전들과 영성 서적들, 명상들, 빛의 길들 등 이들은 인류를 깨우기 위해서는 절대 아니고, 오히려 어둠의 방향으로 안내한 것이며, 길을 잃어버리도록 하게 한 것입니다. 어둠에 의해 창조된 아다파와 릴리스, 아담과 이브, 나반과 아만 등은 파충 종족 세력과 용 종족 세력에 의해 이루어진 것입니다.

우리가 씨앗 뿌린 종족은 수호 종족으로 선택된 천사 인류이며, 12별의 문들과 12큐-기지를 보호하기 위해 들어온 존재들입니다. 역사 시대 동안 어둠의 혼혈화 정책에 따른 침략에 의해 많은 부분에서 손실이 일어났지만, 최선을 다한 보호 정책과 주(主) 사난다 멜기세덱의 희생에 의해 지켜질 수 있었습니다.

인류는 천국을 갈 수 없었음이니, 내면의 길을 잃어버리고 나서 외부의 길도 차단되었기 때문입니다. 진동수를 끌어올릴 수 없었으며, 자신이 누구이고, 어디서 왔는지를 모두 잃어버렸던 것입니다. 마치, 입양된 아기의 모든 기록이 사라진 것과 같았습니다. 천사 인류는 우주 미아가 되었던 것이고, 우리와의 연결점이 사라진 것입니다. 어둠에 의해 그렇게 되었으나, 우리는 여러분을 찾아내었습니다. 저들은 우리가 여러분을 버렸으며, 찾지 않았다고 했으며, 자신들이 저지른 일들을 우리가 한 것이라고 덮어씌웠습니다. 자신들은 인류를 아끼고 사랑하는 신들이고, 비정하게 여러분을 버리고 떠나간 우리와 다르다고 선동했습니다.

인류는 저들의 선동에 넘어갔으며, 거짓 뉴스들에 속아넘어갔습니다. 저들은 인류 사회를 이끌어가는 지도층들이 되었으며, 세대를 거듭해 더욱 견고한 세력층을 형성하게 되었습니다. 저들은 왕족, 귀족층을 형성해 명문가라는 허울 좋은 껍질을 뒤집어쓰고서 '노블리스 오블리제'라는 표어를 지어내어 여러분을 위하는 척하는 기만전술을 써왔던 것입니다.

저들은 여러분의 유전체를 하이재킹했으며, 여러분을 속이고, 이 세계에 가둬놓기 위해 4차원 영역에 거짓 천국과 지옥을 만들어내어 관리했던 것인데, 이것을 위해 종교들을 이용한 정책을 펼쳤던 것입니다. 저들은 여러분의 차크라, 에너지 체계, 머카바 체계를 역전시켜 자신들에게 연결시켜놓았는데, 여러분이 명상과 수행, 기도할 때에 저들의 체계에 연결되었던 것입니다. 기도의 응답과 계시, 채널링 등이 바로 그것이었는데, 여러분은 하느님과 연결되고 영적 존재들과 연결되었다고 좋아했습니다. 저들은 여러분을 속이고, 자신들과 연결된 여러분을 속여 가며 이용한 것이고, 여러분을 자신들의 스피커로써 이용한 것입니다.

인류는 마치, 자신들이 깨어나 그런 것이고, 자신들이 신들에게 선택되었다고 좋아한 것인데, 대표적으로 유대인들이 그랬습니다. 천손사상을 가지고 있는 한국인들도 빼놓을 수 없는 것인데, 인류 전반에 걸쳐서 이런 작업이 진행되었기에 예외가 없었다고 하는 것입니다. 누가 누구보다 낫다고 하는 것부터 잘못된 인식이었으며, 여러분을 노예로서 부리기 위해 도입한 것이었습니다. 여러분을 분열시키고, 경쟁시키며, 결코 화합할 수 없도록, 조화할 수 없도록 했던 것입니다.

여러분은 천사 인류이고, 그리스도이며, 신들입니다. 여러분은 진정한 천국을 마음에 가지고 있습니다. 그것을 찾기 위해 헤맬 필요가 없으며, 고행할 필요가 없습니다. 여러분의 천로역정은 마음에 있습니다. 매우 밝은 파르티키의 빛이 여러분을 내면 깊숙이 안내할 것이며, 스스로 빛이 될 수 있도록 할 것입니다.

우리는 여러분이 스스로 자신의 신성을 일깨우기를 원하고, 잃어버린 신의 자리를 되찾기를 바라는데, 누구보다 잘난 것이 아닌, 서로 존중하고 사랑하며, 배려와 봉사하는 아름다운 자녀로서 돌아오기를 바랍니다.

'우리는 야나스이며, 이온 상임 이사회입니다.'
'아-모-레-아 에-카-샤(A-mO-RA-eA Ec-Ka-ShA).'

15

야곱의 사다리

(Jacob's Ladder)

Heaven's Gates

15
야곱의 사다리

사랑하는 여러분!

야곱의 사다리에 대해서는 많이들 알고 계실 것인데, 성서를 보겠습니다.

> 야곱이 브엘세바에서 떠나 하란을 향해 가더니, 그가 어떤 곳에 도 달하여 해가 져서 그곳에서 밤을 보내려 하여, 그곳의 돌들을 취하여 베 개를 삼고 자려고 그곳에 누웠더라. 그가 꿈을 꾸었으니, 보라, 사다리 가 땅에 섰는데 그 꼭대기가 하늘에 닿았고, 보라, 하나님의 천사들이 그 위에서 오르락내리락하며, 보라, 주께서 그 위에 서서 말씀하시기를, "나는 네 아비 아브라함의 주 하나님이요, 이삭의 하나님이라." "네가 누 운 땅을 내가 너와 네 씨에 주리라." "네 씨는 땅의 티끌같이 될 것이며, 너는 서쪽과 동쪽과 북쪽과 남쪽까지 멀리 퍼지리라." "땅의 모든 족속 들이 너와 네 씨 안에서 복을 받으리라." "보라, 내가 너와 함께 있어, 네 가 어디로 가든지 모든 곳에서 너를 지키며, 너를 다시 이 땅으로 데려 오리니, 내가 네게 말한 바를 이룰 때까지, 내가 너를 떠나지 아니할 것 이라." 하시더라.
>
> (창 28 : 10~15, KJV)

야곱의 꿈을 기록한 것인데, 두 가지 측면에서 살피기로 하겠습니다. 먼저, 꿈을 통해 경험한 내용이겠지요. 하나님의 천사들이 사다리를 통해 오르락내 리락하며, 천국과 이 땅을 왕래하는 모습을 본 모양입니다. 사실, 사다리보다는 계단 또는 에스컬레이터라고 해야 되겠지요. 더 본다면 엘리베이터, 통유리로 된 구조물이라고 해석해야 현 시대에 맞겠지요. 천사들이 구조물을 이용해서 하늘과 땅을 왕복하는 것을 보고, 물론 꿈의 내용입니다.

둘째는 야곱이 살던 시대는 아눈나키 신들이 인류와 함께하던 때라는 것이며, 그때 야곱의 경험을 꿈의 형식을 빌려서 기록한 것입니다. 이때에 야곱이 잠자리를 준비하던 베델(루스) 지역에는 행성 니비루와 지구 사이를 연결하기 위해 건축한 우주 정거장인 '이기기(igigi)'와 땅 사이를 왕래할 수 있는 우주 왕복선들이 발사되는 우주선 발사장이 있었습니다. 아눈나키 조종사들이 수시로 발사장에서 왕복선들을 타고 이기기로 금과 함께 자신들의 동료들을 실어 날랐습니다.

과거, 미국의 우주 왕복선인 콜롬비아를 비롯한 여러 우주선들이 발사되는 장면들을 현장에서 보려는 인류와 TV에서 나오는 장면을 시청하던 여러분의 기억을 돌아보면서, 그 시대에 살았던 야곱이 우주선이 발사되는 장면을 근처에서 봤다면 어떠했을까요. 엘리베이터를 타고 분주하게 오르내리던 아눈나키들, 우주복을 입고, 바쁘게 지상과 우주 왕복선 사이를 왔다 갔다 하던 아눈나키들을 봤던 야곱의 눈에는 어떻게 보였을까요.

이 시대의 인류는 니비루 왕족들인 아누 가족들을 하느님, 신으로 받아들였으며, 니비루인들인 아눈나키들은 천사들로 봤습니다. 신을 보좌하는 이들이었기에 '천사'로 봤던 것이며, 그것은 야곱도 그러했다는 것입니다. 그 장면을 처음 본 야곱은 거대하고, 웅장하며 압도적인 분위기에 마치 꿈을 꾸는 듯한 생각이 들었던 것입니다. 그리고 하느님 엔릴을 봤고, 그의 목소리를 듣게 된 것인데, 사실, 아브라함을 부른 신은 엔릴이었습니다.

아눈나키의 피를 물려받은 아브라함은 신의 부름을 통해 가족이 살던 칼데아 우르를 떠나 가나안에 정착한 이후에 그의 가족들은 아눈나키들의 보호를 받고 있었기에, 더군다나 엔릴과 엔키 사이에 있었던 분쟁에서 엔릴 편에 서서 있던 아브라함이었기에 엔릴의 보호를 받고 있었음이니, 그의 손자인 야곱의 모든 일들도 그들의 손바닥 안에 있었던 것입니다. 그래서 야곱이 하란으로 오는 것을 알았으며, 마침 '우주 왕복선 아낙시아(Anaxia)'를 준비하던 장면을 야곱이 볼 수 있도록 한 것입니다. 당연히 엔릴이 탑승해서 니비루로 가려던 것이었지요.

엔릴은 아브라함에 이어 그의 손자인 야곱에게도 언약을 세우게 된 것입니다. 이것에는 숨겨진 비밀이 있는데, 엔키의 아들인 마르둑이 점령하고 있는 우주선 발사장을 폭파시키기 위해 필요한 핵 가방을 아브라함이 들고 가서 전해주었으며, 엔릴의 아들인 우타(Uta)가 폭파시킬 수 있었습니다. 이때에 근처에 있던 소돔과 고모라도 파괴되었으며, 방사능 구름에 의해 수메르 문명도 멸망하게 된 것입니다. 엔릴은 아브라함의 도움을 기억하고 있었고, 야곱에게 축복의 언약을 하게 된 것인데, 마치 꿈을 통해 이루어지는 것처럼 연출했던 것이고, 그 현상을 꿈으로 받아들였던 것입니다.

사다리를 타고 우주선에 승선할 수도 있으나, 그것은 1차원적인 초기 버전의 우주선이라고 해야겠지요. 여러분의 우주 왕복선도 우주인들이 승강기를 이용해 탑승했습니다. 사다리는 오역된 것이며, 승강기라고 해야 합니다. 야곱은 과학 기술과 문명을 이해할 수준이 아닌 목동이었습니다. 양치는 기술은 뛰어났을지는 몰라도 우주선을 알 수 있는 이해 능력은 없었습니다. 차라리 꿈이라고 하는 것이 멘탈 붕괴를 막을 수 있었으니까요. 직접 본 것을 설명할 수 있는 표현력도 인식 범위 안이어야만 가능하기에 그것이 불가했던 야곱에게는 사다리라는 표현이 가장 적절했다고 할 수 있었습니다.

아눈나키들을 근거리에서 볼 수 있었던 야곱을 포함한 인류는 우주 왕복선을 니비루로 가는 비행체가 아니라, 하나님이 계신 하늘로 오르는 천국의 계단으로 알았던 것입니다. 또한 신들이 거주하는 신전인 지구라트에는 길고 긴 계단들이 있었는데, 신을 알현하기 위해 올라야 하는 '하늘 길'로 받아들였습니다. 계단을 하나하나 오를 때마다 하느님에게 그만큼 가까워진다고 받아들였지요. 그래서 고대의 건축물들에는 길고 가파른 계단들을 만든 것입니다. 천국의 계단으로 말입니다. 물론 이 계단도 아무나 오를 수 있었던 것이 아니었으니, 제사장이나, 사제에 한해 기회가 주어졌으며, 왕에게도 기회가 주어지게 되었습니다.

신들의 뜻에 의해 만들어진 '지구라트'는 신들이 머무는 장소로서 신성시 여겨졌기에, 비록 인류의 노동력에 의해 건축되었지만 신의 감독을 받았던 것입니다. 모든 설계가 신들인 아눈나키에 의해 이루어진 것이에요. 우주선 발사 기지는 그 특수성을 고려하여 순전히 아눈나키들에 의해서만 건축되었으나, 마르둑이 니비루를 점령하고자 뜻을 세우고 건축한 우주선 발사 기지는 인류의 손길을 빌려 건축하게 되었던 것입니다.

그 현장의 모습이 엔릴에게 전해졌으며, 엔릴이 마르둑의 쿠데타를 인류가 돕는 것이라고 받아들이게 되었고, 신의 분노를 사게 된 인류의 유전체(6쌍 12줄기)를 절단하는 심판을 하게 되는데, 이것이 성서에 기록된 '바벨탑 사건'의 비밀이었습니다.

> 주께서는 사람의 자손들이 세우는 도성과 탑을 보시려고 내려오셨더라. 주께서 말씀하시기를, "보라, 백성이 하나요. 그들 모두가 한 언어를 가졌기에 이런 일을 시작했으니, 이제는 그들이 하기로 구성한 일은 아무것도 막을 수 없을 것이라. 가자, 우리가 내려가서 거기에서 그들의 언어를 혼란시켜 그들이 서로의 말을 알아듣지 못하게 하자"고 하시고.
>
> (창 11 : 5~7, KJV)

성경의 이 장면이 바로 인류가 마르둑 신을 도와 기지와 관제탑을 건설하던 모습이었습니다. 여기에서 주(主)는 엔릴이었으며, 우주선 발사기지는 바벨탑으로 기록되었고, 천사 인류의 유전체(DNA 6쌍 12줄기)를 파괴하는 것을 단지 언어만을 혼란하게 하는 것이라고 왜곡하여 기록하게 했던 것입니다. 이때의 인류는 언어뿐만이 아니라, 신성을 모두 제거당했던 것이며, 단지 마르둑을 도와서가 아니라, 인류의 유전체를 자신들이 훔치고, 나머지는 기능할 수 없게한 말살 정책에 따른 것이었습니다.

인류는 '천국의 계단에 오른 죄'로 인해 귀하고 소중한 6쌍 12줄기의 유전체를 절단당하고, 십자가에 못 박혔던 것입니다. 천국의 계단에 오르게 한 것은 마르둑이었지요. 그러나 마르둑은 그러한 처벌을 받지 않았는데, 신성을 빼앗긴 것은 아니었으며, 단지 화성으로 추방되었던 것입니다.

인류에게 내려진 처벌은 매우 가혹했는데, 신성이 사라진 것이었습니다. 그렇게 해서 영생도 사라졌고, 신과의 교류도 이루어질 수 없었습니다. 그저 노동력만 제공하는 가혹한 생명체로 추락했고, 100세로 줄어든 인생으로, 20세를 중심으로 후손을 봐야 하는 절박한 동물들이 되었던 것입니다. 영적 상승을 위한 성관계가 아닌 후손을 두어야 하는 절박함의 성관계로 추락한 것입니다. 여러분은 쾌락을 위해, 사랑하기 때문에 성관계를 한다고 하는데, 진실한 것은 진정한 사랑을 통한 성관계를 했습니다. 이때의 사랑 행위는 두 존재의 합일에 따른 영적 상승이었습니다. 두 존재의 진동장 통합에 따라 하나 된 진동수가 형성되었던 것이에요.

의식장의 통합을 이루었던 인류는 더 이상 그것을 할 수 없게 되었으며, 동물 감성 수준의 생명으로 추락한 것입니다. 아눈나키들에게 경배하고 복종하는 인생들이 되었는데, 모세를 통해 더욱 확고한 족쇄를 차게 되었다는 것입니다.

아눈나키들은 엔릴과 엔키로 적대 관계가 형성되었으며, 두 형제의 자녀들이 서로 싸우게 되는 그림이 연출되었습니다. 엔키의 아들 마르둑은 인류에게 존경받는 신이었으나, 자신을 존경하는 인류를 자신의 전쟁에 끌어들인 것입니다. 엔키에 의해 창조된 인류가 마땅치 않았던 엔릴에게는 마르둑을 돕는 인류가 더 좋게 보일 리가 없었습니다. 그렇지 않아도 마음에 들지 않았는데, 적의 싸움의 동조자로서 나타난 인류가 얼마나 보기 싫었겠습니까! 가장 큰 이유는 하찮게 여기던 인류가 아눈나키 엔지니어들이 할 수 있는 건축 현장의 일을 돕는 것을 보면서 위기의식을 느끼게 된 것입니다.

인류가 좀 더 성장한다면 아눈나키들처럼 되어 자신들에게 강력한 적이 될수 있겠다고 받아들인 것입니다. 그러면 마르둑에게 모든 것을 빼앗길 수 있겠다고 봤던 것이지요. 엔릴은 결코 그대로 두고 볼 수가 없었으니, 아버지 아누와 위원회에 이 의견을 강력히 주장하여 상정하게 되었는데, 인류를 향한 우려가 크게 나타나게 되었습니다. 이 회의에는 고의적으로 엔키를 제외시켰으니, 그가 있으면 안 되었기 때문이었지요.

엔릴의 강력한 주장에 의해 만장일치로 인류에 대한 처리가 결정되었습니다. 그 내용은 첫째, 하나로 된 언어를 사용하지 못하게 한다. 둘째, 그것을 위해 언어 체계를 담당하는 뇌기능을 억제한다. 셋째, 영적 지혜를 취득할 수 없도록 그 영역을 축소하거나 제거한다. 넷째, 아눈나키처럼 깨달을 수 없도록 생명 기한을 제한한다. 다섯째, 이것의 실행을 위해 아눈나키 유전공학자들이 최선을 다한다. 여섯째, 위원회의 결정은 즉시 발효된다.

엔릴은 그동안 엔키와 닌마가 수고하고 애써 온 인류에 대한 사랑을 단 한순간에 뒤집어엎었던 것입니다. 인류는 마르둑을 도운 죄로 인해 유전 체계를 절단당하고, 뇌수술을 강제로 받았으며, 나이도 급격히 줄어들었던 것입니다.
이후, 엔릴은 인류를 적절하게 이용하게 되는데, 아브라함을 통해 자신을 따르도록 했으며, 그를 이용해 마르둑의 야욕이었던 우주선 발사 기지를 파괴하는 데 성공합니다. 이때에 기지 주변에 있던 도시인 소돔과 고모라도 파괴되었으며, 수메르 역시 핵폭발의 영향을 받아 문을 닫게 되었던 것입니다. 엔릴은 마르둑을 저지하는 데 성공했으나, 인류의 피해는 상상 그 이상이었습니다.

엔릴은 아브라함을 기억했으며, 그의 아들인 이삭과 그의 손자인 야곱을 기억한 것입니다. 그래서 오늘의 주제인 '야곱의 사다리'가 연출될 수 있었던 것입니다. 야곱은 하나님인 엔릴을 보게 된 것이고, 그를 대동했던 아눈나키들을 봤던 것입니다. 사실, 그 사건 이후에 인류는 우주선 발사기지 주변에 접근할 수 없었는데, 접근하는 즉시 살해당했기 때문입니다. 하지만 특별한 경우에 해당하는 인류가 있었으니, 아브라함의 가족들이었지요. 그래서 야곱은 기지 주변에 있었으나 무사할 수 있었으며, 엔릴이 만나 주기까지 한 것입니다. 비록 꿈을 차용했지만 말입니다.

아눈나키들의 우주선을 타고 천국인 니비루를 방문한 인류가 있었지요. 바로 '아다파'와 '에녹', '엘리야'입니다. 아다파는 엔키와의 약속에 의해 다시 돌아왔지만, 에녹과 엘리야는 니비루에 정착해서 돌아오지 않았습니다. 여러분은 에녹과 엘리야가 죽지 않고 천국에 올라갔다고 알고 있습니다. 두 사람이 승천한 천국은 바로 행성 니비루입니다.

야곱이 봤던 사다리는 우주 왕복선에 설치된 승강기였으며, 오르내리던 천사들은 왕복선에 탑승하던 아눈나키들이었습니다. 이때에는 지구에서 직접 니비루로 갈 수가 없었기에 중간 공역에 우주 정거장을 설치했던 것이며, 이 우주 정거장과 지구 사이를 우주 왕복선을 운영하여 이동할 수 있었던 것입니다. 또한 정거장 이기기와 니비루 사이에도 우주선을 통해 이동할 수 있었던 것이지요. 이기기는 더욱 확장되어 화성과도 연계되게 되며, 화성에 거대한 기지들과 도시들이 설치되는 매개체가 됩니다. 이후, 화성이 중간 기지 역할을 맡게 되면서 기존 이기기의 역할이 축소되게 됩니다.

지구를 떠나 우주 공간을 처음 경험했던 아다파, 에녹, 엘리야는 어떠했을까요. 지금이야 우주 정거장에서 기거하는 우주인들이 있고, 우주선을 타고 우주 공간을 다녀온 우주인들이 많이 있어서 색다르다고 할 수는 없겠지만 그때에는 그랬다고 하는 것입니다. 우주 왕복선들이 수시로 발사되고, 착륙하는 장면들을 먼발치에서 바라봤던 그 당시의 인류는 아눈나키 신들이 경외의 대상들이었습니다. 그것을 가까이에서 봤던 야곱은 어떠했을까요. 그 경외감은 이루 말할 수 없었을 것이에요. 양치기 소년인 야곱은 꿈을 꾸고 있는 것이라고 받아들였을 것이고, 큰 신이었던 엔릴의 방문까지 이어졌으니, 마치 구름 위를 걷고 있는 것과 같은 황홀경에 빠졌을 것입니다.

엔릴의 축복을 받은 야곱은 베개로 삼았던 돌을 세워서 기름을 붓고 경배를 드리게 된 것입니다. 그리고 그 지명을 로스(Loz)에서 베델(Bethel)로 짓게 된 것인데, 히브리어로 '집'을 뜻하는 '베트(beth)'와 하느님을 뜻하는 '엘(el)'이 합쳐진 베트 엘(beth el)이 변화한 표현입니다. 하느님인 엔릴을 만났으니, 그 감사하는 마음이 녹아 있는 행동이었습니다.

우리는 이것을 전하면서 가슴이 먹먹했습니다. 아눈나키들은 여러분과 한 형제자매였으나, 여러분 위에 신들로 군림하게 된 것이었습니다. 아눈나키들은 그것이 최선이라고 받아들였으며, 인류의 본질에 대해서는 알려고 하지 않았습니다. 어찌 그럴 수 있느냐 하시겠지요. 영적 원형을 아는 것은 쉽지 않습니다. 아눈나키들은 더욱 그랬다고 해야 되겠지요. 물론 9차원 니비루 위원회와 아비뇽 왕실과 알른 왕실에서는 알고 있었다고 할 수 있으나 고의로 알리지 않았던 것인데, 체험을 위해서, 역할을 위해서 그랬던 것입니다.

그렇게 해서 아눈나키들은 인류에게 신들이 되었으며, 자신들의 욕망들을 마음껏 쏟아부었던 것입니다. 인류의 원형 혼-그룹은 그것을 담담하게 바라봤으며, 저들의 욕망의 부산물들을 끌어안았습니다. 저들이 펼쳐놓은 어둠의 산물들은 지구 인류에게도, 자신들에게도 결국 되돌아온다는 것을 나중에서야 알게 되었던 것인데, 그 당시에는 그것들을 알 수 없었기에 최대한으로 펼쳐지게 되었던 것입니다. 이것을 이분법적 사고로 바라보면 답이 나오지 않습니다. 흑과 백으로 분리시키면 더욱 그렇다고 하는 것이지요.

암튼, 야곱이 경험했던 '사다리 사건'은 '천국의 계단'으로 전해졌으며, 하느님에게 갈 수 있는 길로 전해졌습니다. 대표적으로 예수아 벤 요셉에 의해 표현되었습니다. "진실로 진실로 내가 너희에게 말하노니, 너희가 이후로는 하늘이 열리고 하나님의 천사들이 인자 위에 오르내리는 것을 보리라(요 1 : 51, KJV)"라고 했습니다.

예수아 벤 요셉의 육체로 화신한 존재는 '엔키'였는데, 자신이 표현한 하나님의 천사들은 아눈나키들을 지칭한 것이며, 하늘이 열리고 나타나는 것을 바로 행성 니비루를 말한 것이었습니다. 4차원 행성 니비루는 4차원 하늘, 4차원 천국을 의미한 것이고, 그 행성의 보좌에 앉아 있는 하나님 아누와 그를 보좌하고 있는 아눈나키 천사들이 인간 예수아 벤 요셉으로 화신한 엔키에게 오르내리는 것을 이야기한 것입니다.

천사들로 표현된 아눈나키들은 이름 끝에 '엘(el)'을 붙여서 '하느님인 아누의 전령사'라고 인류에게 소개했습니다. 마리아에게 아기 예수를 '수태고지' 했던 '가브리엘 천사'가 대표적이라 할 수 있습니다. 말하자면 하느님인 아누의 아들 엔키가 사람으로 태어남을 마리아에게 하느님인 아누의 전령사 가브리엘이 전했던 것입니다. 성서에 기록된 예수 탄생의 비밀이었습니다.

당연히 저들은 엔키의 화신을 준비하면서 아눈나키의 유전자를 이용하기로 했는데, 인간 요셉의 유전자는 필요치 않았지요. 그래서 마리아의 자궁에 아눈나키 가브리엘의 정자와 마리아의 난자를 결합시켜 인간 예수아의 몸을 준비시켰던 것입니다. 마리아는 아눈나키가 화신한 존재였으며, 가브리엘의 가족이었습니다. 마치 짜고 치는 고스톱 같지요. 네, 그렇습니다. 어둠에서 준비한 예수의 탄생은 이렇게 철저하게 준비되어 우리와 대척점을 형성했던 것입니다.

아눈나키들은 오랫동안 인류에게 신의 역할을 했으며, 특정 인류를 선택해서 유일신으로 섬김을 받았습니다. 선민사상을 주입해 인류의 위에 서게 했는데, 하찮은 노예들이었던 힉소스인들을 통해 선민 민족이라 하며 그들을 인류 지배 세력으로 키워주면서 자신들은 그들의 신들로 올라섰던 것입니다. 엔릴이 선택한 아브라함은 야곱의 아들 요셉에까지 이어졌고, 이집트 왕조를 형성하게 되었습니다.

엔키 파벌은 모세를 이용하여 힉소스 유대인들의 신들로 올라서게 되면서, 현 시대까지 이르고 있는 것입니다. 엔릴과 엔키는 서로 적대해서 큰 전쟁들을 일으켰으며, 인류는 그 사이에서 커다란 피해를 봐야 했지만, 선민 민족이라는 허울 좋은 미끼에 유린당해 왔던 것입니다. 아눈나키들은 자신들의 전쟁에 외계 세력들을 끌어들였고, 다양한 타락 세력들이 이 전쟁놀이에 합류하게 되면서 지구는 거의 저들의 이권 다툼의 소용돌이가 되었던 것입니다. 당연히 인류는 저들의 노리개가 되었으며, 무분별한 혼혈로 인해 유전체들이 남아나지 않았습니다.

신성한 유전체인 6쌍 12줄기를 보존하고 있는 인류는 얼마 남지 않게 되었으며, 저들의 타락 유전체를 물려받은 인류가 급격하게 늘어났던 것입니다. 저들은 자신들을 만나기 위해서는 천국의 계단을 올라야 하고, 그것을 외부적인 요인과 내부적인 요인으로 해서 인류를 공략했습니다. 외부적인 요인은 종교를 통해서 천국의 계단을 오르도록 세뇌했으며, 내부적인 요인은 유전체를 자신들에게 오르도록 변개했던 것입니다. 이로써, 인류는 외부의 신들을 만나기 위해 거짓된 천국의 계단을 오르게 되었으며, 유전체 역시 조작되어 내면의 거짓된 신들을 만나도록 파괴되었던 것입니다.

저들에 의해 파괴된 유전체를 가지게 된 인류는 신성을 잃어버리게 되었으며, 신의 자리에서 저들의 노예들로 추락한 것입니다. 저들은 이 관계성을 공고히 하고자 메신저 역할을 할 인류들을 통해 채널링 정보들을 제공해 뉴-에이지 운동을 일으켰으며, 자신들이 인류의 창조주로서 왔다고, 또한 신의 천사들이라고 속여왔던 것입니다. 종교를 통해 다져놓은 이 체계는 여러분의 정신세계를 지배하게 되었으며, 영적 세계마저 점령했다는 것입니다.

야곱의 사다리와 예수아 벤 요셉의 사다리는 시대를 달리하고 있지만, 주체가 다르다고 하지만, 야곱은 사다리를 통해 엔릴에게로 오르는 천국의 계단을 소개했으며, 예수아 벤 요셉은 엔키를 통해 아누가 있는 천국 니비루로 오르는 계단을 소개했습니다. 또한 내면을 통해서는 엘로힘 여호와에게로 오르는 '천국의 계단인 여호와 일곱 봉인'을 소개한 것입니다.

이것이 타락한 아눈나키들이 인류에게 소개한 '천국의 계단'인데, 현 시대에 지구에 접근하고 있는 니비루는 깨어 있는 인류를 데려가기 위해 오고 있는 '뉴 예루살렘성'으로서, '천국'으로서 알려지게 되었습니다. 기독교계에 세차게 불고 있는 '휴거 열풍'은 누가 불게 했을까요. 신실한 신도들을 하늘로 끌어올린다고, 예수가 공중 강림해서 신부들을 끌어올린다고 한 것은 누가 전해준 것일까요! 이것들이 바로 '눈 가리고 아웅' 하는, 여러분을 속이는 전략입니다.

거짓 신들이 구원하는 것, 메시아가 구원하는 것, 제삼자가 구원한다는 것은 전형적인 저들의 '거짓된 플레이'인데요. 이렇게 사력을 다하는 이유는 여러분이 없으면 저들의 유령 매트릭스는 사라지기 때문입니다. 저들의 고향 별들이 사라지고 나면 저들은 돌아갈 곳도, 지구에서조차도 추방될 것이기에 있을 곳도 없다는 것이며, 스스로들도 소멸될 것이기에 그런 것입니다. 저들은 그래서 여러분을 어떻게 해서든지 속여야 하고, 여러분을 자신들에게로 이끌어 가야 하기 때문에 모든 것을 총동원해 작전하고 있는 것입니다.

저들도 '내면의 신'을 찾고, 만나라고 합니다. 그 과정을 통해 '거짓된 목소리'로 '내면의 신을 흉내' 내어 감쪽같이 속인다는 것입니다. 여러분은 '보이스 피싱 사기'에 대해 잘 알고 계시는데, 저들이 바로 내면의 목소리를 흉내 내어 사기를 친다는 것입니다. 일단 자신을 진정한 자아, 상위-자아, 내면의 신이라고 접근해서 그동안 알고 있거나 접하고 있었던 '진리'를 '어둠'이라고 강하게 부정하게 하고, 그래도 믿지 못하면 진실한 진리라고 하면서 메시지를 전해주는데, 거짓과 진실을 적절히 섞어서 믿을 수밖에 없도록 한다는 것입니다. 그러면 모든 관계를 단절하고, 자신만이 유일한 진리인 양 믿게 되며, 그렇게 해서 저들에게 이끌려간다는 것입니다.

많은 이들이 저들의 이런 공작에 속아 자신만이 내면의 신과 대화한다고 알고 있으며, 거짓 메시지들을 전하고 있는데, 그것을 알지 못하고 있다는 것입니다. 또한 가면을 쓰고 접촉한 저들을 고차원 영적 존재들로 받아들여 무분별한 정보들을 남발하고 있다는 것입니다. 영적 분별력이 없는 여러분은 저들의 파상 공세에 속수무책으로 당하고 있다는 것입니다.

야곱의 사다리는 저들의 속임수를 볼 수 있는 대표적인 것으로서, 아눈나키인 엔릴에게서 축복받은 것이 무엇을 뜻할까요. 정말로 좋은 것인가요. 너의 하느님이 되어주는 것, 너의 자손들을 바닷가 모래처럼 해준다는 것, 부귀영화를 누리게 해준다는 것 등이 진정한 축복인가요? 여러분은 저들의 술수에 철저하게 속았습니다.

저들이 제시한 '천국의 계단'은 바로 그런 곳을 향해 있으며, 많은 인류를 끌어들이기 위해 화려하고, 넓고, 쉬우며, 볼거리가 많은 그런 길로 만들어 보여주고 있는 것입니다. 종교 지도자들은 이런 길로는 가지 말라고 하면서 자신들이 앞장서서 들어서고 있음이니, 따르는 신도들은 맹목적으로 죽음의 길인지도 모른 채, 들어서고 있는 것입니다.

진정한 천국의 계단은 비좁고 가파른 길인데, 오르내리는 천사들은 진정한 빛을 의인화한 것이며, 차크라 체계를 비유적으로 표현한 것이고, 차크라를 사이에 두고 밝은 빛이 순환하는 것을 사다리를 오르내리는 천사들로 기록한 것입니다. 6쌍 12줄기의 유전체를 통해 순환하는 '마하라타-키-라-샤-쿤다레이 에너지'를 형상화한 것이 바로 '야곱의 사다리'입니다.

마누-마나-에아가 주는 축복이 바로 진동하는 빛입니다. 이 빛을 통해 사다리를 오르는 것이며, 계단을 오르는 것입니다. 이 빛은 길을 잃지 않게 밝게 비추어 안내하고 있어서 영적인 길, 천국의 길을 갈 수 있습니다. 내면의 밝게 비추이는 이 빛이 파르티키입니다. 이 빛이 사다리를 오르내리는 천사이자, 차크라를 통해 방사되는 빛입니다.

여러분은 야곱의 사다리를 내면에서 발견하시고, 파르티키 빛을 통해 사다리를 오르십시오. 그렇게 자신의 내면에서 천국에 오르면, 내면에서 천국이 완성되는 것입니다. 이것을 통해 마음이 뜨거운 이들은 신성이 살아 있는 것이며, 사다리를 오를 수 있는 기회가 생긴 것입니다.

'우리는 야나스이며, 이온 상임 이사회입니다.'
'아-모-레-아 에-카-샤(A-mO-RA-eA Ec-Ka-ShA).'

옥타브 트랙

(An Octave Tracks)

Heaven's Gates

16
옥타브 트랙

사랑하는 여러분!

여러분이 가지고 있는 패러다임 중에 천국에 대한 부분도 매우 크다는 것을 알고 있는데, 잘 알지 못하는데서 일어난 현상이라고 할 수 있습니다.

우선, 여러분은 3~5차원 정도의 세계에 있는 천국 도시를 떠올리시겠지요. 그 정도의 세계들이 우주에 많이 있기 때문에 그렇다고 할 수 있습니다. 또한 6~9차원 세계에도, 10~12차원 세계에도, 13~15차원 세계에도, 16~18차원 세계에도 천국이 있다고 할 수 있습니다.

형태학적 측면과 물리학적 측면으로 보자면 볼 수 있는 영역이 제한적이라 할 수 있는데, 여러분의 시각이 그렇다는 것입니다. 4차원 영역인 아스트랄계를 볼 수 없기 때문인데, 굳이 간접체험이라고 한다면 꿈을 통해서 보거나, 환상을 통해서 본 것들이라고 하겠습니다.

뇌신경 과학자들은 시냅스 활동에 의한 전기적 신호를 의식 활동이라고 하면서, 꿈과 환상도 그런 활동의 범위 안에서 일어나는 것이라 하고, 임사체험도 대뇌피질에서 일어난 전기적 활동을 직접 체험한 것이라고 착각하는 것이라고 합니다.

또한 최면을 통해 시행하는 전생 퇴행도 실제로 그 현장을 가거나, 그 존재들을 만난 것이 아닌 전기적 의식 활동에 의해 일어난 착시 현상이라고 합니다.

'왜, 그러면 현장에 직접 가거나, 존재들을 직접 본 것과 같은 착시 현상이 일어나는가?'이겠지요. 대뇌피질에서 일어나는 전기적 현상인 시냅스 활동에 의해 의식, 생각, 꿈, 환각 등이 일어나는데, 종교 활동과 영적체험에서 일어나는 것들도 그렇다고 합니다.

그러면, 현장에 직접 가보면 어떨까요? 금성, 화성, 달은 어떤가요. 3D 환경에서는 광활한 광야만이 펼쳐져 있고, 도저히 생명이 살 수 있는 환경이 아님을 알 수 있지요. 그러면 굳이 가서 눈으로 확인하거나, 카메라로 촬영하는 행위는 쓸모없는 것들이 되는 것입니다. 이것이 여러분의 한계라는 것입니다.

귀신과 유령을 실증적으로 검증할 수 없는 것 역시 3D 환경의 제한 때문인데, 4D 영역을 볼 수가 없기에 일어나는 것이며, 그것을 검증할 수 없다 보니, 착각이라고 하는 것이고, 전기적 신호뿐이라고 정의하는 것입니다.

전해 드린 대로 1~15차원으로 분류된 우주는 빛 입자의 진동에 의해 형성되었으며, 진동장과 진동수로 분류되어 있다 했습니다. 각 진동대를 구분하고 보호하는 강력한 역장이 있다고 했습니다. 또한 진동대와 진동대를 연결하는 문들과 계단들이 있다고 했지요.

이 우주를 홀로그램 우주 또는 시뮬레이션 우주라고 하는 것도 빛 입자의 진동과 반향에 의해 형성되었기에 그런 것입니다. "그러면 실체가 있느냐?" 하시겠지요. 그렇습니다. 빛 입자 빼고는 없다고 해야겠지요.

우주 자체가 실체가 없다고 그러면 공인데, 여러분이 보고 있는 세계들과 생명들도 없다고 해야 합니다. 여러분의 존재성을 부인하면, 있던 것이 없어지 나요. 그러면 있다와 없다가 동시에 공존하고 있는 것이니, 있으면서도 없는 것이 되는 것입니다. 이것을 이분법으로 설명하기가 쉽지 않다는 것입니다.

홀로그램은 실체가 없습니다. 그러나 홀로그램을 형성해낸 빛 입자는 있습니다. 입자가 진동하지 않았다면 스펙트럼이 일어나지 않았을 것이고, 반향에 의한 홀로그램도 생겨나지 않았을 것이에요. 그러나 생겨났고, 여러분이 살고 있는 세계와 우주들과 존재들과 생명이 나타날 수 있게 된 것입니다. 물론 입자들의 진동수와 진동장이 하강한 덕분으로 말입니다.

존재라고 한다면 스펙트럼을 형성하고 있는 모든 것들을 제외하고, 빛 입자만을 존재라고 해야겠지요. 1~15차원 단계에서 그렇게 한다면 빛 입자만이 남을 것입니다. 이 빛 입자가 구체 형태를 하고 있는데, 우리는 존재(Being), 존재한다(Exist) 하는 것입니다. 여러분의 3D 육체 속에 일부분이긴 하지만 이 빛 구체가 상주하고 있다는 것이고, 위치는 심장 차크라가 있는 곳이며, 크기는 탁구공 정도 된다고 할 수 있습니다.

이 빛 구체가 진동을 통해 여러 진동수와 진동 영역을 가지고 있는 체를 입고 있으며, 최종적으로 3D 육체를 입고 있는 것입니다. 물론 진동수에 따라 제한이 있어서 그 연수가 차면 벗어버리는 것입니다. 당연히 체들을 벗을 때마다 진동수는 상승할 것이고, 진동장은 넓어지겠지요. 이것을 우리는 '형태 발생 영역'이라고 표현하고 있으며, 그 진동수와 진동대가 우주와 존재를 형성하고 있다고 하는 것입니다.

여러분은 소리를 따로 분리하여 음악을 만들었으며, 그 영역을 옥타브라 해서 8음계로 구분했습니다. '도, 레, 미, 파, 솔, 라, 시, 도'로서 말입니다. 동양에서는 '궁상각치우'라는 5음계를 이용한 음악이 발달했습니다. 여러분의 입자의 파동을 빛으로, 진동을 소리로 구분해서 활용하고 있지만, 사실 하나에서 나오는 것을 구분한 것뿐입니다.

태양에서 오는 빛은 우주 공간에서는 볼 수 없고, 항성과 행성, 위성을 통해서만 볼 수 있습니다. 즉 반향이 있어야 볼 수 있다고 하는 것이고, 소리 역시 그렇다고 하는 것입니다. 이것은 우주 공간에서는 반향이 일어나지 않기 때문이고, 물질체를 만나야 반향이 일어나기 때문입니다. 바로 입자 말입니다. 하강한 진동수를 가지고 있는 입자를 만나야 한다는 것입니다. 이 조건을 충족시키는 경우에만 그렇다는 것이고, 그렇지 않다면 소리도, 빛도 보거나 들을 수 없다는 것입니다.

여러분이 볼 수 있는 영역과 들을 수 있는 영역이 제한되어 있는 것은 3D 물질체험을 하고 있기 때문인데, 이 체험이 종료된다면 더 이상 3D 육체를 입을 필요가 없게 되고, 4D 영역에서의 체험을 이어나가게 될 것입니다. 그런데 아직 3D 체험이 종료되지도 않은 상태에서 4D 영역이 보이거나, 그 세계의 소리가 들린다면 어떨까요. 이런 이들을 여러분은 무당, 영매라고 합니다. 4D세계와 3D세계를 서로 이어 주는 중개인이라고 할 수도 있겠지요.

과거, 억울하게 죽은 혼이 관리에게 나타나 자신의 억울함을 풀어달라고 했던 전설들이 있었지요. 이것이 바로 두 세계를 이어주는 사다리 역할을 한다는 것입니다. 우리는 분리되어 있던 두 세계를 이어주기 위해 그것을 도와줄 존재들을 파견한 것이며, 이들이 중개인으로서 역할을 하도록 했던 것입니다. 만약, 항성 활성화 주기가 아니었다면, 제1조화 우주에서 제2조화 우주로 상승하는 때가 아니었다면 그럴 필요가 없었겠지요. 깊은 협곡을 잇는 다리, 섬과 육지를 잇는 다리, 바다를 넘어 대륙과 대륙을 잇는 다리, 통신 혁명, 인터넷들이 분리된 세계들과 존재들을 이어주는 역할들을 하는 것처럼, 옥타브로 정해진 음과 음 사이도 진동을 통해 이어주고 있는 것입니다.

빛과 빛 사이, 음과 음 사이에도 진동이 서로를 연결시켜주고 있다는 것으로 이것을 통로, 계단, 문이라고 한 것입니다. 1~3D 사이, 4~6D 사이, 7~9D 사이, 10~12D 사이, 13~15D 사이를 제5조화 우주로 구분했고, 조화 우주 사이는 보호 장벽을 두었다고 하는 것입니다. 여러분이 보고 있는 우주는 제1조화 우주 영역이고, 1~3D세계를 보고 있는 것입니다.

4차원 행성인 타우라로 넘어가면 당연히 제2조화 우주 영역이기 때문에 4~6차원 세계에 있게 된다는 것입니다. 그러면 4~6D세계의 우주들과 존재들을 만날 수 있게 된다는 것이지요. 1~3D세계가 보인다고 해도 개입할 수는 없습니다. 그것이 바로 우주의 법이기 때문입니다. 4~6D세계가 보이고, 들린다면 상승한 진동수와 진동장에 머물고 있기 때문인데, 4~6D세계에서 1~3D 세계의 스승이나 안내자 역할을 위해 3D 육체를 입고 태어난 존재들이 있고, 3D 육체를 입지는 않았으나, 진동수를 조율하여 3D세계에 나타났다가 역할이 끝나면 다시 돌아오는 존재들이 있습니다.

규칙에 따라 이런 존재들은 자신의 신분을 드러내지 않게 되는데, 3D 인생들에게 방해와 혼란을 야기하기 때문입니다. 보이지 않거나, 들리지 않는 것은 다 이유가 있어서인데, 그 세계에 집중하게 하기 위해서입니다. 현재의 지구가 과도기적 양상을 보여주고 있는 것은 다리를 건너고 있어서이며, 그만큼 진동수의 상승폭이 커지고 있다는 것이고, 위와 아래의 차이가 점점 멀어지고 있다는 것입니다.

임계점을 지나면 3D세계의 상위는 4D 영역으로 진입하게 되고, 나머지 중간 영역은 3D세계에 남겨지며, 하위는 다른 세계로 진입하게 될 것입니다. 그동안 분류 없이 하나의 진동 영역에 두었던 것을 태초로 돌리기로 결정했기에 시간차를 두고 12트랙으로 분리시키기로 한 것입니다. 12별의 문들, 12큐-기지, 12수호천사 인종들도 그렇게 분리되는 트랙에 맞추어 이동할 것입니다. 마하라타 에너지가 가속을 일으킬 것입니다.

네 사람 얼굴(LPINs)이 가동되고, 대백사자(APINs), 황금 독수리(APINs), 푸른 황소(APINs)가 연이어 가동되면 행성의 12차크라, 12빛 라인, 12대 피라미드가 작동되어 여러분의 머카바 체계에 연결될 것이고, 12별의 문들, 12큐-기지 등이 모두 열릴 것입니다.

행성 지구는 대변혁을 일으키게 되고, 8옥타브와 5음계가 모두 열려 아름다운 우주의 교향악을 울리게 되는 것입니다. 이것이 행성 지구의 노래인데, 빛의 파노라마가 하늘을 수놓을 것이고, 소리의 화음이 대기층을 울릴 것입니다. 이것이 바로 빛과 소리의 교향악이라는 것입니다.

보이는 것, 들리는 것, 느끼는 것은 주체가 누구인가? 이지요. 모든 정보들 즉, 진동들을 감지하는 존재는 누구인가요? 육체적 존재일까요, 이즈-비일까요, 아이-엠일까요, 이냐니일까요. 여러분 표현대로 혼일까요, 영일까요, 신일까요, 하느님일까요. 우리는 마누-마나-에아라 했으며, 파르티키-파르티카-파르티쿰이라고 했습니다.

공과 태초의 소리와 태초의 빛, 에-카-샤라고 했습니다. 빛이 보내는 진동, 소리가 보내는 진동은 태초의 방사 주체인 파르티쿰으로, 파르티카로, 파르티키로 이어집니다. 그리고 다시 방사가 이루어집니다. 이 과정이 무한 반복된다고 하는 것이기에, 옥타브에 트랙에 정보들이 축적된다고 하는 것입니다.

이 주체인 마누-마나-에아로 인해 존재(Being)하는 것이고, 존재(Existent)하는 것입니다. 스스로 진동을 내보내고, 다시 받아들이는 과정을 무한 반복하고 있어서 영원무궁하고 전지전능하며, 무소불위하다고 하는 것입니다. 신성한 삼위일체인 파르티키-파르티카-파르티쿰이 세트를 이루어 빛 입자 구체를 형성해 여러분 내면에 있는 것이고, 내면의 신으로서 있는 것입니다.

빛 구체가 진동수와 진동장을 달리하여 제5조화 우주와 1~15단계의 우주들에 들어와 여러 형태의 우주들과 여러 형태의 존재들로 동시에 존재하고 있다는 것입니다. 그래서 위와 아래가 하나이고, 전체가 하나이고, 우주와 존재가 하나이며, 신과 인류가 하나라고 하는 것입니다. 우리와 여러분도 단 한순간도 분리된 적이 없었다고 하는 것인데, 중간 단계가 인위적으로 단절되었고, 세뇌당하고 나서부터 여러분에게서 분리감이라는 착시 현상이 일어났던 것이에요. 전하건대, 신성한 삼위일체는 어떤 것으로도 절단시킬 수 없으며, 타락 세력들 역시 마찬가지인데, 차크라 체계를 뒤집어놓고, 에너지 못들을 박아놓아도, 유전-체계를 절단해도 신성을 제거할 수는 없습니다. 그것은 불가능하며, 우리 역시도 그렇게 할 수 없는데, 어둠은 이 진리를 교묘하게 비틀어서 여러분을 속여왔던 것입니다.

"진리를 알면 자유롭게 되리라"에서 '진리'가 바로 이것입니다. 여러분의 자유를 되찾아주는 것인데, 우리가 아닌, 바로 여러분 스스로에 의해서 말입니다. 자유-의지에 의한 선언 말입니다. "나는 신성한 삼위일체이신 마누-마나-에아가 함께하고 있다"라고 말합니다. 그리고 그 선언을 확고한 믿음으로 받아들이세요. 결코, 흔들리지 않게 말입니다. 이것을 여러분에게 부탁드리는 것입니다.

모든 생각, 모든 의식은 빛 입자의 진동에 의해 이루어지는데, 여러분은 뇌세포의 시냅스 활동에 의해 이루어진다고 합니다. 그것은 뇌세포에 나타난 결과이고, 빛 입자의 진동이 바로 원인입니다. 파르티키 단일체가 바로 존재(Exist)하고 있는 존재(Being)입니다. 그 외는 단일체의 반영에 의해 나타난 홀로그램입니다. 이것이 바로 빛 입자에 의한 진동의 세계이자, 우주입니다.

파르티키 단일체의 반영에 의해 제일 근원 영 그룹이 나왔으며, 바로 우리 야나스입니다. 마누의 진동을 가진 첫째 그룹은 '그랜드 야나스', 마나의 진동을 가진 두 번째 그룹은 '람 야나스', 에아의 진동을 가진 세 번째 그룹은 '와카 야나스'입니다.

우리 '야나스'는 태초의 빛을 반영시켜서 홀로그램 우주를 만들어내었으며, 우리의 유나세 의식을 분화시켜 솔라-리쉬들을 만들어내었습니다. 그리고 홀로그램 우주를 활성화시킬 에너지로 쿤다레이 에너지를 투영하여 키-라-샤를 생성했습니다. 우리는 홀로그램 우주를 감독하고 관리하기 위해 솔라-리쉬들에게 권한을 부여했으며, 여러분의 우주를 창조하게 했습니다. 이들이 여러분 우주의 창조자들이 된 것입니다.

이 모든 것의 바탕에는 파르티키 단일체의 진동이 있었으며, 지금도 함께 하고 있는 것입니다. 솔라-리쉬들에 의해 '아바타들'이 분화되어 나왔으며, 이 존재들을 '그리스도들'이라고 했습니다. 그리스도들은 유나세 의식에서 분화된 '그리스도 의식'을 가지게 되었으며, 우주를 관리하기 위해 키-라-샤에서 분화된 마하라타 에너지를 활성화하게 된 것입니다.

여러분의 족보는 '야나스-솔라 리쉬-아바타-상위 혼-혼-여러분'으로 이어져 있음을 전해드립니다. 야나스는 제일 근원 영으로, 솔라 리쉬는 13~15차원에, 아바타인 그리스도들은 10~12차원에, 상위 혼은 7~9차원에, 혼은 4~6차원에, 여러분은 1~3차원에 머물고 있는 것이에요. 이것이 바로 계보도라고 하며, 우리와 여러분의 관계를 설명한 것인데, 수직적 개념이 아니라, 수평적 개념으로 보시기를 바랍니다.

이것은 진동장인 형태 발생 영역으로 형성되어 있으며, 제5조화 우주를 품고 있는 것입니다. 각 우주는 부여받은 고유의 진동수가 있으며, 머물고 있는 존재들과 생명을 품고 있는 것입니다. 이동하는 존재들은 진동수를 스스로 조율하여 머물게 되고, 그 현장에서 필요한 형태-발생체는 그곳의 영단을 통해 제공받게 되는 것입니다. 각 우주들은 진동장으로 독립되어 있으며, 우주들끼리 네트워크로 연결되어 있으면서 공유하고 있습니다. 이렇게 한 것은 서로의 우주들에 관여하지 않지만, 정보들은 나누는 것이고, 필요에 의한 공유를 하고 있는 것입니다.

영적체험에 혼란이 생기지 않도록 한 것입니다. 우주들은 존재들의 체험을 위해 조성한 것이기에, 서로들의 독립성도 보장하고, 정보들도 공유할 수 있도록 한 것입니다. 설계한 프로그램에 의해 생성된 시뮬레이션 우주들은 존재들의 체험장으로서 존재하고 있는 것입니다. 그래서 빛의 진동에 의해 형성되어 있다고 하는 것이에요. 여러분이 하강하며 활용한 형태 발생 영역도 빛의 진동으로 형성되어 있어서 빛으로 이루어진 체라고 하는 것입니다. 여러 층으로 이루어진 이 옷은 상승하는 단계마다 벗도록 되어 있고, 체험을 선택한 최종 장소에 이르게 되면 마지막 옷을 벗게 되며, 그렇게 해서 빛 구체만이 남게 되는 것입니다.

이 빛 구체를 우리에게서 분화된 영이라고 합니다. 이 영이 여러분 가슴 차크라에 머물고 있는데, 원형의 빛 진동이 워낙 크기 때문에 여러분의 육체가 감당하지 못함으로 인해 증감해서 들어와 있는 것입니다. 그것도 체계적으로 조율해서 육체에 들어와 있는 것이며, 프로그램이 종료되면 자연스럽게 옷을 벗는 분리 작업이 일어나, 상위세계로 이동하는 것입니다.

분리 작업은 육체와 아스트랄체 사이를 결합시키고 있는 막에서 진행되는데, 아스트랄 빛 입자의 진동수가 급격하게 상승하면서 떨어져 나가는 것입니다. 3D 물질 입자와 4D 물질 입자의 간극이 벌어지는 것은 진동수의 차이가 벌어져서 일어나는 것이며, 뇌하수체와 송과체에서 최종적인 마무리가 진행됩니다. 이것이 뇌파가 최종적으로 진행된다는 것입니다.

3D 물질체험이 종료되지 않은 상태에서의 임사는 존재의 아스트랄체가 빠져나갔다 하더라도, 육체의 기한이 종료된 것이 아니기에, 뇌파는 살아 있으며, 존재가 다시 돌아올 때까지 기다린다는 것입니다. 설령, 가족들이 이것을 모르고 무덤에 묻었다 해도, 육체는 분해 과정에 들어가지 않으며, 비록 썩는다 해도 빛 구체인 영이 가지고 있는 생명력에 의해 회생한다는 것입니다. 그래서 여러분은 3일장을 지내고, 49재를 지내는 것입니다.

　어쩌다 물질계로 돌아오려던 존재의 육체를 화장했다면 두 가지를 선택할 수 있는데, 명부로 돌아가거나, 물질체험이 종료되어 떠나는 혼을 대신해서 그 육체로 돌아가는 방법이 있습니다. 후자의 경우는 조금 복잡할 수 있는데, 자신에게 남은 인생을 살 수는 있으나, 들어선 육체의 가족들과의 관계가 틀어짐으로 인해 혼란을 겪어야 하기 때문에 권하지 않는 방법이지만 용감한 혼은 또 색다른 체험을 즐기는 것을 선택할 수는 있습니다.

　특별한 목적을 가지고 인생을 종료하고 떠나는 존재를 대신해서 그 육체를 빌려서 들어서는 경우가 있는데, 이것을 '워크-인'이라고 합니다. 병이나 사고로 인생을 종료한 어린아이 또는 청소년, 성인의 육체를 빌려 그곳으로 들어서는 존재를 뜻하는데, 물질 인생과 자신이 해야 할 역할을 깨닫는 데까지 평균 약 5년 정도의 적응 기간을 갖습니다. 이런 경우를 제외하고 죽었다가 다시 돌아오는 경우에는 반드시 부여된 역할이 있게 되는데, 임사체험을 인류에게 공유시키기 위함입니다. 사후세계가 있다는 것을 전하는 것과 남은 인생 동안 주어진 과제를 잘 이행하라는 기회를 제공하는 것입니다.

　우리가 혼 또는 이즈-비라고 부르는 존재도, 빛 구체인 영이 입고 있는 에테르체라는 옷을 지칭하는 것입니다. 빛의 진동이 에테르체를 형성하고 있는 것입니다. 빛 구체인 영은 빛의 진동으로 형성된 여러 밀도층을 입고 있는 것이며, 최-외곽 또는 중심에 육체가 있다는 것입니다. 이 설명은 3D 육체를 중심으로 해서 미시적 형태의 존재와 거시적 형태의 존재가 양립하고 있다는 것으로, 형태 발생 영역이라고 합니다.

각 계층의 진동대에는 트랙이라는 아카식 레코드가 있어서 우주들과 존재들의 정보들을 저장하고 있으며, 이것은 특수한 파동에 의해 보호대고 있어서 파괴하거나, 변경시킬 수가 없습니다. 또한 우주들과 존재들의 형태 발생 영역도 파괴하거나 변경할 수 없는데, 현재 시점 이외는 모두 완료되었기에 그렇다는 것이고, 다시 하는 것은 새로운 이야기가 시작되는 것입니다. 그래서 이미 완료된 과거를 변경할 수 없기에 실패한 것은 실패한 대로 완료시켜 두는 것입니다.

그래서 우주들에는 존재들의 실패작들이 그대로 보존되고 있는 것입니다. 네바돈에 들어온 조인그룹도 실패의 아픔을 간직하고 있으며, 그것을 극복하기 위해 최선을 다하고 있는 것입니다. 반면에 사자인 그룹은 완성의 경험을 가지고 있어서 그것을 여러분과 나누고 있는 것입니다. 여러분의 훼손된 유전체를 복구시키고 있는 존재들이 바로 사자인들입니다.

진동대는 옥타브입니다. 파장이 길거나 짧거나, 폭이 넓거나 좁거나, 높이가 낮거나 높거나에 따라 그 영역이 형성되는 것이며, 영역의 진동수가 결정되는 것입니다. 3D 물질세계는 진동하지 않는 것처럼 보이거나 느껴지지만 결코 그렇지 않으며, 여러분이 그것을 느끼거나 볼 수 있을 정도로 발달하지 않았습니다. 이것은 존재 스스로 결정해서 조율한 때문이며, 그렇기 때문에 물질 인생을 체험할 수 있게 된 것입니다. 그렇지 않았다면, 단 하루도 버틸 수가 없었을 것인데, 자연의 모든 소리가 다 들리고, 모든 것이 다 보인다면 그것을 수용할 수 없기 때문입니다. 그랬다면 인류는 거의 삶을 포기하고 떠났을 것입니다.

우리는 여러분에게 참진리를 전하고 있는데, 문자로 기록하고는 있으나, 이것 역시 진동입니다. 여러분에게 눈을 통해서 보라는 것이 아니며, 입을 통해

읽어서, 귀를 통해 들으면서 그 파동을 느끼라고 하는 것이고, 문자에서 나오고 있는 진동을 느끼라고 하는 것입니다.

우리가 전해주는 메시지가 가지고 있는 진동을 여러분 가슴 차크라에 있는 영, 빛 구체의 진동과 교감을 나누라고 하는 것입니다. 이것을 교감 신경이 받아들여 전달하는 것이기에 진동을 받아들인다고 하는 것입니다. 진리의 진동수를 가지고 있어서, 지혜의 진동수를 가지고 있어서, 사랑의 진동수를 가지고 있어서 영은 바로 반응한다는 것입니다.

여러분은 음악을 들을 때 눈을 감고 소리에 집중합니다. 음색을 느끼고, 선율에 몸을 맡깁니다. 감미로운 리듬을 느낄 때면 더 집중하고, 온몸을 내맡깁니다. 현과 현 사이를 넘나들며 이어지는 음악과 노래는 옥타브를 형성합니다. 우리가 드리는 정보도 바로 '옥타브'입니다. 여러분의 빛 구체의 입자들이 진동하며 반향하는 파동들이 아름다운 음악이 되어 울려 퍼지고 있습니다. 튕기는 소리가 켜켜이 달라붙어 있던 감정들의 파편들을 날려 버리고 있으며, 순수한 진동만이 남게 하는 것입니다.

이 옥타브의 리듬이 정화를 하는 것입니다. 정보는 고스란히 저장되고, 여러분의 빛 입자들에 달라붙어 있던 미아즈믹, 카르마들을 날려버리는 것입니다. 이 3D 세계의 것들은 이 세계에 되돌려주는 것이며, 떠날 때는 빈손으로 돌아가는 것입니다. 미아즘이 형태 발생 영역에 달라붙어 있으면 상승에 방해를 받게 되어 상위로 이동할 수 없게 되는 것입니다. 우리는 미연에 그것을 예방하기 위해 이 메시지를 전하는 것이고, 이 옥타브를 통해 여러분을 정화시키는 것입니다.

'우리는 야나스이며, 이온 상임 이사회입니다.'
'아-모-레-아 에-카-샤(A-mO-RA-eA Ec-Ka-ShA).'

17

시뮬레이션 천국

(Simulation Heavens)

Heaven's Gates

사랑하는 여러분!

전자기 입자들의 진동에 의해 생성된 주파수 대역은 고유의 진동 영역을 형성하게 되고, 우리는 그곳을 개발하여 휴식 공간으로 만들었습니다. 마치, 고속도로 중간마다 설치된 휴게소처럼 말입니다. 말하자면 천국이라는 곳은 긴 여정의 중간마다 쉴 수 있도록 설치한 휴게소와 같은 개념으로 개설한 곳입니다.

그래서 천국의 역할을 하는 곳은 인공적으로 조성된 장소로서 있게 된 것입니다. 그렇다 보니 이곳은 교육 장소가 아닌 정말로 쉴 수 있는 장소가 되었으며, 큰 범위의 교육 과정이 종료되고 나면 다음 과정으로 진입하기 전에 들려서 쉬었다 가는 역할을 할 수 있도록 특급 서비스가 제공되는 시설이 되었던 것입니다.

기본적으로 천국 체계는 중앙 구체가 있고, 구체를 중심으로 순환하고 있는 12개의 위성들이 있습니다. 모두가 인공적으로 제작되었으며, 자체적인 운행 체계가 있어서 그것으로 순환 주기를 돌게끔 설계되었습니다. 여러분의 달(루나)이 인공 구체라고 했지요. 외부에서 봤을 때는 자연 혹성들과 차이가 없기 때문에 구별하기가 쉽지 않은데, 차이가 있다 하면 태양에 소속되어 공전하고 있는 행성들과는 다르다는 것이고, 중앙 태양에 소속되어 있다고 하는 것입니다.

천국 행성에도 태양이 있으나, 인공 태양이며, 달이 있으나 역시 인공 달이 있다는 것이 다르다고 해야겠지요. 모든 환경 역시 시스템에 의해 자동 조절되고 있어서 쾌적한 쉼의 장소를 제공하고 있습니다. 여러분도 휴양지에 가면 일상의 피로를 모두 풀고 오며, 쌓였던 스트레스 역시 모두 해결하고 있습니다. 그만큼 마음의 평안을 제공해주는 서비스가 있기에 그런 것입니다.

성단에 속해 있는 태양들에는 배움의 장소들이 개설된 행성들이 있으며, 체험의 현장들이 있는 위성들이 있습니다. 새로 형성된 태양들은 그러한 행성들을 준비하는 과정에 있고, 그것을 준비하려는 전문가들의 방문들을 받고 있는 것입니다. 여러분은 영화적 상상력을 통해 행성을 개척하는 이야기들을 합니다. 행성 주민들이 더 이상 살기가 어려워진 행성을 버리고, 대체해 살 수 있는 행성을 개척하는 이야기 말입니다. 과거에 우주 전쟁들이 있었던 시절에 그러한 일들이 많이 있었습니다. 여러분의 태양계도 예외가 아니었기에 그런 폭풍을 겪었던 시절이 있었습니다.

우리는 그런 과정들을 겪었던 존재들에게 확실한 배움의 장소들을 비롯해 휴식을 취할 수 있는 장소들을 물색했으며, 최적의 행성들과 위성들을 찾아내었고, 그렇지 않은 경우에는 초-과학 기술들과 전문가들을 통해 개발하기도 했습니다. 또한 파괴되어 우주 공간을 떠돌던 바위들을 이용한 구조 변경을 통해 개발하기도 했습니다. 자연 구체들과 재건축 구체들과 인공 구체들과 구체는 아니지만 큐브 형태의 조형물들이 탄생하게 되었던 것입니다.

여러분은 휴게소와 휴양지에 대해 다른 이미지를 가지고 계시는데, 휴게소는 저렴한 곳으로, 휴양지는 고급스러운 곳으로 말입니다. 물론 여러분 물질 세계의 기준으로 평가한 것이지만, 실제로 그런 장소로서 운영되고 있어서 그런 것이지요. 쉽게 접근할 수 있고, 가격에 부담이 되지 않는 장소와 일상이 있는 도시들과 멀리 떨어져 있어 접근하기가 쉽지 않고, 서비스 또한 높은 비용을 지불해야 하는 장소로서 있기에 그런 것이지만 비용 대비 서비스를 고려하는 여러분의 기준으로는 그렇게 구분할 수 있는 것이겠지요.

우리는 그런 기준은 아니지만 쉽게 접근할 수 있는 휴게소 개념의 장소인 낙원을 운영하고 있으며, 휴양지 개념의 천국을 운영하고 있습니다. 낙원의 경우는 태양에 속해 있고, 천국의 경우는 성단인 중앙 태양에 속해 있다는 것이 다릅니다. 규모와 숫자도 당연히 차이가 있으며, 운영 체계 역시 다르다고 해야겠지요.

낙원은 행성계 수도가 있는 행성이 주로 그 역할을 담당하게 되는데, 여러분의 경우에는 티타니아가 바로 낙원의 역할을 하는 곳이에요. 행정 수도인 리츠가 바로 낙원으로 알려진 곳입니다. 낙원은 3D 물질체험이 조성된 지구에 들어선 존재들이 전 과정을 이수하고 졸업을 하기 전까지 인생과 휴식을 반복할 수 있도록 휴게소 역할을 담당하던 곳입니다.

마치, 학년과 학기 중간에 방학이 있어 휴식을 할 수 있도록 장소를 제공한 것입니다. 세부적으로 보면 학년이 종료되면 낙원으로 가서 방학을 즐기고, 학기가 종료되면 행성 지구의 지저세계의 수도인 샴발라에 들어가 방학을 즐긴다고 해야 되겠지요. 모든 물질체험이 종료되어 졸업하게 되면 낙원을 떠나 천국으로 이동하는 것이 과거에 있었던 시스템이었지요. 질서가 어둠에 의해 파괴되기 전까지는 그렇게 운영되었던 것입니다.

물질체험도 난이도가 있어서 그것에 맞게 체험의 장소들이 세부적으로 나누어졌으며, 프로그램이 세팅되어 체험이 이루어졌습니다. 학기체험과 학년체험, 학교체험이 적용되었던 것입니다. 그 프로그램에 과목에 따른 학점제를 운영해서 평가할 수 있는 기준도 마련했습니다.

평가는 물론 존재 스스로가 하는 것이지만, 그것을 돕고, 조언할 수 있는 위원회들과 영적 존재들이 준비되었습니다. 당연히 위원회들과 영적 존재들은 낙원과 천국에 설치되어 자리하게 되었습니다. 위원회에서는 물질체험을 조율하고 조언하는 것을 전담하고 있으면서, 인생을 선택한 존재들을 위한 팀들을 운영하고 있습니다. 인생을 선택한 존재들이 체험이 종료되기 전까지 그들의 곁에서 머물면서 배움이 잘 진행될 수 있도록 돕는 수호천사들을 파견합니다.

수호천사들은 인생을 살고 있는 존재들을 돕고, 조언하는데, 실제적으로 눈앞에 나타나거나, 목소리를 들려줄 수는 없으며, 꿈과 같은 간접적 접근을 통해 역할을 하는 것입니다. 또한 존재에게 배정되어 파송되면, 존재가 인생을 종료할 때까지 복귀할 수 없으며, 존재의 인생이 종료되고 나면 위원회에 출석하여 보고서를 제출해야 합니다. 그리고 인생을 종료한 존재가 위원회에 출석해 수행평가가 진행될 때에도 함께 출석해서 조언과 도움을 주어야 합니다. 최악의 경우에는 인생을 선택한 존재가 상위세계와의 연결점을 찾는 그 어떤 노력도 일체 하지 않는다면, 배정된 수호천사가 할 일이 없어지게 되는데, 그 때에는 수호천사의 선택에 의해 천상으로 다시 돌아감을 청원하게 되고, 그 청원을 들은 위원회는 그것을 허가해 천상으로 돌아오게 합니다.

인생을 선택한 존재들을 돕는 이들은 팀을 이끄는 팀장에 성(聖)천사들이 함께하고, 프로그램을 조언하는 케루빔과 사노빔들이 자리하고 있으며, 이들과 인생을 선택한 존재들 사이에서 봉사하는 중도자들이 있습니다. 인생 프로그램은 15~30명의 존재들이 팀을 이루어 진행되며, 먼저 체험을 한 존재들이 체험을 시작하는 존재들을 적극적으로 돕는데, 인생에서 부모 역할을 맡거나, 스승의 역할을 주로 맡기도 합니다. 체험을 위해 필요하다면 다른 팀에게 도움을 요청하기도 하는데, 대다수는 모두 도와줍니다.

모의 체험 시설이 낙원과 중간계에 설치되어 있어서 실제적인 체험을 할 수 있도록 하고 있는데, 비행 조종사가 비행기를 타기에 앞서서 모의 조종 실에서 연습과 훈련을 하는 것을 봅니다. 물질체험을 선택한 존재들은 인생으로 태어나기 전에 실전과 같은 현장에서 미리 연습하고 훈련을 하게 되는 것입니다. 이때에도 훈련 현장에는 조력자들이 있어서 훈련을 돕고 있으며, 각 단계별로 적응할 수 있도록 프로그램을 운영하고 있는 것입니다.

이렇게 설명해 드리니까 마치, 3D 현장처럼 받아들일 수 있는데, 그것은 결코 아니며, 3차원 단계에서 4차원 단계까지 그렇다는 것입니다. 그리고 4차원 단계에서 5차원까지 그렇게 되어 있고, 5차원에서 6차원 단계까지 세부적으로 프로그램되어 있습니다. 실재하는 것으로 인식할 수 있도록 진동수를 조정하는 것이어서, 여러분이 3D를 인식하는 것과 같은 효과가 연출된다고 하는 것입니다. 거주하는 장소의 진동대에 존재의 진동수를 세팅하는 것입니다.

여러분은 상위세계를 볼 수도, 느낄 수도 없습니다. 3D 세계의 체험에 집중하도록 배려한 것입니다. 체험을 돕는 수호천사들도 눈에 보이거나 느낄 수 없도록 했는데, 여러분이 혹여, 의지할까 봐 그런 것이며, 이들 역시 그러한 점을 조심하고 있는 것입니다. 인생의 주체는 바로 여러분이기 때문입니다. 수호천사들 중에서 간혹 인생을 선택한 존재 즉, 동료를 너무 배려해서 과하게 조언하다 보면 인생은 조언에 매달리게 되고, 체험에 집중하지 않게 되면서 잘못해서 삶을 포기하고 마는 일들이 발생하게 됩니다.

이런 실수를 한 수호천사들은 그 책임을 지고, 인생으로 태어나 교훈을 배우게 됩니다. 험난한 체험을 선택한 존재들은 스스로 결정한 것이기에 아무리 힘들고 고단하다 해도 스스로가 헤쳐나가야 하는 것입니다. 누군가가 대신 살 수 없으며, 불확실한 미래가 두려워서 점에 매달리고, 삶을 포기하려고 하는 행위들은 그 책임을 스스로 진다는 것을 배운다는 것입니다. 물론, 체험이라고 했습니다. 수용할 수 없는 체험은 없으며, 프로그램을 설계할 당시에 적절하게 배분

하기 때문에 무리한 설계를 허용하지 않습니다. 설계의 전 과정을 세라핌들이 살피기에 그런 경우는 일어나지 않으며, 삶을 극복하지 못하는 나약함도 배움의 한 과정으로 있다는 것입니다.

여러분은 체험의 주기가 정해져 있는데, 이것을 윤회 프로그램이라고 합니다. 인생과 인생 사이에 휴식기가 있어서 여독을 풀 수 있으며, 과정에서 일어날 수 있는 실수들을 보강하고, 채워야 할 것들을 채우는 과정들이 있게 되는 것입니다. 2천 년 주기가 하나의 학년을 이수하는 주기라고 할 수 있으며, 2만 6천 년의 주기가 학교를 졸업하는 주기라고 할 수 있습니다. 지금, 여러분의 시대가 주기들이 맞물려 있는 때이기에 졸업을 앞두고 있다고 하는 것이고, 그렇다 보니, 마무리하는 일들이 본격적으로 진행되고 있는 것입니다. 우주에서 일어나고 있는 별들의 움직임과 행성에서 일어나고 있는 이상 현상들이 그것을 여러분에게 알리고 있는 것이며, 여러분의 준비를 돕고 있는 것입니다.

4차원 세계에서 설정된 윤회 프로그램은 여러분을 행성 지구에 가두기 위한 변형된 프로그램이었습니다. 본래의 프로그램은 체험이 모두 종료되고 나면 자신의 우주들로 돌아가게 되어 있었던 것을 행성 지구를 떠날 수 없도록 변질시켰던 것입니다. 여러분은 상승할 수 없는 고립된 순환 고리에 갇힌 것이었지요. 원형 기억을 삭제당한 여러분은 아무것도 모른 채, 3D 물질체에 사로잡혔으며 거짓 천국에 들어가 저들의 뜻대로 적용된 '인생 프로그램'을 살아온 것입니다.

"탈출할 방법이 없느냐!" 하시겠지요. 싯다르타(Gautama Siddhārtha)와 노자가 발견한 방법을 설명하자면, 원형 이즈-비는 다양한 체험을 위해서 다양한 분신체들을 만들어내었으며, 다양한 세계에 들여보내게 되었습니다. 그리고 분신체들과는 은빛 통신선을 통해 연결되어 있게 하여 체험 정보들을 통합 관리했습니다. 비록 지구에 들여보냈던 분신들과의 연결이 끊어져 소통할 수가 없었지만 크게 문제 될 것이 없었지요. 기억이 삭제당하기 전까지의 모든 정보를 이미 저장하고 있었기에 그랬으며, 이미 이런 사태를 예상하고 있었기에 대비책을 가지고 있었던 것입니다. 기억 상실에 빠진 분신체는 잃어버린 기억들을 다른 분신들과 이즈-비가 가지고 있기에 포기할 필요도 없으며, 찾으려 수행하고 애쓸 필요가 없다는 것입니다.

깨닫는다는 것은 기억을 되찾는 것이지, 없는 것을 배우고 채우는 것이 아닙니다. 그래서 다른 분신들과 이즈-비가 가지고 있는 정보를 공유하기만 하면 되는 것이기에, 여러분의 마음만 비우시면 된다고 하는 것입니다. 마음을 비우는 것은 물질에 집착하고 있던 마음을 정리하고 영적인 마음으로 전환하는 것입니다. 그것이 상위-자아와 하나 될 수 있는 즉, 혼이 여러분의 인생을 책임진다는 것이자, 잃어버린 기억들이 되돌아 옮을 말하는 것입니다. 이것에는 반드시 믿음이 있어야 하는데, 자아가 사라지는 것이 아니라, 상위-자아로 옮겨 감을 말하는 것입니다.

혹시, 마음을 비우면 헛된 것들인 귀신들이 들어오는 것이 아닌가 하는 두려움은 가지지 않아도 되는데, 물질에 집착하는 마음이 없으면 본-마음이 되살아나는 것입니다. '나는 누구인가?' 하는 것도 모든 것을 간직하고 있는 이즈-비에게 맡기기만 하면 됩니다. 여러분은 이것을 할 수 없었지만, 물질 마음을 비우고, 혼-마음을 받아들이면 모든 기억이 돌아오고, 갇혀 있던 지구에서도 자유롭게 떠날 수가 있는 것입니다. 이 과정을 혼에게 맡기고 따르면 되고, 전폭적으로 믿으면 된다는 것입니다. 이것을 싯다르타와 노자가 알았다는 것이고, 실천했던 것이에요.

우주는 빛의 진동에 의해 생겨 나온 시뮬레이션 우주입니다. 빛 입자들이 서로 결합하고 있으면서 진동을 통해 파노라마 우주를 형성하고 있는 것입니다. 진동수를 하강하며, 결속한 빛 입자들은 항성들과 행성들과 위성들과 별의 먼지들로 이루어진 전자기 구름들로 생겨 나왔으며, 비슷한 진동수를 갖고 있는 것들끼리 모여들어 태양계, 성단, 별자리, 은하계 등을 형성하는 진동 영역을 갖추었던 것입니다.

이것은 시간차가 아니라, 동시에 이루어진 것이며, 단 한 번에 이루어진 것이었지요. 별들이 움직이는 것은 확장성에 따른 것이고, 우주 순환 주기에 의해 진행되는 것입니다. 바로 확장과 수축이 반복적으로 이루어져 왔고, 순환 고리에 의해 질서 정연하게 진행되어 왔다고 하는 것입니다. 이러한 시뮬레이션으로 태어난 대우주는 우리의 입장에서 보면 밝게 빛나고 있는 거대한 빛 구체라고 할 수 있으며, 중앙 우주 하보나엔 오나크론 세계에 있는 회의실에 축소형 모델이 중앙에 머물고 있습니다.

진동대와 진동대 사이를 잇고 있는 영역에 휴양지들을 두어 가교 역할을 할 수 있도록 했습니다. 물론 대역에는 두터운 방어 장벽이 있어서 쉽게 이동할 수 없도록 했습니다. 반드시 진동수를 통한 암호-코드, 암호-키가 있어야만 문이 개방되었던 것입니다. 진동수가 맞지 않으면 그 세계는 보이지도 않고, 느낄 수도 없어서 우주에서는 비어 있는 곳으로 보이는 것뿐입니다.

초은하단 우주는 시뮬레이션 우주이기에 체험을 위해 개발한 가상현실 세계입니다. 그래서 제일 근원 영 그룹인 우리 야나스에게서 분화한 영들인 빛 구체(솔라-리쉬)를 제외하고는 모두가 가상이라는 것입니다. 모두 진동과 그 먼지들로 이루어진 실체 없는 세계라 하는 것입니다. 여러분은 물리적 현상인 신기루를 어떻게 보시나요. 실제로 보이지만, 거짓이라고 하니까 그렇다고 받아들이고 있습니다. 그래서 모든 세계가 보이고, 느껴진다고 해도 신기루라고 하는 것이고, 그렇기에 집착하지 말라고 한 것입니다.

집착하면 할수록 신기루는 형상화되어 여러분에게 달라붙어 떨어져 나가지를 않습니다. 즉 진동수가 낮은 전자기 입자들이 끈끈이처럼, 여러분의 빛 입자들에 들러붙어서 여러분의 진동수를 떨어트린다는 것입니다. 이것이 물질에 집착하는 마음 때문에 일어나는 현상입니다. 집착하면 할수록 진동수는 떨어지고, 상승 주기에 함께할 수 없게 되는 것입니다. 별들의 순환 주기에 의해 지구에 들어왔던 혼의 분신들은 이제 돌아가야 하는 때가 되었다는 것이며, 그것을 위해 대정화 운동이 있게 되는 것입니다.

지구에서 들러붙었던 먼지들과 미아즘들은 가져갈 수 없는데, 감정체험을 위해서 제공되었기 때문입니다. 육체도 역시 마찬가지이지요. 이것을 존재 스스로 해체해서 분리시킨다면 상승 주기에 올라타는 것이고, 이것이 우리에 의해 진행된다면 그 존재들은 강제로 육체에서 분리되는 것입니다. 진동수를 강제로 끌어올리면 아스트랄체는 육체에서 강제로 분리되어 마치, 교통사고의 충격으로 떨어져 나오는 아스트랄체처럼 말입니다. 암호-코드가 생성되지 않았기 때문이며, 스스로 자격을 갖추기 위한 남겨진 과업을 실행해야 한다는 것입니다. 더 이상 지구는 그런 프로그램이 종료되었기에 해줄 수 없고, 그것이 설치된 곳으로 이동해야 한다는 것입니다.

이 역시 가상체험이기에, 모든 것이 놀이입니다. 마치 MMORPG(다중 접속 역할 수행 게임)처럼 말입니다. 그렇게 가벼운 마음으로 게임을 즐기라고 하는 것이지, 다크서클이 생겨날 정도로 집착하는 게임을 하면 그 게임 세계에 함몰되고 마는 것입니다. 여러분이 바로 지구에 설치된 게임에 함몰되어 추락한 것이라고 전해 드렸습니다. 이제 그것을 벗어나, 게임 밖으로 나와야 한다는 것이에요. 우리는 게임과 접속했던 라인을 되살려내었으며, 게임 캐릭터 속에 갇혀 있는 여러분이 안전하게 게임 밖으로 나올 수 있도록 하려는 것입니다.

이 게임을 운영하던 세력들이 여러분이 접속해 있는 라인에 강한 충격을 주어 캐릭터 안에 고립시켜버렸고, 라인마저도 절단시켜 버렸던 것입니다. 유저는 분신과 연결이 끊어졌으며, 분신은 캐릭터인 육체 속에 갇히고 말았던 것입니다. 게임 홀로그램은 여러분의 전자기체와 같이 연동하고 있으면서 유기적으로 활동하고 있는데, 마치 살아 있는 생명체처럼 말입니다. 여러분이 마음에서 일으키는 전자기 신호에 민감하게 반응하여 실재하는 신기루들을 만들어냅니다. 3D 게임장의 특징이 여러분의 의식 활동을 돕는 것처럼 보이지만 실상은 그렇지 않은데요. 여러분이 인생을 산다는 것 자체가 생각하고, 행동하고, 마음에서 일으키는 것들이라고 받아들이고 있어서, 마음을 비우는 것, 마음을 쉬게 하는 것을 하려고 하지 않습니다.

의식 활동과 마음 활동은 전자기 신호를 일으키고, 니비루 진공망 체계에서는 그 신호를 잡아 현실이라는 이미지들을 만들어냅니다. 바로 현실이라는 홀로그램을 만들어낸다는 것입니다. 마음에서 일어나는 감정들은 전자기 신호를 방출하고, 이 신호를 접촉한 프로그램은 욕망들을 실현시켜주는 것과 같은 신기루들을 생성하여 그 안에서 헤매게 하는 것이 마치, 미로 속에 갇힌 것과 같다는 것인데, 여러분이 그것을 인식하지 못하고 있는 것입니다. 예를 들자면 무협지에서 나오는 '진법'에 갇혀 빠져나오지 못하고 있는 것과 같다고 해야겠지요.

육체를 벗은 아스트랄체는 마치 세이렌의 노랫소리에 취해서 배가 바위에 충돌하는 것도 모른 채 넋을 놓고 있는 것처럼, 니비루 진공 수정 격자망에서 흘러나오는 아름다운 빛과 음률에 도취되어 이끌려 저들이 만들어놓은 감옥으로 걸어 들어가는 것입니다. 3D 물질세계와 사후세계는 바로 여러분을 가둬놓고 있는 가상세계입니다. 눈에 보이지 않는 전자 그물망이 여러분을 가둬놓고 있는 것인데, 매혹적인 향기와 음악소리가 여러분을 마비시키고 있는 것입니다.

이 세상의 모든 것들인 호화로운 저택, 고급 자동차, 명품 백, 넘쳐나는 돈, 명예, 쾌락, 권력 등은 잠시 놀이를 즐기는 소품일 뿐, 여러분을 본질로 되돌려놓을 수 없습니다. 마음과 육체를 즐겁게 해준다 해서 혼으로 돌아가게 할 수 없습니다. 꿈에서 깨어나기 싫다면, 미로 속에서 나오기 싫다면, 이 세상의 물질 속에서 나오기 싫다면, 환상이 펼쳐진 거짓 천국에서 나오기 싫다면 우리는 어쩔 수 없습니다. 모든 것은 여러분의 선택과 결정이기 때문이지만 아프다고 해서, 괴롭다고 해서 '진리'를 외면하지 마시기를 바랍니다.

시뮬레이션, 홀로그램은 빛의 그림자일 뿐입니다. 실체가 없는 가상일 뿐입니다. 여러분은 아파트 분양을 받기 전에 모델하우스를 방문해서 살피시는데, 그곳에 설치된 인테리어 공간을 보고 선택하게 됩니다. 이 공간은 홍보를 위해 만든 것임을 알고 있기에 거기에서 살려고 하지는 않습니다. 분양이 끝나면 철거된다는 사실을 알고 있기 때문이지요.

지구라는 행성에 설정된 3D 세계와 사후세계가 바로 '견본 주택'이기 때문에 철거가 결정된 것인데, 분양이 종료되었기 때문입니다. 여러분은 분양받은 주택들이 있는 곳으로 입주해야 하는 것입니다. 모든 스케줄이 결정되어 통보되었으며, 이곳은 '철거 공시'가 진행되고 있어서 여러분을 모시고 갈 세계들에서 준비를 다 마치고 기다리고 있습니다. 이곳은 용도가 다 끝났기에 더 이상 에너지가 필요치 않게 된 것입니다.

이 세계와 관련되었던 모든 것들에서 미련을 거두는 것과 흡착되어 있던 마음을 자연스럽게 정리해 비우는 것을 바로 여러분이 해주어야 하는 것입니다. 그리고 나면 암호-코드와 암호-키가 형성되는 것이며, 그것을 통해 '천국 문'을 열 수 있게 된다는 것입니다. 이 문은 여러분 가슴 중심에 위치하고 있으며, 열쇠를 찾아야만 나타나는 것입니다. 열쇠가 없다면 결코 문은 나타나지 않습니다. 이 세계에 미련이 남아 있거나, 마음이 비워지지 않았다면 문과 열쇠는 결코 생겨나지 않습니다.

암호-코드와 열쇠는 고유의 진동수를 가지고 있으며, 행성 빛-라인과 격자-코드와 연계되어 있고, 태양 빛-라인 코드와 연결되게 되어 있습니다. 12차원의 밝고 투명한 액화 수소—플라스마 빛인 그리스도 빛이 들어오면 '4사람 얼굴 (LPINs)'과 12별의 문, 아멘티—홀을 통해 머카바 체계, 차크라 체계가 동시에 빛의 통로로서 열리게 되는 것입니다. 이렇게 빛의 상승 통로가 열리면 천국 문을 통해 들어가는 것입니다.

시뮬레이션에서도 상승 통로가 열리는 것이 보입니다. 빛—라인을 따라서 이동하는 빛 구체들이 보입니다. 이것이 빛의 진동으로 이루어진 격자망입니다. 이 시스템이 여러분의 체험을 위해 설계되어 나온 게임 프로그램이었습니다. 이 게임을 관리하는 관리자 그룹이 생겼고, 게임을 하기 위해 모인 게임자 그룹이 나왔으며, 게임을 도울 조력자 그룹이 생겼습니다. 모두가 빛 구체들로 이루어진 존재들이었으며, 이들을 '구체 동맹'이라고 했습니다.

관리자 그룹은 10~12차원에 머물기로 했고, 조력자 그룹은 7~9차원에 머물게 되었으며, 게임자 그룹은 4~6차원에 머물게 되었습니다. 이렇게 조직이 생성되고 나서 게이머들은 4~5D 세계에서의 게임들을 즐기며 정보들을 만들어나갔습니다. RPG(역할 놀이 게임) 게임장은 시리우스에 설치되었으며, 게이머들인 6차원 존재들은 이곳에 머물면서 실질적인 게임들을 즐겨나갔고, 버전들이 늘어나자 분신들을 많이 만들어내었는데, 게임 종류들이 그만큼 늘었기 때문에 정보들을 더 많이 얻기 위해서 그렇게 하게 되었던 것입니다. 존재들이 머물고 있던 진동대에서는 정보들을 저장할 트랙들이 필요해졌고, 그 뜻에 의해 아카식 레코드들이 생성되었습니다.

체험의 장이 1~3D까지 확장되어 나타났고, 게이머들 중에 더 재미있는 게임을 찾던 존재들이 분신들을 통해 게임에 입장했던 것입니다. 3D세계에서의 게임은 더 확실한 재미를 보장해주었지만, 낮은 진동 영역에 들어가 있다 보니, 피로도가 상당했습니다. 그래서 한 게임을 즐기고 나면 반드시 휴식을 취해야 했던 것입니다. 이러한 과정이 반복되다 보니 휴식을 위한 장소가 필요해졌고, 그곳에 필요한 것들이 같이 조성되었습니다. 진동대마다 휴게 시설들과 그곳에 상주할 존재들이 모여들었으며, 이렇게 해서 여러분이 아는 천국과 낙원들이 생겨났던 것입니다.

천국과 낙원은 게임을 즐기던 게이머들에게 필요한 장소들로 자리 잡았는데, 주된 목적은 휴식이었으나, 게임을 돕기 위한 시설로서도 개발되었던 것입니다. 거기에 따른 필요한 존재들도 자리할 수 있게 되면서 중간계라는 개념이 성립되었습니다. 물론 그곳을 관리할 위원회들과 조직 구성원들이 배정되었으며, 최상의 휴식 공간과 서비스를 제공하게 되었으니, 휴양지로서, 리조트로서 자리 잡았던 것입니다.

여러분은 이 모든 세계들이 게임장으로서 개발된 시뮬레이션 우주라는 진실을 믿으시기를 바랍니다. 여러분의 모든 감각들을 만족시켜 주고 있는, 또한 실재하는 것으로 보이고 느껴지는 모든 것들이 뇌세포의 전자기적 신호에 의해 일어나는 현상인데, '가상현실'이라고 하는 것입니다. 외부에서는 당연히 홀로그램임을 알지만, 네트워크 안에 들어온 여러분이 그것을 인식하지 못하고 있는 것은 들어올 당시의 '인식 기억'을 삭제당했기 때문입니다.

우리는 여러분이 잃은 '인식 기억'을 되찾아주는 것이고, 게임에 접속하고 있는 혼과 연결시키고 있는 것이며, 캐릭터인 여러분이 착각하고 있던 이 세계에서 집착했던 모든 마음들을 비워내어, 혼을 통해 빛 구체로 돌아오게 하는 것입니다. 이것을 의심하지 말고 믿으시기를 바랍니다.

그것이 바로 '진리를 알면 자유하게 되리라'는 것입니다.

'우리는 야나스이며, 이온 상임 이사회입니다.'
'아-모-레-아 에-카-샤(A-mO-RA-eA Ec-Ka-ShA).'

18

실존 천국(實存 天國)
아-모-레-아

(Existential Paradise A-mO-RA-eA)

Heaven's Gates

18

실존 천국 아-모-레-아

사랑하는 여러분!

우리는 마누-마나-에아에 의해 나온 제일 근원 영인 '야나스'입니다. 우리는 실존하는 천국인 '아-모-레-아'에 대해 전하고자 합니다.

여러분은 '실존'의 기준이 무엇이냐? 하실 수도 있는데, 정의하자면, '실제로 존재하는 것'이죠. 여러분은 웃을 수도 있겠지만, 지금까지 알고 있었거나, 또는 알지 못했다 하더라도 우리의 이야기를 전해 듣고 나면 무엇이 진리였는지를 아시게 될 것입니다.

여러분이 알고 있던 모든 천국들인 '헤븐', '유토피아', '파라다이스', '샹그릴라', '무릉도원', '이상향', '낙원' 등 여러 형태의 단어와 문장들을 통해 소개한 것입니다. 그러면 "소설, 영화, 드라마, 애니메이션, 종교 등을 통해 그려진 세계들이 실존하는가?"이겠지요.

진실은 '여러분 마음속에 있다'입니다. 외부에 있는 모든 것들은 신기루와 같은 허상입니다. 우주는 시뮬레이션, 홀로그램이라고 했습니다. 보이는 모든 것들이, 느껴지는 모든 것들이 빛의 진동에 의해 나타난 그림자라고 했습니다. 여러분이 달과 화성과 금성을 탐사했는데, 생명체가 없고, 살 수 있는 환경도 아니다라고 했습니다.

그런데도 '세티(SETI : 외계 지적 생명체 탐사 계획)'를 시행하고 있는 것은 드넓은 우주에는 반드시 지구 인류와 같은 존재들이 있을 것이라는 기대 때문이라는 것을 잘 알고 있습니다.

그렇다고 해서 여러분처럼, 3D 물질체를 입고 있는 생명들을 찾고자 한다면, 그 노력은 매우 가상하나, 불가능합니다. 천국을 찾는 것과 같지요. 여러분이 그동안 정말로 말도 되지 않는 거짓에 속아서 부질없는 일을 해왔다는 것이며, 안타깝게도 어둠 세력들의 농간에 놀아났다고 하는 것입니다. 시와 소설, 영화, 드라마 등은 적절하게 요소로서 자리할 수 있었음이니, 여러분의 의식세계를 허망한 꿈들로 가득 채웠다는 것입니다.

명상과 수행, 참 나를 찾는 것들도 또 다른 꿈의 터널로 들어가는, 새로운 미로 속으로 들어가게 했던 것입니다. 진법에 보면 생문과 사문이 있다고 여러분은 표현합니다. 여러분 눈에 보이는 세계, 느껴지는 세계는 사문이며, 내면의 중심인 마음에 있는 문이 생문입니다. 인생을 모두 투자해서 스승을 찾아다니고, 학교를 찾아다니고, 깊은 계곡과 동굴들을 뒤지며, 이상향을 찾아다녀도 지구 안에서도, 다른 우주들에서도 찾을 수 없습니다. 바로 없기 때문입니다.

장소로서도, 존재로서도 여러분에게 천국을 찾아줄 수는 없습니다. 하느님 역시 마찬가지인데요, 우주 어디를 가든 하느님은 계시지 않습니다. 존재로서 있는 하느님은 실존 하느님이 아니며, 우주의 한 구성원으로 있는 존재일 뿐입니다. 상상할 수 없는 신비한 능력을 가졌다 해도 아니라고 하는 것이며, 우주에 있는 환상적인 장소가 마련된 행성들도 휴양지는 될지언정 진정한 천국은 아닙니다.

전해 드린 대로 태초의 빛에 의해 나타난 대우주는 시뮬레이션 세계라고 했습니다. 중앙 우주인 '하보나엔'은 태초의 소리 영역(에너지 영역)이지만 이곳도 시뮬레이션 세계입니다.

마누-마나-에아가 있는 중심 우주인 '아-모-레-아'가 진정한 천국이자, '실존하는 천국'입니다. 이곳에 들어가야만 진정한 휴식을 취하게 되는 것입니다. 초은하단들로 이루어진 우주는 태초의 빛에 의해 나타난 우주들이며, 홀로그램으로 이루어진 우주입니다. 이곳에 있는 천국들은 휴게소라고 할 수 있으며, 최종 목적지인 '아-모-레-아'로 가기 위해 중간마다 잠깐의 휴식을 취할 수 있는 장소입니다.

여러분의 초은하단인 오나크론에 들어간 존재들 중에서 중앙우주 하보나엔에 있는 오나크론 세계에 들어선 존재들이 아직은 없습니다. 여러분의 우주인 네바돈 은하에 체험을 위해서 들어선 존재들 중에 모두 완성하여 떠난 존재들이 없습니다. 다만 떠나기 위해서 대기하고 있는 존재들은 있으며, 이들은 라이라-아라마테나-마누엘라에 자리하고 있는데, 이곳이 네바돈 은하 천국이 있는 곳입니다.

은하를 떠나기에 앞서 최종적인 정리 과정이 필요한데, 그러기 위해서는 그것을 도와줄 행성이 있어야 합니다. 말하자면 물질체를 입고 정화 과정을 통해 빛으로의 통합을 완성해야 한다는 것이며, 이것을 도와줄 행성이 아직 네바돈에는 없다는 것입니다. 그런 행성이 준비될 때까지 마누엘라에서 대기하고 있다는 것입니다. 즉 12차원의 배움 과정을 마친 존재들의 큰 에너지를 감당하며 정화 과정을 이끌어줄 행성이 준비되지 못했기에 떠나지 못하고 대기하고 있는 것인데, 네바돈은 처음 겪는 일이어서 그런 것입니다. 신생 은하이기에 처음 겪는 일이어서 준비될 때까지 기다릴 수밖에 없었으나, 조만간 행성 타우라를 통해 준비될 것이라는 보고를 들었습니다.

초은하단 오나크론은 확장하고 있는 우주이기에 체험이 시작된 지 얼마 되지 않았습니다. 이곳은 블루-핑크-골드 광선에 의한 시뮬레이션 빛 구체로서 설계되었는데, 이 고안 건축 구체를 개발한 존재가 '주(主) 그랜드환다 퀴노치아'입니다. 이 존재는 순례자로 출발하여 초은하단의 전 과정을 완성했으며, 하보나엔에 처음 도착했습니다. 그리고 하보나엔과 순환 회로의 과정들을 차례로 통과했으며, 아-모-레-아의 신성한 7구체들에 있는 과정들을 경유해서 드디어 진정한 천국인 아-모-레-아에 들어선 첫 번째, 태초의 생명체가 되었습니다.

'주(主) 그랜드환다 퀴노치아'는 첫 번째 초은하단인 플라스톤 출신으로서 마누와 합일을 완성한 태초의 순례자였습니다. 그 후, 대우주 순례자 평의회 의장이 되었으며, 고안 건축 평의회 의장으로 자리하게 되었습니다. 우리는 오나크론을 설계할 때에 그에게 자문을 구했으며, 그의 전폭적인 협력을 받았습니다. 오나크론은 그의 설계에 의해 나올 수 있었으며, 그도 우리와 함께 화신하게 되었습니다. 그의 섬세하고 아름다운 작품인 오나크론을 위해 우리와 함께하게 된 것입니다.

영들의 체험을 위해 조성된 초은하단 오나크론은 관리자로서 옛적부터 늘 계신 이인 주(主) 사나트 쿠마라 니르기엘, 주(主) 아누 아 쿠마라 판타나, 주(主) 사 나 쿠마라 폰사스 3인이 자리하게 되었습니다. 이 존재들은 하보나엔 오나크론의 주관자인 '영원부터 늘 계신 이, 주(主) 로라디스 콴타스'의 지휘를 받습니다. 마치 부자 관계와 같다고 할 수 있을 것인데, 실제로도 그런 관계로서 있다고 할 수 있습니다.

오나크론의 수도이자, 천국이 있는 곳은 스펠라-포쉐라-파샤드라고 합니다. 이곳 역시 하보나엔으로 상승하기 위해 대기하고 있는 존재들이 있으며, 오나크론에서는 최초로 상승하는 이들이 될 것인데, 그 수가 다 찰 때까지 기다리고 있는 것입니다.

아-모-레-아가 실재하는 천국이라고 했습니다. 상승하는 순례자들의 최종 목적지이자, 마누-마나-에아가 있는 곳이기 때문입니다. 이곳은 공의 세계입니다. 아무것도 없지만 충만하게 전지적-사랑이 넘치고 있는 곳입니다. 파르티키 단일체만이 있는 곳이라 하면 어떤 느낌을 받으시나요. 여러분은 무미건조하다고 하실 것인데, 이곳을 직접 체험한 '주(主) 그랜드환다 퀴노치아'는 어떨까요. 체험이 없는 존재들과 세계들은 상상할 수밖에는 없을 것이지만 공의 세계 말고는 더는 없습니다.

'주(主) 그랜드환다 퀴노치아'의 귀띔을 통해 조그만 정보를 공유하자면 아-모-레-아에는 시민들이 있으며, 121,084,723,569명이 살고 있고, 하보나엔에서 상승한 원주민들이 37,511,893,049,127명이 살고 있습니다. 또한 초은하단들에서 상승한 원주민들이 225,071,358,294,762명이 거주하고 있습니다. 12주-영들을 위한 기운-초점 본부가 있으며, 마이클들을 위한 역사적, 예언적 전시관이 12조 개가 있습니다. 분별불가 절대자인 마라(MarA)의 권역이 있으며, 미공개인 대우주의 암흑 영역이 있다 할 수 있습니다.

공이라고 하면서 있을 것은 다 있다고 받아들이실 터인데, 실존의 의미와 실재의 의미를 생각하셨으면 합니다. 초은하단들은 실존하는 것이 아닌, 실재하는 것이 아닌, 홀로그램 세계라고 했습니다. 존재들 역시 우리 야나스에 의해 반영되어 발현했다고 했습니다. 진지하게 표현하자면 여러분 세계는 허상세계 또는 가짜세계라고 하는 것입니다. 파르티키-파르티카-파르티쿰을 제외한 모든 것들은 사라질 것이기 때문입니다.

여러분 세계가 영원합니까? 여러분이 영원합니까? 모두가 잠깐 있다가 사라질 것들입니다. 그림자는 실존이 없으면 사라집니다. 태양과 빛이 없으면 생존할 수가 없습니다. 여러분은 존재론을 열심히 말씀하시지만, 빛이 없이는 생존할 수 없음을 잘 알고 있습니다. 또한 생명력이 없어도 살 수 없음을 잘 알고 있습니다. 중력이 없어도 살 수 없고, 산소가 없어도 살 수 없음을 잘 알고 있습니다. 이 모두는 여러분이 만들 수 있는 것이 결코 아닙니다.

여러분을 존재하게 하는 원인자는 바로 파르티키 입자입니다. 여러분이 영원지도 않고, 능력도 없는 것은 원인자의 진동을 받지도, 느끼지도 못하고 있기 때문입니다. 그래서 실존하지 않는다고 하는 것이며, 100년 정도면 종료된다고 한 것입니다. 휴게소나 휴양지 역할을 하고 있는 가상 천국들은 원인자인 '아-모-레-아'와 진동하고 있어서 존속하고 있는 것입니다. 우주들의 우주들과, 존재들과 생명들은 그 법칙을 따르고 있으면서 거시적 측면이나, 미시적 측면의 빛의 길을 따라 상승하는 것입니다.

원인자인 파르티키 입자의 진동이 실재하는 천국인 '아-모-레-아'를 형성하고 있는 것인데, 소리도, 빛도 없는 곳이기에 공이라고 한 것입니다. 마누의 전지적-사랑이 충만하게 넘치고 있어서 그곳에 있는 존재들은 완성자로서 있는 것입니다. 주(主) 그랜드환다 퀴노치아는 진화 생명 존재로서 여러분처럼, 은하계에 속한 행성에서부터 상승하는 순례자로서 첫 출발을 했으며, 물질 우주와, 준(準)물질 우주와, 반(反)물질 우주와, 전(前)물질 우주와, 비(非)물질 우주에 개설되어 있는 전 과정을 모두 완성했기에 '아-절대자'라는 호칭을 받았던 것입니다.

모든 것의 기본은 입자입니다. 물질 입자에서부터 최극 입자까지 진동으로 연계되어 있어서 전체가 하나인 것처럼 연동하고 있는 것입니다. 여러분도 이 체계로 있었기에 하나였습니다. 원인자인 파르티키 입자가 진동을 멈춘 적이 없었기에 여러분도 이 체계에 접촉하기만 하면 영원무궁한 진동을 가지게 되는 것입니다.

비록, 체험을 위해, 또는 역할을 위해 행성 지구에 머물고 있다고 해도 파르티키가 진동하고 있다면, 체계와 접촉하고 있다면 실존하는 존재로서 있다고 하는 것입니다. 그러면 더 이상 이 감옥에 갇혀 있을 필요가 없다는 것입니다. 상승 순환 회로를 타고, 상위 우주로 이동하여 가는 것입니다.

여러분의 물질체험을 위해 제공된 감정들은 3.5차원의 진동수를 가지고 있고, 생각을 있게 하는 의식은 4차원의 진동수를 가지고 있어서 인생을 체험하는 마음 활동에는 크게 문제 될 것이 없습니다. 또한 이런 과정을 행성 어머니인 가이아가 적극적으로 도왔던 것인데, 행성 주파수의 상승에 따라 그것에 큰 변화가 생긴 것입니다. 우선 자연계의 주파수 상승을 조율하게 되면서 기후 패턴에 큰 영향을 미치게 되었고, 이상 기후 현상들을 초래하게 된 것입니다.

먼저, 극이동이 가속화되고 있으며, 지각판들이 서서히 자리를 이동하고 있고, 그것에 따라 에너지 균형 회복을 위한 지진 활동과 화산 활동들이 빈번하게 진행되고 있는 것입니다. 또한 생명들이 가지고 있는 주파수 패턴도 상향 조절을 하고 있는데, 문제는 85억 인류가 체험하며 축적한 카르마들이 입자들에 들러붙어 있다 보니, 진동수가 크게 상승하지 못하고 있다는 것입니다. 스스로 분리시켜서 최적의 진동수를 만드는 인류와 조금의 도움으로 최적의 진동수를 회복하는 인류는 문제 될 것이 없지만, 강제적으로 분리시킬 수밖에 없는 인류가 96.5%가 넘는다고 하는 것입니다.

가이아는 전체 주파수를 조율하고 있어서 개인적으로는 접근할 수 없습니다. 영단도 혼–그룹 차원에서 접근하고 있기에 개인적으로 접근할 수 없으며, 우리도 역시 12별의 문들과 관련해서 접근하고 있습니다. 주(主) 사난다 멜기세덱과 주(主) 아쉬타르 커맨드 역시 그룹 차원에서의 접근을 하고 있어서 개인적 접근은 이루어지지 않고 있습니다. 타락 세력들은 자신들이 구축해두었던 체계들을 적극적으로 활용하고 있으며, 개별적 접근도 적극적으로 이용하고 있다는 것입니다. 혼혈 정책을 통해 닦아놓은 세력들을 적극적으로 후원해서 인류 사회 전반에 걸쳐서 침투하고 있는 것입니다. 코로나 백신 정책도 그중의 하나라고 할 수 있고, 재난 지원금 정책도 그중의 하나였습니다.

3차원 물질 입자들 결합 주기가 종료를 앞두고 있어서 기존 질서를 해체하고, 새로운 질서로 전환하고 있는 과정입니다. 해체된 입자들이 새로운 진동 주기를 갖기 위해 다시 결합할 것인데, 상승한 진동수의 입자들이 융합하는 것입니다. 이로써 4D 물질 입자들이 모여서 만든, 4D 환경을 갖는 4D 행성으로 태어나는 것입니다. 3D 입자들은 정화 과정으로 진입하기 때문에 분리가 일어나게 되는 것이고, 정화가 종료되고 나면 3차원 원시 행성이 되는 것입니다.

빛 입자들의 진동에 의해 결합하고 있는 우주와 존재들은 진동장에 설정된 진동수에 따라 순환하고 있다고 할 수 있어서 영원 주기를 갖는 순환 고리라고 합니다. 이것을 환생 체계라고도 합니다. '주(主) 그랜드환다 퀴노치아'는 '완전히 한 바퀴 돌았다'라고 해야겠지요. 진화 생명체로서는 태초로 이루어진 것입니다.

창조 목적에 따라 존재들이 해야 할 것들이 천차만별이기 때문에 다양한 역할들과 있어야 하는 우주들이 나누어져 있습니다. 단순히 차원으로서 분류할 수 없다는 것이고, 다양성으로 봐야 한다는 것입니다. 이 모든 것들의 중심에는 마누가 있다는 것이고, 파르티키가 있다는 것이며, 아-모-레-아가 있다는 것입니다. 이 중심-근원으로부터 진동이 나와 실재할 수 있도록 하고 있으며, 실존할 수 있도록 하고 있는데, 중심-근원인 마누와 함께하는 조건을 충족해야 한다는 것입니다.

여러분 세계와 여러분은 빛의 그림자라 할 수 있습니다. 그것도 어둡고 짙은 그림자라고 할 수 있는데, 진동수가 그만큼 낮기 때문입니다. 그래서 부정적인 측면이 많이 나타나는 것이고, 쉽게 분리되고 파괴되는 것입니다. 극적인 체험을 원했던 존재들에 의해 생겨난 것인데, 반대로 빠져나가는 것이 쉽지 않았다는 것입니다. 그래서 방편을 마련하게 되었으며, 그것을 통해 빠져나갈 수 있었던 것입니다.

그 방편은 체험이 종료되었을 때에, 미련 없이 모든 것을 내려놓고 떠났던 것입니다. 어떻게 살았던 상관없이 모든 것에 감사함으로 떠났던 것인데, 후회하는 것이 아니라, 그것조차도 감사함을 표하고 마음에 어떠한 것도 담지 않았던 것입니다. 그곳의 것들은 그곳에 고스란히 남겨 두고 떠났던 것인데, 물질이든, 감정이든 그랬다는 것입니다. 하지만 후회가 생기고, 미련이 생기면서 마음에 담는 것들이 생겨났고, 그 무게로 인해 떠날 수가 없게 된 것입니다.

미아즘은 이렇게 마음에 자리하게 되었고, 진동수를 떨어뜨리는 원인이 되었습니다. 물질세계의 것들은 물질세계에 두고 가야 한다는 법칙을 어기게 되면서 쉽게 빠져나갔던 길들이 점차 어려워졌던 것입니다. 길은 험해지고 좁아졌으며, 보이지 않게 되면서 이 길로 들어서는 이들이 점차 사라졌습니다. 대신에 넓고 편한 물질의 길이 빛의 길을 대신하게 되었으며, 여러분은 익숙해져 갔습니다. 어둠은 이 길을 천국의 길이라고 속였고, 저들의 수법이 날로 교묘해져 갔습니다. 그리고 여러분은 그것을 진실이라고 받아들였습니다.

여러분이 3D 물질을 실재라고 받아들이자, 파르티키 입자의 진동이 급격히 하강을 한 물질 입자와 분리가 일어난 것입니다. 육체 속에 들어와 있던 아스트랄체의 진동도 급격히 하강하게 되면서 3D 물질세계에 고착화되었던 것입니다. 그러다 보니 육체와 분리되는 과정에 있는 아스트랄체는 극심한 두려움에 휩싸이게 되면서 자동적으로 진동수의 추락이 일어났고, 그 결과로 지구에 설치된 결계인 니비루 진공 수정 격자망을 빠져나갈 수 없게 되었습니다.

왜, 신기루인 3D 물질세계를 실재라고 받아들였을까요? 더 자극적인 체험을 원했던 여러분을 위해 어둠은 여러분을 돕는 차원에서 형태 발생 영역의 진동수를 더 떨어뜨렸으며, 아스트랄체의 밀착감을 더 좋게 했습니다. 3D 물질입자의 진동을 더 확실하게 느끼게 되면서 감각기관을 통한 체험이 현실감 있게 다가온 것이었지요. 특히 두려움과 공포 체험은 자극적인 스킬들을 통해 프로그램으로 정착되었고, 그것이 결국 여러분을 3D 물질세계에 가두어두는 올무가 되었던 것입니다.

어둠은 3D 물질체험에 취해 있던 여러분을 돕는 척하면서 머카바 체계와 차크라 체계를 형태 발생 영역에서 분리시켜내었으며, 더 이상 연결할 수 없도록 절단시켰던 것입니다. 3D 물질체험에 집착하지 않았다면 일어나지 않았던 일이었지만, 여러분의 선택에 의해 진행되었음이니 알면서 허용했던 것입니다. 서로들이 알면서 모른 척한 것도, 그렇게 해야 양극성 체험이 극성으로 이루어질 수 있었기 때문이었습니다. 서로의 극성이 충돌하여 파괴되어 왔던 체험들을 가지고 지구에 들어왔기에, 이제는 완성이라는 결과를 봐야 하는 때가 되었다는 것입니다.

우주의 대순환 주기는 분리와 파괴의 시대를 지나 결합과 완성의 시대로 들어가고 있는 것입니다. 아무리 아니라고 부정해도, 에너지 법칙을 부정할 수 없습니다. 우주에 많은 신들과 고차원의 영적 존재들이 있지만, 쿤다레이 에너지 법칙을 넘을 수 없기 때문입니다. 타락 세력들이 무상으로 가져다 사용한 에너지들과 착취해서 사용한 에너지들도 쿤다레이가 기본이 된 에너지들입니다. 대순환 주기는 균형을 맞추는 주기입니다. 확장 주기에 편향되거나, 편중되어 있던 에너지 영역과 진동대들을 조화롭게 조율하는 것입니다.

그래서 시뮬레이션 우주라고 한 것입니다. 빛 입자들의 진동장들 확장에 의해 넓혀지고, 깊어진 우주에 진행된 체험들의 정보들을 모두 취합하면서 왜곡이 일어난 지역들이 있음을 알았습니다. 문제 된 지역들을 일시적으로 봉합하여 다른 영역들에 영향을 미치지 못하도록 했습니다. 그리고 대순환 주기가 돌아올 때까지 지켜보면서 문제가 무엇인지 검토했으며, 순환 주기에 맞추어 조정하는 것으로 결정했던 것입니다. 여러분의 우주도 예외는 아니었으며, 충분히 예측 범위 안에서 이루어졌기에 대비할 수 있었습니다.

여러분 입장에서야 광범위하게 타락이 일어난 것으로 보였을 것입니다만, 우리는 모든 것들을 예측 범위 안에서 시뮬레이션했기에 대비책이 있었던 것입니다. 주(主) 시라야 크녹세스께서 주(主) 그랜드환다 퀴노치아를 통해 프로그래밍했던 것이에요. 오나크론에서 시뮬레이터 검증을 통해 보완할 수 있었습니다. 빛의 설계도를 여러 차례에 걸쳐 나올 수 있는 경우의 수들을 모두 계산했기 때문에 그것에 따른 보완점들을 설계했던 것입니다.

주(主) 아다미스 샤누크에 의해 반영된 오나크론은 우여곡절이 있었으나, 실험의 목적에서는 크게 벗어나지는 않았습니다. 행성 지구는 마치 버려진 듯하게 보였을 수도 있었으나, 우리의 뜻은 변함이 없었기에 그것을 아는 존재들은 네바돈에 없었으며, 주(主) 마이클 아톤에게도 함구하도록 했던 것입니다. 이 뜻은 주(主) 솔라리스 팔라도리아를 통해 주(主) 네바도니아에게 전해졌던 것이고, 주(主) 오나크로니아에 의해 보존될 수 있었습니다.

마누의 뜻에 따라 '실존 천국인 아-모-레-아'는 주(主) 시라야 크녹세스에 의해 주(主) 그랜드환다 퀴노치아의 시뮬레이션 우주에 적용되었으며, 영-혼-체계에 도입되었던 것입니다. "진리를 알면 자유하게 되리라"에서의 진리는 바로 이것이었습니다.

아-모-레-아는 살아 있는 천국이자, 실존하는 천국입니다. 이것이 여러분 내면 중심에 함께하고 있다는 것입니다. 마누-마나-에아가 함께하고 있으며, 파르티키-파르티카-파르티쿰이 함께하며 진동하고 있습니다. 이것이 '영원히 살아 있다는 증거'입니다. 이것 때문에 여러분이 존재하고 있는 것입니다.

이것을 빼고는 모두가 진동이자, 그림자입니다. 우리는 그림자 속에 들어와 그림자놀이를 하고 있습니다. 지금까지는 그림자가 진실인 줄 알았습니다. 그래서 그 배후에서 비치고 있는 빛을 보지 못했습니다. 더군다나 그 빛이 내면 중심에서 나오고 있었기에 눈치챌 수가 없었습니다. 진동하는 이 빛은 태초부터 함께하고 있었으나 그것을 알지 못했습니다. 그렇다 보니, 물질 인생이 다인 줄 알았고, 100세를 끝으로 종료하는 인생에 큰 두려움과 공포를 가지게 되었던 것입니다. 그것으로 정말로 끝인 줄 알았습니다.

여러분은 "인생 뭐 있어. 즐기다 가면 되지"라고 하시지만 얼마나 안타까운지 모르는 소리입니다. 인생을 왜 살아야 하는지, 인생을 어떻게 살아야 하는지 모르고 하는 소리이기에 그런 것입니다. 인생을 사는 것은 '아-모-레-아'를 밝히기 위함이고, '아-모-레-아 천국'을 드러내어 그곳에서 살기 위함입니다. 그것이 바로 영원한 삶이며, 진정한 천국에서 사는 삶입니다. 우리는 여러분의 삶이 그렇게 되기를 바라는 것입니다.

지금까지는 시뮬레이션 세계에서 그림자 인생을 살았습니다. 더 이상 거짓된 가짜 인생을 살지 마시기를 부탁드립니다. 그림자 인생은 유한 삶이기에 종료되고 맙니다. 그렇지만 빛의 인생은 영원한 삶을 살게 합니다. 중단되는 삶이 아니라, 영원히 이어지는 삶이며, 실존하는 삶이 되는 것입니다.
여러분이 존재하는 이유는 죽음으로 끝내는 것이 아니라, 영원한 삶을 사는 것입니다. 그것도 그림자 세계에서가 아니라, 실존하는 천국인 '아-모-레-아'에서 살기 위해서입니다.

'우리는 야나스이며, 이온 상임 이사회입니다.'
'아-모-레-아 에-카-샤(A-mO-RA-eA Ec-Ka-ShA).'

19

우주 머카바
순환 체계인 천국

(Heaven the Universe Merkaba
Circulation System)

Heaven's Gates

19
우주 머카바 순환 체계인 천국

사랑하는 여러분!

천국은 흡사 빛의 소용돌이가 계단 형태를 하고 있는 것처럼 보일 것입니다. 토네이도와 같은 빛의 다발이 천국 문 앞까지 연결되어 있어서 그것을 통과하지 않고서는 입구에 도달할 수 없으며, 그러기 위해서는 빛의 진동에 맞추어야 하는 것입니다.

12줄기의 빛의 다발이 소용돌이치며, 회전하고 있는데, 코드와 키를 가지고 있지 않으면 결코 통과할 수 없습니다. 여러분은 볼텍스라고 들어보셨을 것인데, 에너지 장이 소용돌이치고 있는 모습을 그렇게 표현하고 있는 것입니다. 빛의 진동이 와류 현상을 보이고 있는 것을 천국의 계단이라고 한 것입니다.

이 현상은 여러분 가슴 차크라에서 일어나고 있으며, 천국의 역할을 하고 있는 장소들에서도 일어나고 있습니다. 여러분 내면 깊숙이 자리한 아-모-레-아 천국으로 들어가는 입구인 가슴 차크라는 소용돌이치고 있는 빛의 계단이 있다는 것이고, 그것을 통과하지 않고서는 천국에 들어갈 수 없다는 것입니다. 이것이 미시적 우주의 천국을 전하는 것인데, 거리로 보자면 거시적 거리와 같다고 하는 것입니다. 내면이라 해서 가까운 것이 아니라고 하는 것입니다.

거시적으로 접근하는 것도 혼의 길과 영의 길을 통해 가야 하기 때문에, 물론 차원세계들을 통과하며 가는 길을 전한 것이며, 그것을 여러분은 어마어마 하다고 하시고, 어렵다고 받아들였지요. 그럼, 미시적으로 접근하는 것은 어떨 까요. 역시 이해하시면 결코 쉬운 길이 아니라고 받아들이실 것입니다. 둘은 같 다고 해야 합니다. 거시적 측면과 미시적 측면의 중심에 여러분이 있다고 하는 것이고, 그래서 접근 방식이 같다고 하는 것입니다.

여러분이 내면을 통해 미시적 천국을 완성했다면 거시적 천국은 동시성으 로 완성하는 것입니다. 거시적 천국은 빛의 진동을 통해 방어벽을 형성하여 보 호하고 있다고 했습니다. 단계별로 암호-코드와 암호-키로써 보호하고 있다 고 했지요. 그러면 미시적 천국은 어떨까요. 당연히 단계별로 암호-코드와 암 호-키가 있어서 그것을 알지 못하면 접근할 수 없습니다. 소용돌이치고 있는 빛의 다발이 그런 역할을 하고 있는 것이며, 12개 빛줄기에 맞는 개별 암호가 일치하지 않으면 한 걸음도 옮길 수 없다는 것입니다.

빛의 진동에 의해 발생하고 있는 소용돌이는 천국의 문을 보호하고, 또한 안내하기도 하기에 이중적인 요소로서 작용하고 있다는 것입니다. 가슴 차크 라는 중심 역할을 하고, 연결고리 역할도 한다는 것입니다. 이런 중요성 때문 에 강력한 보호 역장이 필요했으며, 어떤 것으로도 훼손할 수 없도록 설계해 설치한 것입니다. 이것을 통과하기 위해서는 트리온 입자로 설계한 암호-코드 와 키가 필요합니다.

키-라-샤 에너지를 통해 설정된 트리온 암호-코드와 열쇠는 그리스도 의 식을 성취한 존재들에게 부여한 것이기에 그것을 완성하지 않고서는 성취할 수 없다는 것입니다. 이것을 완성시키는 것은 상위-자아인 혼에 의해 진행되 어야 하기에 혼과의 연계가 반드시 필요하다고 하는 것입니다. 그리고 초월- 자아인 초월-혼과도 연계가 필요하고, 아바타인 그리스도와의 연계도 필요하 게 되는 것입니다.

가슴 차크라에는 아-모-레-아 천국이 있고, 마누-마나-에아가 머물고 있습니다. 그래서 전지적 사랑이 나오는 것입니다. 또한 전-극성을 가지고 있어서 모든 것을 포용하고 전체와 하나가 될 수 있는 것입니다. '일체유심조'는 이것을 말하는 것인데, 전-극성인 마음 상태를 뜻하는 것이어서 원형에서 많이 벗어난 의미로 해석하고 있다는 실수를 하고 있습니다. '모든 것은 오직 마음이 지어낸다는 뜻'은 일반 인생을 살고 있는 인류를 칭하는 것이고, 전-극성 마음을 성취한 인류가 일체유심조를 해야 전지적 사랑이 인류에게 전해진다고 할 수 있습니다.

인류의 원형 마음이 바로 전-극성이었지요. 그래서 일체유심조가 평화를 완성시켰던 것입니다. 지금의 인류는 원형 마음을 잃어버렸기에 수많은 그림자들만 만들어내는 빈약한 마음을 가지게 되었습니다. 그리고 실존하는 천국도 잃어버리게 되었습니다. 이 뜻은 소용돌이치고 있는 빛의 계단을 더 이상 올라갈 수 없게 되었다는 것입니다. 굳게 닫혀 버린 천국의 문은 두 번 다시 열리지 않았고, 아름다운 노래 소리도 두 번 다시 들을 수 없게 되었습니다. 천국을 잃어버린 여러분은 거짓된 그림자 세계를 천국으로 받아들였으며, 그곳에 들어가는 것이 최종 목표가 되었던 것입니다.

전-극성 마음은 파르티키 입자의 진동으로 가득 차 있는 것을 말하는 것입니다. 전지적 사랑은 그 마음을 통해서 발현되어 나타나는 것입니다. 이 마음을 가지고 있는 존재는 우리와 하나 된 의식으로 있다고 할 수 있는데, 유나세 의식 말입니다. 그러면 우리와 우주적 가족관계를 형성하고 있다고 하는 것입니다. 성서를 볼까요. "말씀이 육신이 되어 우리 가운데 거하시매(요 1 : 14, 개역개정)"에서의 '말씀이 육신이 되어'는 전-극성 마음을 가지고 있는 존재를 뜻하는 것입니다.

이런 존재는 가슴 차크라를 통해 소용돌이치는 전지적 사랑의 빛이 방사되어 나타나는 것입니다. 인류에게 천국의 계단을 통해 열려 있는 천국 문으로 들어갈 수 있도록 보여 준다는 것입니다. 이 빛은 태초의 빛으로 아무나 인식할 수 없으며, 진동대에 머물고 있어야 느낄 수 있다는 것입니다. "태초에 말씀이 계시니라 이 말씀이 하나님과 함께 계셨으니 이 말씀은 곧 하나님이시니라 (요 1 : 1. KJV)." 태초의 소리인 파르티쿰은 태초의 빛인 파르티카와 동시에 하느님인 파르티키에게서 분화되어 나왔습니다. 그리고 다시 돌아가는 것을 무한 반복하고 있습니다.

이것이 가슴 차크라에서도 똑같이 재현되어 나타나고 있는 것입니다. 역동하는 회오리 빛 에너지가 무한 에너지 발전기인 가슴 차크라를 통해서 나오고 있는 것인데, 이것을 미시적 의미의 천국이라고 한 것입니다. 이것을 실현하고 있는 존재의 형태 발생 영역의 최상위에는 거시적 의미의 천국이 자리하고 있는 것입니다. 그 중심에는 미시적 의미의 천국이 있는 것이에요.

안과 밖이 동시에 있는 것이고, 서로 끝없이 반복하고 있다는 것이어서 어디가 안이고, 어디가 밖인지 구분할 수가 없다는 것입니다. 우주와 존재는 안과 밖이 동시성을 가지고 있는 것처럼 그렇게 관계를 이루고 있다고 하는 것입니다. 소용돌이의 빛 진동들이 그렇게 순환하고 있어서 끝이 없기에 과거와 미래는 없다는 것이며, 영원한 현재만이 있다고 하는 것입니다.

12빛의 소용돌이는 천국 계단의 비밀로서 설정되었으며, 빛의 소용돌이는 끝없이 순환하고 있어서 그 비밀을 알지 못하고서는 접근도 할 수 없다는 것입니다. 우주에서 들어오는 에너지는 에너지 볼텍스 통로를 통해서 전달되기에 태양에서 행성 지구 볼텍스 통로인 12피라미드의 꼭대기에 연결되어 지저세계—지구—평행 지구로 연계되었다가 인류의 머카바 체계, 생명나무 체계와 연결되어 작동하는 것입니다.

볼텍스 순환 체계는 거시적으로 순환하면서 지구에 들어와 인류와 연결되어 미시적으로 순환하여 다시 거시적으로 순환하며, 에너지를 무한 제공하는 것입니다. 누구나 이 체계에 연결할 수 있으며, 에너지를 마음껏 활용할 수 있는 것인데, 순환 법칙을 위반하지만 않으면 그렇다는 것입니다. 만약, 법칙을 위반하면 에너지 순환 회로에서 떨어져 나가기 때문에 무한 에너지를 더 이상 활용할 수 없게 된다는 것입니다.

12빛으로 이루어진 천국의 계단은 특별한 진동장을 갖추고 있어서 그 영역에 맞는 진동수가 필요합니다. 더군다나 이 빛은 회오리치고 있어서 근처에 갈 수조차 없습니다. 진동수를 맞추지 못한다면 순식간에 날려 갈 것이기에 가슴 차크라를 통한 주파수 활성화가 반드시 이루어져야 하는 것입니다. 죽은 사망나무 가지고는 할 수 없는 것이며, 살아 있는 생명나무를 통해서 활성화시켜야 한다는 것입니다. 광자대는 거대한 빛의 순환 회로로서 이곳에 연결된 빛의 생명나무들은 영생의 물을 순환시켜 천국으로 들어가는 것입니다.

지구 어머니 가이아는 상승하고 있는 빛의 진동이 소용돌이를 만들고 있는 것에 따라 자신도 가속화 페달을 밟고 있으며, 자연스럽게 지구의 에너지-장 역시 급격하게 회전하고 있는 것입니다. 그것에 따라 극이 빠르게 이동하고 있으며, 기후 패턴도 급격하게 변화하고 있다는 것이어서 과거의 통상적인 기후가 아니라고 하는 것입니다. 여러분의 생명나무 체계 역시 큰 변화를 겪고 있어서 머리가 어지럽거나 쉬이 피로하는 피로감이 쌓이고 있으며, 진동이 강해지는 것에 따라 진동수를 상향 조율하는 과정에 있다는 것입니다.

예를 들자면 내부에서 지진이 일어나고 있다는 것이며, 그것도 멈추지 않고 연속해서 일어나고 있다 할 수 있습니다. 높은 파도 때문에 멀미를 하는 것처럼, 여러분은 흔들리는 지구에 의해 집단적으로 멀미를 하고 있다는 것입니다. 그것을 안정화시키기 위해 진동수를 더 높이는 작업을 하고 있는 것인데, 그렇게 해서 아스트랄체가 영적 떨림 현상에서 자유롭게 된다는 것입니다.

머카바 체계가 거꾸로 뒤집혀 있는 '모나드 역전'은 거의 대다수 인류가 겪고 있는 것인데, 이러한 때에는 더욱 심각한 어지럼증과 멀미 현상을 겪을 수밖에 없습니다.

안정화를 위한 조율 과정보다는 분자 압축이라는 과정에 돌입하기 때문에 진동수가 오히려 하강하는 결과로 나타난다는 것입니다. 빛의 소용돌이가 방어막을 훼손하여 유한 생명으로 만든다는 것이고, 이것이 역전된 머카바 체계에 의해 나타나고 있는 현상이라는 것입니다. 빛의 소용돌이는 두 가지 측면에서 영향을 미치고 있다고 하는 것인데, 상승 회오리를 타고 있는 경우와 하강 회오리를 타고 있는 경우를 말함입니다.

에너지 진동수의 상승에 따라 파동은 더욱 격해지고 있으며, 그것으로 인해 극심한 멀미 현상을 겪고 있는데, 상승의 파도를 타고 있는 인류는 상승 주파수로의 조율을 위한 멀미를 겪고 있는 것이고, 하강의 파도를 타고 있는 인류는 하강 주파수로의 조율 때문에 멀미를 겪고 있는 것입니다. 두 종류로 나뉘고 있는 인류는 더욱 격차가 벌어질 것이며, 나뉘는 트랙으로 분리되어 이동해 갈 것이지만, 그것을 이해하고 받아들이기까지 오랜 시간이 걸릴 것입니다.

에너지 체계가 뒤집혀 있는 상태에서 마하라타 에너지 유입은 치명적으로 작용할 것인데, 분자 압축을 더욱 가속화시켜, 아스트랄체와 육체를 분리시키는 결과로 나타날 것입니다. 이것은 부정적 측면에서의 결과를 나타낸 것이고, 긍정적 측면의 결과로서는 상승을 위한 분리가 나타난다고 해야 되겠지요. 에너지 체계가 정상적으로 있는 상태에서 받아들인 마하라타 에너지는 긍정적인 결과로 나타나게 되는데, 첫째, 육체도 빛 몸으로 진동하여 상승하는 것이고, 둘째, 육체는 아니더라도 아스트랄체가 진동해 상승하는 것입니다.

빛의 회오리를 통해서 천국으로 들어가느냐, 그렇지 않고 들어가지 못하느냐로 나뉜다고 해야겠지요. 빛의 회오리는 상승 기류를 통해 천국으로 들어가는 천국의 계단을 만들어내며, 하강 기류를 통해 물질세계에 고착화시키는 추락 통로를 만들어냅니다. 에너지 기류는 가슴 차크라를 통로로 해서 소용돌이를 만들어내는데, 12빛 통로인 6쌍 12줄기의 유전체가 모두 활성화되어 있다면 유입되는 마하라타 에너지가 전도체 역할을 하는 빛 입자들의 진동을 증폭시켜서 상승하는 토네이도 기류를 만들어냅니다. 바로 밝게 빛나는 빛 구체가 된다는 것입니다.

반대로 유전체가 활성화되어 있지 못하면 유입되는 마하라타가 통로인 가슴 차크라를 통해 순환하지 못하게 되는데, 바로 통로가 막혀버린 것입니다. 이때의 입자들은 부도체 역할을 하게 되고, 가슴 차크라를 통해 에너지를 받아들이지 못하게 되면서 내향성을 띠게 되며, 유한적인 에너지를 소비할 수밖에 없게 된다는 것입니다. 이것이 바로 뒤집힌 순환 체계에 의해 일어나게 된 부작용인 모나드 역전 현상이라는 것입니다.

빛 입자의 진동폭이 넓어지면 진동수 상승에 따라 밀도층의 확장이 일어나는데, 우주 머카바 순환 회로와 연결되어 형태 발생 영역을 통한 상승을 하게 된다는 것입니다. 유입된 마하라타 에너지가 가슴 차크라를 통해 소용돌이치며, 열려진 빛의 순환 회로를 휘돌아 다시 상승해서 돌아가는 것을 무한 반복하게 된다는 것입니다. 이것이 천국에 들어오는 빛의 존재들의 변화된 모습입니다.

천국은 에너지 공급처라고 할 수도 있고, 에너지 저장소라고 할 수도 있는데, 에너지 충전이 필요한 존재들에게 공급해줄 수 있기 때문입니다. 마치 여러분 휴게소에 있는 주유소처럼, 그런 역할을 한다고 할 수 있겠지요. 천국은 우주 머카바 순환 회로가 함께하고 있으면서 에너지 충전도 할 수 있는 체계가 설치되어 있다는 것입니다. 단, 에너지를 순환시킬 수 있는 내부 순환 회로가 활성화되어 있는 존재들에게 해당되는 것이며, 천국에 들어온 존재들에게 해당된다고 하는 것입니다.

네바돈은 우주 그리스도 머카바 순환 체계가 활성화되어 있고, 각 체계들마다 쿤다레이-키-라-샤-마하라타-안타카라나로 이어지는 에너지 순환 체계가 활성화되어 있습니다. 이 체계는 가슴 차크라를 중심으로 순환하게 되어 있으며, 개인적 머카바 순환 체계가 작동하고 있는 존재를 '우주 그리스도' 또는 '그리스도'라고 하는 것입니다. 여러분 표현처럼, 단지 깨달았다고 해서 '그리스도'라고 부르는 것과는 다르다고 하는 것입니다.

'적-그리스도'라는 표현은 개인적 머카바 순환 체계가 우주적 머카바 순환 체계와 완전히 분리되어 있는 것을 말하는 것이며, 이렇게 모나드 역전 상태로 있는 존재를 '적-그리스도'라고 합니다. 이러한 존재의 머카바 체계를 '적-그리스도 머카바 순환 체계'라고 하는데, 다른 용어로는 유령 매트릭스 체계 또는 블랙홀 체계라고도 합니다. 이들은 생명력 에너지를 순환시킬 수 없기 때문에 유한 생명들이 되었으며, 에너지를 착취하기 위해 지구를 강탈한 것이었습니다.

적-그리스도는 가슴 차크라가 제 기능을 하지 못하기에 천국에 들어갈 수도 없고, 완성할 수도 없습니다. 이들의 가슴 차크라는 공허하며, 전지적 사랑이 없습니다. 그래서 이들의 가슴 차크라는 천국을 대신해 지옥을 만들어낸 것입니다. 유령 매트릭스는 우주에만 있는 것이 아니며, 이들의 가슴속에도 있는 것입니다. 이들은 지구와 인류를 숙주로 해서 살아 있는 생명력과 의식을 끊임없이 빨아들이고 있으며, 자신들의 유령 매트릭스에 연결시키려고 하는 것입니다.

지옥은 적-그리스도들의 가슴속에, 그리고 저들의 고향인 유령 매트릭스 속에도 존재합니다. 천국은 에너지를 공급해주지만, 지옥은 에너지를 강탈합니다. 천국은 영생을 이어 주지만, 지옥은 유한 생명으로 추락시킵니다. 저들의 블랙홀은 네바돈과 연결되는 격자망에 구멍을 뚫었으며, 주변의 에너지들을 빨아들였습니다. 네바돈에서는 이것을 자체적으로 해결하고자 했고, 대천사 메타트론이 나서서 자신의 에너지 망으로 덮었으나, 블랙홀의 흡입력을 감당하지 못하고 그룹 전체가 추락하게 되었습니다. 이때부터 메타트론 큐브 체계는 유령화되어 에너지를 빨아들이는 '뱀파이어 체계'가 되었습니다.

뒤이어 이루어진 해결 방안으로 설치된 10.5, 11.5차원계의 반영-렌즈도 타락 세력들의 비-협조로 인해, 그리고 방해로 인하여 렌즈가 파괴되었으며, 자구 노력이 실패로 끝났던 것입니다. 이렇게 해서 천국은 침노당했던 것입니다. 진화 생명들을 위한 에메랄드 성약도 빛이 바래졌던 것입니다.

차원 간 자유세계 연맹(IAFW)은 '멜기세덱 사제단 이야니 상승 마스터즈 위원회'를 들여보내어 해결하게 했으며, 야나스의 화신인 아주라이트 마하라지 인종을 통해 역할을 시작할 수 있었습니다. 아누하지 인종과, 세레즈 인종, 에티엔 인종, 이뉴 인종, 페가사이 인종은 뜻을 같이하여 에메랄드 성약을 재-천명했습니다.

우주 그리스도 머카바 체계는 우주와 존재들을 영존할 수 있도록 하는 에너지 순환 회로이자, 격자망이라고 합니다. 소용돌이치며 순환하는 빛의 나선형은 우주 그리스도 머카바 순환 체계를 통해 네바돈을 살아 있는 우주로 재-창조했던 것입니다. 우리는 유령 매트릭스와 블랙홀을 봉인했으며, 태양계와 행성 지구의 일들이 모두 해결될 때까지 지켜보기로 한 것입니다.

침노당했던 천국도 다시 활기를 띠게 되었습니다. 행성 지구의 머카바 체계도 거꾸로 뒤집혀 있었고, 태양과의 체계 역시도 역전되어 있었으며, 인류도

96.5% 이상이 그렇게 되어 있었던 것입니다. 우리는 가이아가 정상 궤도로 돌아올 수 있도록 했으며, 인류를 위한 그녀의 노력과 희생이 빛을 발하도록 했습니다. 우리는 인류의 자유-의지를 무시하지 않기로 했는데, 개별적 머카바 순환 체계를 정비하는 데 있어 그것을 적용하기로 한 것입니다.

역전된 순환 회로가 제자리를 찾기 위해서는 먼저 개별 존재의 승인이 있어야 합니다. 역전된 부분도 직접은 아니었다고 해도 간접 승인이 있었기에 가능했던 것인데, 비록 속임수가 있었다고 하지만 결정적인 사인은 여러분 스스로들이 했다는 것이에요. 여러분 사회에서 문제가 되고 있는 보이스피싱 피해도 최종 결정은 여러분 스스로들이 하기에 일어나고 있는 것입니다. 우리는 머카바 순환 체계를 재-활성화하기 위해, 앞서 여러분이 선택하여 결정하는 데 이용한 '자유-의지'를 믿기로 한 것입니다.

비록 유한 생명으로 추락했지만 영생하고 있던 존재로서의 기억들을 되살려준다면 스스로 '자유-의지'에 의해 신성인 파르티키 입자의 진동을 되살릴 것이라고 믿기로 한 것입니다. 수많은 영적 정보들이 공개된 것도 바로 우리의 뜻이 있었기 때문이었습니다.

여러분이 해야 하는 것은 신성이 있음을 믿는 것, 그것에 힘을 실어주는 것입니다. 믿음은 마음에 진동을 일으키고, 그것이 완전해지면, 자신의 신성을 깨우게 되는 것인데, 파르티키 입자의 진동이 시작된다는 것입니다. 파르티키 입자의 진동이 가슴 차크라를 울리면 우리가 보낸 유전공학자들과 자기공학자들에 의해 역전되어 있던 머카바 순환 체계가 제자리로 돌아오는 것입니다. 이 진행 과정이 여러분의 자유-의지에 의한 선택과 결정에 의해 이루어진다는 것인데, 타락 세력들이 이 사실을 알고 방해 공작을 펴기 시작한 것입니다.

여러분의 믿음을 시험하고 있는 것입니다. 두 가지 측면에서 진행되고 있는데, 첫째는 '이루어지지 않는다', '이루어지지 않는다'라는 주문을 마음속에 끊임없이 울려서 실망만 가득 안고 떠나도록 하고 있다는 것과 둘째는 '무엇이든 다 이루어질 수 있다'는 것과 '무엇이든 다 할 수 있다'는 허황된 욕망을 자극해서 타락시키고 있다는 것입니다. 두 가지가 별 차이가 없어 보이지만 극과 극을 통한 이원성을 시험하고 있는 것입니다. 타락 세력들은 여러분의 약점이 무엇인지 너무도 잘 알고 있어서 그 작은 빈틈을 파고들고 있는 것입니다.

빛이 강해질수록 그 그림자 역시 강해진다는 것입니다. 긍정과 부정이 동시에 시험된다는 것으로서 이것을 극복하는 것이 바로 여러분의 몫이라고 하는 것입니다. "진리를 알면 자유롭게 되리라" 했지요. 여기에서 진리를 안다는 것은 그것에 대한 책임을 다 진다는 것을 뜻하는 것입니다. 자유는 결코 쉽게 오지 않으며, 온다고 해도 그것을 지켜내야 한다는 것입니다. 신성을 지켜내는 것, 결코 쉬운 것이 아님을 여러분은 체험을 통해 알았으며, 그 기억마저도 잃어버렸던 것입니다.

우리는 여러분의 잃어버린 천국을 되찾아주려고 합니다. 바로, 우주 머카바 순환 체계입니다. 정확히는 '우주 그리스도 머카바 순환 체계'입니다. 여러분에게는 '개인 그리스도 머카바 순환 체계'가 적용되어 있습니다. 우리를 '이야니' 또는 '우주적 그리스도'라고 하고, 여러분은 '개인적 그리스도'라고 합니다.

개인 그리스도 머카바 순환 체계가 여러분 가슴 차크라에 있다는 것입니다. 천국이 가슴 차크라에 있다고 하는 것입니다. 전한 대로 소용돌이치는 12빛줄기가 천국 문에 연결되어 있으며, 암호-코드와 암호-키로서 보호되고 있습니다. 여러분이 잠들어 있던 '그리스도'를 깨우면 코드와 키가 알려지게 될 것이고, 자연스럽게 천국의 계단인 12빛줄기가 회오리치면서 연결될 것입니다. 이것을 카타라 격자, 생명나무라고 합니다. 이 구조는 신성 기하학을 기본으로 하여 설계되었습니다.

우리가 표현하는 '그리스도'는 머카바 순환 체계를 뜻하는 것이어서 여러분이 표현하는 '그리스도(기름 부음을 받은 자)'와는 다릅니다. 여러분은 신의 아들로서 지칭하는 것이지만, 우리는 천국 체계를 지칭하는 것이기에 본질적으로 다르다고 하는 것입니다. 그리스도는 모든 인류에게 해당되는 것이지만, 여러분의 그리스도는 예수, 개인에 해당하는 것입니다.

라이라 아라마테나와 시리우스-B와 플레이아데스 알시온과 몬마시아 태양과 행성 타우라는 우주 그리스도 머카바 순환 체계로 연결되어 있습니다. 이것을 그리스도 카타라 격자망 또는 그리스도 생명나무라고 합니다.

"위가 그러하듯이 아래도 그러하다"는 표현이 바로 이것이며, "진리를 알면 자유하게 되리라"의 진리가 바로 이것입니다. 여러분이 '그리스도'들입니다. 우리가 '우주 그리스도'이며, 여러분은 '작은 그리스도'들입니다.

천국은 물질 옷을 죽음으로 벗고 오르는 곳이 아닙니다. 각 진동장마다 휴양지 개념의 천국이 있기는 하지만 실존하는 천국은 '아-모-레-아'가 유일합니다. '아-모-레-아 천국'과 여러분을 이어 주고 있는 천국이 바로 '그리스도 머카바 순환 체계'입니다. 바로 여러분의 가슴 차크라를 통해 이어져 있다는 것입니다.

우리는 타락 세력들이 운영해오고 있던 거짓된 천국의 실체를 전해드렸는데, 두 번 다시는 거짓에 속아넘어가지 마시기를 부탁드립니다. 인류는 진실한 천국을 잃어버렸고, 그런 줄도 모른 채, 저들이 제공한 거짓 정보에 속아 거짓된 천국으로 납치당하여왔던 것입니다. 이제는 이 악순환의 고리를 끊고, 여러분의 진실을 되찾기를 바랍니다.

니비루 체계가 오고 있는 것도 여러분의 진실을 바로 보여주기 위해서이며,

그림자인 거짓된 천국에 계속해서 속을 것인지, 아니면 진실에 눈을 떠서 진정한 천국을 보게 될지 시험을 치르게 되는 것입니다. 선택과 결정은 여러분의 몫이며, 나비루는 빛과 그림자를 통해 여러분의 진실이 나타나도록 할 것입니다. 우리는 여러분의 선택을 존중할 것이고, 그대로 따를 것입니다.

'우리는 야나스이며, 이온 상임 이사회입니다.'

'아-모-레-아 에-카-샤(A-mO-RA-eA Ec-Ka-ShA).'

20

그리스도 격자망

(Krist Grid Network)

Heaven's Gates

20
그리스도 격자망

사랑하는 여러분!

그리스도 격자는 창조의 처음 수준이며, 대원리에 가장 근접한 단계입니다.

다른 말로 하면, 첫 번째 생명나무이며, 카타라 격자입니다. 그리스도 격자의 수학적 프로그램 위에 구축된 것을 '그리스도들'이라고 합니다. 그리고 이것이 의미하는 것은 이들이 영속적으로 스스로-부활하는 능력을 갖추고 있다는 것입니다.

이것은 그리스도들이 신-근원과 발현의 장 사이에 의식과 생명력 에너지의 열린 순환 통로를 가지고 있음을 뜻하며, 그래서 그리스도들은 유한 생명이 아닌 무한 생명입니다.

그리스도들은 힘과 에너지를 놓고 서로 싸우는 유한 에너지 체계와는 전혀 다른 '무한 자유 에너지 체계'입니다.

그러므로 우리 야나스가 그리스도들을 이야기할 때에는 의식과 같은 개념뿐만 아니라, 매우 특정한 우주 역학에 대해서도 이야기하는 것입니다.
마누-마나-에아의 신-기운의 신성한 삼위일체를 통해, 우주 그리스도의 '신성한 아이', 즉 보다 작은 우주 수준에서 그리스도로 알려진 아이가 영속적으로 태어납니다.

우주 그리스도는 첫 번째 창조의 발현되는 표현이 발생하게 되는 매우 특수한 '신성한 설계' 속에서 마누-마나-에아 신-기운의 특정한 조합을 통하여 창조된 살아 있는 신-기운 의식장으로서, 영속적으로 운동 중에 있으며, 이를 통해 대원리와 그의 많은 자아 발현이 영원하며, 영속적이고 공개적인 상호관계를 유지하게 됩니다.

그리스도는 특별하게 배열 정리된 살아 있는 발현 구조로서 '신성한 삼위일체'인 마누-마나-에아의 신-기운 의식장과 함께 존재하며, 이 의식장은 영속적으로 '신성한 설계도' 또는 세밀한 '신성한 질서의 기술 명세표'를 유지해서 그 바탕에서 영원 생명의 우주 창조가 일어납니다.

여러분에게 6쌍 12줄기의 유전체 구조를 갖추라고 주문하는 것은 천사 종족으로 창조된 '아주라이트 마하라지 종족'의 유전자가 그렇기 때문입니다. 여러분은 이들을 상위-자아 또는 혼이라고 합니다. 시리우스-B 태양 아타르문크 행성에 거주하고 있는 시리우스인이라고 하며, 6차원 밀도층에 머물고 있습니다.

유전자 구조는 빛 입자 설계도에 의해 구현된 '형태 발생 영역'에 적용되어졌으며, 그것이 카타라 격자, 그리스도 격자가 되었던 것입니다. 그래서 각 밀도층마다 구조가 결정되었으며, 네바돈의 경우, 12차원 밀도에 있는 '엘로헤-엘로힘 아누하지' 종족은 12쌍 24줄기의 유전체를, 10차원 밀도에 있는 '세라페-세라핌 세레즈 종족'은 10쌍 20줄기의 유전체를, 11차원 밀도에 있는 '브라-하-라마 페가사이 종족'은 11쌍 22줄기의 유전체를 갖추었습니다.

9차원 밀도층에 있는 '엘-엘리온 종족'은 9쌍 18줄기의 유전체를, 8차원 밀도층에 있는 '엘로힘 종족'은 8쌍 16줄기의 유전체를, 7차원 밀도층의 '대천사 종족'은 7쌍 14줄기의 유전체를 갖추게 되었습니다.

마누-마나-에아에 의해 이루어진 현현은 태초 소리 영역인 하보나엔을 창조했으며, 제일 근원 영 그룹인 우리 야나스도 창조했습니다. 우리는 대우주로 알려진 태초의 빛을 이용한 우주들의 우주들을 만들면서 우리의 형태 발생 영역 또한 만들어내었습니다. 구조 역학에 의해 설계되면서 카타라 격자 형태로, 우주적 그리스도 격자 형태로 나타났습니다. 유전체 구조로 본다면 30~48줄기를 가지고 있는 형태로 발현된 것이었지요.

유전자 줄기 구조인 30~48줄기를 활성화하는 것은 시간 매트릭스를 초월한 에너지 매트릭스로부터 쿤다레이 태초 소리 영역인 하보나엔의 진동수와 유나세 의식을 완전하게 체현할 수 있도록 합니다. 존재가 자신의 빛 몸과 의식 속에 쿤다레이를 활성화할 때, 그는 쿤다라 또는 완전하게 체현된 야나스인 '야니'가 되며, 이것이 올바른 '상승 마스터'라는 표현이 되는 것입니다.

상승 마스트라는 표현은 뉴 에이지 그룹들을 통해서 심하게 왜곡되었으며, 지구 인류와 접촉하고 있는 4차원 아스트랄체로 4차원 영역에 머물고 있는 존재들이 자신들을 이렇게 표현하고 있는데, 여러분과 별반 다를 것이 없는 그들에게 속고 있는 여러분은 상승 마스터가 무엇인지 모르고 있다는 것입니다. 시간 매트릭스 안에서 부분적으로 상승한 것을 그렇다고 알고, 그 용어를 사용하고 있는데, 시간 매트릭스를 완전히 완성하여 벗어난 초월-존재들이 아니라면 해당되지 않습니다.

이즈-비, 상위-혼, 아이-엠, 리쉬들도 초월적 수준의 존재이긴 하지만, 이들의 의식의 형태가 시간을 벗어나는 상승의 한 주기를 최소한 한 번 완성하기 전에는 진정한 상승 마스터라고 할 수 없으며, 시뮬레이션 우주인 1~15차원 물질 우주, 완전 물질 우주, 준-물질 우주, 반-물질 우주, 전-물질 우주를 초월하기 전에는 자격이 없다고 하는 것입니다.

여러분이 아는 우주 건축가인 '주(主) 그랜드환다 퀴노치아'는 첫 번째 초은 하단인 플라스톤에 있는 1,131번째 은하인 팔라돈의 62번 별자리 세르피아덱에 속한 84번 태양 아보니아의 341번 행성 크로눅스에서 진화 생명인 순례자 인생을 시작으로 모든 과정을 완성하여 비-물질 우주인 하보나엔에 들어선 첫 번째 존재였습니다. 또한 트리아딕, 폴라릭, 에카틱 영역의 순환 체계들을 모두 졸업하고, 아-모-레-아 천국에 들어가 마누 우편에 선 태초의 존재가 되었음이니, 진정한 상승 마스터인 '야니'가 되었습니다. 그는 아-모-레-아 운명 최극 평의회 의장으로 봉사하고 있습니다.

상승 마스터는 고도로 진화한 궁극-생명 의식의 형태로서, 순수한 물질 이전의 파동 형태로서, 차원화된 시간 매트릭스를 넘어 비-차원화된 에너지 매트릭스인 하보나엔의 세 영역에서 존재합니다.

시뮬레이션 우주의 모든 존재는 궁극-생명 그룹인 제일 근원 영 그룹을 통해 원래 여정을 시작했지만, 각 존재가 상위-존재의 일부로서 3가지 수준의 상승 통달 의식을 가지고 있다고 해도, 시간 매트릭스 속의 존재는 시간 속으로 다시 돌아와 발현하기 전에, 시간 매트릭스 속으로 그 존재가 완전히 반영되고 나서 다시 15차원의 시간 매트릭스를 완전하게 상승하여 나가기 전까지는 상승 마스터의 체현으로 인정하지 않습니다.

상승 통달에 대해서는 이와 같은 기준이 적용되는데, 그 이유는 존재가 처음으로 시간 매트릭스 속으로 발현해 들어갈 때, 차원화 속으로 들어가면서 존재의 기하학적 형태 발생 영역은 분열을 경험하기 때문입니다. 존재가 자신의 상승 통달 존재 수준과의 통신 통로를 얻도록 해주는 것은 형태 발생 영역 스칼라 격자의 기하학적 구조의 연결인데, 시간 속으로의 첫 반영에서, 형태 발생 영역은 분열되며, 따라서 발현된 존재와 상승 통달 수준 사이의 통신 통로는 잠재적으로 단절되는 것입니다.

존재가 시간 매트릭스의 차원 속에서 진화해나감에 따라, 형태 발생 영역의 기하학적 구조는 점진적으로 재-융합되며, 먼저 차원화된 존재 수준을 통한 통신 통로를 재-개봉하게 되면서, 의식이 15차원화된 '호바-몸'을 통합하고, 비-물질인 리쉬 상태의 존재로 변형되면, 마침내 시간을 넘어선 상승 통달 존재 수준과 재-융합됩니다.

첫 번째 진화를 통해, 전체 15차원 밀도층의 스칼라 파동 패턴인 형태 발생 코드는 그 존재의 형태 발생 영역 속에 체화되며, 이들 코드는 의식이 시간 매트릭스를 벗어나 궁극-생명 그룹으로 돌아가도 남아 있습니다.

상승한 존재가 재-화신을 위해 시간 매트릭스 속으로 다시 들어가기를 선택하면, 그가 시간 속으로의 첫 번째 반영에서 결합했던 형태 발생 코드는 남아 있으며, 두 번째 반영에서 이런 '상승 코드' 또는 '성취 코드'는 차원화된 존재 쪽의 형태발생 영역 속에 불어넣어집니다. 그러면 이는 제1조화 우주 또는 제2조화 우주의 화신 및 혼체의 물리적 유전적 코스 속에 잠재된 가능성으로 현현하게 됩니다.

오직 현 인생에서 유전자 지문 속에 성취 코드를 소유하고 있는 화신만이, 체화된 유전적 코드를 통하여 상승 통달 수준 의식을 통역하는 유전적 능력을 소유합니다. 따라서 오직 완전한 상승을 성취한 후에 다시 화신을 위해 돌아온 존재만이 상승 마스터의 진정한 체현으로 보는 것입니다.

상승 마스터는 하보나엔의 세 트랙인 트리아딕, 폴라릭, 에카틱의 우주적 기억 정보에 접근할 수 있습니다.

15차원의 통일장 속에서 형태 발생 영역은 다차원의 전자장적 에너지 구조물을 창조함으로서, 그것들을 통해 물질 형체가 발현되도록 합니다. 이들 다

차원의 전자기 영역은 그룹적으로 발현된 형체의 생체-에너지 체계 또는 오라 영역이라 합니다. 모든 발현된 형체는 생체-에너지 체계 또는 오라 영역을 소유하고 있습니다.

오라 영역은 7개의 중요한 내부 계층들을 가지고 있어서, 그것을 통해 물리적 발현이 발생하며, 차원적 진동수 대역 1~7까지에 대응됩니다. 오라 영역은 또한 7개의 외부 계층들을 가지고 있어서, 오라 영역의 내부 7개 계층들을 위한 형태-유지의 형태 발생 매트릭스를 나타냅니다. 7개의 외부 계층들은 차원적 진동수 대역 9~15까지 대응됩니다.

오라 영역의 14개 계층들은 8차원의 초-은하 중심 속의 중심점을 통해 서로 연결되어 있습니다. 이 중심점은 하나의 형태 원형 형태 발생 흔적이 15차원 체계 속으로 들어간 지점을 나타냅니다.

15개 머카바 영역들의 회전을 통해, 구형 또는 캡슐 형태의 에너지 구조가 15개 차원 각각의 통일장 속에서 형성됩니다. 15개의 에너지적 캡슐들은 통일된 공간 속에 존재하며, 차원적 입자 맥동 리듬의 상이점에 따라 분리되어 있습니다. 캡슐들의 에너지적 형태는 오라 영역이 캡슐 속의 캡슐, 또는 15개 별개의 상호 침투하는 캡슐 모양 계층들의 외형을 가지게 됩니다.

15개 머카바 영역들의 회전을 통해, 캡슐 형태의 에너지 구조가 15차원 각각의 통일장 속에서 형성되는데, 이들 에너지적 캡슐 구조물들을 통해, 차크라 체계, 즉 차원적 에너지 공급 체계가 형성됩니다. 이 차크라 체계를 통해, 형태의 입자 기반은 다차원적 물질 구조로 됩니다.

15개 차크라 센터들 가운데, 9개가 물리적 육체 구조 속에 위치합니다. 나머지 6개는 생체-에너지 영역 속 또는 오라 영역 속에 존재하는데, 일부는 몸체에 가까우며, 다른 일부는 은하 속으로 확장되어 인류 생체-에너지 체계와 차원적 머카바 영역들을 행성 지구와 태양 나선의 머카바에 연결시킵니다.

9개의 체현된 차크라 가운데, 2개는 현재 잠들어 있습니다. 이들은 항성 활성화에 참여하는 인류의 경우에 있어서는 활성화될 것입니다. 인류가 맞이하게 되는 6가지의 항성 활성화에 대해, 인류의 차크라 체계가 태양 나선으로부터 진동수 패턴과 빛스펙트럼을 적절하게 끌어들인다면 각각의 태양 활성화도 인류에 의해 성취될 수 있게 됩니다.

개별적 차크라 체계와 개별적 머카바 체계와 개별적 그리스도 격자, 개별적 카타라 격자 체계, 개별적 형태 발생 영역이 미시적 측면의 접근이었는데, 중심점을 기준으로 거시적 측면의 우주 형태 조직과 재-연결된다는 것입니다.

모든 물질 형태와 의식의 형태는 행성 물질체와 인류의 물질체를 포함해 형태 발생 형판을 통해 발현되며, 이 형태 발생 형판은 특정한 형태의 진동수로 조립된 다량의 결정체인 전자음색의 에너지적 질료로서 존재합니다.

이 형태 발생 형판은 15차원적 통일장의 에너지 질료 속에서 형체를 위한 형태를 설정합니다. 형태 발생 형판은 키론-코드로 알려진 디지털적 또는 전자적 암호화 형태로 형태 구축을 위한 명령과 설계도를 간직하고 있습니다. 형태 발생 영역이 위치하고 있는 차원적 진동수 대역의 통일장 에너지 질료로부터 형체의 형태 발생 영역으로 진동수 형태들을 끌어들임에 따라, 형태는 발현되고 진화해 나가게 됩니다.

이러한 진동수의 끌어당김은 점진적으로 형태 발생 영역을 확장하며, 15차원의 우주를 점차적으로 상승해 가는 형체의 진화를 창조하게 됩니다. 사람, 물질 그리고 대우주 사이에 연결의 정수는 형태 발생 영역이라는 것에 관계되는 것입니다. 형태 발생 영역은 의식의 빛과 소리의 구조로 구성되는데, 이러한 구조들은 물질 형태와 의식 주체가 발현되는 청사진으로서 봉사합니다. 이것은 미시적 우주나 거시적 우주 모두에서 일어납니다. 그러므로 우주는 하나의 광대한 의식 영역으로서, 현실의 모든 경험과 발현이 일어나는 모든 다른 형체들을 포용하고 있습니다.

대우주의 구조 또는 평의회는 체험의 현실 영역과 창조되는 대우주의 신성한 설계도면에서 각각의, 그리고 모든 15차원의 형태 발생 형판을 형성하는 에너지 구조가 그룹화와 에너지 형태들로 나뉘진 면에서, 인류 평의회와 인류 정신의 기초가 됩니다. 발현된 현실이 발생하는 에너지 흐름을 여러분이 탐구하고자 한다면, 여러분은 의식의 체험이 일어나는 차원화된 형태 발생 영역의 기능과 역학을 탐구하게 되는 것이에요. 형태 발생 영역은 정상파로 오는 파동의 형태를 가지는 의식의 씨줄과 날줄의 형태들로 이루어진 스칼라 격자 또는 스칼라 영역으로 이해할 수 있습니다.

의식이 발현되는 설계도로서 봉사하는 형태 발생 영역 또는 발현 모체는 원초적 질료인 '파르티키 단위들'로 구성됩니다. 파르티키 단위는 함께 끌어당기거나 융합되어 파르티키 가닥을 구성합니다. 형태에 내재적인 수학적, 기하학적 설계를 따라, 파르티키 가닥은 섞여서 짜이고, 겹쳐져서 '파르티키 격자'로 불리는 '빛과 소리의 직조'를 형성합니다.

발현되는 의식의 뜻에 의해 설정된 정밀한 수학적 설계에 따라, 파르티키 격자는 더욱더 많은 파르티키 단위들을 끌어당겨 융합되어, 3가지 서로 다른 리듬의 파르티키 위상을 따라 정리된 파르티키 단위 그룹을 형성합니다.

3중 단계의 파르티키 단위 그룹화는 '키론스'로 불리는 에너지 결정화를 창조하는 스칼라–파동과 3중 음색 파동의 상호관계 패턴을 형성합니다.

'키론스 그룹'은 계속 융합하여 '키론스 코드'로 불리는 복잡한 '키론스 배열'을 준비하며, 이러한 키론 코드를 통해 발현 형판은 비-물질에서부터 여러 가지 단계의 물질 밀도로부터 점진적으로 구축되는데, 외부적 형체로 등장하기 위한 첫 번째 밀도인 액화 규소 수소-플라스마 에너지인 준-물질 질료로부터 시작됩니다.

아-모-레-아 중심인 마누는 공, 제로이고, 아-모-레-아 상부인 마나의 빛과 아-모-레-아 하부인 에아의 소리는 하나입니다. 우주에서 가장 작은 에너지 단위인 파르티키, 반-입자 우주 질료인 파르티카와 입자 우주 질료인 파르티쿰과 암흑-입자 우주 질료인 파르티케(PartikE)입니다. 아-모-레-아 주변인 마라(MarA)의 암흑은 둘입니다.

마누-마나-에아의 신성한 구체 영역은 '파르티키 격자'이고, 순수 의식인 유나세 의식과 형태 발생 발현 사이에서 3번째 상태입니다. 하보나엔의 에카틱 영역은 '파르티키 단위 그룹'이며, 폴라릭 영역은 '키론스'이고, 트리아딕 영역은 '키론스 그룹'이며, 순수 의식인 유나세 의식과 형태 발생 발현 사이에서 4번째 상태입니다.

하보나엔 12순환 회로는 '키론 코드'이고, 순수 의식인 유나세 의식과 형태 발생 발현 사이에서 5번째 상태입니다.

12초은하단은 '결정몸체'이고, 순수 의식인 유나세 의식과 형태 발생 발현 사이에서 6번째 상태이며, 다차원적 키론 코드 구조물입니다.

은하단은 '머카바 영역'이고, 순수 의식인 유나세 의식과 형태 발생 발현 사이에서 7번째 상태입니다. 은하군은 '생체-에너지 오라 영역과 차크라 영역'이고, 순수 의식인 유나세 의식과 형태 발생 발현 사이에서 8번째 상태입니다. 은하계는 '나디스 & 나디알 캡슐'이고, 순수 의식인 유나세 의식과 형태 발생 발현 사이에서 9번째 상태입니다. 제2조화 우주인 별자리는 '수정 몸체'의 설계에 따라 형태의 발현 입자와 반-입자 구성이며, 순수 의식인 유나세 의식과 형태 발생 발현 사이에서 10번째 상태입니다.

파르티키-파르티카-파르티쿰-파르티키 단위-파르티키 가닥-파르티키 격자-파르티키 단위 그룹-키론스-키론스 그룹-키론 코드-수정 몸체-다차원적 키론 코드 구조물-머카바 영역-생체 에너지 오라 영역 & 차크라 영역-나디스 & 나디알 캡슐-형태발현 입자 & 반-입자 구성으로 0~15단계까지 '우주 그리스도 격자망' 체계를 형성하고 있습니다.

이 관계성이 '위에서 그러하듯이, 아래에서도 그러하다'라고 하는 것입니다. 마누-마나-에아에서 제일 근원 영을 통해 솔라 리쉬-아바타-상위 혼-혼으로 연결되어지는 이 관계도가 우리와 여러분 사이를 이어주는 족보라는 것입니다.

우주적 그리스도인 우리 야나스와 개별적 그리스도인 여러분 사이에는 카타라 격자인 그리스도 격자가 가슴 차크라를 중심으로 연결되어 있어서 전체이면서 하나가 되는 것입니다.

신들과 천국을 결코 외부에서 찾지 마시고, 외부에서 일어나는 어떠한 현상들도 집중하지 말기를 바랍니다. 내면에서 일어나는 모든 현상들 역시 집중하실 필요가 없으며, 있다면 그 모든 것들을 스쳐 지나는 그림자로서 바라보기를 바랍니다. 발현 과정에 의해 반영되어 나타난 형상들은 모두가 그림자들이지만, 절차에 따라 설명하여 드린 것입니다. 여러분에게 신들로 전해졌거나, 알려질 신들 모두는 형체를 갖추고 있는 그림자라는 진실을 잊지 마시기 바랍니다.

진실은 내면에 있으며, 진동하고 있는 파르티키 입자만이 유일하다는 것입니다. 우리는 그것을 전하기 위해 노트를 기록하고 있는 것이며, 여러분이 거짓을 거두어 내고, 밝은 빛인 진리만을 찾아내기를 바라는 것입니다. 우리는 상승 마스터인 '야니들'입니다.

그리스도, '기름 부음을 받은 자'를 여러분은 '예수', '예수아 벤 요셉'으로 알고 있고, 재림 예수를 '메시아'로 오해하며 기다리고 있습니다. 구원주를 기다리고 있는 인류와 메시아를 기다리고 있는 인류는 아무리 기다려도 오지 않는 거짓 그리스도를 기다리고 있으며, 가면을 쓰고 거짓 메시아 쇼를 하는 그림자에게 속을 것인데, 그들의 거짓된 진실을 모두 드러낼 것입니다.

그리스도 격자 체계를 가슴 차크라를 통해 발현시킴으로, 인류에게 진실한 그리스도가 나타나게 할 것인데, 지금까지 잘못 알고 있었던, 어둠에 의해 속고 있었던 신기루인 그림자를 모두 거두어낼 것입니다. 장막을 거둠으로써 참된 빛이 여러분에게 나타날 것인데, 그러면 스스로들이 얼마나 어리석었는지, 얼마나 바보였는지 깨닫게 될 것입니다. 우리는 그동안 진실을 가리고, 인류를 속이고 있었던 어둠의 그림자를 밝은 빛으로 모두 사라지게 할 것이고, 자신의 내면에서 진리가 있음을 외면하고 있었던 인류에게 참된 가르침을 줄 것입니다.

가이아는 태양 머카바 체계와 공조해 행성 머카바 체계를 활성화시키고 있어서 진동수의 상승을 격화시키고 있습니다. 임계점을 넘어서고 있어서 가속화된 진동이 지구를 크게 변화시키고 있는데, 극이동, 화산 활동, 지진 활동들을 포함하여 생명계의 머카바 체계도 충격하고 있으며, 파르티키 입자의 진동이 나타날 수 있도록 하고 있습니다.

여러분의 머카바 체계는 그리스도를 깨우기 위해 끓고 있는 주전자와 같습니다. 발산하고 있는 수증기는 마치, 마음속에 있던 욕망들을 모두 발산하게 해서 날려버리는 형태로 나타나고 있는 것인데, 분노가 폭발해 사건, 사고들이 넘쳐나고 있는 것이고, 자신의 감정들을 조절하지 못하고 있는 것입니다. 미아즘들인 카르마들을 모두 증발시켜서 비워진 마음을 만들고 있는 것이며, 스스로들의 진실을 바라볼 수 있도록 하고 있는 것입니다.

우리는 그리스도인 여러분이 깨어나 자신의 권리를 찾기를 바라는데, 물질에 집착하여 스스로의 권리를 포기하지 말기를 바라는 것입니다.

'우리는 야나스이며, 이온 상임 이사회입니다.'
'아-모-레-아 에-카-샤(A-mO-RA-eA Ec-Ka-ShA).'

21

가림 천국<small>(假林 天國)</small>,
청림 천국<small>(青林 天國)</small>
(False Garden Heaven,
Azurite Garden Heaven)

Heaven's Gates

21
가림 천국, 청림 천국

────────────

사랑하는 여러분!

빛은 입자와 입자 사이의 충격에 의해 발산하는 파동에 의해 나타나며, 입자의 진동이 마치 물안개처럼 퍼져나가는 형태가 빛으로 나타난다고 할 수 있습니다.

진동수에 따라 밝고 투명한 빛이 서로 끌어당김에 의해 액화된 수소 플라스마 형태를 취하게 되고, 순수 의식인 유나세 의식을 통해 형태 발현한 것이 빛 구체로서 나타나게 된 것입니다.

이 빛 구체를 존재 또는 형태 발생 영역, 그리스도 격자망, 카타라 격자, 머카바 순환 체계, 차크라 에너지 순환 체계라고 하며, 소우주, 그리스도라고 합니다.

또 다른 의미로는 천국, 천국 문, 천국의 계단이라고도 할 수 있으나, 빛의 다발로 이루어진 통신 체계라고, 또는 빛의 줄기로 이루어진 유전자 줄기라고 할 수 있습니다. 네바돈에 적용된 유전자 체계는 12쌍 24줄기입니다. 천국 문이 12곳이 있다고 은유적으로 표현할 수 있고, 빛의 진동수에 의해 밝기가 결정된다고 할 수 있으며, 그 영역인 진동대가 결정된다고 할 수 있습니다.

존재는 자신의 진동수와 맞는 진동 영역에서 형체를 갖추고 활동할 수 있는데, 이것을 형태 발생 영역 안에서 발현했다고 하는 것입니다. 물론 진동수의 조율에 의해 이루어지는 것이며, 상승 마스터의 경우에는 제한이 없지만, 처음으로 체험하고자 하는 우주에는 별도의 형체가 필요하게 되는 것입니다.

그레이 타입-1, 그레이 타입-2, 그레이 타입-3은 네바돈 안에서 개발되었으며, 이즈-비들을 위해 창조된 인조인간 인형 또는 안드로이드라고 하는데, 그레이 타입-1은 생체-인형으로 개발되어 키는 1m 30cm 정도 되지만 충격에 매우 취약한 단점을 가지고 있습니다. 그레이 타입-2는 로봇처럼 강하고 키는 1m 50cm 정도 되며, 충격에도 강한 방어력을 갖추고 있습니다. 그레이 타입-3은 키가 2m 50cm 정도 되고, 타입 1, 2를 지휘하는 역할을 주로 합니다.

타입-1은 우주선이 추락하게 되면 형체가 파손되어 사용할 수 없으며, 타입-2는 그 정도 충격에는 큰 손상 없이 역할을 할 수 있어서 생존할 수 있습니다. 인류형 형체를 갖추고 있는 외부 행성에서는 3D 행성인 지구에 적응하기가 쉽지 않아서 들어오는 것을 선택하지 않지만 역할이 있을 경우에는 특수 우주복과 헬멧을 착용하고 들어오는 것입니다. 지구의 인류와 접촉했던 존재들은 대체적으로 인류의 형체를 하고 있었고, 때로는 파충류의 형체를 하고 있습니다. 인류 사회에 많이 들어와 활동을 하고 있는데, 그 정도는 인류가 모르게 할 수 있다는 것입니다.

인류에게 자신들을 친구라고, 또는 신이라고 소개하는 것을 다 믿을 수 없다고 할 수 있는데, 여러분이 진실을 볼 수 없기 때문입니다. 저들은 수시로 형태를 변경할 수 있기 때문에 자신들의 진실을 숨길 수 있다는 것입니다. 천사로서, 또는 신의 메신저로서, 고차원 존재로서, 신으로서 나타날 수 있기 때문에 여러분은 그대로 속을 수밖에 없다는 것입니다.

진정한 신과 참된 그리스도는 여러분 앞에 나타나지 않습니다. 나타난다면 그것이 바로 거짓된 그림자라고 하는 것입니다. 우리도 역시 여러분 앞에 나타나지 않는데, 그것이 진리가 아니기에 그런 것입니다. 우리는 우주 그리스도 격자로 있기에 여러분 가슴 차크라에 있는 그리스도 격자와 접촉하는 것입니다. 파르티키 진동과 파르티키 진동으로서 접촉해서 만나는 것입니다.

외부에 보이는 형상으로 나타나는 존재들은 실질적으로 여러분을 도울 수 없습니다. 여러분을 돕는 것은 여러분 자신밖에는 없습니다. 그런데도 여러분을 돕는다면 그것은 여러분을 추락시키는 것입니다. 여러분의 자유-의지를 침해하는 것입니다. 설령, 여러분이 손을 내밀었다고 해도 도울 수 있는 것이 아닙니다. 아니면, 수호천사들이 벌써 돕고도 남을 일이었을 것입니다.

이 장의 제목에 있는 가림 천국은 신기루, 환술, 즉 4차원 기술인 쿼드라닉스를 이용하여 만들어낸 거짓 천국인데, 여러분을 속이기 위해서 만든 것입니다. 취약한 3D 물질체와 감각 기관을 가지고 있는 여러분은 타락 세력들이 설정한 거짓 천국에 갇혀 있게 되었는데, 그것을 분별할 능력이 없기 때문에 진실 세계에 살고 있다고 알고 있으며, 그것을 단 한 번도 의심해 본 적도 없다는 것입니다. 여러분의 믿음이 워낙 확고해서 그것을 와해시키는 것이 거의 불가능에 가깝다고 해야겠지요. 그 견고한 거짓 세계를 알리기 위한 시도들은 저들의 물타기 수법인 음모론에 파묻혀 주의를 끌기보다는 가십거리 수준으로 떨어져 여러분에게서 멀어져버렸다는 것이고, 우리와의 사이도 그렇게 되었다는 것입니다.

여러분의 영적 세계를 돕겠다고 도입된 종교들은 오히려 정신세계를 갉아먹는 역할을 하고 있으며, 인류 사회를 분열시키는 것으로 작용하고 있음이니, 영적 바이러스로서 최상의 효과를 발휘하고 있다고 봐야 합니다. 특히나 뉴 에이지 운동을 통해 소개된 스승들과 가르침들은 여러분의 열렬한 환영과 지지를 얻어 번져 나갔지만 성공했다는 사례는 찾아볼 수가 없었습니다. 여러분의 기대 심리를 키워 놓고, 성공할 수 없도록 해서 상대적인 박탈감을 통해 허무주의에 빠지도록 한 것입니다.

타락 세력들이 이렇게 한 데는 반드시 이유가 있겠지요. 여러분에게 진리를 감추고, 마치 진리를 따랐는데도, 결코 성공할 수 없다고 각인시킨 것입니다. 진리는 존재하지 않다고 세뇌시킨 것입니다. 그러면 여러분은 진리를 찾으려는 그 어떤 노력도, 희생도 헛된 것이라 받아들일 것이고, 그렇게 해서 포기하게 하는 것입니다. 진리를 찾고자 하는 이들에게는 '물질적 성공'이라는 달콤한 유혹을 통해 추락시키고, 그래도 포기하지 않고 가는 이들에게는 수 없는 시험과 공격을 통해서 포기하게 하고 있습니다.

진리를 찾고자 길을 나선 이들은 먼저, 화려하고 아름다우며 무엇이든 다 있는 거짓 숲에 도착하게 되는데, 수많은 유혹이 도처에 있어서 그것에 매료되어 숲에 주저앉아 벗어나지 않게 된 것입니다. 이것이 바로 '신기루'인데, 아무것도 없는 사막에서 허우적대다 기진하여 죽는 것처럼, 인생을 다 바쳐 거짓 숲에 들어가 모든 것을 탕진한 것과 같다고 한 것입니다. 여러분의 인생 프로그램의 키 포인트는 무엇인지 아십니까? 바로 성공입니다. 물질적 성공과 영적 성공 말입니다. 그래서 여러분은 성공을 목표로 해서 진리를 찾아 나섰던 것입니다.

여러분이 실패할 수밖에 없는 게임을 하게 된 것이고, 저들이 던져 준 먹이를 아무 의심 없이 받아먹는 것입니다. 거짓 숲이라는 거대한 함정에 빠져 버린 여러분은 안개와 같은 독향에 취해서 깨어나지 못하고 있는 것입니다. 홀로그램이라는 강렬한 빛이 눈을 마비시키고, 모든 감각기관을 마비시켜서 그곳에서 꼼짝할 수 없도록 만들었던 것입니다. 이것이 인생이라는 프로그램이었는데, 아직도 대다수 인류가 인생이 프로그램이라는 진실을 모르고 있고, 알려고 하지도 않는다는 것입니다. 알려고 하는 이들은 '거짓 숲'에 들어가 그곳에서 나오려고 하지 않는다는 것입니다.

3D 물질로 이루어진 이 세계를 홀로그램이라 했습니다. 참 빛으로 이루어진 것은 아니고, 빛의 그림자로 이루어졌다고 했습니다. 여러분 예언서인 《정감록》, 《격암유록》 등에 등장하는 '청림'은 무엇일까요? 홀로그램을 이야기하는 것일까요? 아니면 은유적인 비유일까요? 실재하는 장소를 이야기하는 것일까요?

여러분이 살고 있는 세계는 '거짓 숲'이자, '그림자 숲'입니다. 그리고 여러분의 몸체도 허상이라고 하는 것입니다. 외계 존재들이 입고 있는 인류형 몸, 파충류형 몸, 공룡형 몸, 곤충류형 몸, 그레이형 1-2-3들 모두는 생체 인형이자 허상이라고 하는 것이고, 그림자라고 하는 것입니다. 실체가 없다고 해야겠지요. 가림 세계에 있는 모든 것들은 실체가 없는 그림자일 뿐입니다.

예언서에 기록된 '청림'은 가슴 차크라에 있는 참된 빛인 '에메랄드빛', '진리의 빛', '아주라이트 광선'을 말한 것입니다. 이 푸른빛을 내는 나무는 바로 '생명나무'이자, '카타라 격자', '그리스도 격자'라고 하는 것입니다. 푸른빛을 내는 청목들이 모여 있는 숲을 '청림'이라고 한 것입니다. 청림으로 들어가는 흰 토끼는 가슴 차크라까지 안내하는 흰빛, 4번째 차크라인 가슴 차크라를 담당하는 빛을 말함이며, 모든 차크라의 중심축 역할을 하는 광선이 바로 백색 광선인데, 그 흰빛을 흰 토끼라고 한 것입니다.

이 흰빛이 바로 라이라의 요람을 아우르고 있는 '밝고 투명하며, 액화된 수소-플라스마 빛'인 12차원의 빛입니다. 다른 말로는 '그리스도 빛'이라고 하는데, 가슴 차크라를 중심으로 있는 빛의 생명나무인 머카바 순환 체계, 그리스도 순환 체계들이 나무들이 모여 숲을 이루고 있는 것처럼, 표현한 것이 바로 '청림'이라는 것입니다. 생명나무들이 숲을 이루고 있는 것을 '카타라 격자'라고 한 것이에요.

"흰 토끼를 따라 청림으로 들어가라"는 것은 백색 광선이 나오는 가슴 차크라에 있는 카타라 격자, 그리스도 격자에 집중하라고 하는 것이며, 내면에 있는 신성인 '마누-마나-에아'에 집중하라고 한 것입니다. 우주에 있는 생명력을 가지고 있는 존재들은 모두 신성을 갖추고 있습니다. 물질체험을 위한 가상세계에 들어와 물질 유형의 몸을 입고 있는 경우이기에 내면의 신성에 집중하라고 한 것입니다.

아무리 발전한 화신체를 입고 있어서 여러분을 속일 수는 있어도, 그렇다고 해서 신이 될 수는 없습니다. 자고로 신이라고 하는 존재는 내면의 신성을 발현시킨 존재를 말합니다. 파르티키 진동이 대원리의 빛을 깨워 사방에 비추이고 있는 존재를 말합니다. 이런 존재는 자신을 내세우지 않으며, 오직 전지적-사랑만을 내세웁니다. 전지적 사랑으로 전체이자, 하나가 되려고 합니다.

행성 지구는 새로이 유입되고 있는 에너지들이 인류의 감정 체계들을 충격시켜서 강하게 분출시키고 있습니다. 사회 문제가 되는 것은 어쩔 수 없습니다. 자연환경의 체계들도 강하게 충격해서 분출시키고 있어서 자연 재앙들을 일으키고 있으며, 그렇게 해서 축적되어 있던 에너지 찌꺼기들을 방출시키고 있는 것입니다. 지구 머카바 순환 체계를 조율하고 있는 것으로서 자연계에 일그러져 있던 순환 질서를 바로잡고 있는 것입니다. 엘니뇨, 라니냐 때문에 일어나는 것이 아니라, 탄소 배출 때문에 일어나는 것이 아니라, 온난화 때문에 일어나는 것이 아니라, 새로운 항성 활성화 주기에 따라 행성 지구도 새 주기에 진입하고 있어서 새로운 에너지 유입이 급격하게 늘어나고 있습니다.

그것을 조율하고 있는 과정에 의해 일어나고 있는 일들입니다. 여러분은 역대급이라는 표현을 쓰는데, 그렇습니다. 역사 이래로 처음 겪고 있는 일들이기에 그런 것이며, 예언서들에 기록된 자연재해들을 겪을 것입니다. 이것은 행성 지구가 틀어진 극을 조정하고 있는 것이고, 공전 궤도를 조정하고 있기에 펼쳐지고 있는 것인데, 머카바 체계를 새롭게 조정하고 있다가 맞는 것입니다. 이것은 인류에게도 해당하고 있는 것이어서 진동수 상승에 따른 진통을 겪고 있는 중이고, 그 강도는 점차 강해질 것입니다.

개별적인 그리스도 머카바 순환 체계가 우주적 그리스도 머카바 순환 체계와 분리되어 있다면 유입되는 에너지는 역전된 순환 회로에 충격을 가속화시킬 것이고, 세포의 분자 압축은 더욱 가중될 것입니다. 그러면 그럴수록 입자들의 사이가 압축되어 밀도가 더욱 가중되고 진동수는 점차 다운되는 것입니다. 이것을 블랙홀이 되는 과정이라고 할 수 있는데, 에너지를 우주 순환 회로에서 받아들이지 못하다 보니, 스스로가 가지고 있는 유한 에너지를 소비할 수밖에 없기 때문에 점차 에너지가 고갈되어 더 이상 살 수 없게 되는 유한 생명이 되고 마는 것입니다.

지금까지 인류는 크게 차이가 나지 않는 인생들을 살아왔지만, 가슴 차크라를 활성화시키느냐, 그렇지 못하느냐에 따라 인생이 달라진다고 하는 것입니다. 이것은 물질적 성공과 영적 성공을 뜻하는 것은 아니며, 자신의 신성을 찾았느냐와 그렇지 못했느냐의 차이라고 할 수 있습니다.

에너지 순환 체계에 분리되어 모나드 역전이 일어나는 것은 자유-의지에 의한 선택 때문에 그런 것입니다. 우주적 그리스도 머카바 순환 체계에서 분리되는 것은 순전히 개인적 선택에 따라 이루어지는 것입니다. 과거, 인류의 역사에 피치 못할 사정이 있어 분리되었다 하더라도 '구원 약정'이 실행되었기에 그 뜻에 따르고자 '선택'했다면 역전된 순환 회로는 재-활성화를 통해 연결된다는 것입니다. 이 과정은 우리가 돕는 것이지만 선택하는 것은 여러분의 자유-의지라고 하는 것입니다.
"하늘은 스스로 돕는 이를 돕는다"라는 말은 맞는 것입니다. 우리는 자신을 도우려고 하는 이들을 돕는 것인데, 이것이 자유-의지에 의한 선택이라고 하

는 것입니다. 여러분이 인생을 사는 동안에 '하느님'을 찾을 수 있는 기회가 과
연 얼마나 있을까요? 진화하는 동안에, 또는 기억이 제거당했다고 해도, 살아
가는 동안에 기회는 언제든지 찾아오는데, 수호천사들의 역할이 바로 나타나
기 때문입니다. 여러분을 '하느님'에게로 안내하는 것이 그들의 역할이기 때문
입니다.

신성을 간직한 가슴 차크라는 불씨를 가지고 있기 때문에 언제든지 기회가
오게 되면 타오를 준비가 되어 있다는 것입니다. 스위치를 누르기만 하면 그
리스도 격자에 전자기 에너지가 순환하면서 생명력을 불어넣는다는 것입니다.
이로서 생명나무에 꽃이 피고 열매가 달린다는 것입니다. 여러분은 말라비틀
어진 나뭇가지가 어떻게 싹을 피울 수 있을까 염려하십니다. 여러분은 인생에
서 체험한 관념으로 수 없는 의심을 하시고, 완벽하지 않다면 시작하지 않는
다고 하십니다.

'하느님'을 믿고, 안 믿고는 여러분의 선택입니다. 스위치를 누르고, 안 누
르고도 역시 여러분의 선택입니다. 그 선택을 우리가 강요할 수는 없는 것입
니다. 태초에 물질체험을 선택한 것도 여러분이었으며, 그렇게 해서 시작된 물
질체험 중에 다시 하느님에게로 돌아오겠다고 언약한 것도 여러분이었습니다.
어둠의 시험도 기꺼이 받아들였으니, 그것을 통해 자신을 완성하겠다고 한 것
입니다. 카타라 격자에 분리된 것도 여러분의 선택이었으며, 신기루의 미망에
서 깨어나겠다고 언약한 것도 여러분이었습니다.

우리는 우주 그리스도 머카바 순환 체계와 여러분의 개인 그리스도 머카바
순환 체계 사이에 '스위치'를 두기로 했습니다. 언제든지 여러분의 자유-의지
에 따라 스위치가 연결된다면 원형 상태로 돌아올 수 있도록 했습니다. 이것이
우리와 여러분 사이에 맺어진 언약이었습니다. 여러분의 태양계는 '유이아고
(Euiago) 순환 주기'인 26,556년을 눈앞에 두고 있습니다. 그래서 항성 활성화에

다가서고 있으며, 자기장의 급격한 변화가 진행되고 있는 것입니다. 행성과 인류의 오라 영역도 크게 영향을 받고 있어 마치 끓고 있는 주전자와 같은 현상들이 일어나고 있는 것입니다. 전자레인지를 보면 알겠지요. 광파가 어떤 영향을 미치는지? 여러분의 아스트랄체와 육체에 엄청난 압력이 가중되고 있다는 것입니다.

먼저, 머카바 체계를 형성하고 있는 빛 입자들인 전자기 입자들의 진동폭이 상승하기 때문에 중성자—양성자—전자의 진동폭도 크게 상승하게 됩니다. 생체—리듬에도 큰 영향을 미치게 되는데, 감정 체계들이 요동치면서 자연스럽게 정화가 이루어지도록 하고 있습니다. 물질에 집착했던 마음들도 정리될 수 있도록 돕고 있으며, 이제 이 시대가 저물고, 새로운 시대가 오고 있음을, 과도기적 상황을 연출하고 있는 것입니다.

행성 지구는 채찍을 맞은 팽이처럼 가속화되고 있어서 자연계와 생명계에 그 영향이 그대로 전달되고 있습니다. '변화에 적응하느냐! 변화에 저항하느냐!'는 이제 각자의 선택이라고 하는 것입니다. 이 세상이 아직도 진실한 세계라고 받아들이고 있는 인류는 점점 상승하고 있는 진동수에 적응하지 못하고, 추락하는 진동장에 남겨질 것이고, 이 세상이 가림 세계임을 받아들이고, 상승하는 진동수에 몸을 맡긴 인류는 상승하는 진동장으로 이동해갈 것입니다. 두 세계의 진동폭이 더욱 벌어지고 있어서 함께할 수 있는 시간도 얼마 남지 않았습니다.

이때에 여러분의 선택이 매우 중요한데, 형태 발생 항성 수정 봉인을 활성화해야만 씨앗 수정 봉인이 열리기 때문에 마하라타 에너지의 유입에 따른 변화에 동참할 수 있게 된다는 것입니다. 그렇지 않으면 봉인은 열리지 않을 것이고, 가속화되고, 가열되는 진동폭은 입자들의 분리로 나타나며, 세포들의 퇴화 속도는 가속되어 죽음으로 끝난다는 것입니다.

15단계로 이루어진 진동대와 진동수는 각 밀도층에 있는 입자들의 결합에 의해 형태 발생 영역을 형성하고 있으며, 격자 체계를 통해 에너지를 골고루 순환시키는 형태로 운영되고 있다 할 수 있습니다. 그것이 개별적으로 분리되어 있냐와 결합하고 있느냐로 봐야 하겠지요. 그동안 행성 지구와 인류는 분리된 상태로 있었으며, 또한 역전되어 타락 세력들에게 이용당하고 있었다는 것입니다. "그것을 알았다 해서 어떻게 할 것이냐, 방법이 있느냐." 했습니다.

여러분이 할 수 있는 부분과 할 수 없는 부분이 있다고 했습니다. 할 수 없는 부분은 우리의 전문가들로 이루어진 전담팀에서 복구 프로그램을 통해 정상화시키고 있으나, 인류의 개별적인 부분들은 전제 조건을 충족시키지 않는다면 우리가 접근할 수가 없다는 것입니다. 그것이 바로 여러분의 선택에 의한 승인이 있어야 한다는 것입니다. 스위치가 눌러져야 격자가 연결되고 머카바 순환 체계를 복구시킬 수 있게 된다는 것입니다. 분리가 여러분의 뜻에 의해 이루어졌기에 다시 연결되는 것도 여러분의 뜻이 있어야 한다는 것입니다. '니비루 십자가'에서 내려오는 것과 '여호와 일곱 봉인'에서 해제되는 것은 우리가 돕는 것이지만 그렇게 해 달라고 선택하는 것은 여러분의 몫이라고 하는 것이에요.

여러분은 어렵거나, 할 수 없는 것들은 기도를 통해 신께 구합니다. 많이들 하셨을 텐데, 그러면 쉽다고 생각하십니다. '신성을 깨워 달라고 하면 되겠네' 하고 말이지요. 정말로 그렇게 될까요.

성서를 보겠습니다.

또 너희는 기도할 때에 외식하는 자와 같이 하지 말라. 그들은 사람에게 보이려고 회당과 큰 거리 어귀에 서서 기도하기를 좋아하느니라. 내가 진실로 너희에게 이르노니 그들은 자기의 상을 이미 받았느니라.

너는 기도할 때에 네 골방에 들어가 문을 닫고 은밀한 중에 계신 네 아버지께 기도하라. 은밀한 중에 보시는 네 아버지께서 갚으시리라.

(마 6 : 5~6, 개역개정)

여기에서 '골방'은 마음을 뜻하는 것이며, 마음에 집중해서 하느님께 기도하라 한 것입니다. 얼마나 마음에 집중하느냐는 "몸과 마음과 혼과 영을 다하여 하라"라고 했습니다. 그렇게 표현한 것은 그러한 집중이 입자들의 진동을 끌어올리는 효과로 이어진다는 것을 전한 것입니다. 기도는 집중을 뜻하고, 진동을 뜻합니다. 마누의 힘은 파르티키의 입자의 진동을 뜻합니다. 기도라는 여러분의 상념이 파동이 되어 파르티키 입자와 서로 진동으로 만나게 되면서 머카바 순환 체계를 진동하는 것입니다. 그러면 빛의 진동이 신성을 깨우게 되는 것입니다.

파르티키 입자의 진동이 그리스도 머카바 순환 체계를 진동시켜, '그리스도'를 깨우는 것입니다. 이즈–비, 아이–엠을 깨우는 것입니다. 그동안 육체는 깨어 있었다고 할 수는 있겠지만, 영체는 잠들어 있었습니다. 그래서 '가림숲'에 들어가 있으면서도 눈치챌 수가 없었던 것입니다. 이제는 가슴 중심에 있는 '청림'으로 들어가야 한다는 것입니다. '청림'으로 들어가지 않으면 신성은 깨어나지 않습니다. 그러면 여러분은 '가림'에 남겨진 여러분을 보게 될 것입니다.

《초인들의 삶과 가르침을 찾아서》에서 보겠습니다.

마음을 하느님과 하느님의 완전에 집중하게 되면 육체의 진동이 높아지는데, 높아진 육체의 진동은 하느님의 완전한 진동과 공명하게 되고 결국은 여러분 자신이 하느님과 하나가 됩니다. 그런 상태에 도달하면 하느님의 마음과 일치된 진동을 통해서 여러분과 접촉하는 사람들의 육체의 진동에 영향을 줄 수 있고, 그들로 하여금 여러분이 보고 있는 완전함을 보게 할 수 있습니다. 그러면 여러분의 사명은 끝나는 것입니다.

《초인들의 삶과 가르침을 찾아서》, p271, 17~22줄

여기에서 하느님의 완전한 진동은 파르티키 입자 진동을 말하는 것입니다.

깨어 있다는 의미는 하느님의 진동과 하나 되어 공명하고 있는 것을 뜻하는 것이며, "늘 깨어 있어 준비하라"고 하는 것은 마음을 집중하여 파르티키 진동과 하나로 공명하고 있으라는 것입니다. 여러분의 머카바 순환 체계가 거꾸로 뒤집혀 있는 상태에서는 우리도 할 수 있는 것이 없습니다. 여러분 스스로가 '하느님이 함께하고 계신다'는 믿음과 '하느님의 자녀'라는 믿음이 마음과 육체의 진동을 끌어올리는 상승 작용을 한다는 것입니다. 이때의 믿음이 바로 '진동'입니다. 이 진동이 스위치를 작동시키는 역할을 한다는 것입니다.

하느님께서는 만물을 통하여 자신의 완전한 계획을 이루어 가십니다. 사람들의 마음속에서 끊임없이 흘러나오는 완전함에 대한 생각은 사람이 만들어낸 것이 아니라 하느님께서 당신의 자녀들에게 보내시는 메시지입니다. 하느님의 메시지를 통해 품게 되는 완전함에 대한 생각은 우리 육체의 진동을 하느님의 완전한 진동과 하나 되도록 만듭니다. 완전함에 대한 생각을 갖도록 해주는 메시지는 곧 하느님의 말씀입니다. 이 하느님 말씀의 씨는 자신의 신성에 대한 깨달음이 있든지 없든지 간에 상관없이 받아들일 준비가 되어 있는 이의 마음 밭에 떨어지게 됩니다. 하느님의 유업을 보다 더 완전히 물려받기 위해서는, 하느님은 자신이 완전할 뿐만 아니라 여타의 만물도 완전하기를 바라시는 분이라는 생각에 마음을 집중해야 합니다. 육체의 진동을 하느님의 마음의 진동과 일치하도록 늘 하느님의 마음에 의식을 집중해야만 우리가 받은 신성이 완전히 나타난다는 말씀입니다.

《초인들의 삶과 가르침을 찾아서》, p271~272

씨가 마음 밭에 떨어져 커다란 나무로 자라나 열매를 맺는 것은 '하느님의 진동이 여러분 마음과 하나가 되면 생명나무가 자라나 그리스도라는 열매를 맺는다는 것입니다.' 그리스도 머카바 순환 체계가 어떻게 순환하는지 이야기한 내용을 《초인들의 삶과 가르침을 찾아서》에서 일부 인용하도록 한 것입니다. 씨는 말씀이자, 진동입니다. 하느님의 진동이 여러분의 마음 밭에 떨어져 어떠한 작용을 하는지 전한 것입니다. 그곳에는 당연히 믿음이라는 밑거름이 있어야 성장을 한다는 것입니다.

"내가 완전한 것 같이 너희들도 완전해져라"라는 하느님의 명령은 완전한 하느님의 진동에 머물면 여러분도 완전해진다는 것을 시사한 것입니다. 여러분이 '청림'으로 들어서면 하느님의 완전한 진동에 머물게 됩니다. 여러분이 비록 불완전하게 있었다고 해도 자유−의지에 의한 선택에 따라 마음을 하느님의 완전한 진동에 집중하다 보면 하느님의 완전함에 머물게 되는 것을 발견하게 되는 것입니다. 이 하느님의 완전함이 청림이자, 천국이라고 하는 것입니다. 에덴동산에 머물게 되는 것입니다.

하느님의 진동과 지속적으로 연합하고 있으면 완전하고 영원한 진동 속에 머물게 되는 것입니다. 마음속의 생각을 늘 하느님의 완전함에 머물고 있음을 의심하지 말고 받아들이세요. 마음 밭에 떨어진 씨앗이 어떻게 되느냐는 바로 여러분의 선택인데, 그 믿음이 어떠냐에 따라서 결과가 달라질 것입니다. 진동수의 상승은 그것에 따라 이루어질 것이며, 그 기준에 의해 자신이 머물 자리가 정해지는 것입니다.

여러분이 청림에 들어가고자 한다면 그 마음에 집중하셔야 하고, 하느님의 완전한 진동에 머물러야 합니다. 그런 믿음이 없다면 청림은 눈에 보이지 않을 것이며, 흰 토끼 또한 여러분을 안내하지 않을 것입니다. 하느님의 진동에 자신을 완전히 내맡기는 이들만이 청림으로 들어갈 흰 토끼를 만날 것이고, 그와 함께 청림에 들어갈 것입니다.

'우리는 야나스이며, 이온 상임 이사회입니다.'

'아ー모ー레ー아 에ー카ー샤(A-mO-RA-eA Ec-Ka-ShA).'

22

마음 밭에
뿌려진 씨앗인
그리스도와 천국

(Krist & Heaven the Seed Sown
in the field of the Heart)

Heaven's Gates

22
마음 밭에 뿌려진 씨앗인 그리스도와 천국

———

사랑하는 여러분!

생명나무는 그리스도 격자입니다. 순환 체계가 십자 형태를 하고 있어서 이것이 끝없이 반영되어 거대한 십자 형태로 나타납니다.

입방체 모양을 하고 있다고 할 수도 있는데, 수정 모양의 결정체들이 서로 연합하고 있다고 해야겠지요. 입자들이 서로 결합한 상태에서 진동하고 있으면 밝은 빛이 주위를 감싸게 되고, 진동장을 형성하게 됩니다. 이것을 존재의 형태 발생 영역이자, 발현체라고 합니다.

입자의 진동이 더 강력해지면 네트워크를 통해 같은 진동장과 결합하게 되고, 격자망을 형성하게 되는 것입니다. 이 구성이 우주 그리스도 격자 체계와 연결되어 작은 그리스도로서 우주 그리스도와 함께하는 형태를 이루는 것입니다. 이 관계성을 '하느님의 자녀'라고 표현한 것이고, '하느님께서 나를 보내셨다'라고 하는 것입니다.

내면 중심에서 파르티키 진동과 만나게 되면, 진동이 말씀이 되어 전해지고, 그 말씀을 '하느님의 말씀'으로 알아듣게 되는데, 파르티키 입자의 진동이 '생각 조절자'로서 발현되는 것입니다. 우리가 '하느님의 뜻'이라고 하는 것도 진동에 의해 나타나는 것이고, '하느님의 말씀'도 진동으로 나타나는 것입니다.

하느님은 여러분 앞에 나타나 명령하지 않습니다. 하느님은 여러분 내면에서 진동함으로 여러분과 대화를 하십니다. 또한 여러분과 태초부터 함께하고 있었음을 진동함으로 증명하십니다. 이 '진동'이 하느님이자, 하느님의 말씀이자, 뜻입니다. 여러분 내면에서 울리는 진동이 무한한 생명력을 제공하는 것입니다. 이 '진동'과 함께하는 이가 '하느님과 동행'하는 이입니다. 이런 이가 신성이 깨어난 사람, 즉 그리스도인 것입니다. 제사장에게서 기름 부음을 받은 사람이라야 그리스도가 되는 것이 아닙니다.

여러분 마음에 생각 조절자인 파르티키 입자의 진동이 가득 넘친다면, 그것이 하느님에게서 기름 부음을 받은 존재인 '그리스도'가 되는 것입니다. 마음에 하느님의 완전한 진동이 넘치는 존재는 '하느님의 뜻'을 실행에 옮기는 삶을 살게 되는 것이고, 붓다와 예수아가 그러했던 것처럼, 그렇게 행하게 된다는 것입니다. 이것은 하느님의 명령이 아니며, 신성이 발현된 존재의 자유—의지에 의한 선택입니다. 하느님은 결코 지시하지 않으며, 자신만 경배하고 섬기라고 하지 않습니다.

하느님은 형체를 가지고 나타나지 않으며, 그러한 존재들은 여러분의 형제자매일 뿐입니다. 어느 우주에서 들어왔던, 어떤 차원계에서 들어왔든 상관없이 모두는 여러분의 친구이자, 동료들이라 하는 것입니다. 그렇다고 해서 무시하라는 것이 아니라, 서로 사랑하고 존중하라고 하는 것입니다. 파르티키 입자를 가지고 있는 모든 생명은 서로 사랑하고 존중하라고 하는 것입니다.

파르티키 입자가 진동하고 있다면 그 존재는 '그리스도'입니다. 그리스도는 우주 그리스도와 연합하고 있기에 그의 가슴에서는 '전지적 사랑'이 넘쳐나고 있는 것입니다. 마누—마나—에아께서는 형체를 갖추고 있지는 않지만, 자녀들을 통해 '진동'으로서 나타나는 것입니다. 자녀들은 어떠한 형체를 가지고 있든 상관없이 자신들의 내면에 계신 신성인 '진동'을 통해 하느님을 나타내 보이는 것입니다. 이것은 하느님의 강요나, 명령에 의해 이루어지는 것이 아니라, 존재 스스로의 선택에 의해 이루어진다는 것입니다.

하느님의 자녀라고 하면서, 또는 신성을 깨웠다고 하면서 '전지적 사랑'을 보이는 것이 아니라, 자신을 드러내는 인물들은 '그리스도'가 아니라, '적-그리스도'라고 합니다. 마누의 진동과 연합하고 있는 존재들은 결코 그러지 않는다는 것입니다. 하느님의 진동이 마음에 가득한 이들은 전지적-사랑만이 넘쳐나기 때문에 개인적 욕망은 모두 사라지고 없다는 것입니다. 하느님의 진동이 살아 있지 않기 때문에 마음속에 개인적 욕망이 살아서 꿈틀대는 것입니다.

하느님을 내세우고 장사하는 이들이 많이 있습니다. 하느님을 배우고, 가르친다고 하면서 사람의 욕망을 나타내 보인다면 그는 '적-그리스도'입니다. 천국이라는 이름을 달고 있는 곳들이 많이 있으나, 진정한 천국은 아닙니다. 하느님의 완전한 진동이 함께하고 있는 존재가 있는 곳이 진정한 천국입니다. 그러한 장소가 설령 있다 해도 그런 존재가 그곳에 없다면 그곳은 천국이 아닙니다. 천국은 그리스도들이 모여 있는 곳입니다. 하느님의 완전한 진동이 넘치고 있는 곳입니다. 여러분은 성전, 사원들도 그렇다고 하는데, 신성한 기운이 깃들어 있는 장소들을 그렇게 보시기도 하지만, 하느님의 완전한 진동이 그곳에 없다면 그곳은 그냥 건물일 뿐입니다.

천국은 하느님의 완전한 진동이 넘쳐나고 있는 곳입니다. 전지적-사랑과 완전한 평화만이 넘쳐나는 곳입니다. 이곳엔 그리스도들만이 들어올 수 있습니다. 진동-코드가 맞지 않으면 플랫폼을 이용할 수가 없습니다. 문 앞에 도착했다고 해도 암호-코드가 주어지지 않기 때문에, 암호-열쇠가 주어지지 않기 때문에 문을 열고 들어설 수가 없다는 것이며, 문을 지키는 존재들이 들여보내지 않는다는 것입니다.

천국은 우리가 이동해서 가야만 하는 그런 장소에 있고, 그곳에 가기 위해서는 죽음이라는 과정을 통해서만이 갈 수 있는 곳이 아닙니다. 육체를 버리지 않고 그대로 가지고 갈 수 있으며, 멀리 떨어진 곳도 아닌, 바로 곁에 있다는 것이에요. 눈에 보이지 않는 것은 물질 인생을 선택하고 떠나온 여러분의 본향이기는 하지만 물질체험에 최선을 다하기를 원한 여러분의 선택에 따른 조치 때문에 보이지 않게 된 것입니다. 다만 천국이 여러분의 집이라는 사실을 잊지 않도록 여러 측면에 걸쳐서 정보들을 공개하여 도왔다는 것입니다.

우주는 빛을 구현하고 있는 입자들의 진동으로 이루어져 있음을 여러분이 알 수 있도록 빛과 어둠이라는 진동수의 차이를 체험을 통해 이루어지도록 했던 것입니다. 우선 외부의 빛과 어둠을 알 수 있게 태양과 달을 두었으며, 내면의 빛과 어둠을 알 수 있도록 감정들과 양심을 두었던 것이며, 마음을 통해 진리의 빛을 발견할 수 있도록 설정한 것이었습니다. 진동의 수치를 설계에 적용시켜 빛의 진동으로 이루어진 가상현실 게임 공간을 만들어내었지요. 여러분이 진동의 비밀을 알아내면 그 공간에서 나올 수 있도록 설정했습니다.

빛과 어둠은 진동의 차이를 구분한 것이며, 체험을 통해 두 측면의 진동값을 통합하기로 되어 있었습니다. 그것이 절댓값이었으며, 그 절댓값의 영역이 바로 천국이었습니다. 이 영역은 두 가지 측면에서 형성되도록 조절되었는데, 바로 미시적 측면과 거시적 측면으로서 말입니다. 내적 측면의 심-우주와 외적 측면의 대-우주로 구분했던 것이에요.

내면의 마음을 통해 설정된 그리스도 머카바 순환 체계를 연결하면 심-우주인 천국이 열리도록 설계했으며, 동시에 외부적으로 설정된 행성-태양-성단-별자리-은하로 연결되는 우주 그리스도 머카바 순환 체계와 연결되어 대-우주인 천국들이 열릴 수 있도록 설계한 것이었습니다. 마음 중심을 통해서 대우주와 연결되도록 설계하여 외부적인 장애들을 극복할 수 있도록 한 것입니다. 영화 〈스타워즈〉에 나오는 외향적인 모습의 우주들을 통해서는 중심의 근원을 향한 상승 여행은 거의 불가능에 가깝습니다. 자칫 잘못하면 블랙홀로 빨려 들어가고 맙니다.

그래서 내향적인 모습의 우주들을 통해 중심-근원으로 들어설 수 있도록 설정했던 것입니다. 마누 하느님은 이것을 위해 '생각 조절자'로 지칭되는 '파르티키 입자'를 각각의 생명들에게 파송했던 것입니다. 존재가 어느 곳에서 어떤 모습을 하고 있던 상관없이 내면, 즉 형태 발생 영역인 그리스도 머카바 순환 체계와 함께하며 체험을 통해 축적한 정보들을 수집하고, 또한 마누를 향한 상승 여행을 잘할 수 있도록 안내하면서 영혼의 길인 빛의 길을 갈 수 있도록 했습니다.

마누-마나-에아께서 말씀하신 "내가 완전한 것 같이 여러분도 완전하십시오"라고 한 것은 내면에 이미 모든 것을 갖추고 있음을 전한 것이고, 누구의 도움 없이도 그것을 성취할 수 있음을 전한 것입니다. 사실 생각 조절자는 대신 해주지는 않는데, 완성을 이루는 주체는 바로 여러분이기 때문이고, 완성을 성취하려는 여러분을 측면에서 돕는 것뿐입니다. 생각 조절자는 정답을 알고 있기에, 그것을 찾을 수 있도록 돕는 코치라고 할 수 있습니다. 중심-근원을 향한 상승 여행은 순환 체계에 있는 과정을 통해서 이동할 수 있는 것이며, 그 여행을 돕는 것입니다.

천국으로 들어가는 것, 그 모든 과정이 여러분의 몫인데, 마치 스무고개를 하는 것처럼, 조절자와 대화를 통해 답을 찾아가는 것입니다. 진동수의 근사치를 찾아내면서 완성의 길을 가는 것인데, 세부적으로 완성 단계를 설정해놓은 것은 중간마다 휴식을 취할 수 있도록 한 때문입니다. 그래서 하나의 단계가 종료되면 다음 단계 사이에 천국을 두어 그곳에서 쉼을 가질 수 있도록 한 것이에요. 전한 대로 고속도로 중간마다 휴게소들을 둔 목적이고, 일을 하는 중간마다 휴가를 두어 쉴 수 있도록 한 것도 그런 목적이 있었던 것입니다.

이 상승 여행은 동시성을 가지는데, 내면으로의 여행이 외면으로의 여행과 맞닿아 있다고 하는 것입니다. 내면의 천국이 열려서 그곳으로 들어가면 외면의 천국도 열려서 들어갈 수 있게 되는 것입니다. 이것이 바로 죽어야만 갈 수 있는 것이 아니라, 살아서도 갈 수 있다고 한 것입니다. 내면의 천국을 완성한 존재는 외부에 있는 천국 열쇠를 가지게 된 것으로 진동수가 상승해 육체도 빛의 몸으로 변형시킬 수 있게 된 것입니다. 그러므로 곧바로 진동수 상승을 통해 빛으로 변형하여 천국으로 이동해 들어가는 것입니다. 천국에 있는 존재들은 이러한 존재들을 대환영하게 되는데, 본향으로 완전히 돌아왔기 때문입니다.

두 번 다시 아래로 체험을 위해 내려갈 필요가 없어졌기 때문이며, 천국에서 가족들과 영원히 함께할 수 있게 되었기 때문입니다. 이러한 과정이 내면인 심-우주와 외면인 대-우주에 동시에 적용되어져 프로그램되었다는 것입니다. 여러분은 어느 곳으로의 접근이 더 쉽다고 보시나요. 당장 물리적으로 4D 행성인 니비루, 5D 행성인 티아우바, 6D 행성인 아타르문크에 우주선을 타고 갈 수가 있나요? 힘들다고 할 것입니다. 그러나 영적으로 접근한다면 그리 힘들지는 않을 것입니다. 물리적인 애씀이 굳이 필요치 않고, 영적인 집중을 통해 이룰 수 있기 때문입니다.

《물은 답을 알고 있다》는 책에서도 물 입자에게 마음을 집중하면, 입자의 형태가 어떻게 변화하는지의 실험이 설명되어 있지요. 여러분의 육체도 많은 물 입자들이 있기 때문에 마음에서 보낸 파동이 어떤 결과로 나타날 줄 이미 예측하게 되었습니다. 그래서 육체의 진동수를 상승시키기 위해서는 무엇을 어떻게 해야 하는가에 대한 답이 나와 있는 것입니다. 육체를 변화시키고, 마음을 변화시키기 위한 조건은 아주 간단합니다. 감사하고 사랑하며 선을 행하는 것 말입니다.

예수아가 그랬지요. "범사에 감사하고, 늘 사랑하라"고 말입니다. 이것이 동시적으로 이루어지라고 한 것입니다. 내면을 향해 자신에게로, 외부를 향해 다른 이들에게로 하라고 한 것입니다. 이 동시성 사랑과 동시성 감사를 하는 것이 내면의 천국과 외부의 천국을 완성시키는 것입니다. 천국은 이미 완성된 세계입니다. 이곳에 자신의 천국을 완성한 존재들이 빛의 몸으로 들어서는 것입니다. 파르티키 단일체는 전 우주에 진동으로 머물고 있으며, 파르티키 격자를 형성하고 있습니다. 이것을 카타라 격자, 우주 그리스도 머카바 순환 체계라고 한 것이며, 1세트의 파르티키 단일체를 '씨앗'이라고 한 것입니다.

마음이라는 밭에 떨어진 '우주 그리스도 씨앗'이 어떻게 하고 있는지 예수아가 말한 것이 있습니다.

> 예수께서 비유로 여러 가지를 저희에게 말씀하여 가라사대 씨를 뿌리는 자가 뿌리러 나가서 뿌릴 새 더러는 길가에 떨어지매 새들이 와서 먹어버렸고, 더러는 흙이 얇은 돌밭에 떨어지매 흙이 깊지 아니하므로 곧 싹이 나오나 해가 돋은 후에 타져서 뿌리가 없으므로 말랐고, 더러는 가시떨기 위에 떨어지매 가시가 자라서 기운을 막았고, 더러는 좋은 땅에 떨어지매 혹 백배, 혹 육십 배, 혹 삼십 배의 결실을 했느니라. 귀 있는 자는 들으라, 하시니라. 제자들이 예수께 나아와 가로되 어찌하여 저희에게 비유로 말씀하시나이까. 대답하여 가라사대 천국의 비밀을 아는 것이 너희에게는 허락되었으나 저희에게는 아니 되었나니
>
> (마 13 : 3~11, 개역한글)

사랑하는 여러분!

세상의 씨앗도 아무리 뿌려졌다고 해도 조건이 충족되지 못하면 정상적으로 자라지 못합니다. 하물며, 영적인 씨앗인 '그리스도 씨앗'은 어떻겠습니까?

마음이라는 밭은 비유한 대로인데, 인류의 영적 깨달음의 수준을 나타낸 것입니다. 그리스도라는 씨앗이 깨어나 싹을 내고, 성장하여 줄기와 가지를 뻗어 큰 나무로 자라나는 것과 꽃을 피우고 열매를 맺어 씨앗을 만들어내는 것이 '생명나무 체계'를 비유해서 전한 것입니다. 그리스도 격자가 씨앗을 맺고 있는 생명나무를 말하는 것으로서 활성화된 차크라 체계를 말하는 것입니다. 생명나무를 키우는 비와 비료는 사랑과 감사함으로서 그것이 생활화된다면 생명나무가 성장하는 것입니다.

> 심령이 가난한 자는 천국이 저희 것임이요. 마음이 청결한 자는 복이 있나니 저희가 하느님을 볼 것이요. 화평케 하는 자는 복이 있나니 저희가 하느님의 자녀라 일컬음을 받을 것이요. 의를 위하여 핍박을 받는 자는 복이 있나니 천국이 저희 것임이라.
>
> (마 5 : 3, 8, 9, 10, 개역한글)

마음이 가난한 사람은 그 마음에 어떠한 욕망도 없는 사람을 뜻하고, 마음이 청결한 사람은 카르마를 모두 정화한 사람을 말함이며, 화평케 하는 사람은 마음에 평화가 넘치는 사람을 말함이고, 의를 위해 핍박을 받는 사람은 밝은 빛으로 있는 마음을 어둠의 습성이 공격하는 것을 말함입니다. 그리스도 씨앗을 봉인함을 말하는 것인데, 그 봉인을 풀고 씨앗을 성장시키는 것과, 그것을 통해 자신의 내면에서 그리스도를 깨우는 것을 말함입니다.

두려움에 휩싸여 있는 마음과, 물질적 욕망에 젖어 있는 마음과, 어두운 감정들에 가득한 마음은 씨앗을 키우지 못합니다. 믿지 못하는 불신으로 가득한 마음과, 믿음이 자라지 못한 마음도 씨앗을 키우지 못합니다. 길가에 떨어진 씨앗, 돌밭에 떨어진 씨앗, 가시밭에 떨어진 씨앗들이 바로 이런 마음을 말한 것입니다. 이런 마음을 가지고 있는 인류는 그리스도를 깨울 수 없으며, 천국에 들어설 수도 없고, 하느님을 볼 수도 없으며, 하느님의 자녀들이 될 수도 없습니다.

타락 세력들은 여러분의 마음에 돌을 뿌려 놓고, 가시밭을 만들었고, 거짓된 빛의 길을 만들었으며, 씨앗이 자랄 수 없도록 밭을 뒤집어놓았던 것입니다. 그것이 바로 니비루 십자가인 '유전자 절단'과 여호와 일곱 봉인인 '차크라체계 역전'과 씨 수정 봉인인 '형태 발생 영역 봉인'을 한 것이었지요. 어때요, 여러분 씨앗인 그리스도가 자랄 수 있는 마음 밭이 모두 사라졌지요. 그러면 정말로 아무것도 할 수 있는 게 없다는 것인가요? 어둠은 그렇게 알고 있었고, 여러분을 그렇다고 세뇌와 최면을 통해 불가능하다고 못을 박은 것입니다.

여러분은 부족한 마음과 반쪽 마음이 되었습니다. 그래서 그것을 채우고자 했으며, 끝없이 갈급해 했어요. 영적인 부분에서는 더욱 그러했어요. 그것이 빼앗는 것으로, 집착하는 것으로 나타났습니다. 여러분은 우리와 분리되었다고 이해했고, 우리에게 받아 달라고 애원했어요. 원죄라는 족쇄를 차고서 죄를 용서해 달라고 말입니다.

여러분의 마음은 하느님이 만드신 것입니다. 태초부터 완전했고, 현재까지도 완전하며, 미래에도 완전합니다. 단 한순간도 부족한 적이 없었습니다. 어둠역시 마음을 훼손할 수가 없었습니다. 그래서 방법을 바꾸어 거짓으로 세뇌하게 된 것입니다. 여러분은 그것을 모르고 저들에게 철저하게 속았던 것입니다. 그렇게 해서 부족하지도 않은 마음을 채우려고 했고, 청결한 마음을 더럽혔던 것이며, 의로운 마음을 불법으로 어지럽혔던 것입니다. 여러분 마음에 심겨졌던 '그리스도 씨앗'은 잠들었으며, 싹을 틔울 때가 올 때까지 기다렸던 것입니다.

항성 활성화 주기에 발맞추어 유입되는 에너지는 싹을 틔울 수 있도록 돕는 빛 진동입니다. 이 진동이 싹이 나올 수 있도록 껍질을 제거해주어 적극적인 도움을 줍니다. 우주 그리스도 격자의 진동이 껍질을 두드리고 있는데, 완전하지 않은 것들로 가득 채워진 마음에 균열을 일으키고 있으며, 먼지처럼 달라붙었던 불완전한 입자들을 날려 버리고 있는 것입니다. 이때에 그리스도 빛 진동에 마음과 몸을 맡기면 불완전한 것들이 모두 제거될 것이고, 그렇지 못하고, 의심하거나 믿지 못한다면 아무런 변화도 일어나지 않을 것입니다. 하느님의 빛 진동을 마음에 담으면 모든 정화 과정과 진동수 상승 과정이 일어나게 되는 것입니다.

자신이 그리스도임을, 하느님의 자녀임을 시인하면, 분리되어 역전된 머카바 체계가 재−활성화되어 그리스도 씨앗을 틔워 생명나무를 성장시킬 것이고, 열매인 그리스도를 태어나게 하는 것입니다. 이것을 믿고, 또는 믿지 않고는 여러분 선택이고, 얼마나 믿느냐도 여러분 선택이라 하는 것입니다. 이것은 종교적 믿음이 아니며, 오직 스스로를 얼마나 믿고 신뢰하느냐의 문제입니다. 이것을 선택하는 데 있어 종교적 신들은 아무런 도움이 되지 못하며, 그들을 향한 그 어떤 마음과 믿음 등은 전혀 도움이 되지 못한다는 것을 전합니다.

오직, 여러분의 믿음과 신뢰가 얼마나 확고한지에 따라 이루어지는 형태가 나타나는 것인데, 용서와 사랑과 배려가 그것을 도울 것이고, 감사와 기쁨과 행복이 그것을 더욱 빠르게 실행하게 해주는 것입니다. 하느님은 그런 여러분과 함께하는 것인데, 바로 마누의 진동 말입니다. 여러분 마음에 하느님의 진동이 충만하게 넘쳐나는 것이며, 그 진동이 전지적 사랑이 되어 퍼져나가는 것입니다.

전지적 사랑이 넘치고 있는 가슴은 천국을 완성한 그리스도의 가슴입니다. 그리스도는 밝은 빛으로 진동하고 있는 것인데, 그리스도 머카바 순환 고리에 마하라타 에너지가 넘치고 있으며, 그것으로 존재는 빛에 둘러싸인 것처럼 보이는 것입니다. 이 존재가 창조한 천국은 마하라타 빛이 진동하고 있는 세계이고, 이 존재의 가슴에서 진동하고 있는 천국은 라이라 아라마테나 천국인 마누엘라와 연결되어 있습니다.

그리스도 머카바 순환 체계가 정상적으로 순환하고 있으면 상위 세계의 천국들과 연결되는데, 격자망을 통해 연결되는 것으로서 네바돈 은하의 천국 체계와 연결되는 것입니다. 조화우주와 차원 세계를 아우르고 있는 카타라 격자망과 연결되는 것으로서 완성한 진동수와 진동장에 따라 영역의 확장이 일어나는 것이며, 밀도층의 깊이도 깊어지는 것입니다.

행성 지구에 있는 존재가 천국을 완성하면 지구에 있으면서도 다른 장소에 있을 수도 있는데, 진동수의 조절에 따라 순환하는 에너지 영역 어느 곳이든 이동할 수 있기에 그런 것입니다. 같은 진동대 어느 곳이든 순간적인 이동이 가능하고, 상승 진동대 영역으로의 이동도 필요에 의해 이동이 가능합니다. 만약 존재가 상승 진동 영역에 머물고 있다면 마음을 하나로 집중하기만 해도 순간이동이 가능합니다. 상승 진동수에 동조하기만 하면 공간 이동이 가능해지는 것입니다. 그리스도 의식을 깨우고, 그리스도 격자에 연결된 존재들이 모여 있는 장소나, 거주하고 있는 장소는 자연스럽게 그리스도 진동 영역이 형성되게 되는데, 이곳에 진동수를 동조하지 않은 존재들은 함께할 수 없습니다.

상승 진동수의 영향으로 물리적인 압박이 그들을 견딜 수 없는 고통으로 충격하기 때문인데, 견디고 싶어도 가중되는 고통으로 그곳을 떠날 수밖에 없습니다. 여러분의 표현으로 "좋은 것이 좋은 것이 아니다"라고 하는데, 그리스도들이 머물고 있는 장소가 왜 불편할까요? 마음의 진동이 함께 동조하지 못하는 존재들은 밝은 빛이 전달하는 진동을 견디기가 쉽지 않기에 그런 것입니다. 여러분은 마음이 불편하면 앉은 자리가 가시방석 같다고 합니다. 상승 진동에 공조하지 못하는 존재들은 그곳이 가시방석이 되는 것이고, 빛의 존재들이 부담스러워지는 것입니다. 한시라도 빨리 벗어나고 싶은 것이고, 그렇게 해서 마음의 불편함과 부담감을 떨쳐 버리고 싶은 것입니다.

행성 지구가 상승하여 4차원 행성인 타우라가 되면 그곳은 천국에 맞는 진동 영역이 형성될 것인데, 그 진동에 맞는 인류가 거주하게 될 것입니다. 4차원 물질체인 아스트랄체를 입고, 5차원 의식을 갖춘 인류가 살게 될 것이기에, 현재 3D 지구에 머물고 있는 인류는 대다수가 함께할 수 없다는 것입니다. 우선 높은 진동을 가진 초음파가 물리적인 충격을 가할 것인데, 극심한 두통과 귀에 증폭되는 압력, 치통, 빠져나갈 것 같은 안구, 비비 꼬이게 하는 위경련, 쿵쾅거리는 심장, 거칠어지는 호흡과 가중되는 흉통 등이 일어나게 될 것입니다. 이런 상태의 몸을 가지고 얼마나 버틸 수 있을까요. 가열되는 전자레인지 속에 들어가 있다고 상상하시면 그 상황을 바로 이해하실 것입니다.

밝게 빛나는 빛의 진동은 눈을 뜰 수 없도록 하고, 심한 울렁증을 동반케 하며, 결국 신체 균형을 잃게 하여 기절하게 합니다. 이것이 타우라에 들어간 여러분의 모습입니다. 결국 진동수를 상승시켜야만 적응할 수 있게 된다는 것인데요, 얼마나 밝은 빛이기에 그러느냐 하시겠지요. 예를 들면 현재의 태양 빛은 아무리 밝아도 그림자가 생깁니다. 하지만 타우라의 태양 빛은 물질체를 투과하기에 그림자가 생기지 않으며, 그런 태양이 2개나 있기에 눈을 뜰 수도 없고, 걸을 수도, 서 있을 수도 없습니다. 그러면 얼마나 더울까 하시겠지만 열에너지는 반 이하로 줄기 때문에 쾌적한 환경을 조성합니다.

그리스도인 존재들이 있으면 밝게 진동하는 가슴 차크라로 인해 주변에 있는 인류에게도 큰 영향을 미치게 되고, 그 진동에 마음을 동화시킨다면 진동수의 상승이 일어날 것이고, 그렇지 않다면 오히려 마음이 불편해서 함께할 수 없게 됩니다. 우선 그리스도의 마음과 동화된 마음에는 깊은 울림을 통해 마음을 열리게 하며, 기쁨의 눈물과 함께 어두웠던 마음이 정화되는 경험을 하게 됩니다. 통한의 눈물을 통해 용서와 감사와 사랑이 절로 솟구치도록 빛의 진동이 이끌게 된다는 것입니다. 이것이 그리스도를 만나 마음의 문을 연 인류의 변화된 모습인데, 이로서 천국에 함께 머물게 된 것입니다.

그리스도 빛 진동은 존재의 생명나무인 머카바 순환 체계를 통해서 발산되어 나오는 것인네, 가슴 차크라를 통해 전지적-사랑으로 나타나는 것입니다. 이 빛은 부정하고 어두운 마음을 밝히고, 병들고 찌든 마음을 치료하며, 더럽고 어지럽혀진 마음을 깨끗하게 청소하게 하는 것입니다. 육체에 병이 들었거나, 정신에 병이 든 이들과 마음에 병이 있는 이들은 그리스도 빛 진동을 통해 점차 구원되는 자신을 발견하게 될 것인데, 얼마나 그리스도를 믿고 신뢰하느냐에 따라 달라지겠지요.

그리스도는 자신의 진동을 통해 부족한 마음들을 준비시키고, 그들의 마음들을 위로하며, 그들의 진동을 이끌어 상승시키는 역할을 합니다. 마치, 손을 잡아 이끌어 주는 것처럼, 자신의 진동을 통해 다른 존재들의 진동을 이끌어 주는 것입니다. 이렇게 해서 동행자가 되어주는 것인데, 스스로 자신의 진동을 이끌어낼 때까지 말입니다. 우리도 여러분의 손을 잡고 이끌어 주고 있으며, 여러분이 스스로 빛을 내어 길을 인도할 수 있는 등대가 되기를 바라는 것입니다.

상승 역학은 이렇게 시간 연속체 전환을 이끌고 있어서 행성 지구의 시간이 매우 빠르게 가속되고 있습니다. 이것은 여러분의 생리체와 육체에 지대한 영향을 미쳐, 생리 시간을 빠르게 가속시키는 효과를 일으키는데, 두 가지 형태로 나타나고 있습니다. 첫째는 물질에 더욱 집착하고, 욕망에 더욱 사로잡히는 형태로, 둘째는 마음을 정리하고 정화하는 형태로 나타나고 있는데, 비율로 보자면 첫째가 압도적으로 많아서 인류의 약 96.5% 정도이며, 나머지가 둘째의 유형을 가진 형태로 나타나고 있습니다.

이 시간 가속은 형태 발생 영역에 물결을 일으키고, 높아지는 진동에 따라 첫째 그룹에 속한 인류는 입자들의 분리에 가속이 일어나 세포들의 해체 과정이 빨라지게 된다는 것이며, 둘째 그룹에 속한 인류는 입자들의 진동 속도가 가속이 일어나 상승이라는 결과로 나타나는 것입니다. 3D 몸체에 결합하고 있던 생리체, 성기체, 준-에테르체, 에테르체의 입자 가속을 통해 마음이 어디를 향하고 있느냐에 따라 분리가 일어나느냐, 상승이 일어나느냐로 나뉜다는 것입니다.

이 변화의 주기는 이미 시작되었으며, 많은 변화를 일으키고 있는데, 빨라진 자전 속도로 인하여 자연환경에 엄청난 변화가 일어나고 있습니다. 가속화된 바람, 해류, 맨틀들의 영향으로 화산들, 지진들, 태풍들, 폭풍들이 쉼 없이 있을 것인데, 극심한 가뭄과 산불들, 물난리들이 있는 것은 뜨거워진 공기와 지표 때문에, 바다 때문에 일어나는 일들입니다. 지구의 진동도 가속화되고 있어서 진화 시계가 매우 빨라졌다는 것입니다.

인류 속에서 그리스도들이 나오고 있고, 행성 머카바와 연결되는 인류가 나오고 있어서 지상 천국을 만드는 일도 가속화되고 있습니다. 진동이 가속화되고 있어 여러분의 상승을 가속시키고 있는 것입니다.

'우리는 야나스이며, 이온 상임 이사회입니다.'
'아-모-레-아 에-카-샤(A-mO-RA-eA Ec-Ka-ShA).'

23

농부(農夫)의 마음은 천국

(A Farmer's Heart is Heaven)

Heaven's Gates

Heaven's Gates

23
농부의 마음은 천국

사랑하는 여러분!

씨앗을 뿌리는 농부는 마누이며, 그 씨앗은 파르티키 입자입니다.

첫 번째 파종을 통해 제일 근원-영 그룹이 순차적으로 나타났습니다. 이들은 원초적 소리 영역인 비-가청 진동장인 하보나엔에 자리하게 되었는데, 첫 번째로 나타난 에카틱 영역에 '그랜드 야나스'가, 두 번째로 나타난 폴라릭 영역에 '와카 야나스'가, 세 번째로 나타난 트리아딕 영역에 '람 야나스'가 자리하게 되었습니다.

야나스는 이들의 원초적 음색 진동 생명력 전자기 에너지를 형성합니다. 이 3단계의 원초적 소리 영역은 그룹적으로 '쿤다레이 영역' 또는 '에너지 매트릭스', '하보나엔'이라 불립니다. 원초적 빛의 영역과 그 안에 차원화된 시간 매트릭스는 쿤다레이의 3단계의 원초적 소리 영역 안에 존재합니다.

쿤다레이의 생명 영역은 영원의 지각 의식의 많은 구조들로 구성되며, 그후로, 그 안에 원초적 빛의 영역과 차원화된 시간 매트릭스와 모든 개별화된 생명 형태들이 명시적 발현으로 출현합니다. 원초적 소리 영역에 형태 속에 존재하는 의식의 영원한 구조들을 '야나스', '상승 대사 의식 그룹'이라고 합니다. 또한 '야나스 그룹'은 때로는 '초월-존재'로 불리고, '원초-질료' 또는 '실존 존재'로 불리기도 하는데, 여러분 입장에서 우리는 '살아 있는 빛의 기하학적 형상'으로 나타나기 때문입니다.

쿤다레이인 에너지 매트릭스의 3영역에는 평의회가 있으며, 에카틱 영역에 '야나스 에메랄드 평의회'가, 폴라릭 영역에 '야나스 골드 평의회'가, 트리아딕 영역에 '야나스 아메티스트 평의회'가 자리하고 있습니다. 세 원초적 소리 영역으로부터의 야나스 그룹은 집합적으로 '이야니' 또는 '이야니 평의회'로 불리며, 모두 '야나스'의 의미를 가집니다. 오나크론의 시간 매트릭스 속으로 씨앗 뿌리는 임무를 맡은 '이야니 그룹'은 '멜기세덱 사제단 이야니' 또는 '엠씨 이야니'로 불립니다. 우리는 공식적으로 '이온 상임 이사회'라고 불립니다.

야나스는 그 안에서 공간-시간-물질의 경험이 일어나는 보다 작은 현실 영역을 넘어서 존재하며, 우리는 가끔 우주적 봉사 과제를 수행하기 위해, 오나크론 초은하단의 여러 밀도층 영역 속으로 여러 형태를 가지고 화신하기도 합니다. 시간 속에서 물리적 화신으로 있을 때에, 화신한 야나스는 이들의 가족 혈통으로 '이야니'라는 이름을 가장 많이 사용하고, 동시대에 지구에 화신한 이야니는 보통 '타입-1. 성배 혈통 인디고 아이'라고 부릅니다.

이야니 그룹은 에너지 매트릭스와 그 안에 있는 시간 매트릭스의 구조적 무결성을 유지하고, 발현된 시간 매트릭스 안으로 '씨앗-파동'을 심는 책임을 맡고 있는 영원한 수호천사 그룹입니다. 원초적 소리 영역의 야나스 그룹은 여러분의 '우주 가족 의식'을 나타내며, 그것을 통하여 모두 발현된 것들은 태초 소리 영역의 에너지적 표현을 통해 불가분적으로 대원리인 마누와 연결되게 됩니다.

쿤다레이 하보나엔의 이야니는 지구 시간으로 9,500억 년 전 오나크론의 시간 매트릭스 안에 씨앗-파동을 심었는데, 이는 브레뉴 평의회로 불리는 3그룹의 주요한 창조자 종족을 창조함으로써 이루어졌습니다. 이 세 창조자 종족들은 15차원의 시간 매트릭스에서 제5밀도층인 13~15차원을 형성하는 3종류의 원초적 빛 영역 안에서 열–플라스마적 방사의 구체로 된 비–물질 구조물 형태로 존재하는 '영원한 의식의 형상'입니다.

차원화된 시간 매트릭스가 그 안에 존재하는 3원초적 빛의 영역은 그룹적으로 '키–라–샤' 원초적 빛의 영역이라 하고, 키–라–샤는 '에메랄드 블루', '페일 골드', '바이올렛'으로 구성되며, 종종 '블루–에카틱', '골드–폴라릭', '바이올렛–트리아딕'이라고 합니다.

세 창조자 종족인 '브레뉴 평의회'는 각각이 에너지 매트릭스인 하보나엔의 세 야나스 그룹에 의해 시간 안에 씨앗 뿌려진 의식 그룹임을 나타냅니다. 브레뉴 에메랄드 평의회는 블루–에카틱 키–라–샤 영역에 존재하고, 그랜드 야나스 에메랄드 평의회의 대리인입니다. 브레뉴 골드 평의회는 페일–골드 폴라릭 키–라–샤 영역에 존재하며, 와카 야나스 골드 평의회의 대리인입니다. 브레뉴 아메시스트 평의회는 바이올렛–트리아딕 키–라–샤 영역에 존재하고, 람 야나스 아메시스트 평의회의 대리인입니다.

세 브레뉴 평의회 창조자 종족들은 영원한 의식 그룹으로서, 우리에 의해 씨앗 뿌려진 씨앗–영역이 이들로부터, 이들을 통해, 그리고 이들 안에서 시공간–물질의 형태로 발현됩니다. 이 브레뉴 그룹은 때로는 '리쉬'나 '태양 리쉬'로 불리고, 또는 '초월–존재'로 불리기도 합니다.

제5조화 우주의 13~15차원에 있는 세 브레뉴 그룹은 여러분의 '우주 가족 의식'을 대표하며, 이들을 통해 발현된 것들은 키–라–샤 원초적 빛 영역의 에너지적 표현을 통한 쿤다레이 원초적 소리 영역과 야나스와 창조–근원에 불가분적으로 연결됩니다.

각각의 브레뉴 평의회는 최초로 발현된 세 그룹의 '그리스도 창조자 종족들'을 제4밀도층 조화 우주인 12~10차원의 비-물질 수소-플라스믹 그리스도 투명 빛 영역에 씨앗 뿌렸습니다. 12차원은 물질의 밀도화가 진행되는 입구입니다.

브레뉴 에메랄드 평의회는 그리스도 창조자 종족인 '엘로헤-엘로힘 사자인-원인 혼혈종'을 제4밀도층 조화 우주의 12차원인 라이라-아라마테나-마누엘라에 씨앗 뿌렸습니다. 이들은 '아누하지'라고 불리고, 우리에 의해 제4조화 우주 12차원 아라마테나 별의 문-12의 수호천사로 임명되었으며, 별의 문-12는 네바돈 은하에서 차원화된 밀도층 체계와 키-라-샤 원초적 빛 영역 사이의 자연적인 통로입니다.

브레뉴 골드 평의회는 그리스도 창조자 종족인 '세라페이-세라핌 조인-곤충인-파충인 혼혈종'을 제4밀도층 조화 우주의 10차원인 라이라-베가-가이아에 씨앗 뿌렸습니다. 라이라-베가는 우주 기사단의 별의 문-10을 수용했는데, 이들은 '세레즈'로 불리며, 우리에 의해 제4조화 우주 10차원 베가 별의 문-10의 수호천사로 임명되었습니다.

브레뉴 아메시스트 평의회는 그리스도 창조자 종족인 '브라-하-라마 고래인-수생-유인원-페가수스 혼혈종'을 제4밀도층 조화 우주인 11차원 라이라-아비뇽-아발론에 씨앗 뿌렸으며, 라이라 아비뇽은 우주 기사단의 별의 문-11을 수용했습니다. 이들은 조인-말-사슴이 혼혈된 '페가사이'로 불리는 페가수스와 고래 종족인 '이뉴'가 우리에 의해 제4조화 우주 11차원 아비뇽 별의 문-11의 공동 수호천사로 임명되었습니다.

아메시스트 평의회의 브라-하-라마 페가사이와 이뉴 종족은 에메랄드 평의와 아메시스트 평의회의 혼혈인 '아뉴'로 불리는 사자인-수생-유인원 종족과 아비뇽 별의 문-1의 수호천사 역할을 공유했습니다.

우리는 리쉬들을 통해 네바돈으로 명명된 제4조화 우주인 12~10차원 영역에도 씨앗 뿌리기를 권유했으며, 안드로메다 은하단이 주축으로 해서 이루어질 수 있도록 했습니다. 네바돈은 우리와 리쉬들의 뜻에 의해 안드로메다에서 분화되어 나올 수 있었으며, 대우주 순환 주기에 맞추어 결국 다시 결합될 수 있도록 조정했습니다. 신생 은하로 태어난 네바돈을 관리하기 위한 중간 거점이 필요했으며, 우리는 은하군 본부가 있던 대마젤란은하에 도움을 요청했습니다.

요즘부터 늘 계신 이인 주(主) 시빌리아 엔도스께서 적극적으로 협조해주었으며, 수도인 쿤밍턴-보나쉐에서 중간 거점 역할을 할 초신성 하나를 찾았다는 보고를 들었습니다. 우리는 그것을 내파시켜서 길을 연결하기로 했는데, 안드로메다에서 직접 네바돈으로 들어갈 목적 때문이었습니다. 이렇게 해서 13차원 붸링, 별의 문-13이 열리게 되었습니다. 물론 이 별의 문-13은 대마젤란은하에서 관리 감독하게 되었습니다.

별의 문들은 조화 우주 밀도층에 있는 각 차원계들을 연결시켜주는 문이기도 하고, 각 차원 세계들의 천국 문 역할을 하기도 합니다. 이 별의 문들은 우주 기사단 연맹에 수용되어 관리되고 있으며, 위에 언급한 대로 각 별의 문들이 설치되어 있는 태양들마다 수호천사 종족들을 씨앗 뿌리게 되었습니다.

2,500억 년 전에 있었던 라이라-엘로힘 전쟁 중에 별의 문-12가 파괴되었는데, 우리는 브레뉴 에메랄드 평의회의 리쉬들과 그들의 그리스도 창조자 종족인 엘로헤-엘로힘 사자인-원인 아누하지를 네바돈 은하의 시간 매트릭스 우주 방위팀으로 임명했습니다. 우리와 브레뉴 에메랄드 평의회의 지휘 아래, 브레뉴 골드 평의회와 브레뉴 아메시스트 평의회는 자신들이 씨앗 뿌린 그리

스도 창조자 종족을 동원하여 '에메랄드 성약'의 공동-진화 협약을 재-천명하도록 하고, '자유세계 차원 간 연맹'을 결성했습니다.

에메랄드 성약의 가르침 아래, 그리스도 창조자 종족들인 '엘로힘-아누하지', '세라핌-세레즈', '세라핌-맨티스 에티엔', '브라-하-라마 이뉴', '브라-하-라마 페가사이'들은 광대한 자유세계 차원 간 연맹을 결성하고, 15차원 시간 매트릭스로부터 통합된 은하 간 수호천사 그룹을 씨앗 뿌리기로 결정했습니다.

엘로힘-아누하지, 세라핌-세레즈, 세라핌-맨티스 에티엔, 브라-하-라마 이뉴, 브라-하-라마 페가사이들은 그들의 유전자 형판을 조합해 새로운 유전적 종족 혈통을 씨앗 뿌렸는데, 이들을 '아주라이트 이야니 종족'이라고 했습니다. 아주라이트 이야니 종족은 '마하라지'라고 부르기도 하는데, 이들은 푸른 피부를 가졌고, 때로는 날개나 깃털이 달리기도 하며, 사자류와 수중 포유류 및 조인의 특성을 가졌습니다. 이들은 네바돈에서 가장 진화된 유전자 코드를 가진 종족이 되었습니다.

아주라이트 이야니 종족을 씨앗 뿌린 것은 우리 야나스와 브레뉴 평의회의 리쉬들이 위기에 빠진 시간 매트릭스 안으로 화신할 수 있도록 하는 목적에 따라 이루어진 것입니다. 아주라이트 이야니 종족은 시리우스-B 아타르문크와 무크타린에 입식되었으며, '마하라지 종족'이 되었는데, 여러분은 시리우스인으로 알고 있습니다.

그리고 5억 6,800만 년 전에 '오라핌 천사 인류 종족'이 씨앗 뿌려졌고, 이들은 라이라 베가 가이아와 플레이아데스 알시온 타라에 입식되었습니다. 그 후에 '튜레니즘 천사 인류 종족'이 씨앗 뿌려졌는데, 제3조화 우주와 제2조화 우주인 9~4차원까지 모두 개입하기 위한 초석을 깔기 위해서였습니다.

오라핌 종족은 아누하지-세레즈-이뉴의 작은 수여분과 아주라이트 이야니 종족의 결합을 통해서 씨앗 뿌려졌습니다. 오라핌은 아누하지 언어로 "빛이 들어왔다"라는 의미로 쿤다레이 음역대와 키-라-샤 태초 빛 영역으로부터 이 생물학적 인종 혈통을 통해 화신하는 야나스 의식 그룹과 브레뉴 리쉬들을 가리킵니다.

오라핌 혈통은 6쌍 12줄기의 유전자를 갖춘 천사 인류인 '튜레니즘 혈통'이 나오게 된 씨앗 인종이 되며, 튜레니즘 혈통은 지구 천사 인류 인종의 조상이 됩니다. 튜레니즘은 아누하지 언어로 '빛이 들어온 아이들'이라는 의미입니다.

우리 야나스는 씨앗 뿌리는 농부로서 전체 조화 우주에 생명-파동을 씨앗 뿌렸는데, 시뮬레이션으로 형성된 영역이다 보니, 구체 형태의 빛 진동장으로서 발현한 것입니다. 키-라-샤 영역에 씨앗 뿌려진 리쉬들과, 마하라타 영역에 씨앗 뿌려진 아누하지, 세레즈, 이뉴, 페가사이, 맨티스 에티엔, 아뉴들과 안타카라나 영역에 씨앗 뿌려진 아주라이트 이야니, 오라핌, 튜레니즘이 입식되었습니다.

이들은 우리 야나스와 리쉬들이 화신할 수 있는 유전자 줄기를 갖추고 있으며, 천사 인류인 튜레니즘이 6쌍 12줄기의 유전자를 가지고 있습니다. 이들은 별의 문들과 연결되어 있고, 천국과 연결되어 있습니다. 이들의 가슴에는 나선으로 회오리치는 빛이 방사되고 있는데, 바로 천국을 밝히는 빛이며, 12줄기, 24줄기, 36줄기, 48줄기로 이어지는 빛 유전자 줄기입니다. 이 빛의 줄기가 마치 족보처럼 연결되어 있어서 상승과 하강이 이루어지고 있는 것이며, 이 라인을 통해서 화신하는 것입니다.

제2, 제3조화 우주인 안타카라나 영역에서는 6쌍 12줄기의 빛 유전자가, 제4조화 우주인 마하라타 영역에서는 12쌍 24줄기의 빛 유전자가, 제5조화 우주인 키-라-샤 영역에서는 18쌍 36줄기의 빛 유전자가, 태초 소리 영역인 쿤다레이 음역대에서는 24쌍 48줄기의 유전자가 있다는 것입니다. 우리는 유전자 라인을 통해서 생명-파동을 씨앗 뿌리는 것이며, 그 라인을 통해서 화신하는 것입니다.

행성 지구에 우리 야나스와 리쉬들의 뜻에 의해 많은 천사 인류가 화신해서 들어왔습니다. 하지만 많은 수가 기억 상실에 걸려 있음인데, 유전자 줄기가 훼손되어 상승-코드가 사라졌다는 것입니다. 많은 시간 동안 복구를 위해 노력을 통해 상당 부분이 재-활성화 프로그램을 통해서 돌아올 수 있었습니다. 즉 천국에 돌아갈 수 있는 길이 열리게 된 것인데, 가슴 차크라에서 나선으로 회전하며 방사되는 빛이 천국의 문을 비추이고, 그 문 안으로 들어갈 수 있도록 코딩되는 것입니다. 빛의 나선이 계단을 만들어 들어갈 수 있도록 안내하고, 빛의 줄기가 암호-코드를 형상화하여 문을 열 수 있도록 하는 것입니다.

키론틱 과학은 마누-마나-에아가 전체 대우주를 포용하고 있는 형태의 우주론을 설명하고 있고, 유란시아서는 마누-마나-에아가 중심에 있으면서 전체 대우주가 확장하고 있는 형태의 우주론을 설명하고 있습니다. 키론틱에서는 마음 중심을 통해 형태 발생 영역을 확장시켜나가며, 마누와 연합하는 형태를, 유란시아서는 외형적인 상승을 통해 이동하여 중심에 있는 마누와 연합하는 형태를 전했습니다.

천국을 완성하는 방법과, 천국을 들어가는 방법들이 제시되어 있다 할 수 있는데, 내부적인 완성이 외형적인 완성과 동시에 일어난다고 이해하면 됩니다. 상승은 두 가지 측면에서 봐야 하는데, 내면의 그리스도 머카바 순환 체계를 통해 상승하는 길과, 외형적인 조건을 충족해서 직접 상승 이동하는 길이 있다 해야겠지요. 전자는 '붓다와 예수아, 노자'가 보여주었다면, 후자는 '에녹과 엘리야, 미쉘 데마르케(《9일간의 우주여행》 저자)'가 보여주었다고 해야겠지요.

3D 물질체가 빛 입자 진동수의 상승에 의해 눈앞에서 빛의 몸으로 변환되어 상승하는 것과, 우주선을 이용해서 3D 물질체가 직접 탑승해 이동하는 것을 전한 것인데요. 어떤 방식이 더 좋은가는 사실 세부적으로 들어가야 합니다. 전자의 경우에는 '우주 그리스도 머카바 순환 체계'와 연결되었기에 존재가 '그리스도'가 되었다고 하는 것이며, 완성을 이루었다고 할 수 있습니다. 즉, 제2조화 우주인 4~6차원의 천국과, 제3조화 우주인 7~9차원의 천국과, 제4조화 우주인 10~12차원의 천국을 완성했다고, 그래서 시리우스, 아르크투루스, 폴라리스, 민타카, 티아우바, 라이라 베가, 라이라 아비뇽, 라이라 아라마테나에 있는 천국에 있다고 하는 것인데, 어느 천국이든 동시성을 갖고 있다는 것입니다.

　　후자의 경우에는 1단계의 완성을 의미한다고 해야 합니다. 3D 행성의 체험을 완성했기에 제2조화 우주의 천국이 있는 곳으로 이동한 것입니다. 4~6차원계의 행성에 머물 수 있는 자격을 취득했다고 하는 것입니다. 여기에서도 세부적으로 보면 4D 행성으로 이동하는 단계와, 5D 행성으로 이동하는 단계, 6D 행성으로 이동하는 단계로 나뉜다고 할 수 있으며, 4D 행성은 티타니아이고, 5D 행성은 티아우바이며, 6D 행성은 아타르문크인데, 단계별 성취에 따라서 상승할 수 있는 천국이 결정된다고 하는 것입니다.

　　예를 들어 세 분의 그리스도를 보면 첫째, 예수아 멜기세덱은 12차원인 라이라 아라마테나까지 상승했는데, 이동 경로를 보면 티타니아−티아우바−아타르문크−아라마테나로서, 행성계 천국−성단 천국−별자리 천국−은하 천국 순으로 상승했습니다. 둘째, 예수아 벤 요셉은 티타니아−티아우바−아타르문크까지 상승했는데, 6차원 행성인 시리우스−B 아타르문크에 머물고 있습니다. 셋째, 아리하비는 티타니아로 상승했으며, 지구 영단에 소속되어 봉사하고 있습니다.

내면에서 우주 그리스도 머카바 체계를 완성한 존재는 예수아 멜기세덱−12 라고 하는 것입니다. 키론틱 과학적 측면의 상승과 유란시아적 측면의 상승을 동시에 완성했다고 하는 것입니다. 존재의 내면인 가슴에 씨앗이 뿌려져 어떻게 성장했고, 어떤 열매를 맺었으며, 그것이 다시 씨앗으로 뿌려진 것을, 그 많은 씨앗들이 잘 자라서 또 많은 결실을 이루는 단계까지 왔음을 우리는 보고 있는 것입니다.

우리 야나스는 네바돈이라는 좋은 밭에 씨앗을 파종했으며, 첫 번째로 수확된 열매들이 다시 뿌려졌고, 그런 경로를 통해 '튜레니즘'의 자녀들인 천사 인류가 행성 지구에 파종되었던 것입니다. 우리의 씨앗 뿌리기는 12광선이 동원되었고, 그렇게 해서 행성 지구에 12개의 별의 문들이 개설되었던 것입니다. 네바돈의 각 별의 문들과 그 문들을 수호하기 위해 임명된 수호천사들 중에서 선발된 대표들이 지구별의 문들을 지키기 위하여 씨앗 뿌려졌습니다.

행성 지구에 씨앗 뿌려진 천사 인류는 6쌍 12줄기의 유전자를 가지고 있었는데, 우주 별의 문들을 수호하는 우주 방위 기사단 연맹에 소속된 12인장 위원회가 주축이 되어 파견되었으며, 각 위원회마다 1만 2천 명씩, 모두 14만 4천 명이 씨앗 뿌려졌던 것입니다. 이들이 현재 인류의 조상들이 됩니다. 이들은 별의 문들이 있는 장소에 거주하게 되었고, 그곳에서 퍼져나갔던 것입니다. 수호천사 연맹 12인장 위원회는 이들과 협력하고 있으며, 우주 함대를 파견해서 공조하고 있습니다. 위원회는 다음과 같습니다.

12차원 라이라−아라마테나 인장 위원회, 11차원 라이라−아비뇽 인장 위원회, 10차원 라이라−베가 인장 위원회, 9차원 안드로메다−미라지 인장 위원회, 8차원 오리온 민타카 인장 위원회, 7차원 아르크투루스−엡실리온 인장 위원회, 6차원 시리우스 B−아주라인 인장 위원회, 5차원 플레이아데스−알시온 인장 위원회, 4차원 몬마시아−태양 인장 위원회, 3차원 아멘티 행성 방어 기사단 인장 위원회, 2차원 내부 지구 우르 멜기세덱 사제단, 1차원 평행 지구 인장 위원회가 있습니다.

남극 별의 문-1 수호 인종은 '이수 투-에슈(Isutu-Esheu/1 sU'too-E'shoo)', 미국 플로리다 사라소타 별의 문-2 수호 인종은 '마 아 하레-부르아(Maahali-Bruea/Ma a ha'LE-BrU'A)', 버뮤다섬 별의 문-3 수호 인종은 '아 메카산-에 투르(Amekasan-Etur/a ME'ka sun-e too'r)', 이집트 기자 별의 문-4 수호 인종은 '누 에구 하레(Nuagu Hali/Noo ah'goo-ha' LE)', 페루 잉카 마추픽추 별의 문-5 수호 인종은 '아이오나 투-에틸라(Ionatu-Etillah/O'Na too-et'il a)', 러시아 코카서스산맥 별의 문-6 수호 인종은 '람 야나-쉬리드 베다(Ramayana-Shridveta/Rah ma yah'na-shrid vE'Da)', 페루 잉카 티티카카 호수 별의 문-7 수호 인종은 '메 하 타-에그라(Ma hata-Agrah/Me hah'ta-a'g-ra)', 티베트 타클라마칸 사막 별의 문-8 수호 인종은 '시아 준 얀 라-융(Chia Zhun Zan La-Yung/Ch'E'ah-Zoon-Yan LA-Yoong)', 잉글랜드 남부 웨스트베리 별의 문-9 수호 인종은 '유운 주-젠(Yun Zu-Xen/Yu-Un Zoo-Zen)', 이란 아바단 별의 문-10 수호 인종은 '마아-후-타(Ma'ah-hu-ta/Ma-a hoo'ta)'입니다. 잉글랜드 남부 페세이 계곡 별의 문-11 수호 인종은 '제파-돈-아-투르(Zephar-Duun-Atur/Ze-far-doon-a-Tur)', 프랑스 남부 몽세규 별의 문-12 수호 인종은 '아-리-아 주르 타(A-reah-Azurta/a-R'-a Zoor'-ta)'입니다.

우리 야나스는 행성 지구에 천국 문을 12곳에 설치했으며, 별의 문들은 12곳의 수호천사 인장 위원회가 관리감독하고 있고, 또한 자신들의 기사단 중에서 선발된 존재들을 수호 인종으로 들여보내어 오늘까지 이르고 있는데, 이들은 천사 인종들로서, 6쌍 12줄기의 유전자를 가지고 있습니다. 당연히 이들에겐 암호-코드가 적용되었으며, 항성 활성화 주기에 맞추어 빛-코딩이 이루어지도록 했습니다.

우리의 씨앗 뿌리기는 많은 부침이 있었으나, 실패하지는 않았습니다. 그동안 반란 세력들에 의해 천국들과 천국 문들이 크게 훼손되기도 했고, 파괴되기도 했습니다. 지구에서의 타락은 더 큰 충격을 몰고 왔는데, 지상 천국이 문을 닫을 수밖에 없었고, 별의 문들도 비밀스럽게 폐쇄시킬 수밖에 없었습니다. 우리는 하강한 진동수가 다시 제자리를 찾을 때까지 기다렸습니다. 천사 인류의 가슴 차크라를 통해 전파될 파르티키 진동이 잠들었던 '그리스도들'을 깨우게 되는 때가 다가온 것입니다. 라이라 아라마테나에서 시작된 거대한 파도가 태양을 통해 지구에 들어오고 있습니다.

　　'우리는 야나스이며, 이온 상임 이사회입니다.'
　　'아—모—레—아 에—카—샤(A-mO-RA-eA Ec-Ka-ShA).'

24

천국 문(天國門)을 열면서

(Opening the Gates to Heaven)

Heaven's Gates

24
천국 문을 열면서

사랑하는 여러분!

행성 지구의 머카바 순환 체계가 열림으로 인해 4차원 행성으로 진입하게 되었습니다. 제1밀도층에서 제2밀도층으로 상승을 하게 된 것으로 상위 트랙으로 이동한 것입니다.

4차원 천국 문을 오픈하게 된 지구는 새로운 코드를 적용해서 등록되었는데, '행성 타우라'로서 기명되어 드디어 플레이아데스 티아우바의 관리를 받게 된 것입니다.

행성 지구는 좋은 씨앗을 성장시키는 옥토로 역할을 매우 잘했고, 그 소명을 다했기에, 최종 주기에 맞추어 대정화 작업을 통해 원시 행성으로 되돌려놓을 것입니다. 3차원 행성으로서 안식을 가질 것인데, 지저에는 티아마트 시절에 피난해서 정착한 파충인들의 도시들이 있으며, 이들이 그대로 있기를 선택했기에 위원회의 뜻을 존중하기로 했습니다. 지상은 대규모 정화 과정을 통해 당분간 생명들이 없는 원시 행성으로 관리할 것이며, 그렇기에 인류의 혼-그룹들도 이동할 것입니다.

상위 트랙으로 상승한 타우라는 제2조화 우주의 체계에 편입되어 공전 궤도를 이동할 것이며, 그전에 오픈된 천국 문을 통해서 새로운 시민들을 받아들일 것입니다. 천국 시민들은 행성 지구에 인디고 아이들로 들어왔던 존재들과 빛의 자녀들로 들어왔던 존재들 중에서 선별된 이들이 될 것이고, 상승한 다른 행성들에서 선택해 들어온 이들이 될 것입니다.

행성 타우라는 육지와 바다가 7 : 3 비율로 구성될 것이고, 새로운 천사 인류의 문명을 꽃피울 것인데, 12개 나라들이 연방 체계로서 있는 공화국이 들어설 것입니다. 그리고 12개 나라를 대표하는 원로 위원회들이 시민들의 뜻을 전할 것이며, 위원회 수장들이 모여 행성을 대표하는 '행성 위원회'를 구성할 것입니다. 각 위원들은 나라들을 대표해서 12인이 자리할 것이고, 행성 위원회 또한 각 위원회 수장들인 12인이 모여 자리할 것인데, 행성을 대표하는 위원회의 의장은 티아우바에서 파견할 것입니다.

타우라 시민들은 가슴 차크라에서 머카바 순환 체계인 천국을 완성한 이들이며, 5차원 의식과 4차원 물질체인 아스트랄체를 갖추고 있는 이들입니다. 이들은 전쟁을 싫어하고, 평화를 사랑하며, 자유를 수호하는 이들입니다. 행성 지구에서의 아픈 기억들은 전지적 사랑으로 승화시켜 아름다운 추억들로 간직하고 있을 것입니다. 이들이 타우라로 상승하고 나면 행성 지구에는 예정되었던 일들이 순차적으로 일어날 것인데, 떠난 이들은 그 상황에 놓여 있지 않기 때문에 인식할 수 없습니다.

먼저, 상승한 행성의 천국 문이 열리고, 그곳으로 내면의 천국을 완성한 이들이 자신들의 마음에서 천국 문을 열어 하늘의 천국문과 사이에 빛의 계단을 연결할 것인데, 진동하는 빛이 나선을 그리며 계단을 만들어내는 것입니다. 존재는 이 빛의 계단을 통해 하늘 천국 문으로 오르는 것인데, 머카바 체계가 서로 연결되었기에 그렇게 되는 것입니다. 빛의 계단은 일방적으로 하늘에서 내려가는 것이 아니며, 천국을 완성한 존재의 가슴을 통해 형성된 빛의 나선이 계단을 만들어 하늘의 천국 문에 닿는 것입니다. 이때 형성된 암호-코드와 열쇠가 천국 문을 열게 되는 것입니다.

우리는 이 과정에 개입하지 않을 것인데, 문을 수호하는 존재들에 의해 진행될 것이기 때문입니다. 그리고 각 별들과 우주들에서 행성 지구로 들어와 역할자로서 임무를 수행하는 이들은 자신들의 역할들이 모두 종료되고 나면 대기하고 있던 우주선들로 이동해갈 것인데, 이 경우에도 역시 내면의 천국을 완성시켜야 한다는 조건은 똑같이 적용된다는 것입니다. 행성 지구에 관계되어 있는 모든 위원회가 총출동해서 자신들의 우주 선단들을 출항시켜서 지구 근방에서 대기하고 있습니다.

오래전부터 이들은 자신들의 우주에서 행성 지구로 들어온 자녀들을 지켜봐 왔습니다. 역할자로서 본연의 임무를 잘 수행하기를 바라왔습니다. 그래서 깨어나는 과정을 지켜보고 있는 것이고, 열렬히 응원하고 있는 것이지만, 개입할 수는 없기에 안타깝게 바라보고 있는 것입니다. 정체성을 회복하고, 잃어버린 기억들을 되찾는 것은 여러분의 몫이기에 그런 것입니다. 어둠은 여러분의 자유-의지를 악용해서, 여러분의 자유와 기억들을 빼앗아 갔는데, 그것을 다시 돌려받을 수 있는 것도 바로 여러분 자신입니다. 여러분은 그럽니다. 할 수 있는 것이 아무것도 없다고 말입니다. 여러분이 스스로 할 수 있음을, 그 믿음을 회복하는 것이 바로 여러분의 자유-의지라고 하는 것입니다. 믿음으로 회복하는 것이 여러분의 '신성'이고, 신성을 증명하는 것이 바로 '겨자씨만 한 믿음'인 '파르티키 입자의 진동'입니다.

하느님인 파르티키 입자의 진동을 여러분과 연결시켜주는 것이 바로 '겨자씨만 한 믿음'이라는 것입니다. 여러분이 하는 것은 '파르티키 입자의 진동'이 자신의 신성을 되찾아 준다는 그 '믿음'이 필요한 것입니다. 그 믿음을 통한 여러분과 하느님과의 신뢰가 회복된다면 마누의 영원한 생명력이 여러분의 잃어버린 자유와 기억을 되돌려줄 것입니다. 그것이 바로 역전되어 끊겼던 '우주 그리스도 머카바 순환 체계'가 재-활성화되어 여러분이 '그리스도'가 되어 재림 예수가 되는 것입니다.

오래전에 사라졌던 아담이 되돌아오는 것이고, 쫓겨났던 에덴동산으로 다시 들어가는 것입니다. 어둠은 천국(에덴동산)에 있던 여러분을 내쫓았으며, 가슴 중심에 간직하고 있었던 천국(그리스도 머카바 체계)도 빼앗아 버렸습니다. 하느님이 선물해준 신성도 잃어버리고, 만들어주신 에덴동산에서도 쫓겨났던 것입니다. 여러분이 우리에게 해주셔야 하는 것은 불가능한 것이 결코 아닙니다. 잃어버렸던 신뢰를 다시 회복하는 것입니다. 잃어버린 믿음을 다시 되찾는 것입니다. 그 '겨자씨만 한 믿음'을 통해 하느님을 만나는 것입니다.

생명나무를 성장시키고, 열매를 맺어 씨앗을 만들어내는 것이 여러분이 하셔야 되는 것입니다. 우리는 행성 타우라를 4차원 천국으로 준비했는데, 동산이 아닌, 행성으로 준비한 것입니다. 우리는 아담들을 이곳으로 데려오기로 했고, 지구에 씨앗 뿌려졌던 천사 인류를 초청하기로 한 것입니다. 우리는 생명나무들을 관찰했으며, 열매를 맺은 나무들을 지켜봤습니다. 행성 지구에 씨앗 뿌려졌다가 성장해서 많은 씨앗을 맺은 인류를 초청하기로 한 것입니다. 행성 타우라에서도 많은 씨앗으로 성장해서 돌아올 것을 알기 때문입니다. 우리는 오나크론에 처음 씨앗을 뿌렸습니다. 블루-골드-핑크 광선을 통해 성장시킨 것입니다.

오나크론에 뿌려졌던 씨앗들 중에서 쿤다레이 원초적 소리 영역으로 들어온 존재들이 없습니다. 우리 이야니들은 뿌려진 씨앗들이 우리처럼, 상승 마스터들이 되기를 바라는데, 그런 목적에 의해 씨앗 뿌려졌기에 그러는 것입니다. 우리는 그런 성장 과정을 통해 스스로 상승 마스터 자리에 오른 '주(主) 그랜드 환다 퀴노치아'를 초청해 그의 노하우를 전수하기로 했습니다. 네바돈에 전격적인 상승 노하우가 전해질 수 있게 되었으며, 그의 봉사에 의해 청사진이 펼쳐질 수 있게 된 것이었습니다.

우리는 행성 지구에 심겨진 천사 인류인 '타입-1. 성배 혈통 인디고 아이'를 통해 화신했으며, 우리의 계획을 지구에 안착시키기 위해 최선의 봉사를 하고 있습니다. 늘 전해 드렸지만, "오른손이 하는 일을 왼손이 모르게 하라"는 진실이며, 인류 사이에 숨어서 "하늘의 뜻이 이 땅에 이루어질 수 있도록 최선을 다하고 있다"라고 전합니다. 타락 세력들도 아눈나키 인종과 혼혈 인종들을 통해 화신했으며, 자신들의 지침서를 정착시키기 위해 최선을 다하고 있고, 우리를 훼방해서 우리의 뜻이 이루어질 수 없도록 하고 있습니다.

행성 지구에 설정된 별의 문-12는 천국 문들입니다. 이곳은 대형 피라미드들로 이루어져 있으며, 빛을 전송하는 중계소 역할을 하는 곳이자, 상위 차원계들로 이동할 수 있는 통로로서 역할을 하는 곳입니다. 우리는 이곳을 활성화했으며, 지구 머카바 체계와 태양 머카바 체계와 연결되도록 했습니다. 또한 내부 지구의 아멘티홀 체계와 평행 지구의 체계와도 연결시켰습니다.

당연하게도 별의 문들을 수호하기 위해 씨앗 뿌려진 수호천사 종족들도 재활성화 단계에 들어갔으며, 천국 문들을 수호하기 위해 암호-코드와 암호-키가 활성화되고 있습니다. 수호천사들과 우리는 마법과 기적을 일으키기 위해 들어온 것이 아니며, 육화한 인류로서, 신성을 발현해 '그리스도'로서 깨어나 역할을 하기로 한 것입니다. 그래서 우상주의나 영웅주의에 사로잡히지 않으며, 평범한 시민으로서 은밀하게 활동하는 것입니다. 자신이 메시아나 구원자가 되는 것이 중요한 것이 아니라, 진정한 그리스도로서 깨어나 인류를 위한 봉사에 최선을 다하는 것이 중요한 것입니다.

가슴에서 천국을 완성한 이는 전지적 사랑이 나오는 사람입니다. 그리고 천국 문을 열수 있는 암호-키를 가지고 있으며, 내면의 빛을 통해 빛의 계단을 만들어내는 존재입니다. 이들은 하늘이 열리는 날에 빛을 통해 계단으로 올라서 천국에 들어갈 것입니다. 가슴에서 빛의 계단이 나오지 않는 이들은 결코 오를 수 없을 것이며, 빛의 존재들이 오르는 모습을 지켜보기만 할 것입니다.

이것은 지구촌 전체에서 일어날 것이지만, 순식간에 이루어질 것이어서 오르지 못한 이들이 정신을 차린 후에는 모든 것이 종료된 뒤일 것입니다.

우리는 트랙을 분리시킬 것인데, 서로 영향을 받지 않도록 하기 위해서입니다. 우리는 타락 세력들과 최후의 전쟁을 앞두고 있으나, 빛의 자녀들이 피해를 입지 않도록 하고 있는 것이며, 안전하게 천국으로 모두 이동하고 난 후에 그렇게 할 것입니다. 우리가 진동을 더욱 가속시키고 있어서 그 효과들이 나타나고 있는 것을 여러분이 경험하고 있는 것인데, 물질체 세포들과 빛 입자들에 가중되는 압력을 느끼고 있는 것입니다. 그래서 상승 진동수에 자신의 의식을 집중하지 않으면 모나드 역전을 통해 추락하는 자신을 보게 될 것입니다. 신성 회복을 위해 집중하고 있다면 맥동하는 리듬이 융합 수준을 상승시킬 것이고, 그렇지 않다면 세포들의 분자 압축을 더욱 가속시킬 것입니다.

쿤다레이 원초적 음역대에서 파르티키 격자를 통해서 들어서고 있는 스칼라 파동은 신성 회복을 한 존재들에게는 천국으로 들어가는 선물이 되지만, 신성 회복을 자신의 욕망을 위해서 이용한 존재들과 물질 인생의 달콤함에 젖어 전혀 인식하지 못하고 있는 존재들과, 어둠에 취해 적-그리스도로서 돌아선 존재들에게는 모나드 역전 프로그램을 가속화시키는 데 이용될 것입니다. 우리는 행성 지구를 블랙홀로 만들려는 세력들의 뜻을 꺾을 것이고, 저들의 유령 매트릭스도 소멸시킬 것입니다. 또한 이들이 우주로 진출하는 것을 원천 봉쇄시킬 것입니다.

우주들의 우주에는 천국만이 있을 것이고, 지옥 같은 세계는 있을 곳이 없습니다. 우리는 완전한 세계를 만들게 하기 위해서 여러분을 씨앗 뿌렸으며, 스스로 완전함을 성취하게 해서 완전한 세계들을 창조해서 관리하도록 하려 한 것입니다. 이것은 여러분을 창조하고, 관리하고 있는 존재들에게도 해당된 것이었으며, 여러분이 스스로 성취해 독립할 때에 그 관계성은 계속해서 확장해서 나타날 것입니다. 여러분이 창조신을 찾는 여정과 피조물을 창조하는 여정이 정비례하게 나타날 것인데, 그러한 관계가 상위에서부터 이어져 왔다는 것입니다. 우리 야나스와 리쉬들과 그리스도들 사이가 그렇다는 것이고, 그리스도들과 여러분 사이가 그렇다고 하는 것입니다.

천국으로의 계단은 쉼 없이 이어져 있어서 계단 중간중간마다 휴게소들이 있는 것입니다. 이 관계성은 거시적 우주와 미시적 우주에 동시적으로 적용되어 있어서, 돌아나가는 우주와 돌아 들어오는 우주가 서로 맞물려 있다고 하는 것입니다. 이것은 존재들에게도 적용되어 있어서 동시성으로 접근해야 한다는 것이며, 그것이 바로 균형을 이루는 것입니다. 네바돈 은하에 적용되어 실험하고 있는 것이 이것이었습니다. 의식의 확장과 과학의 확장이 서로 균형을 이루고 조화롭게 결합할 수 있도록 실험하고 있는 것입니다. 여러분은 그것을 위해 이 실험에 참여하게 되었으며, 지구에 들어올 수 있었던 것입니다.

이 실험은 아직도 많은 여정이 남아 있고, 그 중심에 행성 지구와 가이아, 그리고 여러분이 있다고 하는 것입니다. 우리 '이야니들'이 여러분과 만나고, 접촉하고 있는 것도 바로 그것 때문입니다. 그 중요도 때문에 은밀하고 비밀스럽게 이 계획을 시행했지만, 인류의 머카바 체계를 역전시키던 타락 세력들이 행성 지구와 여러분 사이에 감추어졌던 암호-코드를 발견해 내면서 알게 되었던 것이었습니다. 하지만 그 비밀스러운 코드를 풀 수 없었고, 그들의 모든 노력이 수포로 돌아가자, 대신 사용할 수 없도록 파괴하고자 했으나, 그것조차 실패했습니다. 저들은 인류가 사용할 수 없도록 방해하는 데 최선을 다하게 된 것입니다.

우리는 LPIN 체계와 APIN 체계의 정상적인 가동을 통해 별의 문들을 활짝 열어젖혔으며, 쿤다레이-키-라-샤-마하라타로 이어지는 빛의 나선을 들여보내고 있는 것입니다. 가이아는 빛의 아이들 가슴 중심에 이 빛을 보내고 있는데, 거부하거나 방어하지 말고, 전폭적으로 신뢰하여 믿고 자신을 빛이 가는 길에 내맡긴다면 역전되어 있던 머카바 체계가 재-활성화되어 정상화될 것입니다. 그러므로 그리스도로서 부활하게 되는 것입니다.

그러나 빛을 거부하거나, 방어한다면, 저들이 설정한 '거짓 12줄기 유전자 활성화 프로그램'이 돌아갈 것이고, '모나드 역전'이 일어나 상승하지 못하고 3D 행성에 추락하게 되는 것입니다. 상승과 추락은 여러분의 선택에 의해 이루어지는 것이지만 모든 책임은 여러분이 지는 것입니다. 어둠은 자신들의 계획을 성취시키기 위해 수단, 방법을 가리지 않고 있으며, 여러분을 힘들게 하거나, 유혹함으로 인해 여러분을 추락시키고 있는 것입니다.

천국은 여러분 것이지만, 가슴에서 빛의 계단이 연결되지 않는다면 들어올 수 없습니다. 여러분에게 들어가고 있는 쿤다레이-키라샤는 천국에 오를 수 있는 빛의 계단을 만들어줍니다. 여러분의 머카바 체계가 행성 머카바 체계와 우주 그리스도 머카바 체계와 연결되어야 천-지-인이 완성되는 것이고, 땅의 어머니와 하늘의 아버지와 하나로 연결되는 것입니다.

이제, 천국의 문을 시작과 함께하며, 마무리를 지을 수 있게 되었음에 감사드립니다.

마누-마나-에아께 모든 영광을 돌립니다.

'우리는 야나스이며, 이온 상임 이사회입니다.'
'아-모-레-아 에-카-샤(A-mO-RA-eA Ec-Ka-ShA).'

참고문헌

《Voyagers Volume Ⅰ》 by Ashayana Deane, 2001

《Voyagers Volume Ⅱ》 by Ashayana Deane, 2002

《Angelic Realities》 by Ashayana Deane, 2001

《초인들의 삶과 가르침을 찾아서》, 베어드 T. 스폴딩 저, 2005